6月16日，中共中央政治局委员、国务委员刘延东同志来校视察工作，教育部部长袁贵仁，铁道部部长盛光祖，共青团中央书记处第一书记陆昊等陪同视察并与学校领导合影

刘延东一行考察我校校史博物馆、轨道交通控制与安全国家重点实验室和轨道交通运行控制系统国家工程研究中心

1月31日，第十一届全国人大常委会副委员长、全国妇联主席陈至立亲切接见我校党委书记曹国永、校长宁滨一行

4月14日，全国人大常委会原副委员长、中国关心下一代工作委员会主任顾秀莲莅临我校检查指导工作

9月30日，铁道部部长盛光祖亲切会见我校校长宁滨

4月25日，科技部副部长陈小娅一行来校视察调研

11月4日，北京市副市长陈刚出席“北京交通大学现代轨道交通创新基地暨新校区项目教育用地土地供应协议”签约仪式，并接见我校党委书记曹国永、校长宁滨一行

3月15日，中国科协名誉主席、著名科学家周光召院士一行来校，考察下一代互联网互联设备国家工程实验室973项目“一体化可信网络与普适服务体系基础研究”进展

11月4日，我校与平谷区人民政府签署“北京交通大学现代轨道交通创新基地暨新校区项目教育用地土地供应协议”

12月8日，中共北京交通大学第九届委员会召开第十五次全体会议，审议并一致通过了《北京交通大学“十二五”事业发展规划》

3 月 7 日，我校召开处级干部换届聘任工作动员大会

3 月 31 日，我校召开组织工作会议

10 月 15 日，我校举办“思源致远 继往开来”——115 周年校庆暨 91、01 届校友毕业值年纪念活动

5月31日，北京交通大学国家保密学院暨国家保密教育培训基地北京分基地成立。中共中央保密办主任、国家保密局局长夏勇，校党委书记曹国永为“北京交通大学国家保密学院”揭牌

5月12日，我校举办“学习与成长”网络在线交流活动

9月5日，我校阮秋琦教授获得第六届高等学校教学名师奖

6月22日，我校组织学生体验京沪高铁，开展行业引导教育

9月9日，英雄航天员景海鹏来校作《五星红旗迎风飘扬——飞天圆梦为国争光》报告

11月3日，全国博士生学术论坛(交通运输工程)在我校举行，论坛的主题是“安全高效，便捷绿色”

5 月 17 日，校党委书记曹国永出席 2011 年交通大学全球校友商界领袖峰会

10 月 19 日，我校签约成为北京高科大学联盟成员高校

10 月 15 日，我校召开北京交通大学校董事会第八次全体会议

7月9日，我校举办交通大学校友总会第十一届理事会换届大会暨交通大学校长论坛，四所交大校长共同签署北京宣言——《绿色约定》人才培养框架协议书

12月9日，我校长三角研究院落成典礼举行

9月15日，我校召开首次筹资工作会议

7月5日至6日，校党委书记曹国永率团出席“第6届西班牙—中国论坛”，并作为中方大学唯一发言人作题为《加强校企合作，培养工程创新人才》主题报告

4月25日，美国伊利诺依大学厄本那—香槟校区代理校长罗伯特·伊思特博士访问我校并签署合作协议

11月7日，澳大利亚前总理霍克在我校出席中澳双边贸易投资论坛并发表演讲

11 月 9 日，科技创业大厦暨北京 CBTC 研发中心破土动工

11 月 15 日，学生活动服务中心正式竣工启用

11 月 18 日，幼儿园迁建工程竣工

2月15日至25日，我校学生艺术团在党委副书记高艳的带领下赴非洲利比里亚及多哥开展文化艺术友好交流活动

6月8日，我校举行纪念中国共产党成立90周年《黄河大合唱》专场演出暨交大版《黄河大合唱》首场公演

10月26日至11月4日，我校民乐团受共青团中央委托，赴韩国进行文化交流演出

11月19日，我校主办“北京交通大学高水平羽毛球队15周年队庆暨高水平运动队建设高层论坛”

9月18日至28日，我校和暨南大学羽毛球队受中国大学生羽毛球协会指派，由我校党委副书记高福廷任团长，出访丹麦进行羽毛球比赛交流

6月3日至11日，我校获2010—2011中国大学生排球超级联赛男排冠军、女排第四名，创历史最好成绩

北京交通大学年鉴

2011

《北京交通大学年鉴》编委会　编

北京交通大学出版社
·北京·

内容简介

《北京交通大学年鉴·2011》是由北京交通大学年鉴编委会主持编纂的一部综合性工具书和史料文献。全书由学校概况，特载与专文，组织机构，党群与思想政治工作，人才培养，学科、科研与社会服务，教职工队伍建设与管理，国际交流合作及港澳台工作，国有资产管理，办学条件保障，学院工作和学校大事记等12个部分组成，客观翔实地记载了北京交通大学2011年的改革与发展情况。

年鉴的编辑和出版得到了学校领导的关心、指导及各单位的支持与协助，在此谨表衷心感谢。书中难免存在疏漏之处，恳请读者批评指正。

图书在版编目（CIP）数据

北京交通大学年鉴. 2011 /《北京交通大学年鉴》编委会编. —北京：北京交通大学出版社，2012. 12

ISBN 978-7-5121-1331-2

Ⅰ. ①北… Ⅱ. ①北… Ⅲ. ①北京交通大学－2011－年鉴 Ⅳ. ①G649.281-54

中国版本图书馆CIP数据核字（2012）第313879号

责任编辑：赵彩云

出版发行：北京交通大学出版社　　电话：010-51686414　　http://press.bjtu.edu.cn

北京市海淀区高梁桥斜街44号　　邮编：100044

印 刷 者：北京交大印刷厂

经　　销：全国新华书店

开　　本：185×260　印张：27.75　字数：718千字　彩插：16

版　　次：2012年12月第1版　2012年12月第1次印刷

书　　号：ISBN 978-7-5121-1331-2/G·187

印　　数：1～500册

定　　价：196.00元

本书如有质量问题，请向北京交通大学出版社质监组反映。对您的意见和批评，我们表示欢迎和感谢。

投诉电话：010-51686043，51686008；传真：010-62225406；E-mail：press@bjtu.edu.cn。

《北京交通大学年鉴》编委会

《北京交通大学年鉴·2011》

主要撰稿人名单

(以姓氏笔画为序)

王　锋	王春友	王铁江	王雪庄	邓小凤	卢　强	宁望和
刘　拓	刘　蓉	刘新英	回晓文	孙冬梅	孙亚慧	安志强
曲立忠	朱建军	闫　立	何　凌	余　杰	吴　俊	张永生
张延平	张辰红	张岳强	李　敏	李　蓉	李红梅	李京涛
李凌宇	杨贵艳	陈　尘	陈　曦	周　阳	周　倩	林　葵
金　松	胡　滢	赵　樱	赵世瑛	殷晓彤	贾长忠	章梓茂
董丽敏	董金凤	潘　力				

目　录

学校概况

特载与专文

组织机构

党群与思想政治工作

人才培养

学科、科研与社会服务

教职工队伍建设与管理

国际交流合作及港澳台工作

国有资产管理

办学条件保障

学院工作

学校大事记

2011

学 校 概 况

学校概况

北京交通大学是教育部直属，教育部、铁道部、北京市人民政府共建的全国重点大学，是国家“211 工程”、“985 工程优势学科创新平台”项目建设高校和具有研究生院的全国首批博士、硕士学位授予高校。

学校位于首都北京“学府胜地”海淀区，毗邻中国“硅谷”中关村，有东西两个校区，总面积 1 000 余亩，建筑面积 78 万平方米，教学、科研设施完善，校园环境优美。经教育部批准，学校正在北京市平谷区规划建设现代轨道交通创新基地暨新校区。

北京交通大学作为交通大学的三个源头之一，历史追溯到 1896 年，她的前身是清政府创办的北京铁路管理传习所，是中国第一所专门培养管理人才的高等学校，是中国近代铁路管理、电信教育的发祥地。1917 年改组为北京铁路管理学校和北京邮电学校，1921 年与上海工业专门学校、唐山工业专门学校合并组建交通大学。1923 年交通大学改组后，北京分校更名为北京交通大学。1950 年学校定名北方交通大学，由著名桥梁专家茅以升任校长。1952 年，北方交通大学撤销，京唐两院独立，学校改称北京铁道学院。1970 年恢复“北方交通大学”校名。2000 年与北京电力高等专科学校合并，由铁道部划转教育部直属管理。2003 年恢复使用“北京交通大学”校名。学校曾培养出中国第一个无线电台创建人刘瀚、中国第一台大马力蒸汽机设计者应尚才，以及中国现代作家、文学评论家、文学史家郑振铎、中国第一本铁路运输专著作者金士宣、我国铁路运输经济学科的开创者许靖、我国最早的四大会计师之一杨汝梅等一大批蜚声中外的杰出人才，“东京审判”担任首席检察官的向哲浚、我国著名的经济学家人口学家马寅初等都曾在我校任教。

一个多世纪以来，经过数代交大人励精图治、艰苦奋斗，北京交通大学已成为推动国家经济社会发展，特别是交通行业和首都区域科技创新及高层次人才培养的重要基地。近年来，学校紧紧抓住国家深入推进工业化、城镇化、信息化，建设综合运输体系特别是加快发展轨道交通，以及北京建设中国特色世界城市的重要机遇，为服务国家交通、物流、信息、新能源等行业及北京经济社会发展作出了积极贡献。

学校设有电子信息工程学院、计算机与信息技术学院、经济管理学院、交通运输学院、土木建筑工程学院、机械与电子控制工程学院、电气工程学院、理学院、语言与传播学院、软件学院、马克思主义学院、法学院、国家保密学院、建筑与艺术系等 14 个院系，设有研究生院以及远程与继续教育学院和地处河北省黄骅市的独立学院——北京交通大学海滨学院。有交通运输工程、信息与通信工程 2 个一级学科国家重点学科，产业经济学、桥梁与隧道工程 2 个二级学科国家重点学科，包括一级学科所涵盖的二级学科国家重点学科总数达到 8 个。建有 15 个博士后科研流动站，有 20 个一级学科博士点，34 个一级学科硕士点，有 MBA、工程硕士、会计硕士、法律硕士等 10 类专业学位。

学校把建设高素质的教师队伍作为提高办学实力的关键，大力实施人才强校战略。全校教职工 2 825 人，其中专任教师 1 691 人（具有正高级专业技术职务的 350 人，副高级专业技术职务的 671 人，具有博士学位的占 62.5%，具有硕士以上学位的占 90.0%）。中国科学院院士 4 名，中国工程院院士 8 名，国家级教学名师 5 人，国务院学位委员会学科评议组成员 4 人，“973” 首席科学家 3 人，国家 “千人计划” 入选者 5 人，在聘 “长江学者” 特聘教授和讲座教授 7 人，国家百千万人才工程 7 人，新世纪百千万人才工程国家级人选 5 人，国家杰出青年基金获得者 7 人，跨世纪优秀人才培养计划 4 人，新世纪优秀人才支持计划 49 人，享受政府特殊津贴专家 162 人。

学校始终把人才培养作为办学的根本任务，素质教育成绩斐然。在一百多年的办学历史中，已向国家输送了 10 余万人才。学校 1997 年、2006 年被评为全国本科教学工作优秀学校，2005 年被确定为教育部大学英语教学改革示范点项目学校之一。截至 2011 年年底有在校本科生 13 969 人，博士研究生 2 250 人，硕士研究生 6 375 人，在职专业学位研究生 4 127 人，成人学生 7 689 人，外国留学生 2011 年累计 784 人。近年来获国家级教学成果特等奖 1 项，一等奖 2 项，二等奖 11 项，有国家精品课程 32 门，国家级教学团队 8 个；建有国家大学生文化素质教育基地，电工电子和物理 2 个国家工科基础课程教学基地；4 个实验中心被教育部评为国家级实验教学示范中心；有通信工程等 13 个国家级特色专业建设点。学校的生源质量和培养水平逐年提高，2011 年本科、研究生毕业生就业率均保持在 98% 以上。设立了思源班、轨道交通试验班、本硕（博）连读班、詹天佑班、茅以升班、国际班等特色班，加强拔尖创新人才的培养。学生艺术团在全国和首都历次高校比赛中取得优异成绩，并多次赴欧洲、非洲、美国和中国台湾等地演出，排演的《长征组歌》应邀在人民大会堂和国安剧院演出，在社会上引起强烈反响。高水平运动队在全国各类比赛中共获得 57 项（次）冠军，羽毛球队在世界大学生羽毛球比赛等国内外重大赛事中获得 56 块金牌。

学校把加强科技创新作为发展的战略重点，不断提升社会服务能力。拥有教学、科研仪器设备固定资产 7.84 亿元，图书馆纸本藏书、电子图书、网络资源等总量 451 万余册，中外文数据库 140 余种，建有交通运输特色数据库。拥有省部级及以上科研平台 34 个，其中 1 个国家重点实验室，2 个国家工程实验室，1 个国家工程研究中心，4 个国家认可实验室，5 个教育部重点实验室，4 个教育部工程研究中心，1 个北京实验室，6 个北京市重点实验室，建有北京交通大学中国综合交通研究中心和中国产业安全研究中心。联合国科教文组织在我校设立了 “高等工科教育与产业合作教席”，北京市在我校设立了多个人文社会科学重点研究基地。近 6 年来，学校承担了包括 “973” 计划项目、“863” 计划项目，以及科技部、教育部、铁道部、国家发改委和国家自然科学基金、国家社科基金等项目在内的各类科研课题 8 000 余项，共发表 SCIE 检索论文 2 128 篇、EI 检索论文 3 448 篇，申请专利 1 918 项，获授权专利 868 项。2011 年科研经费近 7 亿元。2006 年以来 3 项主持项目获国家 “973” 计划立项；2008 年 1 项主持项目获国家社科基金重大项目立项；2009 年主持完成的 “复杂与高速条件下车载信号安全控制系统关键技术及应用” 获国家科技进步奖二等奖；2011 年主持完成的 “基于行为的城市交通流时空分布规律与数值计算” 获国家自然科学奖二等奖。学校自主创新成果 “基于通信的列车运行控制系统（CBTC）” 成功应用于北京城轨亦庄线和昌平线，成为 “政产学研用” 协同创新的成功范例。

学校把加强合作交流作为提高办学水平的重要途径，国内外影响力不断提升。与美、英、德、法等 10 多个国家的 60 多所大学及著名跨国企业建立了合作关系。在比利时鲁汶办有孔子学院，积极传播中国文化。主办或承办国际无线通信、信号处理、铁道工程、低碳物流等领域的多个大型国际学术会议，每年举办“国际文化节”，促进中外学术文化交流。充分发挥董事会、校友会、基金会的作用，深化“政产学研用”协同创新，与交通、物流、信息、能源等行业企业及地方政府等单位签订了80余份战略合作协议，在人才培养、科研合作等领域开展长期、广泛的合作。

“饮水思源，爱国荣校”，如今，有着115年辉煌历史的北京交通大学，肩负着新的历史使命，秉承“知行”校训，以更加谦虚谨慎、开拓进取的精神，努力实现交通大学百年华诞时江泽民同志题词“继往开来，勇攀高峰，把交通大学建设成世界一流大学”的要求，向着建设国内一流、国际知名的研究型大学的目标迈进。

2011

特载与专文

曹国永书记在北京交通大学2011年工作会议上的讲话

（2011年2月25日）

2011年是“十二五”开局之年，是全面贯彻落实《教育规划纲要》的关键一年，我们将庆祝建党90周年，召开学校第十次党代会，制订并实施“十二五”规划。因此，做好2011年学校各方面工作意义重大。下面我讲三点意见。

一、关于形势和机遇

十七届五中全会指出，做好“十二五”时期经济社会发展工作，必须以科学发展为主题，以加快转变经济发展方式为主线，作出了我国仍处于可以大有作为的战略机遇期的重大判断。党委研究认为，这一重大判断同样适用于我们学校事业发展。大家认为，当前交大处于历史上最好的发展时期之一，经过全校同志的共同努力和各方面支持，“十一五”时期的各项任务顺利完成，学校的综合实力上了一个新的台阶，目前又面临许多重大、难得的发展机遇，概括起来，主要有三大机遇。

（一）国家层面：全国教育工作会议的召开和《教育规划纲要》的颁布实施，为学校发展提供了新的重大机遇

2011年教育部工作会议指出，去年中央召开的全国教育工作会议和颁布的《教育规划纲要》，描绘了教育改革发展的蓝图，指明了教育事业科学发展的方向，建设教育强国和人力资源强国对高等教育，以及各级各类教育都提出了更加迫切的任务和要求。同时，各级政府和全社会为教育改革发展提供了前所未有的大力支持，基本形成了全社会关心支持教育的良好氛围。

2011年教育部工作会议提出，全年教育工作的重点就是落实《教育规划纲要》。第一是是落实，第二是落实，第三还是落实。具体来说主要是落实三项工作。

第一，落实教育优先发展战略地位，增加对教育的投入。把教育摆在优先发展的战略地位，主要是对党和政府以及全社会讲的，关键是落实三句话，即：经济社会发展规划要优先安排教育发展，财政资金要优先保障教育投入，公共资源要优先满足教育和人力资源开发需要。当前重点是落实好到2012年实现国家财政性教育经费支出占GDP 4%的目标，并在此基础上保持稳定增长。这是《教育规划纲要》的一个亮点和重点，这也是本届政府的重大任务之一。按照这一目标，据测算，2010—2012年，国家新增财政性教育经费将达到13 900亿元，占新增财政收入的近1/3。这些投入的增加必将为高等教育在内的各级各类教育实现新发展提供重要机遇。

第二，落实《教育规划纲要》确定的重大发展项目。纲要确定了本届政府实施的十个

重大发展项目，这些项目不仅是增加教育经费投入的重要渠道，更是推动教育事业科学发展的重要抓手，是落实《教育规划纲要》的重要载体。其中涉及高等教育的项目主要有以下几个方面。

人才培养方面包括：制定进一步加强高校本科教学工作的指导意见，引导高校把教育资源配置、学校工作重点集中到强化教学环节、提高教育质量上来。制定和完善各级各类学校生均拨款标准。启动高素质教育人才培养工程与卓越法制人才和卓越医生教育培养计划，继续推进“卓越工程师教育培养计划”。大力实施“基础学科拔尖学生培养试验计划”，继续实施高等教育“质量工程”和“研究生教育创新计划”。配合科技部积极组织实施创新人才2020推进计划，抓好科学家工作室等项目。超前部署国家战略性新兴产业所需要的专业设置和人才培养工作，扩大高校专业设置自主权。开展工程博士试点，启动专业博士学位建设工作。开展国家重大项目需要的博士硕士学位授予权项目制试点。进一步推进纯学术学位研究生培养模式改革，进一步推进专业学位研究生培养模式改革等。

学科、平台和科技方面包括：推进建设优势学科创新平台，深入实施特色学科重点项目。做好“高等学校博士学科点专项科研基金”的实施工作。围绕国家国防重大科技专项的实施，加大联合研究中心的建设力度。加大国家（重点）实验室、工程研究中心、工程实验室、国防科技重点实验室、重大科技基础设施等创新平台建设力度。完善教育部重点实验室和工程研究中心的地域与领域布局。新建一批以国家重大需求为导向和新兴交叉领域的哲学社会科学重点研究基地。联合科技部支持高校提升创新能力，推进高校基础研究改革试点。联合财政部组织“跃升计划”试点。推进高校基层学术组织改革和建设等。

师资队伍建设方面包括：启动高校高层次创新人才计划，继续实施教育部创新团队发展计划，打造名师团队。遴选资助1 000名左右优秀青年学术带头人。实施“海外名师项目”，积极引进海外高层次人才等。

对外合作交流方面包括：全面实施“留学中国计划”，大力推进品牌专业建设，建设好500个汉语授课专业课程和100个外语授课专业课程，建立10个来华留学示范基地。设立和实施新的公派留学项目。加强孔子学院建设，制定《汉语国际教育发展十年规划纲要》。启动建设国际合作联合实验室。建立教育和产业互动机制，扩展高校发展空间，增强高校为行业服务的能力，大力推进高校和科研院所、企业的合作。

高教管理方面包括：研究制定高等学校质量分类标准，健全高等教育质量评价体系，出台高校本科教学评估改革方案。按照新的设计、新的标准启动新一轮高校评估。完善科研成果评价体系。颁布实施普通高等学校章程制定办法，促进高校章程建设。制定《坚持和完善普通高等学校党委领导下的校长负责制的若干实施意见》，加强“三重一大”决策制度落实，健全决策程序和议事规则。试行对教育部直属高校直接委派总会计师等。

第三，落实《教育规划纲要》确定的教育体制改革试点项目。国家教育体制改革试点一共10大类，50项教改重点任务，425个试点项目，其中涉及高教的228个，学校有3个。这些项目都已公布。具体工作要求是：一要细化目标方案，要求各试点地区、学校要进一步明确改革工作的路线图和时间表，落实责任制，建立检查工作机制，确保改革试点顺利推进。二要制定推进政策。包括在科研评价机制、研究生阶段资助等政策方面有新的突破。三要突破关键点。包括着力加强课程教材建设，颁布实施高校章程制定办法，促进高校章程建设。四要创新体制机制。包括制定本届政府实现4%目标并保持稳定增长的长效机制，推进现代大学制度建设。五要加强分类指导。

（二）行业层面：战略性新兴产业特别是轨道交通的迅速发展及“走出去”战略的实施，为学校发展提供了新的重大机遇

“十一五”期间，国家深入推进自主创新和产业结构调整，新一代信息技术、新能源、新材料、节能环保、高端装备制造等迅速发展。铁路建设坚持原始创新、集成创新和引进消化再创新，实现了重大跨越，大规模铁路建设形成高潮，正处在加快进入现代化的时期；高铁、高原铁路、重载运输等多项技术达到世界一流水平，形成了具有自主知识产权的成套高铁技术体系；铁路“走出去”步伐明显加快，许多国家与我国铁路签订双边合作文件。

“十二五”是我国铁路现代化建设的关键阶段，党的十七届五中全会通过的“十二五”规划的建议提出要“基本建成国家快速铁路网”、“发展高速铁路”。总体来说就是要建设便捷、安全、高效、绿色铁路。一是要基本建成发达完善的铁路网络，全国铁路营业里程2015年将达到12万公里，其中高速铁路1.6万公里以上，西部铁路5万公里以上，复线率和电气化率分别达到50%和60%。二是实现技术装备的现代化，建设全路数据通信网，实现高速铁路、城际铁路、重要干线GSM－R无线网络覆盖，装备不同等级的列车运行控制系统。三是把人才培养作为最突出的任务，大力实施“十百千万”人才工程。

城市轨道交通方面，目前我国已有12个城市拥有运营线路，总里程约1 300多公里；国家发改委已批复28个城市共计建设187条城市轨道交通，总里程6 200多公里；预计2020年我国大陆约40个城市发展轨道交通，规划里程超过7 000公里；其中，“十二五”将建设3 000公里，总投资约1.5万亿元。中国将成为世界轨道交通发展最快的国家，建设规模之大、建设标准之高、投资数量之多都是前所未有的，相应地迫切需要技术和人才的有力支撑。

（三）学校层面：在平谷筹建现代轨道交通创新基地暨新校区，为学校长远发展提供了新的重大机遇

学校目前两个校区占地面积1 000余亩，家属区占地近1/3，有全日制在校生22 500多人，生均面积27平方米，学校是教育部直属高校中人均缺地面积最多的高校之一。学校目前教学、科研各方面用房全面紧张。在北京扩大校园用地非常困难，北京高校与外地高校已经形成了鲜明的对比。平谷区从自身经济社会发展目标出发，欢迎学校落户平谷。因此，我们2010年签订了在平谷建设现代轨道交通创新基地暨新校区意向协议。教育部、北京市领导都大力支持，教代会也高票通过。目前，这项工作正在积极推进当中，已在平谷区马昌营镇南侧选定了约2 000亩土地。这项工作面临的困难也不少，项目立项、建设规划、功能定位，特别是资金筹措等都需要认真谋划并尽快拿出方案。筹建创新基地暨新校区是学校第二个百年发展史上的一件大事。大家认为，不管我们遇到多大困难，我们都要抓住机遇，坚定不移地推进这项工作。

二、关于优势和不足

对学校的优势和不足要有一个清醒的认识。从目前调研情况来看，我认为学校的优势主要体现在以下几个方面。

1. 有较强的办学实力。一是办学目标明确，九次党代会提出要把学校建成以信息、管理等学科为优势，以交通科学与技术为特色，工、管、经、理、文、法、哲等协调发展的多科性、开放式、国内一流、国际知名的研究型大学的目标是实事求是，符合学校实际的。为学校发展明确了方向，“十二五”规划将继续沿着这一方向谋划今后一个时期的改革发展。二是学校人才培养、科学研究、社会服务的水平比较高，特别是经过“十一五”的发展，学校整体办学实力又上了一个新的台阶。三是办学有传统、有特色、有优势。长期以来，信息、管理等优势学科不断发展壮大，交通等特色学科与时俱进，其他学科也有特色和亮点。四是注重加强与企业和社会的联系与合作，在服务中求合作、求支持、求发展，产学研合作的水平得到进一步提升。

2. 有一支很好的队伍。广大教师教书育人，潜心研究；管理人员尽职尽责，无私奉献；后勤职工不辞辛苦，任劳任怨，保证了学校各方面工作正常开展，为学校创造了良好的育人环境。

3. 制度建设比较齐全。长期以来，学校重视制度建设工作，根据形势变化和事业发展要求，及时对规章制度进行立、改、废，在教学、科研和管理等方面形成了符合自身特点的管理体制和运行机制。

4. 有优良的办学传统和校园文化。学校在 100 多年的发展过程中形成了“饮水思源、爱国荣校”的光荣传统，对人才培养也起到潜移默化的重要作用。长期以来学校注重加强党建和思想政治工作，形成明显的政治优势，特别在集中力量办大事上有较强的战斗力。学术氛围比较浓厚，艺术、体育等校园文化比较活跃，这对一所以工科为主的高校来说难能可贵。这些都对推进学校科学发展有着特别重要的意义。

与新形势下国家建设高等教育强国的要求相比，与学校建设一流研究型大学的目标相比，学校改革发展还存在着一些突出矛盾和问题。

1. 人才培养质量有待进一步提高。特别是学术型、应用型、复合型拔尖创新人才培养方面尚未形成一套科学系统的办法，相关部门在加大创新人才培养方面工作合力还不够，学生的创新精神需要进一步引导和激发。教育理念、教学内容及方法需要进一步更新和改进。部分专业及课程设置不够合理。实践实验教育环节还比较薄弱。研究生教育与科学研究和学科建设的结合不够紧密。素质教育体系尚不完备，以育人为本的工作体系有待进一步建立和加强。

2. 队伍建设有待进一步加强。学校教师和干部的数量质量都有待提高，特别是学术大师、学科带头人比较匮乏。此外，三支队伍建设不平衡问题依然比较突出，他们的出路问题、发展问题需要引起高度重视。教师队伍中还不同程度存在急躁、浮躁、急功近利的倾向。

3. 核心竞争力有待进一步提高。学科建设的顶层设计不够、方向凝炼不够，基层学术组织设置与学科发展的需要适应性不够。优势学科的水平有待进一步提高，特色学科的基础性研究有待进一步加强，新兴交叉学科的建设有待进一步推进。学科领域对外实质性合作数量仍然比较少，重点学科、优势特色学科及实验室在国际合作交流方面的引领示范作用需要进一步加强。平台特别是省部级以上平台的建设力度需要加强。高水平的科技成果，高水平论文、专利、著作数量较少，成果转化水平有待进一步提高。

4. 管理工作特别是制度化、规范化建设有待进一步加强。会议和活动较多，会议活动的筹备、协调、质量需要进一步提高。国内外大学在管理上许多好的做法值得我们学习，党政机关在管理模式和运行机制方面的一些好做法也值得我们借鉴。

5. 对外合作交流有待进一步加强。出国学习人数、来华留学生数量、基础课与专业课方面的外籍教师数量需要进一步提高。随着国际合作与交流工作的日益扩大，外事工作的资源配置需进一步加强。

6. 改善办学条件紧张问题迫在眉睫，办学经费缺口较大。办学空间成为制约学校发展的瓶颈，教学、科研、后勤、管理、学生用房全面紧张，职工住房问题困难很大。我们在改善师生员工学习、工作条件，改善教职工工资待遇、住房条件等方面都有很大的欠账和经费缺口。

7. 战略研究和政策研究比较薄弱。很多重要工作没有研究性的基础和“后台”，不利于科学民主决策和学校的长远发展，这方面的工作今后要大力加强。

总之，我们既要客观认识学校工作的成绩和优势，又要对学校工作中存在的矛盾和问题有一个清醒的认识，进一步增强机遇意识、责任意识、危机意识。

三、关于 2011 年的工作

党委研究认为，要抓住当前面临的机遇，解决存在的主要矛盾和问题，必须切实推进提高质量、改革创新、学风建设三大任务。以这三大任务为主线，我们制定了今年工作要点，已经党委全委会审议通过。

一是提高质量。提高质量将成为今后 10 年我国高等教育改革发展最鲜明的特征。重点是坚持育人为本，全面提高人才培养、科学研究、社会服务质量。其中：提高人才培养质量要做到点面结合，要面向两万多在校学生，做到覆盖面广。在此基础上，要突出培养拔尖创新人才，对此我们要进一步提高认识。我们在举办“思源班”、“詹天佑班”、“茅以升班”、“本硕连读班”等方面进行了探索，今后还需要进一步加强。同时继续推进卓越工程师计划，培养高质量的工程师，包括现场工程师、设计开发工程师、研究型工程师。提高科学研究质量要从学校的实际出发，更加突出基础性研究，在大项目、大平台、大团队、大成果等方面也要进一步加大工作力度。提高社会服务质量，重点是围绕国家重大需求、战略性新兴产业，特别是轨道交通的大发展，提供人才和技术支持，加大产学研合作力度，解决国民经济和社会发展中的重要问题。

同时，在队伍建设、国际合作、内部管理、后勤服务等各方面，都要注重树立质量意识，使提高质量成为学校一切工作的主旋律。通过加大中青年教师的培养，加大高水平人才引进力度，建立健全学风，建设长效机制等，进一步提高队伍建设质量；通过坚持服务国家外交工作大局，坚持服务学校中心工作，成立学校国际咨询委员会、国际教育交流中心，推进孔子学院建设，加强校友会、董事会、基金会工作，庆祝交通大学建校 115 周年等，进一步提高对外合作交流质量。要进一步精简会议、文件、活动，特别是大力精简形式大于内容的会议和活动，提倡开短会、讲短话、讲实话、讲管用的话。要努力提高财务工作的服务水平和办事效率，解决师生反映强烈的报销难问题。后勤服务方面要进一步优化育人环境，逐步改变师生反映强烈的部分楼宇环境卫生差的状况。

二是改革创新。全校上下要齐心协力，落实好高校用人机制、行业特色高校产学联合培养模式和机制、大学国际化人才培养模式等三大国家教育体制改革试点项目。落实好这三大改革，对学校、对国家来说都具有十分重要的意义。要坚持以科学发展观为指导，突破一切条条框框，为学校的科学发展提供动力和保障，为全国教育事业的发展积累有益经验。要进一步明确改革的具体目标和配套政策，以及改革的路线图和时间表，并接受全校同志的监督。除了全面推进这三项改革外，还要以此为抓手，带动和深化其他方面的改革，使改革创新真正成为提高质量和促进发展的重要动力。

三是学风建设。学风包括学术风气和学习风气，是提高人才培养质量以及科学研究和社会服务水平的基础。学生的学风归根到底取决于教师的教风学风，其根本是教师的治学态度。抓学风关键是抓教师的学术风气和学习风气，关键是抓政策和导向。全校上下要统一思想，密切配合，齐抓共管，把学风建设作为学校最基础、最重要的一项工作来抓，为学校科学发展提供有力保障。要从教育、制度、监督等方面抓紧研究制定配套政策文件，从“不想”、“不能”、“不敢”三个层次入手出实招、硬招，建立一套切实可行的规章制度，看不准的可先行试点，各学院、各部门都要高度重视，拿出具体办法，使学风建设取得明显的实效。这方面去年我们已经做了一些工作，今年要以教师为重点，以制度建设和导向为抓手，着力于学风建设长效机制的建立。

今年全年的重点工作按照提高质量、改革创新、学风建设为主线，突出做好加强党建、抓好重点、深化改革、办好实事等四个方面，稍后宁校长将作部署。在此，有几项工作我再强调一下。

一是筹备召开学校第十次党代会。今年下半年将召开学校第十次党代会，这是我们在建设一流研究型大学的关键时期召开的一次承上启下的重要会议。会议将全面总结九次党代会以来学校改革发展和党的建设成绩与经验，确定学校今后五年发展任务和奋斗目标，审议通过“十二五”发展规划，选举产生新一届委员会。为此，我们要启动二级单位班子和干部换届调整，党代表选举和两委委员酝酿提名，两委工作报告起草等筹备工作。同时，要进一步开展好创先争优活动，落实高校基层党组织工作条例，推进党建制度创新。希望大家根据党委统一部署，密切配合，通力合作，全面完成各项筹备任务，开创学校研究型大学建设和党的建设新局面，以优异成绩迎接建党 90 周年和学校第十次党代会的召开。

二是制定学校“十二五”规划。这也是筹备党代会的一项重要任务。制定并实施“十二五”规划是学校今年的一件大事，全校上下要高度重视这项工作。第一，要认真学习国家和教育部“十二五”规划，认真学习全教会精神、《教育规划纲要》和胡锦涛总书记 2 月 21 日在中央政治局专题学习时关于教育工作的重要讲话精神，进一步统一思想认识。第二，要认真总结“十一五”取得的成绩和存在的不足，特别是要分析差距，找准问题，科学定位和谋划，进一步明确学校未来五年的发展目标以及路线图和时间表。第三，要积极参与到规划的制订当中来。制定规划也是统一思想、凝聚人心、鼓舞干劲的过程，全校师生员工要以不同方式积极参与到规划的制订中来，为制订好规划献计献策。第四，要深入研究，集思广益，重点和关键是研究确定好学校的发展目标和指标体系。1995 年 12 月，江泽民同志“继往开来，勇攀高峰，把交通大学建设成世界一流大学”的题词，为交通大学的发展指明了前进方向，我认为北京交大要结合自身实际和规划的研究制订，进一步认真学习贯彻题词精神。

三是干部工作。在召开党代会前，我们要进行二级党组织和行政领导班子及干部换届调整工作。这项工作近期就要启动，主要涉及补缺、交流、竞争上岗，原则上先正职、后副职，时间安排上计划 5 月底前基本调整到位。这次换届调整工作政策性强，涉及面广，关系到学校的未来发展。借此机会，我也向大家提几点要求。第一，要正确看待换届调整工作，正确对待个人的进退留转。第二，要保持工作的连续性、稳定性，做到思想不乱、工作不断。第三，要积极参与，配合党委和有关部门做好这项工作，要本着对组织负责、对事业负责、对工作负责、对当事人负责的态度，认真积极参与各个环节的工作。第四，要严肃组织人事纪律，严禁弄虚作假，严禁拉票贿选，严禁跑官要官，有不同意见应通过正常的组织渠道来反映。

同志们，总的来说，2011 年工作任务很重。要完成这些工作，需要全校各级党组织、全体同志进一步解放思想，开拓创新，进一步突出重点，迎难而上，进一步真抓实干，狠抓落实；要保持良好的精神状态，要有勇于担当的责任意识，迎难而上的拼搏精神，只争朝夕，奋发有为，扎扎实实把我们的工作向前推进；要抢抓机遇，善抓机遇，为学校发展争取更多支持。让我们共同努力，团结奋斗，确保全年各项工作顺利完成，为学校“十二五”开好局、起好步，努力开创学校研究型大学建设和党的建设新局面，以优异的成绩迎接建党 90 周年！

宁滨校长在北京交通大学2011年工作会议上的讲话

（2011年2月25日）

国永同志刚才的讲话全面把握了当前学校面临的形势与任务，深刻分析了存在的挑战与问题，并对今年学校工作提出了总体要求。受党委委托，我就学校重点工作进行具体部署，并对“十二五”规划的制订提几点要求。

一、2011年学校工作的主要任务

今年党委确定的各项重点工作是以中央对教育工作的决策部署、《教育规划纲要》总体思路以及当前学校发展面临的形势与挑战为基本依据，经常委会充分讨论修改和全委会审议形成的。

2011年学校工作的总体要求是：深入贯彻党的十七大和十七届四中、五中全会精神，全面落实国家中长期教育改革和发展规划纲要，贯彻落实《中国共产党普通高等学校基层组织工作条例》，把促进学生健康成长作为学校一切工作的出发点和落脚点，以提高质量、改革创新、学风建设为主线，以召开学校第十次党代会和制订实施“十二五”规划为契机，把握形势，抢抓机遇，解放思想，开拓创新，为学校“十二五”开好局、起好步，努力开创研究型大学建设和党的建设新局面。根据这一总体要求，今年工作主要分为四个部分。

第一，加强党建和思想政治工作，着力保障科学发展。加强党建和思想政治工作是推进学校事业科学发展的根本保障。今年，我们继续把党建和思想政治工作作为全局工作的重中之重，努力把党建和思想政治工作的成效体现在服务、保障和促进学校科学发展与改革创新上。在今年确定的党建和思想政治工作的九项重点工作中，我强调以下几点。

一是筹备召开学校第十次党代会。第十次党代会是学校“十二五”发展时期的一次重要会议，会议将在全校范围内审议通过“十二五”规划，并确定学校未来五年的发展任务和奋斗目标，使全校上下对未来的发展战略形成共识。与此同时，此次党代会还将完成二级党组织和行政处级领导班子及干部换届调整工作，并以此为契机深化干部人事制度改革，加强领导班子和干部队伍建设，为学校“十二五”发展提供坚实的组织保障和人才支持。

二是开展形式多样的主题教育活动。加强基层党组织建设并充分发挥基层党组织作用始终是学校党建工作的重心。今年，学校将继续推进创先争优活动，不断激发基层党组织和党员的内在动力，并以纪念建党90周年活动为契机，开展丰富多彩的主题教育活动，进一步增强基层组织的创造力、凝聚力、战斗力。

三是深入推进党风廉政建设和反腐败工作。加强党风廉政建设和反腐败工作是学校工作的重要保证。今年，学校将严格执行新修订的《关于实行党风廉政建设责任制的规定》，加强《廉政准则》的宣传教育和贯彻落实，完善廉政风险防范管理工作。同时，扎实推进党务公开、校务公开与信息公开工作，为提高领导干部执政能力、发展党内民主、构建惩治和预防腐败体系创造必要条件。

四是全面提高大学生思想政治素质。今年，学校继续全面加强学生党建和思想政治工作，以学生全面发展为目标，努力增强思想政治教育的针对性、实效性。学校将学风建设作为一项重点工作，以教师为重点，以制度建设和导向为抓手，建立健全学风，建设长效机制。制定加强师德建设的政策措施，深化优秀教师评选与宣传活动。启动校内学术交流活动，充分利用校内外各类资源举办形式多样的名人讲座、学术活动等。举办学生学风建设论坛，研究制定增强学生学习动力与积极性的措施。同时，加强校园文化整体设计，研究制订《北京交通大学校园文化建设规划》，以校园文化建设推动学风建设。

五是继续将安全稳定作为压倒一切的重要工作。当前，学校改革发展任务繁重，保持安全稳定是学校各项工作的基础，关系全校大局。今年，学校将继续推进平安校园、平安社区建设，建设应急指挥中心。坚持安全培训教育与宿舍安全卫生检查，不断加大安全隐患排查与整改力度。各单位要更自觉、更主动地落实安全稳定任务，积极配合相关部门做好工作。学校还将加强统战、工会、离退休工作，为学校发展营造良好的氛围。同时，毕业生就业形势依然严峻，我们要做好2011届毕业生就业工作，进一步完善就业服务体系，推进创新创业教育和学生自主创业工作，继续扩大和维护好就业市场，实现“稳定就业率，提高就业质量”工作目标，确保毕业生群体思想稳定。

第二，抓好五项重点工作，着力实现办学质量提升。质量是高等教育的生命线，未来10年高等教育改革发展最核心的任务、最鲜明的特征就是提高质量。我们必须始终坚持紧紧抓住提高质量这个核心。今年，提升办学质量的工作主要围绕以下五方面重点展开。

一是切实提高人才培养质量。在人才培养方面，我们继续围绕拔尖创新人才的培养开展各项工作，把创新人才培养理念体现在学校工作的各个方面。近年来，我们在拔尖创新人才培养方面积累了一些经验，取得了一些成绩。《教育规划纲要》明确提出进一步加强拔尖创新人才培养的目标和要求，学校多年来一直按这一要求进行人才培养，我们突出强调培养拔尖创新人才，就是要以拔尖创新人才培养的示范作用提升学校人才培养整体水平。从拔尖创新人才占总体20%的培养目标来看，我们仍存在不足。今年，我们将继续深入实施质量工程，推进卓越工程师计划，创新本科生培养模式，做好研究生学位类型与结构调整工作，进一步提高研究生生源与培养质量。全校上下要将科研、平台、师资、国际交流等各种优质资源向学生倾斜，加大投入，建设高水平实践教学平台，进一步落实大学生创新计划和学科竞赛等项目，加强学生的国际交流。同时，为全面提升拔尖创新人才培养水平，我们还将继续加强理学与人文素质平台建设，提升学生文化、艺术、体育等综合素质。

二是建设高素质教师队伍。人才是第一资源，是学校发展的关键。今年，我们继续从培养和引进两个方面入手，建设高素质教师队伍。在培养方面，我们将继续加快国际化步伐，加强对中青年教师的支持力度，努力创造机会，让我们的教师有施展才华的空间与平台，鼓励教师到国家重大工程现场去，鼓励教师开设新课，在服务科研、教学的实践中得到成长。在引进方面，我们将继续加大力度，提升师资队伍补充的结构和水平。与此同时，无论在培养和引进方面，我们今年将进一步加大力度，完善机制，规范高层次人才引进和重点培育人才的考核。

三是加强学科和平台建设工作。具体将开展四方面工作。第一，加强制度建设，推进学科建设责任教授制度。第二，加大已有平台建设力度。目前，学校共有省部级以上平台 31 个，今年我们要确保新增实验室和科研平台通过验收，同时提升现有平台建设水平，继续加强“985”平台建设，跟踪轨道交通国家实验室和重大科技基础设施建设，建设国际合作联合实验室，推进轨道运行控制系统国家工程研究中心建设。第三，加强创新团队建设。力争新增教育部创新团队 1 个，成功申报教育部人文社科研究基地，为早日实现国家创新团队的突破奠定基础。第四，举办高水平学术活动，结合 115 周年校庆，举办具有重大影响的学术论坛，提升学校学术水平。

四是不断提高科研水平。在科研方面，今年的工作主要集中在以下几点。第一，积极争取各类科技资源。第二，科研数量实现新的增长。虽然我们在工作要点中没有提出明确的量化标准，但我们的预期仍然很高，任务重，压力大。当前国家不断推动“五化”建设，尤其是不断加大信息化建设和管理现代化建设力度，推进轨道交通快速发展，这都为我们提供了重大机遇。只要我们增强机遇意识、危机意识，不断争取新项目，就能实现预期目标。第三，科研质量不断提升。今年将完善论文分类标准及高水平论文奖励办法，完善专利、软件著作权等资助与管理办法，推动学校科研管理指导与服务能力的提升，推动科研水平再上新台阶。第四，提高社会服务能力。要加强服务国家创新体系建设的基础性研究、前瞻性研究以及针对社会热点问题和国家重大战略需求的战略性研究，加强成果转化和“政产学研用”合作，加强重点企业培育，努力打造学校第一个上市高科技企业，进一步推进大学生创业园和留学人员创业园建设，确保国有资产的保值增值，产业上缴学校 1 000 万以上。

五是提升对外交流与合作水平。今年，我们的重点任务依然是加大对外交流合作资源的利用度。首先，充分利用国际资源，聘请知名教授、知名学者来校，成立国际咨询委员会，开展人才培养、学科建设、科学研究等咨询。其中，首要任务就是对学校的“十二五”规划提出意见建议，为我们制定战略规划提供重要参考。同时，我们还将邀请知名教授、知名学者参与到学校的人才培养、学科建设等工作中，邀请他们为学生讲座，让学生受益。此外，学校还将建设国际教育交流中心，推进海外孔子学院建设，做好国外援建工作，全面实施“学生海外学习计划”，不断拓展国际办学与合作渠道。其次，充分利用校友会、基金会、董事会等资源，进一步扩大资金筹集范围，成立北京校友会，办好建校 115 周年庆祝活动暨校友毕业值年返校活动，进一步提高学校声誉。

第三，落实国家教育体制改革试点项目，着力推进改革创新。改革创新是推进学校发展的重要动力。学校多年来取得的成绩证明，面临新形势，我们只有不断改革，才能有所成就。今年，学校的重点改革任务主要有三项：一是落实三项国家教育体制改革试点项目；二是继续推进科技管理、国有资产管理、校院两级管理等其他方面的改革；三是加快推进现代轨道交通创新基地暨新校区及其他驻外机构建设。前面，国永同志已经对几项改革任务进行了较为全面的说明。我补充提出几点要求。

一要有坚定的决心。我们今年提出的任何一项改革任务都是系统工程，涉及面广，改革进程中会遇到各种问题和阻力。这就要求全校上下有坚定的决心，坚持用改革的办法解决前进中的问题，以更大的气力推进改革。当前，在几项改革任务中，难度最大的是创新基地建设。对于这一问题，领导班子已达成共识，将坚定不移地往前推进，为学校下一个百年发展争取必要的空间。利用寒假，我们继续开展各方面工作，获得了很多启示，也更加明确了当前的工作目标。我们既要考虑将创新基地建成的问题，也要考虑将创新基地建好的问题。随着学校的日益发展，我们将有更多的驻外机构。这些机构建设得好否直接关系着学校声誉，必须按照高标准的要求去建设，才能使新校区以及各类驻外机构的建设水平不断提升。

二要有新举措。学校要发展，必须大胆突破，勇于创新，关键要解放思想，找准差距和不足，提出有效的措施与方法。各单位要真抓实干，特别是领导干部，要充分发挥规划指导的作用，加强研究和调研。同时，要充分尊重师生员工的首创精神，善于发现他们的新做法，正确对待他们的新探索，接受他们的新建议，不断总结经验，提出具体可行的对策。

三要统筹推进、有序改革。今年，我们的改革任务艰巨。这就要求我们加强统筹协调，稳步推进。目前，各项改革任务已基本分解到各个部门。各部门应进一步明确改革工作的“路线图”和“时间表”，出台改革实施方案，明确目标任务，落实责任制，建立检查工作机制，扎实深入地推进各项工作，使改革工作可执行、能检查。

总之，全校上下应当以强烈的进取精神、敢闯敢干的探索精神和心无旁骛的务实精神，加大力度、加快进度，重点突破、整体推进，在重点领域下足功夫，力求使各项改革任务取得实质性进展。

第四，办好实事，着力解决事关师生员工切身利益的问题。办好实事始终是我们坚持和落实“以人为本”宗旨，保证和维护师生利益的大事。今年，我们确定了 8 项重点工作，概括而言分为四个方面。一是改善学生学习生活条件。今年，学校将投入 80 万在教学区为学生提供免费开水、改善东校区宿舍住宿条件、增加学生宿舍免费用电指标。对学生反映较大的天佑会堂座椅、教学楼卫生间等问题，我们也已启动相关改造工程。同时，我们将在今年 9 月份启用学生活动中心，努力为学生健康成长提供更加良好的环境。二是改善教职工工作条件，提高生活待遇。今年，教职工住宅改造项目和科技创业大厦项目将开工建设。虽然工作难度很大，但我们已经下定决心，不留余地，坚决推进。相关部门将完成教职工住宅配售和各项拆迁安置，做好建设期间相应物业管理工作和新建部分规划工作，确保新幼儿园开工建设并投入使用。同时，学校将落实人事部相关文件，规范退休人员津贴补给，提高退休人员待遇，继续加大投入，不断提高在职教职工工资待遇水平。三是加强学校现代化管理。学校将通过改造节能设施设备、推动校园信息化建设、进一步提高财务工作服务水平等手段，推进节约型校园建设，提高学校现代化管理水平，提升学校整体工作效率。四是提高师生员工健康水平。学校将提高医疗和公共卫生质量，开展师生员工健康管理，切实提高师生员工健康水平和生活质量。

学校 2011 年工作要点有两个突出特点。一是指导性。工作要点主要反映的是影响学校全局发展的重点工作，提出了少数约束性指标，为各单位工作提供了总体指导，同时也留下了具体操作的空间。二是衔接性。今年工作重点注意与“十二五”发展的要求紧密结合，为“十二五”期间的各项工作打下坚实基础。会后，我们将把各项重点工作分解发送至各单位，以折子工程形式，监督落实情况。此外，一些尚未完成或即将开展的工作虽未列入要点中，仍需要各单位、各部门加快推进，抓紧落实，确保全校整体工作有序开展。

二、“十二五”规划制定的几点要求

“十二五”规划编制工作意义重大，影响深远。“十二五”规划是新的机遇下编制的五年规划，是一项更具挑战性、更具重大历史意义的工作。因此，规划编制工作任务重、要求高，关系长远、责任重大。全校上下要从全局出发，统一思想，加强领导，精心安排，密切配合，高效率、高质量地完成好规划编制的各项任务。规划编制工作要经历几上几下的酝酿过程，各院系主要负责同志要高度重视，更加积极主动地开展工作，要广泛发动广大干部教师，凝聚共识，集中智慧，按照学校进度要求部署落实。

在规划制定工作前期，我曾经提出要求，要以世界眼光，跳出交大看交大，要突出学校的个性化发展理念、办学模式和特色，要把握好总体规划和专项规划的关系，把握好全面覆盖和重点突破的关系，把握好必要性和可达性的关系。这里，我继续强调三个重点：一是总结过去，二是研究现在，三是谋划未来。

总结过去就是要深刻总结学校乃至整个高等教育改革和发展的历史经验，要对学校和高等教育长期以来尤其是“十一五”规划落实以来的改革和发展认真总结，借鉴自身及兄弟院校改革发展中形成的具有重要指导意义的基本经验。寒假前夕，学校已经完成了“十一五”诊断报告，对学校五年来的发展情况进行了全面的梳理与总结，是“十二五”规划制定的重要参考。

从发展主线来看，“十一五”期间，学校按照第九次党代会确定的全面建设一流研究型大学的奋斗目标和指导思想，在发展战略上，坚定不移地从规模扩张的外延发展为主的道路，转移到以质量和优势、特色取胜的内涵发展为主的道路上来。目前，我们在积极努力筹建新校区，这是改善学校办学空间有限必须解决的问题，并不意味着学校在走规模扩张的外延发展道路。当前乃至今后，我们仍要坚定不移地走以质量、优势和特色为主的内涵发展道路，这个主线和中心不变。

在发展战略定位上，“十一五”期间我们坚持以突出优势学科、强化特色学科、创新新兴交叉学科的思路来建设一流研究型大学，取得了令人瞩目的成绩。五年来的实践充分证明，这一发展战略是十分正确的，而且我们已经具备了实现九次党代会确定的发展目标的条件。因此，“十二五”规划的战略定位应当体现延续性，继续凝练和丰富第九次党代会提出的发展定位，使其中的理念更具体化、更具操作性。学科方面以理工科为主，在进一步强化特色和优势的基础上，积极发展新兴交叉学科。去年颁布实施的《教育发展纲要》明确强调了育人为本的思想。近年来教育部提出加快建设有特色、高水平大学的要求，“有特色”就是中国特色，“高水平”就是世界一流，这其中就包括培养高水平的人才。这些都将成为丰富和发展学校的目标定位的重要参考。

除了在目标定位的确定上，我们要以“十一五”发展为根本依据，在确定“十二五”规划的各项具体指标要求时，我们更要以“十一五”发展为重要参考，充分总结学校近年来取得的成绩和形成的优势，把握其中规律与特点，提出更加切实可行的要求和目标，推动学校以更高的标准、更快的速度实现新发展。

研究现在就是要认真研究当前学校和高等教育发展的阶段性特征以及面临的问题。学校和高等教育发展进入新阶段，就必然面临新的课题，我们要组织力量进行深入细致的调查研究，积极探索改革发展的新思路。学校五年来的发展虽然取得了一些成绩，但我们在人才培养、师资队伍、科技学科核心竞争力、办学条件、规范管理等方面依然存在不足，学校发展面临严峻挑战。刚才国永同志已经作了深刻分析，我完全同意。下一步，我们还需要进行系统的、深入的调查研究，提出在新的历史阶段科学发展的思路和解决问题的办法。规划工作小组已经在校内外开展了多方面的调研工作，并形成了调研报告，但这项工作还应继续拓展广度、加深深度。各部门、各学院在制定分规划时，也应积极组织力量，对本部门、本单位改革和发展中的突出问题进行认真深入的调查研究。同时，学校的研究机构也应充分发挥自身职能，不断加强学校发展战略与政策研究，为规划制订提供切实可行的意见与建议。

谋划未来就是要加强对未来教育事业的宏观思考和战略谋划，进一步谋划推进学校改革发展，建设国内一流、国际知名高水平、有特色研究型大学的战略规划和重大政策举措。今年召开的全国教育工作会议和颁布的《教育规划纲要》，开启了我国从人力资源大国向人力资源强国转变的历史征程。同时，《教育规划纲要》、《人才规划纲要》、《科技规划纲要》共同构建了新世纪新阶段深入实施科教兴国与人才强国战略顶层设计的三个方面。我们必须紧紧依托三个规划纲要，制订具有可行性和前瞻性的发展规划，为学校人才培养、学科建设、科学研究、师资队伍、校园建设等各方面，确定新的发展目标，制定新的发展举措。同时，我们要从学校、学院、学科三个层面着手，借鉴其他院校好的做法，为自身发展寻找明确的参照系。去年年底，我们集中对兄弟院校进行了调研，以便为学校“十二五”发展乃至更长远时期发展树立“标杆”。在国内，我们计划选择一两所大学作为参照系，使学校的发展目标更为清晰，在此基础上，弥补差距与不足，总结经验与创新方法，为学校发展寻求更值得借鉴的经验与方法。同时，在国际上，我们也将选择一两所大学作为参照目标，增强彼此合作与交流，使学校在国际化建设的道路上有更明确的方向。具体到学院、学科层面，要在国内和国际背景下选择参照系，明确在人才培养、科学研究、国际交流等方面努力的方向。

同志们，“十二五”时期是学校发展的重要战略机遇期，制定好“十二五”规划，也是汲取百家智慧、凝聚全校人心、鼓舞师生干劲的过程，所以希望全校师生员工、各届校友和社会各界有识之士积极参与进来，把学校未来的发展规划制订好。同时，2011 年作为“十二五”规划的开局之年，做好全年工作，开好头、起好步，对于实现“十二五”的任务目标意义重大。为实现学校“十二五”发展良好开局，让我们全校上下同心同德，扎实工作，开拓创新，圆满完成全年各项任务，以优异成绩为建党 90 周年、为学校第十次党代会的召开献礼！

宁滨校长在2011年学校暑期工作会议上的讲话

（2011年8月26日）

同志们：

今年是“十二五”开局之年，本次暑期工作会议的主要内容是讨论学校“十二五”规划。受校党委委托，我主要围绕“十二五”规划制订的相关问题谈几点意见，供大家讨论。

一、上半年和“十一五”工作回顾

今年上半年，我们进一步深入学习国家教育规划纲要，校内各单位和全体师生员工按照学校全年工作要点和折子工程要求，团结一心，抓住机遇，努力奋斗，各方面工作顺利开展并取得了一定成绩。6月16日，中共中央政治局委员、国务委员刘延东同志来校视察工作，充分肯定学校贯彻党的教育方针，为国家现代化建设特别是交通事业发展作出了积极贡献。希望学校切实把工作重点放在提高办学质量上，加强特色和优势学科建设，提升人才培养水平，增强科学研究与服务社会能力，在国家经济社会发展中发挥更大作用。延东同志的重要指示对我们进一步做好工作给予了巨大鼓舞。

人才培养方面，建立了7个工程实践教育中心，专业学位类型扩大到9类，学校获评全国工程硕士研究生教育创新院校，3个工程硕士专业领域获评全国工程硕士研究生教育特色工程领域。学校艺术团赴非洲、欧洲和美国进行慰问和交流演出，羽毛球等高水平运动队取得多项佳绩。

科技工作方面，新增1个教育部创新团队和2个北京市重点实验室，平台和军工资质验收、科研项目特别是国家级项目立项、高水平论文发表、专利申请等工作取得新的进展，CBTC等科技成果转化和服务社会能力进一步提升。

人才队伍方面，上半年引进人才57人，其中海外博士16人。“红果园‘双百’计划”新遴选44人，5人入选教育部新世纪优秀人才支持计划，17人获第十届詹天佑铁道科技奖等相关奖项。

改革和管理方面，积极推进3项国家教育体制改革项目和试点学院工作。学校“十二五”事业发展规划形成了目前的征求意见稿。平谷现代轨道交通创新基地暨新校区建设项目获批，建设规划初稿已形成。根据发展需要，成立了国家保密学院，调整了人文学院等机构。重要活动组织平稳有序，学校管理服务水平逐渐提高。

对外联络方面，举办了交通大学校友总会第十一届理事会暨交通大学校长论坛。国际合作交流、校企合作、校友会、董事会、基金会等工作有序开展。

办实事和节约型校园建设方面，教职工住宅改造工程正式获得批复，后续工作正在积极推进。科技创业大厦暨北京CBTC研发中心工程取得规划许可证。学生活动服务中心项目和幼儿园新迁东校区工程即将竣工。基本解决了财务报销排队问题，教学区为学生提供免费开水。基础设施维修改造有序进行，“建筑节能监管平台”完成一期建设。

党建和思想政治工作方面，成功举办建党90周年系列庆祝活动，顺利完成了处级干部换届调整工作，干部选拔任用机制改革取得初步成效。创先争优工作取得实效，基层党组织建设、师生思想政治教育工作和校园文化建设不断加强。积极发挥工会、共青团等群团组织作用，统一战线、离退休工作、安全稳定工作扎实有效，校园安全防控体系不断完善。

回顾“十一五”期间的工作，经过全校师生的共同努力，我们完成了“十一五”规划确定的各项任务目标，学校的综合实力上了一个新的台阶，各项事业保持了良好的发展势头。

结合国家经济社会发展需要和学校实际，我们不断创新人才培养模式，人才培养质量不断提高。学生规模保持基本稳定，结构不断优化。在本科教学工作水平评估、国家级优秀教学成果奖、全国百篇优秀博士论文、学科竞赛等方面取得显著成绩。毕业生就业率和深造率位居同类院校前列。

坚定不移实施人才强校战略，学校高水平人才队伍建设、师资总体水平等得到进一步加强和提升。教师总数增至1 706人，具有博士学位教师比例达到61.3%，海外博士和6个月以上海外研修经历教师比例达到35.4%；2人入选“千人计划”，新增6名长江学者特聘教授和讲座教授、4名国家杰出青年科学基金获得者、4名新世纪百千万人才工程人选、25名教育部“新世纪优秀人才支持计划”入选者以及3个教育部创新团队。

坚持面向国家重大需求和学科前沿，不断完善科研管理体制，学校在国家重点学科建设、国家级和省部级重点平台、重大项目数量、经费等方面都取得了突出成绩，科技创新能力持续增强。

积极推进与世界高水平大学、教育机构和知名企业的交流与合作，留学生人数及学历生比例有较大增长，孔子学院建设成果明显，国际合作规模和层次明显提高。

大力推进与企事业单位和地方政府的合作，学校服务行业和区域经济发展能力快速提升。在青藏铁路、高速铁路以及城市轨道交通建设特别是有自主产权的列车运行控制系统研发及成果应用等方面取得一批优秀成果。

加大基础设施建设力度，教学科研设备和条件、校园网络建设、学生住宿条件等师生的学习工作生活环境得到较大改善，节约型校园建设初见成效。

全面落实学校党建和思想政治工作“十一五”规划，不断加强领导班子、干部队伍建设和基层党组织建设，加强师生思想政治教育工作和校园文化建设，注重发挥教代会、工会、共青团等组织作用，做好统一战线、离退休等工作，维护学校安全稳定，学校内在凝聚力、外在影响力不断提升。

这些成绩的取得，是上级党组织正确领导的结果，更离不开全校师生员工的团结协作和辛勤劳动。在此，我代表学校党政领导班子，向全校师生员工、各民主党派和无党派人士，向离退休老同志，表示衷心感谢！

同时，我们要清醒地认识到，当前学校改革发展还面临一些深层次的矛盾和困难，主要表现在：教育教学质量有待进一步提高，拔尖创新人才培养有待进一步加强；师资队伍整体水平还不能适应研究型大学建设的要求，特别是高水平学科带头人匮乏，团队建设力度不够。优势特色学科的基础研究亟待加强，科技工作积极面向国家需求、服务主战场和面向学科前沿的意识需要进一步加强，重大项目、高水平成果较少，作为学科特色鲜明的大学，离从行业特色到学科特色、从技术支撑到引领还有较大差距。校园面积缺口较大，校舍和基础设施严重不足，改善教职工工资待遇、住房条件等方面都有很大欠账和经费缺口。办学开放程度和国际交流合作力度需要进一步加强。管理的制度化、规范化建设，机关作风建设和校园文化建设有待进一步加强。这些都需要我们在今后一个时期特别是“十二五”期间下大力气改善和解决。

二、深刻认识发展的新形势新机遇

当前，我们站在一个新的起点上，今后5年能不能取得预期的目标，关系到学校长远发展，其中关键是能不能制订和落实好“十二五”规划。党的十七届五中全会指出，当前和今后一个时期我国发展仍处于可以大有作为的重要战略机遇期，并鲜明地提出要以科学发展为主题，以加快转变经济发展方式为主线，深化改革开放，保障和改善民生，促进经济平稳较快发展和社会和谐稳定。今年是《教育规划纲要》颁布实施一周年，教育工作扎实落实规划纲要取得了初步成效。今后一个阶段，进一步加大力度落实纲要各项目标任务仍然是教育系统工作的重中之重。刚刚召开的教育部第二十一次咨询会传递出一个很重要的信息，就是要坚持走质量提升为核心的内涵式发展道路。要做好我们的工作，就要求我们正确研判形势，抢抓机遇，乘势而上，加快中国特色、世界水平研究型大学建设步伐。总体来看，当前我们面临着以下五个方面的重大机遇，这也是我们制订“十二五”规划的重要背景。

1.《教育规划纲要》贯彻落实及其改革项目和重大工程的启动为学校改革发展提供了新的重大机遇。《教育规划纲要》颁布实施一年来，全国上下掀起了学习贯彻落实的热潮，开启了高等教育改革发展新的历史阶段。高教系统把提高质量作为最核心最紧迫的任务，针对影响和制约高等教育质量提高的突出问题，注重体制机制创新，着力加强质量保障体系建设，创新人才培养模式，全面提高教育质量。相应地，一批改革项目、重大工程和支持计划项目陆续启动。这些为学校改革发展提供了新的重大机遇。

2. 创新型国家建设、战略性新兴产业，以及与学校优势特色学科相关行业的发展为学校发展提供新的重大机遇。党中央提出了建设创新型国家和人力资源强国的目标。国家中长期教育、科技、人才发展规划和国家“十二五”规划提出，要深化改革开放、加快转变经济发展方式。“十二五”期间，国家将大力发展节能环保、新一代信息技术、高端装备制造，以及生物、新能源、新材料等战略性新兴产业，构建综合交通运输体系，建设首都经济圈。

根据国家经济社会发展的现实及未来需求，结合学校学科优势与特色，我们要重点聚焦在信息技术、新能源、现代物流、交通领域的基础性和关键核心技术研究，把服务的重点放在国家信息产业、能源产业、物流产业以及铁路和城市轨道交通行业技术创新体系中。

3. 新一轮科技革命的即将到来，为学校发展提供了新的重大机遇。众所周知，科学革命是技术革命的基础和出发点，科学革命引发技术的进步，而技术革命是科学革命的结果，先进的技术及其应用成果反过来为科学研究提供了有力的工具。到目前为止，科技史上发生了两次真正意义上的科学革命和三次技术革命。

第一次科学革命是以牛顿、莱布尼茨的微积分和经典力学为代表的物理学革命，建立了近代自然科学体系。第二次是以爱因斯坦的相对论和量子力学为代表的革命，物理学理论和整个自然科学体系以及自然观、世界观都发生了重大变革，标志着科学发展进入了现代时期。此后在科学体系中，长时间没有突破性的认识。

第一次技术革命是18世纪蒸汽机的发明，第一次凸显了科学技术的生产力功能。第二次是19世纪的电力革命，带来了产业结构的深刻变化，使生产更加依赖科学技术的进步，技术从机械化时代进入了电气化时代。第三次是20世纪第二次世界大战后特定的历史背景下产生的电子、核能和航空航天革命。此后一直没有新的划时代突破性技术革命出现。

从科学技术革命发生的规律和人类整个科技史发展的规律来看，新一轮科技革命应该是在21世纪上半叶发生，主要将体现在新能源、系统生物科技等领域。作为高水平研究型大学必须高度关注并积极参与这一进程。

4. 国家教育体制改革试点项目和学院综合改革试点项目的实施，为学校发展提供了新的重大机遇。今年以来，我们按照国家教育体制改革领导小组的部署和要求，有序推进承担的高校用人机制改革、产学联合培养人才机制改革、国际化人才培养机制改革3个试点项目和试点学院工作，但工作力度还不够。下一步要结合“十二五”规划的落实，进一步加大工作力度，使改革工作切实为学校自身的科学发展提供动力和保障，为全国教育事业的发展积累有益经验。同时，带动和深化学校其他方面的改革，使改革创新真正成为提高质量和促进发展的重要动力。

5. 在平谷筹建现代轨道交通创新基地暨新校区为学校发展提供新的重大机遇。在党委的坚强领导和有关部门的不懈努力下，在全体师生员工的高度认同和共同企盼下，特别是在教育部、北京市等有关部门的大力支持下，平谷创新基地暨新校区建设取得阶段性成效，争取近期与平谷区签订正式协议。这项工作既是重大机遇，更是艰巨任务，项目立项、建设规划、功能定位，特别是资金筹措等都需要认真谋划并尽快拿出方案。筹建创新基地暨新校区是学校第二个百年发展中的一件大事。校领导班子一致认为不管遇到多大困难，为了学校的长远发展，我们一定要抓住机遇，坚定不移地推进这项工作。

面临这些难得的机遇，我们必须适应国家经济和社会发展需要，准确把握定位，紧紧抓住发展契机，将不断提高办学质量贯穿于学校人才培养、科学研究、社会服务、文化传承创新和国际合作交流各项工作中，走内涵式发展道路，着力自主创新，提升学校核心竞争力，为建设国内一流、国际知名的研究型大学奠定更加坚实的基础。

三、认真落实“十二五”发展规划各项目标任务

制订“十二五”规划是今年工作的重中之重，目前已形成了初稿。规划文本已印发到大家手头，我下面择要做简单介绍。

（一）规划制订的依据及起草过程

学校制订“十二五”规划的主要依据有：2010年颁布实施的国家中长期教育改革和发展规划纲要、国家中长期人才发展规划纲要，2006—2020年国家中长期科学和技术发展规划纲要，国家国民经济和社会发展第十二个五年规划纲要，以及学校2006—2020年的发展战略规划。

“十二五”规划制订自从2009年12月启动以来，经过调研诊断、规划撰写等阶段，形成了目前的征求意见稿。这个过程经历了几上几下，充分发挥了二级单位的作用。从结构布

局上主要分为总结现状、分析形势、制定目标、明确总体框架，确定重大工程和改革试点等具体抓手，提出规划实施和保障等几个部分。

（二）指导思想、发展思路和总体目标

指导思想上，“十二五”期间学校工作要继续坚持以邓小平理论和“三个代表”重要思想为指导，深入贯彻科学发展观，全面落实党的教育方针，紧密围绕国家中长期教育改革和发展规划纲要，以科学发展为主题，深化改革，扩大开放，优化结构，提升质量，坚持内涵发展道路，实现学校又好又快发展，为建设创新型国家和人力资源强国做出新的更大贡献。

发展思路上，我们强调要强化“四种意识”。一是强化战略意识，善于谋划布局，抢抓发展机遇。二是强化质量意识，将提高质量落实到学校发展的各项工作中。三是强化创新意识，坚持改革创新，不断突破体制机制障碍，提高办学水平和办学活力。四是强化服务意识，牢固树立服务国家战略，以及为教学和科研服务的意识，着力提高服务质量和服务效率。在此基础上，提出要加快“六大转型”，即人才培养从知识传授向全面发展转型，队伍建设从自我发展向团队提升转型，学科建设从行业特色向学科特色转型，科学研究从技术支撑向科技引领转型，国际合作从广泛交流向深化合作转型，社会服务从项目合作向长期共赢转型。

在这个过程中，我们要着重推进两项重要工作，一是积极推进教育部、铁道部、北京市“两部一市”共建北京交通大学；二是在北京市平谷区建设现代轨道交通创新基地暨新校区，为学校未来百年发展奠定坚实基础。

发展目标上，我们基本继承了学校第九次党代会的精神，提出到2015年，学校发展的核心能力和国际影响力明显提升，总体办学水平显著提高，部分优势特色学科冲击世界一流水平，成为拔尖创新人才培养的重要基地、行业科技创新的重要源头、国家经济社会发展的重要支撑、文化传承创新的重要基地，为把学校建设成为国内一流、国际知名的有特色、高水平研究型大学奠定更加坚实的基础。同志们，在此基础上，希望大家共同思考和规划学校更长远的发展，比如说到2050年的远景目标，请大家讨论。

具体来看，“十二五”期间，学校要努力实现“3·4·5目标”。一是确保在国家高水平创新平台、国家级创新团队、国家级高水平科技成果奖等三方面实现“三个突破”。二是实现“四个提升”，即师资队伍水平明显提升，汇聚一批有影响的高端人才，形成一批以名师和科研领军人才为核心的创新团队；办学条件明显提升，完成平谷新校区一期建设和现有海淀校区基础设施及公共服务体系改造，满足学校发展需求；国际化水平明显提升，国际交流合作能力显著增强；教职工工作条件和生活待遇明显提升，到“十二五”末教职员工人均年收入显著提高，住房条件明显改善。三是达到“五个前列”。人才培养、学科建设、科学研究、社会服务、党建和思想政治工作五个方面主要指标位于全国同类高校前列。人才培养质量保持全国普通高校优秀水平，学科水平明显提高，科研实力显著增强，服务国民经济和社会发展的能力大幅提升，党建和思想政治工作达到全国高校先进水平。

（三）重点抓好7个方面的任务

1. 激发学生创新潜能，加快从知识传授向全面发展转型，全面提高人才培养质量。主要包括：一是深化人才培养模式改革，推进拔尖创新人才、行业发展急需的高素质专门人

才、社会迫切需要的复合型创新人才等三类创新人才培养；二是夯实实践、理学、人文三个基础平台，支撑学生全面发展；三是创新培养管理体制机制，完善质量标准和质量管理体系；四是完善学生综合素质教育体系。

2. 扩大规模、优化结构、提升水平、激发活力，加快从自我发展向团队提升转型，全面提高人才队伍整体水平。主要包括：一是引进和补充海内外具有突出学术成就的学科带头人和具有良好发展潜力的优秀青年人才，完善和实施四支队伍的人才培育体系；二是建立和实施教师分类型分层次管理的考核评价体系、晋升晋级通道和薪酬激励机制；三是建设一批优秀教学团队和以产出标志性成果为导向的创新团队；四是完善岗位聘任制、考核评价机制和专业技术职务晋升晋级机制，探索灵活多样的用人形式。

3. 加强学科建设，进一步突出特色优势，加快从行业特色向学科特色转型。主要包括：一是以信息、交通、管理学科为主线，统筹建设相关学科群；培育能源、环境、生物和材料四个新兴交叉学科；围绕交通等行业产业链构建具有结构特色的学科链，变行业特色为学科特色；二是重点建设信息科学与技术、交通运输和经济管理学科群，使优势特色学科成为处于国内同类学科前列、在国际上有一定影响的学科，向世界一流学科冲击；三是以科研重点突破带动新兴交叉学科水平提升，取得若干能达到国内领先水平、引领新兴产业发展的研究成果；四是大力发展基础学科、人文社会科学，加强理科对工科的支撑与辐射作用，提高系统科学、数学和物理等理学学科建设水平，实现重点突破。

4. 对接国家需求，培育更多标志性成果，提高承担重大科研任务的能力，加快从技术支撑向科技引领转型。主要包括：一是做好顶层设计，优化平台体系，建设专职队伍，着力建好高水平科技创新平台；二是积极承担更多国家级重大项目和国防军工重大项目，在保持和加强信息、交通和管理等领域的优势与特色的同时，加强新兴交叉学科领域和国防军工等领域的投入，提升科技竞争力；三是推进科学研究国际化，扩大学术交流；四是建设“平台、团队、项目、成果”四位一体的科研管理体系，建立分类评价及有利于科研平台与团队建设的评价体系。

5. 进一步推进国际交流合作向广度、深度发展，加快从广泛交流向深化合作转型，全面提升学校的国际合作能力。主要包括：一是拓展国际交流渠道，积极参与双边、多边和全球性、区域性教育合作，推进与世界一流大学、科研机构和跨国企业的交流合作，鼓励优势特色学科开展国际评估；二是建好孔子学院建设，发挥其桥梁、窗口作用；三是完善国际交流合作管理体系，搭建国际化管理与服务平台，营造良好的国际化人才培养校园环境；四是通过选派教师赴世界一流大学、科研机构合作研究和进修学习等，建设国际化师资队伍；五是推动专业和工程教育的国际认证。

6. 开展战略合作，深化服务内涵，服务国家发展战略，加快实现社会服务从项目合作向长期共赢转型，实现与产业的有效对接。主要包括：一是充分发挥大学科技园等基地和平台的作用，突出交通运输等服务特色，加强科技成果转化；二是通过建设研究平台、研发中心、驻外研究院等，加强对地方政府与企业的支持服务；三是树立继续教育品牌，搭建终身学习“立交桥”，提高学校社会影响力。

7. 进一步改善办学环境，建设现代校园。主要包括：一是加大工作力度，完成规划及征地工作，使平谷现代轨道交通创新基地暨新校区一期工程早日开工建设；二是建设和使用好本校区学生活动服务中心、科技创业大厦暨北京 CBTC 研发中心和综合体育馆等项目；三是完成电力扩容、污水干管改造、供热改造和其他基础设施改造；四是建设和完善校园高速数据网络、校园管理信息系统等，提升校园信息化水平；五是大力推进节约型校园建设，提升校园服务保障能力。

（四）加大体制机制改革，着力突破学校发展瓶颈

1. 实施六个方面的重大计划和工程

一是实施研究生创新能力提升工程。建立培养特区，构筑拔尖创新人才系统化、科学化的综合培养体系，全面提高研究生培养质量。主要包括：实施学科基础课程建设计划，加强授课质量监督，强化学校优势、特色学科的基础课程建设；实施创新能力培养计划，设立“拔尖创新人才培养试点班”进行硕博连读试点；实施研究生创新激励计划，设置专项奖学金和创新研究基金等，加强对优秀研究生的培养。

二是实施科技能力提升计划。支持重点学科平台开展重大科技项目攻关，实现国家级高水平科研平台、创新团队和高水平科技成果的突破。主要包括：立足解决制约国民经济和社会发展的重大科技问题，瞄准学科前沿，有计划、有组织、有重点地承担重大科技项目，解决制约行业发展的基础理论和共性关键技术问题；做好平台建设的顶层设计，加强对高水平科研平台和团队的支持和管理力度；培育重大科技成果，加大科技成果转化和推广应用，完善“政产学研用”合作模式，努力培育一批原创性基础研究成果和具有自主知识产权的应用研究成果。

三是实施实践创新平台建设工程。创新实践教学，形成立体化、开放式实践教学体系，全面提高学生实践创新能力。主要包括：加强校内实验实训平台、国家级、北京市实验教学示范中心建设，重点支持建设一批重点专业和新建专业实验室；强化数字化平台建设，实现优质资源共享；建设校外联合人才培养基地和学生科研创新创业实践平台。

四是实施高端人才培育和引进工程。加大人才专项经费投入，建立健全人才培育和引进的校院两级管理机制，发挥院系在人才培育和引进中的主体地位。主要包括：遴选培育一批业绩突出、学术潜力大的优秀拔尖人才；实施卓越人才引进计划，对接“千人计划”等高层次人才项目，引进一批急需的海内外优秀学科领军人才和团队；实施特聘教授计划，吸引一批短期内无法回国到校全职工作的海外优秀顶尖人才作为学校特聘教授。

五是实施师资国际化水平提升工程。积极吸引海外人才、培育本土人才，大幅度提高外籍教师和本土全英文授课教师数量，每个学院至少有一个专业方向能够全英文授课，创造国际化的教育环境和条件。主要包括：实施海外教师“百人”计划，统筹规划聘用的数量和结构，建立海外教师校院两级组织管理体系，设立专项基金，制定薪酬标准和发放办法；实施本土教师全英文授课“双百”计划和中外教师融合计划，形成一支满足专业系统化培养需求的全英文授课教师队伍。

六是实施平谷创新园区和新校区建设工程。目标是建设国内一流、世界知名的以交通科技为特色的创新基地和人才培养培训基地，拓展办学空间，满足学校发展需求。主要包括：明确平谷校区的功能定位，完成征地工作，规划建设现代轨道交通产学研创新基地、战略性新兴产业科教基地、新校区；“十二五”期间开工建设建筑面积 15 万平方米的校舍和 10 万平方米的创新基地。

2. 扎实做好国家教育体制改革3个试点项目、试点学院工作和评估评价机制改革试点工作

一是国际化人才培养模式改革试点。要以国际化人才培养试点班为载体，在学校的优势学科及特色学科中，遴选若干本科专业、硕士研究生专业方向实施国际化人才培养试点。要借鉴国际先进的教育理念和教育经验，在课程体系等方面进行研究，建立与国际接轨的课程体系、教学内容和师资队伍，构建国际化人才培养的管理与服务体系。

二是校企合作人才培养模式改革试点。要以“卓越工程师教育培养计划”试点专业为载体，依托校外人才培养基地和产学研联合研究生培养基地，实施联合培养试点，建立校企充分对接的联合培养及管理的运行机制，在联合人才培养的体系、模式和机制等方面取得标志性建设成果，为学校各学科、专业工程教育改革提供范例。

三是用人机制改革试点。要统筹学校岗位资源，科学规划，合理核定各支人才队伍的发展规模和岗位设置，建立健全基于贡献率的岗位资源配置机制。探索建立基于国际化视野的人才选聘机制，构建基于岗位履职要求的人才绩效评价机制，推进教师分类考核评价机制改革，对已取得突出学术成就、长期潜心从事教学科研工作的教师实行免考核制度，完善基于绩效工资分配的人才激励机制，积极探索基于合同管理的人才流转退出机制。

四是学院综合改革试点。选择合适的学院，开展教育管理体制和人才培养体制综合改革试点，主要是改革校院两级管理体制和运行机制，扩大学院自主权，实行教授治学。要改革教师聘任、考核与评价制度，实行聘任制，探索年薪制。要改革人才招录与选拔机制，完善自主招生制度。要创新和改革人才培养体制和模式，尊重学生主体地位，促进学生个性发展，为推动学校的综合改革提供借鉴。

五是评估评价机制改革试点。选择部分学院、学科、专业，进行评估评价机制改革试点。要结合学院发展规划和业绩考核，建立学院发展评估评价方案，按照工学、理学、经管和人文等学科大类，建立校内学科、专业发展评估评价方案。要组织优势学科和品牌特色专业参加由国内外权威评估评价机构组织的学科评估和专业认证。

事实证明，只有坚持解放思想、改革创新，坚决破除一切妨碍学校科学发展的思想观念和机制体制弊端，才能解决制约学校发展中的突出问题，不断开创学校工作新局面。但是在推进改革的过程中，我们要注意处理好几个关系：一是辩证地处理好传承历史与改革创新的关系；二是处理好内部改革的节奏和力度，因地制宜，不搞“一刀切”，同时要积极争取上级政策的支持，为校内改革创造有利的外部环境；三是对接国家需求与夯实学科基础的关系，实现以服务求支持、在贡献中发展；四是做好试点与全面推进的关系，要坚持在试点取得经验的基础上全面推进；五是处理好改革、发展、稳定的关系，努力实现协调可持续发展。

（五）为实现“十二五”目标任务提供坚实保障

保障工作主要体现在以下几个方面。

1. 组织保障

一是要坚持党委领导下的校长负责制，加强和改善党对学校工作的领导。各级党组织要把推动各项事业发展作为重要职责，建立相应的考核机制和问责制度。要加强学校发展战略和政策研究，提高决策科学化水平。

二是加强领导班子和干部队伍建设。坚持并完善民主集中制，深化干部人事制度改革，完善干部选拔任用机制，加强后备干部队伍建设，开展教育培训，加强作风建设和监督管理。

三是加强基层党组织建设。认真贯彻《中国共产党普通高等学校基层组织工作条例》，完善院系党政联席会议制度，优化基层党组织设置，加强基层党组织负责人队伍建设，不断推进基层党建工作规范化，加强党员教育管理和服务。

四是加强反腐倡廉建设。按照党要管党、从严治党的要求，构建反腐倡廉责任体系、惩防体系和风险防范体系，推进反腐倡廉制度建设，强化对权力运行的监督。

五是加强教职工和学生思想政治教育工作。以加强师德建设为重点，围绕学校中心工作，切实提高教职工思想政治教育工作的针对性和实效性。要加强学生爱国主义、民族精神和时代精神教育，大力加强责任感教育和公民意识教育，进一步加强安全教育和心理健康教育。

2. 制度保障

要积极推进现代大学制度建设，构建完善科学的制度体系，依法治校，确保学校规划各项目标任务的顺利实现。

一是坚持“党委领导、校长负责、教授治学、民主管理”。健全议事规则与决策程序，规范决策行为，提高决策水平，推进战略管理。完善内部治理结构，健全民主管理和决策机制。

二是建立科学民主的学术管理体系。要完善教授治学的组织、制度和机制，完善学术委员会、学位委员会等组织的章程条例。建立有效全面的民主管理体系，落实各层面教职工和学生在学校管理、决策中的知情权、参与权和监督权。

三是加强学风和学术道德制度建设。要加强科学精神和学术规范教育，强调自我道德养成，自觉遵守学术道德、规范学术行为。建立学术管理规范和引导学术诚信的制度体系，健全学术不端行为的预防、监督和惩治制度，形成保障良好学风的长效机制。

3. 资源保障

下大力气争取资源是“十二五”乃至今后很长一个阶段我们的一项艰巨任务。要积极构建与市场经济相适应的社会资源吸纳体制，健全校内各类资源的科学配置机制，为学校事业发展提供资源保障。

一方面，要广泛拓展资源。充分发挥董事会、校友会、基金会等作用，积极争取校友和社会各界的捐赠，积极争取各种财政补贴和各类政策性资源。广泛开展教育、科技和文化交流合作，为学校各项事业的新发展争取更多的优质资源。健全学校经营性资产的管理监督营运体系，规范经营行为，提高资产经营收入和参控股企业收益。

另一方面，要优化统筹校内资源。科学分配预算，调整支出结构，围绕规划目标，突出重点，优先保证教职工待遇提高、重大工程和试点项目的顺利实施。加强财务预算控制和支出管理，深度挖潜，整合资源，促进各类资源的高效利用。

4. 文化保障

校园文化建设对学校的发展影响深远，需要我们做出长期努力。要充分发挥社会主义核心价值体系的引领作用，为学校发展提供强大精神动力。要深入挖掘学校历史积淀和文化内涵，梳理文化脉络，凝练提升交大精神，加大文化宣传教育力度。要统筹全校文化活动资源和平台，打造一批覆盖全校不同群体、体现学校特色、具有较大影响力的校园文化活动品牌。要建设校园形象识别系统，结合新校区建设和现有校区调整改造，统筹设计和建设自然景观与人文景观，提升校园环境的文化内涵。

5. 责任保障

有了规划蓝图，关键是落实。要围绕学校总体规划，完善专项规划和各学院规划，制订落实重大工程和改革试点的实施方案，确定各职能部门、各学院规划实施负责人，落实规划目标和任务。要加强宣传发动，强化师生员工对学校发展规划的认同，凝聚人心，形成合力。要分解落实指标任务，将规划目标的完成情况作为各级领导班子和干部考核的重要依据。要加强对规划执行情况的评估检查，确保学校规划顺利实施。

四、下半年的几项重点工作

今年下半年，要继续按照学校工作要点和折子工程确定的目标任务扎实做好各方面工作，在此，我强调以下几个方面的工作。

1. 深化培养模式改革，不断提高人才培养质量

人才培养的核心任务是提高培养质量，包括提高本科人才培养质量和研究生培养质量。今年本科教学工作会议就今后一个时期本科人才培养的目标、任务、举措进行了系统阐述和部署，主要精神和内容与“十二五”规划是一致的。从下半年起，要着力做好以下工作。一是深化培养模式改革，重点抓好拔尖创新人才和国际化人才培养工作，进一步探索产学联合培养人才的有效方式。二是强化教学内涵建设，重点建设高水平实践创新平台、理学基础教学平台和人文素质教学平台，同时推进研究性教学课程建设和特色品牌专业建设。三是深化教学管理机制改革，完善教学质量保障体系，主要包括推进教学工作校院两级管理机制改革；建立教学奖励制度，调动学院和教师的教学积极性；完善教师的晋升、考核、聘任评价机制，加强专业团队、课程团队的考核与评价机制建设等。四是加强综合素质教育，充分调动学生学习积极性和主动性，促进学生成长成才；进一步帮扶家庭经济困难和就业困难学生，做好毕业生就业工作。

2. 培养与引进相结合，着力提高人才队伍水平

人才队伍是一切工作的基础。一是抓好高层次人才的引进。人事、外事部门要对接“千人计划”、“长江学者计划”、“杰青”等高层次人才项目，注重有关线索的搜集和掌握，努力引进学校急需的海内外优秀学科领军人物和团队。二是实施好“红果园‘双百’人才培育计划”。至今已集中遴选了三批人选，包括了绝大多数校内年轻的优秀教师，以后不再集中遴选，现有教师和新补充的博士后满足条件的可考虑直接进入培养系列，目前重点是关注、服务已入选的人员，努力培育一批业绩突出、学术潜力大的优秀拔尖人才和创新团队。三是努力增加外籍教师数量。要积极学习上海交大等兄弟高校的理念和思路，大幅度提高外籍教师和本土全英文授课教师数量，努力形成一支满足专业系统化培养需求的全英文授课教师队伍。四是加大力度建设好实验技术队伍，促进几支队伍的协调发展。要尽快完成设岗定编工作，采取内转外聘等办法，在尽可能短的时间内把相关工作切实抓紧抓好。

3. 抓住机遇，努力提升学科实力和科技创新能力

在继续按照学校工作要点做好各项面上工作的同时，一是积极准备并确保能首批进入即将实施的《2011 创新能力提升计划》，该计划的核心是大力促进协同创新。轨道交通国家实

验室和一些国家级平台的筹建等也要充分利用协同创新的机制。二是积极争取进入国家大科学中心第二轮建设单位，可否围绕交通方面的传统和非传统安全来设计这个科学中心。三是扎实做好国家重点实验室和国家工程研究中心的评估验收工作。四是继续做好教育部人文社会科学基地的申报工作。

4. 多管齐下，扎实推进平谷校区筹建工作

一是抓紧签订“两部一市”共建协议。二是尽快与平谷区签订土地等相关协议。三是做好平谷校区的规划，把平谷校区建设成低碳环保，符合人才培养理念、学科发展理念的现代轨道交通产学研创新基地、战略性新兴产业科教基地和新校区。四是根据教育部批复意见，成立专门工作委员会，做好东校区的处置工作和新校区建设资金筹措工作。

5. 创新思路，进一步做实做深对外交流合作工作

国际合作经过近几年的努力，有了较大起色和好的发展态势，也积累了一些经验，下一步要创新思路，把相关工作做实做深。包括积极借鉴兄弟院校经验，进一步扩大外国留学生数量，提高留学生层次。积极做好国际咨询委员会的筹建工作，积极推进国际联盟的成立。进一步办好在比利时的孔子学院，做好在美国和巴西新建孔子学院工作。总结国际班经验，进一步加强国际化人才培养。

6. 创新管理，不断提升后勤保障工作水平和校院机关服务管理水平

管理出水平，管理出效率。一流的大学需要一流的管理。校院两级机关部门要加强学习，不断解放思想，自觉转变观念和工作作风；要加强调查研究，根据形势和事业发展需要及时修定相关规章制度，强化协调、落实和督促检查，进一步提升服务师生和学校发展的意识和水平。基建、后勤、房产等保障工作时间紧、任务重，下半年要做好学生活动服务中心竣工交付使用、创业大厦和住宅建设项目开工及幼儿园搬迁等工作，希望有关部门的同志本着一切为了学校发展、一切为了解决师生员工实际困难的思想，克服困难，多出思路和办法，把好事办好。

下半年还要积极筹备第十次党代会，要抓住庆祝建校115周年、成立北京校友会、举办交通论坛等契机，发挥校友会、基金会、董事会等作用，努力为学校发展筹集更多资源，同时做好服务校友和董事单位等工作。国永同志稍后也将就有关工作进行部署。

同志们，“十二五”时期是学校发展的重要战略机遇期，制定和实施好“十二五”规划，事关全局，责任重大。希望全校师生员工、各届校友和社会各界有识之士积极参与，把学校未来的发展规划制订好、实施好。让我们全校上下同心同德，扎实工作，开拓创新，努力开创学校改革发展的新局面！

曹国永书记在2011年学校暑期工作会议上的讲话

（2011年8月26日）

同志们：

刚才，宁校长代表学校党政领导班子总结了学校“十一五”时期和今年上半年的工作，分析了我们面临的形势任务，就学校“十二五”规划的制订进行了说明，并且部署了开学后的重点工作。下面我再补充讲几点意见，主要涉及近期及“十二五”期间学校需要进一步加强和改进的几项工作，目的在于引发大家对有关问题的思考和讨论，供大家参考。

一、科学合理定位，处理好“十二五”发展目标与学校中期目标及长远发展目标的关系

确定“十二五”发展目标与学校中长期发展目标密切相关，需要瞻前顾后、统筹考虑。

2005年第九次党代会确定了交大到2020年的发展目标，这个目标经过广泛深入的讨论，是合理的、实事求是的。“十二五”、“十三五”规划总体上都应该在这个框架下进行谋划。2020年以后的目标如何确定，需要大家共同思考、共同研究。

江泽民同志1995年12月为四所交大百年校庆题词：“继往开来，勇攀高峰，把交通大学建设成世界一流大学”。我认为这个题词为交大的长远发展指明了方向。世界一流大学、世界著名大学都是伴随着国家和民族实现现代化而产生的。中国到2020年全面建成小康社会，到2050年人均GDP达到中等发达国家水平，基本实现现代化。我想大体到那个时候中国将出现若干所各方面都公认的世界一流大学。

教育有两大特性：一是重要性，教育肩负着人才资源开发的重任，而且人才资源是第一资源，决定一个国家一个民族的现状和未来；二是滞后性，因为教育的发展需要经济发展作为支撑，它伴随经济的发展而发展，伴随经济的现代化而现代化。因此，从国家战略上讲教育要适度超前发展，也就是我们说的要坚持教育优先发展。我认为到21世纪中叶中国将建成若干所世界一流大学（其中有综合性的，有多科性的，也有专科性的），提出到2020年建成世界一流大学似乎有点操之过急。因为要达到世界一流，需要在人才培养、科学研究、社会服务、文化传承创新方面达到世界一流，包括文明程度以及投入、分配、管理、后勤等方面也是世界一流的。要做到这些必须做出长期的艰苦的努力。

交大作为一所特色型高校，能否提出到21世纪中叶（2050年前后）基本建设成为多科性的世界一流大学，到2030年前后优势特色学科跻身世界一流行列。这个目标可以从“十二五”开始明确建设。优势特色学科率先创建世界一流，这也是刘延东同志视察交大时提出的要求，我认为符合一流大学建设及学科发展的基本规律。总体看来，可否设想学校通过“三步走”实现中长期发展目标：第一步，到2020年建成国内一流、国际知名的研究型大

学；第二步，到2030年前后优势特色学科率先跻身世界一流行列；第三步，到21世纪中叶（2050年前后）把交大建成多科性的世界一流大学。

二、“十二五”时期学校各项工作要以科学发展为主题，以提高质量为主线

我们讲提高质量、改革创新、学风建设三大任务。其中“提高质量”是核心，是高等教育的生命线，也是交大的生命线，主要包括提高人才培养质量、科学研究质量、社会服务质量和文化传承创新质量，以及后勤、内部管理等各方面都要努力提高质量，使提高质量成为学校一切工作的主旋律。“十二五”时期学校各项工作的主线就是提高质量。

“改革创新”是动力，主要包括体制机制改革创新，管理改革创新及科技创新等。当前，要大力推进用人机制改革、产学联合培养人才改革、国际化人才培养改革等3项国家教育体制改革试点项目和经管学院试点改革以及学校“十二五”规划确定的改革任务。

“学风建设”是保障，重点是要营造追求卓越的学术风气，要营造宽松自由的学术风气，要营造宽容失败的学术风气，要营造对学术不端“零容忍”的学术风气，这对提高质量具有至关重要的作用。

三、要大力推进协同创新（“2011计划”）

启动和实施“2011计划”是国务院贯彻总书记在庆祝清华大学建校100周年大会上讲话精神的重要举措。战略性新兴产业特别是轨道交通的发展，为学校的发展提供了重大机遇。总结反思“7·23”动车事故，高铁的发展对科技、人才和管理都提出了新的更加迫切的要求，这起事故反映出高铁在通讯和管理上存在的问题和漏洞。我们要勇于担当，为国分忧，为民解难，为防止类似事故的发生和高铁的科学发展做出我们应有的贡献。我们要继续高举协同创新的旗帜，联合有关高校、企业和科研院所，联合建设协同创新的高水平平台，在服务国家发展战略的同时，提升我们的教学科研水平。很多同志认为协同创新是一种新的学术形态，我们要形成共识，以更加开放、包容的心态投入到协同创新中去。

四、要下大气力加强教师队伍建设

全面提高质量，推进一流研究型大学建设，最重要、最基础、最紧迫的工作就是要大力加强教师队伍建设。交大的教师队伍总体是好的，但与建设一流研究型大学的要求相比还有较大差距。近年来特别是中国工程院成立以来，我们没有产生一名院士，连提名都困难，从一个侧面反映了我们高水平人才的匮乏。建设高水平教师队伍需要领军人物，更需要创新团队和青年英才。要采取更加有力的措施，以更加开放的心态，从感情、事业、待遇三方面吸引、汇聚和培养人才，包括从国外、外校引进人才，这要成为全校同志的共识和行动。学院和有关职能部门要做好基础性工作。

五、要进一步推进国际交流合作

这是高等学校的一项重要职能。要坚持以开放促改革、促发展，坚持以我为主、优势互补、互惠互利和可持续发展的方针，进一步加强与境外院校的交流合作。在推进国际交流合作方面，当前有难得的机遇，一是国外看好中国的发展；二是学习中国语言文化在国际上兴起热潮；三是经济全球化必将推动教育的全球合作，“走出去”战略的实施也为我们提供了

新的机遇。我们一定要抓住这些有利于推进合作的有利时机，大力推进国际交流合作。

一是要促进双向留学，包括学校学生出国留学和境外学生来学校留学，要在“十二五”时期努力使来华留学生比例达到在校生的10%；二是留学以本科为主向本科、研究生并重转变；三是要大力支持和鼓励教授之间开展合作研究，特别是与世界一流大学的合作研究，有条件的院系特别是优势特色学科要大力推进国际合作联合实验室建设；四是要在合作交流的过程中大力引进人才。

六、要进一步推进科学民主决策

要抓紧研究制定学校章程，进一步改革和完善校内治理结构，合理确定组织架构，科学配置和制约监督各种权力，明确规定决策程序。

要坚持科学决策。一是要尊重规律，按规律办事；二是要尊重专家意见；三是要符合决策程序。

要坚持民主决策。坚持问政于民、问需于民、问计于民。重大事项、重大决策都要广泛征求意见，充分体现民意。提高运用民主办法解决复杂问题的能力。《教育规划纲要》制订过程中两次上网在全社会广泛征求意见，有一些重要内容是在公开征求意见时提出并写进纲要的。学校“十二五”规划等重要规划的制订和重大改革出台都要广泛征求意见，既集思广益，又是统一思想认识的过程，也有利于将来的贯彻落实。

七、要进一步精简会议活动，进一步转变机关职能，转变工作作风

校党委对此高度重视，今年3月专门印发了15号文件，即《关于进一步精简规范会议活动　提高机关工作质量和效率的意见》，提出了13条措施。目前看这项工作有一定进展，但离党委意见的要求还有差距。希望全校同志高度重视这项工作，学校办要进一步发挥综合协调和督办职能，把这个文件落实好，使会议活动在本学期有进一步明显下降。可开可不开、可搞可不搞的会议活动一律取消，形式大于内容的会议活动要大力精简，提倡开短会、讲短话、讲管用的话，力戒空话套话。通过精简会议活动，使领导同志和校院机关干部有更多的时间和精力开展调查研究，服务师生群众，建设服务型机关，建设学习型校园。通过精简会议活动，也使教师有更多时间和精力从事教学、科研工作。

八、正确处理改革、发展、稳定的关系

我们改革发展的任务很重，而且大事多、难事多。但是维护稳定这根弦一刻也不能放松。在维护安全稳定方面，学校总体工作情况是好的，但我们一定要居安思危，在谋划改革、推进发展、出台政策时，打牢安全稳定工作的基础。

我就补充讲这些意见。谢谢大家！

北京交通大学 2011 年工作要点

2011 年是“十二五”开局之年，也是全面落实《教育规划纲要》的关键一年。学校工作总体要求是：深入贯彻党的十七大和十七届四中、五中全会精神，全面落实国家中长期教育改革和发展规划纲要，贯彻落实《中国共产党普通高等学校基层组织工作条例》，把促进学生健康成长作为学校一切工作的出发点和落脚点，以提高质量、改革创新、学风建设为主线，以召开学校第十次党代会和制订实施“十二五”规划为契机，把握形势，抢抓机遇，解放思想，开拓创新，为学校“十二五”开好局、起好步，努力开创研究型大学建设和党的建设新局面。

一、加强党建和思想政治工作，着力保障科学发展

1. 筹备召开学校第十次党代会。认真总结九次党代会以来学校改革发展和党的建设成绩与经验，确定学校今后五年发展任务和奋斗目标。完成二级党组织、行政处级领导班子及干部换届工作，深化干部人事制度改革，加强领导班子和干部队伍建设。

2. 完成学校“十二五”事业发展规划及相关分规划制订工作。总结“十一五”规划实施情况，制定“十二五”规划，进一步明确学校未来发展的路线图和时间表。强化相关机构职能，加强学校发展战略和政策研究。

3. 纪念建党 90 周年，扎实推进创先争优活动。深入开展丰富多彩的主题教育活动，激发基层党组织和党员创先争优的内在动力。全面落实《北京普通高等学校党建和思想政治工作基本标准》，提高学校党建科学化水平。

4. 深入推进党风廉政建设和反腐败工作。贯彻落实中纪委十七届六次全会和教育部、北京市党风廉政建设会议精神，严格执行新修订的《关于实行党风廉政建设责任制的规定》，加强《廉政准则》的宣传教育和贯彻落实，完善廉政风险防范管理工作。扎实推进党务公开、校务公开与信息公开工作。

5. 进一步加强和改进学生思想政治教育工作。加强学生成长教育。扩大学生参与社会实践的基地数量、范围，完善激励机制。制订《进一步加强和改进研究生思想政治教育工作实施方案》。扩大心理素质教育的覆盖面，完善“经济资助、学业帮扶、教育关爱、心理援助、能力培养”校园支持系统。加强辅导员、班主任培训力度。完善网络环境下宣传和思想教育工作专业队伍和工作机制。加强共青团工作。

6. 深化学风建设。以教师为重点，以制度建设和导向为抓手，建立健全学风建设长效机制。制定加强师德建设的政策措施，深化优秀教师评选与宣传活动。启动校内学术交流活动，充分利用校内外各类资源举办形式多样的名人讲座、学术活动等。举办学生学风建设论坛，抓好新形势下班集体建设，重点解决学生职业发展规划教育的覆盖面问题，研究制定增强学生学习动力与积极性的措施。整体设计校园文化，研究制定《北京交通大学校园文化建设规划》，打造校园文化品牌。

7. 做好2011届毕业生就业工作。把就业工作作为衡量人才培养质量的指标系统设计与考核。进一步完善就业服务体系；推进创新创业教育和学生自主创业工作；继续扩大和维护好就业市场，推进以研究生群体为重点的深度就业指导与服务，提出进一步帮扶家庭经济困难和就业困难学生的具体措施，实现“稳定就业率，提高就业质量”工作目标。

8. 加强统战、工会、离退休工作。加大党外代表人士培养和推荐力度。充分发挥工会、教代会作用，推进教职工之家建设，开展建功立业争当先进活动。推进院系离退休支部建设，做好老教授协会、老年大学、关工委工作。

9. 切实维护校园安全稳定。继续推进平安校园、平安社区建设，建设应急指挥中心。坚持安全培训教育与宿舍安全卫生检查，重点加大安全隐患排查与整改力度。学习和贯彻落实保密法。

二、抓好五项重点工作，着力实现办学质量提升

10. 切实提高人才培养质量。深入实施质量工程，推进卓越工程师计划，创新本科生培养模式，加强拔尖创新人才培养。做好研究生学位类型与结构调整工作，进一步提高研究生生源质量和培养质量。加强理学、人文素质平台建设，提高学生文化、艺术、体育等综合素质。根据北京市要求，推进按学分收费改革。将科研、师资等各类优质资源向学生倾斜，加强学生国际交流。建设高水平实践教学平台，推进国家工程实践教育中心建设，加大投入，进一步落实大学生创新计划项目和学科竞赛等项目。

11. 建设高素质教师队伍。继续加大人才引进力度，提升师资队伍补充的结构和水平。加快教师队伍国际化步伐，推进教师特别是中青年教师出国研修和培训。加大支持优秀青年教师成长的力度，做好红果园人才培育计划。规范高层次引进人才和“红果园计划”重点培育人才的考核机制。

12. 加强学科和平台建设工作。加大国家级重点学科建设力度，推进学科建设责任教授制。继续加强“985”平台建设。梳理、提升省部级以上平台，确保新增实验室和科研平台通过验收。跟踪轨道交通国家实验室和重大科技基础设施建设，建设国际合作联合实验室。推进轨道运行控制系统国家工程研究中心建设，保证顺利通过验收。力争新增教育部创新团队1个，成功申报教育部人文社科研究基地，为早日实现国家创新团队的突破奠定基础。结合建校115年庆典，办好第七次中国交通高层论坛。

13. 不断提高科研水平。积极争取各类科技资源，科研经费力争再创新高。“973”、国家科技支撑、“863”重大重点等项目，自然基金重大重点项目、面上项目及“杰青”等自然基金委项目和高水平论文数量有新的增长。力争获得省部级以上科技奖励2项，申报主持国家奖2项。完善论文分类标准及高水平论文奖励办法，完善专利、软件著作权等资助与管理办法。加强成果转化和“政产学研用”合作，提高社会服务能力。做好国家大学科技园验收及评比工作，进一步推进大学生创业园和留学人员创业园建设。加强重点企业培育，努力打造学校第一个上市高科技企业。确保国有资产保值增值，产业上缴学校1 000万以上。

14. 提升对外交流与合作水平。成立学校国际咨询委员会、国际教育交流中心。拓展国际办学渠道，推进海外孔子学院建设，做好国外援建工作。全面实施“学生海外学习计划”，加大选送学生出国留学力度，努力突破400人次。进一步扩大资金筹集范围，加强校友会、基金会、董事会工作。成立北京校友会。办好建校115周年庆祝活动暨校友毕业值年

返校活动。

三、落实国家教育体制改革试点项目，着力推进各方面改革创新

15. 推进“探索行业特色高校产学联合培养人才的模式和机制”国家教育体制改革项目。开办产学联合人才培养试点班，制订实施办法和培养方案，建设课程群，出版特色教材，完善实践环节。采纳“双导师”制，鼓励师生深入企业实习基地。

16. 推进“探索有特色高水平大学国际化人才培养模式”国家教育体制改革项目。组建一批国际化人才培养试点班，开展多元化人才培养模式建设，推进专业和工程教育的国际认证工作，搭建国际实习实践平台。落实双语课程建设。

17. 推进“高校用人机制改革”国家教育体制改革项目。深化教师、其他专技、管理三支队伍聘用与管理体制改革，核定二级单位三支队伍岗位总量和结构。探索教师评估体系改革，制定各类专业技术人员考核办法，做好首个聘期期满考核工作，制定新一轮聘期技术岗位聘任实施办法。

18. 推进其他方面改革。继续推进科技管理、国有资产管理、校院两级管理等改革。推进适应新兴和交叉学科发展的基层学术组织建设及院系调整的探索。深化后勤社会化改革，完善后勤管理体制和机制，加强后勤队伍建设。完善单位及干部考核办法，精简会议，转变会风，提高机关工作质量和效率。

19. 推进现代轨道交通创新基地暨新校区建设。推进海滨学院二期建设，加强教师队伍建设，做好学位评估等验收工作。进一步推进和规范深圳研究院、长三角研究院等外设机构工作。

四、办好实事，着力解决事关师生员工切身利益的问题

20. 完成学生活动服务中心建设和启用工作，确保今年 9 月投入使用，为学生健康成长提供更加良好的平台。

21. 教学区提供免费开水；改善东校区学生宿舍住宿条件；增加学生宿舍免费用电指标，补助经费直接打入学生卡。

22. 启动天佑会堂设备的更换与改建工作。全面检修维护教室设备。加大对学生社团和学生参与社会实践的经费投入。

23. 教职工住宅改造项目和科技创业大厦项目开工建设。完成教职工住宅配售和各项拆迁安置，做好建设期间相应物业管理工作和新建部分规划工作。新幼儿园开工建设，并投入使用。

24. 多渠道增收节支。继续改善教职工工作条件、提高生活待遇。进一步提高财务工作服务水平和工作效率。

25. 进行节能设施设备改造，完成“建筑节能监管平台”一期建设，实施能源分级管理，建设节约型校园。

26. 推进校园信息化建设。加强全校范围的办公信息化系统建设。完成一卡通三期建设、下一代互联网应用和安全系统部署、校园信息化数据平台建设。

27. 提高医疗和公共卫生服务质量，继续做好健康管理中心辐射工作，推进功能社区健康管理体系建设。

北京交通大学2011年度工作总结

2011年，学校紧紧围绕提高质量、改革创新、学风建设三大任务，在教育部和北京市的正确领导下，通过全校同志的共同努力，学校的人才培养质量、学术研究水平、社会服务能力不断提高，社会影响不断提升，在建设国内一流、国际知名的研究型大学的征程上迈出了坚实的步伐，取得了显著的成绩，较好地完成了年初确定的各项重点任务。

一、研究制定“十二五”规划，提高办学质量取得新成效

一年来，学校制定了学校“十二五”事业发展规划，明确学校未来五年的发展目标，坚持育人为本，全面提高办学质量。

1. 研究制定“十二五”规划，明确发展目标和主要思路

学校“十二五”事业发展规划的制订经历了总结启动、调研诊断、规划撰写、征求意见等阶段，经过教代会、常委会、全委会审议通过，正式颁布实施，是学校今后5年改革发展的纲领性文件。《规划》对学校“十一五”规划的实施情况做了客观、全面的总结，认真分析了学校发展面临的新形势和新任务，实事求是地指出了当前学校存在的问题和不足，明确提出了“十二五”期间学校发展的总体目标和主要思路。到2015年，学校发展的核心竞争力和国际影响力明显提升，总体办学水平显著提高，部分优势特色学科冲击世界一流水平，成为拔尖创新人才培养的重要基地、行业科技创新的重要源头、轨道交通和综合交通发展的重要支撑、文化传承创新的重要阵地，在国家经济社会发展中发挥重要作用，为把学校建设成为国内一流、国际知名的有特色、高水平研究型大学奠定更加坚实的基础。

2. 健全体制机制，探索人才培养模式，大力提高人才培养质量

在本科人才培养方面，结合国家经济社会发展需求，明确了深化模式改革，着力培养拔尖创新人才等四方面的主要任务和创新教学管理体制机制等五方面的保障举措，将提高质量的任务落到实处。

制订和实施《校企联合人才培养总体实施方案》，与企业共同开展“3+1+2”卓越工程师产学联合人才培养试点，建设融合理论与实践的专业主干课程体系，完善理论和实践课程教学大纲，落实三个层次的科学训练体系。积极参与教育部卓越工程师计划，2011级该计划招生规模达到720人。

进一步加强拔尖创新人才培养平台建设。构建拔尖创新人才的文化素质教育平台，制订并实施支撑拔尖创新人才培养的理学平台建设方案，由院士牵头建立拔尖人才培养试点班。继续推进专业评估和认定、品牌专业、实验教学示范中心、大学生科技创新平台及校外人才培养实践基地建设，为三类创新人才培养提供保障。

在研究生培养方面，围绕“调整结构、注重创新、提高质量”的要求，适当调整生源结构，增加专业学位招生数量。深化研究生培养机制改革，加强教学检查和博士学位论文匿名评审制度，调整硕士研究生基础学制。设立拔尖创新人才选拔试点班，完善优秀博士生科

技创新基金资助，加强优秀博士论文培育。进一步加强专业学位研究生教育管理，修订培养方案，完善实践环节。认真实施“国家建设高水平大学公派研究生项目”，进一步提高研究生国际交流能力。举办 2011 年全国博士生学术论坛（交通运输工程），组织开展“院士校园行”、“与大师面对面”名师讲坛等各类学术活动 363 场次，举办第 21 届“慧光杯”研究生学术文化节。研究生社会实践成果显著。

在学风建设方面，按照“覆盖面广、内容丰富、重点突出、取得实效”的原则，系统开展丰富多彩的学风建设活动，切实提高学生学习的积极性和主动性。通过举办各类学风建设论坛，大力开展科学道德和学风建设教育活动，努力解决学生在学业规划方面的实际困难。制订《学风建设实施方案》，针对不同年级的学生开展系列活动，激发学习兴趣，明确学习目标，开展学习辅导。结合年度评优评先工作，抓典型、树典型，加强班风建设。承办“北京科学道德和学风建设宣讲团成立仪式暨专场报告会”，3 名教授获选北京市科学道德和学风建设专家宣讲团成员。

在招生及就业工作方面，加强生源基地建设，积极稳妥推进自主选拔录取的改革，不断提高生源质量，认真落实招生“阳光工程”。完善就业服务体系，重视就业困难帮扶工作，提升就业市场建设水平，优化校院两级就业管理，加大信息化服务力度，不断提高就业质量。2011 年本科理工类有 19 个省区、文史类有 14 个省区的录取线达到近年来的最高值。本科和研究生就业率分别达 98.55% 和 98.91%，374 人到西部地区就业，735 人到基层就业。本科生深造率达 46.82%，进入“985”、“211”高校的比例接近 92%，进入纽约大学、瑞典皇家理工学院等国际知名学府深造的学生人数进一步增加。

本年度学校获评国家级教学名师 1 人，新增全国优秀百篇博士论文 1 篇、提名奖 1 篇，北京市优秀百篇博士论文 2 篇。新增 3 个国家级工程实践教育中心和 1 项卓越工程师教育计划建设项目，新增国家级大学生创新实验计划项目 60 项，国家精品教材 5 种。获国家级学科竞赛奖 242 项，其中特等奖 9 项、一等奖 21 项。在第 35 届国际大学生程序设计竞赛全球总决赛中获全球排名第 42 位，参加美国大学生数学建模竞赛获全球一等奖 2 项、二等奖 15 项。学生参加各类体育竞赛获得全国冠军 10 个、北京市冠军 7 个。学生艺术团先后赴利比里亚、多哥、美国、韩国交流演出，受到国务院副总理李克强同志亲切接见。远程与继续教育以职业需求为导向，以培养应用型人才为目标，大力发展非学历教育，为行业企业人才队伍建设提供了重要支撑。

3. 加强学科建设，提升科技水平和服务社会能力

一年来，学校以重点学科建设为基础，以提高创新能力为重点，不断加强学科建设，依托优势特色学科，推进协同创新，努力解决经济社会和行业发展面临的实际问题。

在学科建设方面，进一步梳理学科体系，通过研究制订“十二五”学科建设规划，进一步推进学科建设的责任教授制，明确建设重点方向。“211 工程”三期建设取得预期成绩，重点学科建设得到进一步加强。本年度新增博士学位授权一级学科点 9 个，一级学科博士学位授权点总数达到 20 个，一级学科硕士学位授权点总数达到 35 个。

在科技创新方面，对接国家和行业重大需求，努力产出高水平科研成果。承担各类科研项目 1 450 多项，科研经费超过 6.6 亿元，其中国家自然科学基金项目立项及资助经费比去年分别提高 31.4% 和 129.6%，主持重点项目 6 项，达到历史最高水平，首次获得国家自然基金重大国际合作研究项目 1 项，新增国家杰出青年科学基金项目 1 项。首次主持国家科技

重大专项课题1项，新增国家“973”、“863”、国家科技支撑计划、国家重大科技专项等各级项目66项。新增1个“高等学校创新引智基地”、3个省部级科研平台和1个教育部创新团队。3个教育部重点平台通过评估和验收。5人入选2010年度教育部新世纪优秀人才，9人入选教育部新世纪优秀人才支持计划。

学校获国家级和省部级奖励取得新的突破。1项主持项目获国家自然科学奖二等奖，是学校12年后再次获得该奖项；1项参加项目获国家技术发明奖二等奖，是近20年后学校再次荣获该奖项。申请专利539项，授权专利254项，并实现了学校美国专利授权零的突破。军工资质申报工作取得新进展，通过武器装备质量体系认证，成为获得新版“国军标”质量管理体系认证的第二所高校。大学科技园以良好成绩通过教育部、科技部联合组织的评价。

贯彻落实中央及教育部有关精神，制定了《关于深入推进学校哲学社会科学繁荣发展的意见》，通过加强马克思主义理论一级学科建设、推进人文社会科学重点研究基地建设等措施，推进学校哲学社会科学的发展。学校人文社科研究取得可喜成绩，“北京城市交通可持续发展研究”首次获北京市哲学社会科学重大项目支持。学报社科版“物流研究”入选教育部高校哲学社会科学学报名栏建设工程。

在成果转化方面，积极推进政产学研用合作，进一步提升社会服务水平。与长沙市政府共建成立了北京交通大学长沙技术转移中心，实现了学校与地方政府共建技术转移中心零的突破。成功转让CBTC核心技术无形资产相关42项专利及专利申请专利权。“城市轨道交通基于通信的CBTC系统”荣获高交会优秀产品奖。学校第一家上市公司工作顺利启动。

4. 坚持培养与引进相结合，进一步完善人才评价体系，加强师资队伍建设

建设高素质的师资队伍是提高办学质量、推进事业发展的最重要、最基础、最核心的工作，直接关系到学校发展目标的顺利实现和长远发展。一年来，学校积极推进人才强校战略，师资队伍总体水平得到进一步提升。

制订了人才队伍建设规划，提出了今后五年队伍建设的四大任务、一个重大工程和一个改革试点。完善教师职务晋升评价机制，尊重不同学科特点，鼓励教师发挥特长；强调水平和人才培养导向，处理好教学与科研的关系；针对职务评聘中新旧规定并轨运行等问题，进一步完善评聘程序。出台岗位聘期考核办法，完善教职工岗位履职评价机制和试用期满及聘期期满的退出机制。

本着培养与引进相结合的原则，加大高端人才引进力度，同时严把教师入职的质量关。按照“大师+团队”思路，成团队引进优秀人才。引进翁宇庆院士及其团队；围绕陈志南院士引进国内外教授2名并申报“千人计划”；围绕马志明院士申报“千人计划”3人。组建高层次国际化的专家团队。全年新增师资70人，其中33人具有一年以上海外留学经历，学缘结构上基本实现了“三分之一”的要求。

出台相关政策，加强学院选派教师出国的计划性，显著提高了教师出国研修的积极性。全年申报国家公派全额资助项目申请人数较往年提高6倍。完成第三批“红果园双百人才培育计划”申报遴选工作，44人入选并获得培育支持。加大各类人才工程申报、遴选工作力度。平稳顺利完成职务评聘工作。

5. 引进优质资源，拓展国际交流渠道，不断推进国际化进程

注重多层次开发合作伙伴和合作项目，努力形成层次丰富、形式多样的国际合作与交流

体系，与美国南加州大学、西班牙拉斯帕尔马斯大学等签署49份校际合作协议。实施“学生海外学习计划”，在“高水平大学公派研究生项目”方面取得新的成绩。积极申报国家外专局和教育部重大引智项目，外专经费和北京市政府拨付的外国留学生奖学金数额大幅增长。轨道交通控制与安全创新引智基地获“111引智计划”立项。在美国得克萨斯南方大学和巴西坎皮纳斯大学开办孔子学院的工作进展良好。

加强国际学术交流，主办大型国际学术会议7次。澳大利亚前总理霍克来学校出席中澳双边贸易论坛并发表演讲。受教育部委托参加了西班牙—中国论坛，并作为中方大学唯一发言人，在会上作了题为“加强校企合作，培养工程创新人才”的主题报告，得到与会人员的一致认同。

6. 理顺关系，加强管理，进一步提高服务质量和管理水平

根据事业发展需要，进一步理顺了校内机构设置，成立马克思主义学院、国家保密学院、国际教育交流中心，明确职责，规范工作程序，提高工作质量。制定《关于进一步精简规范会议活动 提高机关工作质量和效率的意见》及配套文件。为充分发挥考核的激励和导向作用，研究制定了学校《二级单位年度考核办法》，促进二级单位加强自主管理、自我激励与自我约束。逐步推进党务公开和校务公开，依法治校取得新进展。制定了实验室管理、设备管理与招标采购12个管理文件，使学校实验室设备管理工作更加规范有序。

校园节能监管平台顺利通过住建部、教育部验收，确立了学校在北京高校节能工作中的领先地位。以北京地区高校第一名的成绩被评为“2010年全国高校节能管理先进管理院校”。医疗卫生质量和服务水平显著提高。图书馆“馆际互借、文献传递”双双获北京市图工委一等奖，馆藏特色文献资源建设成绩显著，满铁资料全文数据库有突破性进展。档案信息化、数字化成效明显，校史馆成为爱校荣校教育的基地和展示学校历史的重要窗口。出版社、产业经营管理等取得显著业绩。

二、大力推进改革创新，努力突破学校发展瓶颈，为提高办学质量提供动力

认真研究分析国家经济社会及行业发展的需求和面临的主要问题，力求准确把握高等教育发展趋势，努力抢抓机遇，大力推进改革创新，突破学校发展瓶颈。

1. 国家教育体制改革试点项目深入推进，取得初步成效

大力推进产学联合人才培养模式和合作机制改革。整合企业和社会优势资源，对接企业需求，建立多样化人才培养模式。通过实施订单式、“3+1+2”本硕一体化等多种校企联合培养方式，由原来以高校单方为主培养转变为校企双方共同承担培养责任，由原来学校教师单方承担教学任务、传授课本知识转变为校企共建师资队伍，实施全方位人才培养。

探索并不断完善国际化人才培养模式改革。加强国际化课程体系、国际化师资队伍及国际化运行管理机制的研究与建设，不断提高国际化人才培养质量。积极拓展与国外知名大学和企业联合人才培养的渠道，通过与国外大学开展学生互换、教师互派，开办国际班，选派优秀学生赴国外企业实习实训等措施，推进国际化人才培养进程。

全面推进用人机制改革与探索。以选拔副校长及处级干部换届调整为契机，深入推进干部人事制度改革。制订并实施了《公开选拔副校长工作方案》，首次面向全国普通高校公开选拔副校长，目前确定了2名拟任人选报教育部审批。围绕“推进校院两级管理，激发人才活力”的目标，在建立健全基于贡献率的岗位资源配置机制，构建科学的人才综合评价

机制，建立基于合同管理的人员试聘和流转退出机制等方面取得初步成效。

2. 试点学院综合改革稳步推进，为学校整体改革创造有益经验

2011 年 8 月，学校经济管理学院获批成为全国 17 个试点学院之一。经过深入研究，确定了整体改革方案，明确了改革思路及实施计划，围绕人才培养、人事制度和体制机制三方面的改革，确定了自主招生、新书院培养模式、师资队伍评价、人事聘任标准和办法等 13 个项目为第一批改革试点项目。目前已完成本科及研究生培养方案的调整，并以会计系、信息系为试点单位，进行人才培养改革试点。在学校 2012 年自主招生中加大了经管学院相关专业多渠道选拔优秀学生的自主权。

3. 构建新型后勤保障体系，提升质量，推进专业化发展

围绕构建新型高校后勤保障体系的目标，以"三服务，两育人"为宗旨，以全面提高质量为核心，以专业化发展为方向，以优化资源配置、理顺体制机制为重点，启动了新一轮后勤综合改革，确定了"一体两翼"的发展模式。目前已经对内部机构进行了全面调整，平稳完成了中层干部和全体职工的岗位竞聘工作。

三、多渠道开拓办学资源，着力解决事关学校发展和师生切身利益的问题

刘延东同志来校视察，充分肯定了学校改革发展的成绩以及为经济社会特别是行业发展做出的贡献。同时，提出了优势特色学科创建世界一流的目标，有力地推动了学校政产学研用合作办学及协同创新的步伐。学校紧紧抓住这一契机，在提高服务国家经济社会发展的同时，多渠道开拓办学资源，着力解决事关学校发展和师生员工切身利益的问题。

1. 创新基地暨新校区项目取得实质性进展，拓展了办学空间

推进现代轨道交通创新基地暨新校区立项建设是争取和拓展办学资源的最重要途径之一。该项目的建设，将极大缓解学校发展空间严重不足的问题，为学校第二个百年的发展奠定良好的基础。一年来，学校通过各种途径积极争取多方支持，受到了中央领导和教育部、北京市领导同志的高度重视，也得到了有关部门的大力支持。6 月 10 日正式获得教育部立项批复。11 月 4 日，与平谷区人民政府签署土地供应协议，明确了用地范围、土地价格、项目建设定位、双方权责等重要内容，项目建设取得了实质性进展。

与此同时，学校积极推进与教育部、铁道部和北京市"两部一市"共建工作，为新校区建设争取更多的政策和经费支持。

2. 大力开展对外合作交流，为学校改革发展争取更多社会资源

学校签约加入北京高科大学联盟，为发挥学科特色和优势，服务国家经济建设和社会发展，特别是支撑和引领行业发展提供了重要平台。长三角研究院落成投入运行，为学校开展产学研合作搭建了新的平台。与太原铁路局等 11 家单位签署了战略合作协议，新增董事会成员单位 5 家，新建地方校友会 2 个。成功举办了董事会第八次全体会议及 115 周年校庆活动。海滨学院扩大办学规模，二期建设进展顺利。

3. 多渠道筹措资金，为学校改革发展提供有力保障

学校财务工作在保运转、保重点、保安全的基础上，进一步理顺管理体制，加强预算管理，优化支出结构，延伸工作内容，提升资金使用效率和工作水平。完善和创新筹资激励及资金运作机制，首次开始尝试资金运作，为基金保值增值探索有益途径。

4. 关注民生和条件保障，着力解决事关师生切身利益的问题

学生活动服务中心竣工启用，有效地改善了学生的学习生活环境。科技创业大厦暨北京CBTC研发中心开工建设，有望缓解学校教学科研用房紧张状况。幼儿园迁建工程竣工，住宅改造项目积极推进。校园无线网二期竣工开通。交大附小迁建工作取得新进展。在食品原材料价格上涨情况下，学校加大补贴，保证了学生食堂饭菜价格和质量基本稳定。

完善困难学生资助和教育体系，对家庭经济困难学生资助面达100%，全年各类资助总计5 348.3万元。学校爱心帮困基金收到捐款7万元，为解决教职工困难发挥了一定作用。

稳步提高教职工待遇。年初规范退休人员津补贴，调整离休人员津贴标准。本着涨平台、新增教学补贴与奖励、适当提高优秀人才待遇、调整岗位绩效工资标准等思路，制定2012年在职职工的增资方案，同时将加大对青年教师、优秀人才及教学一线人员的补贴力度。

四、加强党建和思想政治工作，统领和推动学校各项事业科学发展

1. 围绕学校中心工作，扎实推进创先争优活动取得明显成效

组织和引导广大党员为制订学校“十二五”规划献计献策，查找和解决在教风学风建设中存在的突出问题。深入开展“提高办学质量促发展、服务人民群众树形象”主题活动，引导基层党组织和党员立足本职岗位，创造优秀业绩，培养优秀人才。以群众满意为目标，出实招、办实事、求实效，切实解决群众最关心、最现实的问题，推动创先争优活动真正成为“惠民工程”。相关经验做法和先进典型3次被教育部和北京市教育系统创先争优活动简报报道。

2. 筹备召开学校第十次党代会，全面落实《中国共产党普通高等学校基层组织工作条例》

筹备召开第十次党代会是学校政治生活中的一件大事，对学校今后五年以及中长期的建设和发展将产生深远影响。经上级党组织批准，学校第十次党代会将于3月份召开，学校党委积极筹备，成立了大会筹备工作领导小组和各工作组，制定了相关文件。目前代表选举和“两委”委员推荐提名工作基本完成，两委报告初稿已形成。学校党委将努力使第十次党代会的筹备过程成为团结动员全体党员和全校师生员工进一步统一思想，凝聚力量，振奋精神，开拓创新的过程，并把全面落实《中国共产党普通高等学校基层组织工作条例》与党代会的筹备相结合，实施党代表任期制和提案制。

3. 圆满完成二级党组织换届，扎实推荐党内民主和基层组织建设

根据《中国共产党普通高校基层组织工作条例》，学校党委研究决定二级党委任期调整为4年（与行政班子任期一致）。20个（后勤集团党委延期换届）二级党组织按规定按期完成了换届工作。407个党支部按规定进行了改选，各二级党组织通过召开党代表大会（或党员大会）选举产生了148名委员、24名副书记和20名书记。二级党组织换届工作的完成，进一步优化了基层组织领导班子结构，强化了基层党组织的凝聚力和战斗力。学校党委以二级党组织换届为契机，开展了民主集中制、党内选举条例的学习培训，并在换届中认真加以贯彻落实。

4. 进一步深化干部人事制度改革，圆满完成处级干部换届调整

完成了学校全体处级干部的换届调整工作。本次换届学校党委严格按照中央干部选拔任

用工作条例以及学校有关文件规定的程序和要求进行，新一届处级干部结构进一步优化，平均年龄下降2.3岁，硕士以上学位干部提高10.1%，党外干部比例提高2.1%，女干部比例提高6%，少数民族干部与换届前持平。按照中央从严管理干部的规定，加强干部的管理、教育培训、考核和监督。加强年轻干部和后备干部培养。

5. 通过多种形式开展系列活动，切实提高思想政治教育的实效性

加强校院两级中心组学习，推进学习型领导班子和学习型党组织建设。围绕学习贯彻两会精神、落实教育规划纲要及纪念建党90年等主题，邀请专家学者来校作高水平辅导报告，着力提升校院两级班子理论水平。制定并实施教职工年度政治理论学习计划，围绕纪念建党90周年，丰富学习教育载体，提高思想政治教育的实效性。通过开展知识竞赛、经典名家名篇诵读会、体验京沪高铁等多种形式，加强大学生思想政治教育。制定实施学校《进一步加强和改进研究生思想政治教育工作实施办法》，深入开展研究生“学期教育计划”，“以学术成长与全人发展为目标，系统构建研究生思想政治教育工作体系”荣获第二届首都大学生思想政治教育工作实效奖一等奖。推进心理危机的预防和干预工作，建立全方位工作体系。

6. 教育、制度、监督三管齐下，扎实推进反腐倡廉各项工作

深入贯彻落实党风廉政建设责任制、党员领导干部廉政准则和教育部“十不准”，扎实推进教育、制度、监督工作。开展“清正廉洁树形象，完善制度防风险”主题宣传教育活动。继续推进廉政风险防范管理工作向校领导和二级学院的延伸，规范业务流程，强化过程管理，完善制度体系。围绕学校干部选拔任用、干部兼职管理、工程建设项目等重点工作，加大对权力运行的监督和制约。顺利通过教育部党风廉政建设责任制专项检查。

7. 认真做好统战工作，充分发挥群团组织作用，凝聚学校发展合力

进一步完善统战工作各项制度，大力支持民主党派和无党派人士为学校发展建言献策。关心老同志生活，充分发挥老同志的积极作用。加强工会、教代会工作，顺利通过中华全国总工会“模范职工之家验收”。注重共青团的助手和后备军作用，积极发挥其在学风建设、志愿服务、艺术教育与文化交流等方面的优势和作用。

8. 统筹规划管理，加强学校文化和精神文明建设

制定学校“十二五”文化建设规划。出台文件，规范报告会、研讨会、讲座、论坛等管理。设计推出反映学校历史的《百年图鉴》等115年校庆系列文化产品。积极宣传学校提高质量、深化改革及服务社会的优异成果，《中国教育报》头版头条报道学校协同创新研制列车自动控制系统实现产业化。进一步加强学校精神文明建设，学校获评2011“首都精神文明单位标兵”。

9. 统一部署，圆满完成海淀区人大代表换届选举工作

学校党委高度重视海淀区第十五届人大代表换届选举工作，成立了领导小组和工作组，按照上级统一部署扎实有序推进各阶段工作。在选举过程中始终坚持党的领导，人民当家作主与依法治国的统一。王玉凤、李建勇、陈峰3位同志高票当选海淀区第十五届人民代表大会。

10. 加强维稳工作体系与责任落实，切实维护校园安全稳定

提高全校同志对维护稳定工作重要性的认识，建立横向到边、纵向到底的责任体系。完善应急指挥中心功能，强化应急处置突发事件能力，积极妥善应对敏感时期影响安全稳定的

因素和事件。以“平安校园”创建为抓手，提升安保工作实效和安全服务质量。加强校园治安和交通安全管理，加大安全隐患排查与整改力度，强化学生安全培训教育。贯彻落实保密法，加强日常保密管理、保密检查和技术防护。加大督促检查和考核力度，首次将安全稳定及保密工作纳入学院考核指标体系。

总之，在过去的一年里，学校各方面工作取得了一定的成绩。这是党中央、国务院和教育部、北京市正确领导的结果，是社会各界大力支持的结果，是全校师生员工辛勤努力的结果。

在看到成绩的同时我们也清醒地认识到，面对新的形势，要实现学校建设一流研究型大学的目标，我们还存在不少问题和困难，主要包括：教育教学观念有待进一步转变，人才培养特别是拔尖创新人才培养的模式和机制有待进一步创新，高水平师资队伍建设有待进一步加强，学科建设步伐有待加快，科技创新及社会服务能力有待进一步提高，学风建设和大学文化建设有待进一步推进，师生员工的学习工作生活条件有待进一步改善。要解决这些问题，领导班子的整体理论素养、宏观决策能力，特别是领导学校科学发展的能力和驾驭全局的能力还有待进一步增强。

2012 年对国家和学校来说都是具有重要意义的一年，机遇与挑战并存。我们要充分认识学校当前面临的形势和任务，更加紧密地团结起来，以科学发展观为指导，进一步增强责任感、使命感和紧迫感，开拓进取，扎实工作，努力开创学校科学发展的新局面，以优异的成绩迎接党的十八大和学校第十次党代会的召开！

北京交通大学建校 115 周年庆祝活动

【综述】

2011 年 10 月 15 日，北京交通大学举行建校 115 周年校庆。千余名校友重返母校，与昔日师长、同窗欢聚一堂。

上午，“‘思源致远继往开来’——北京交通大学 115 周年校庆庆典大会”在天佑会堂隆重举行。校领导曹国永、宁滨、高福廷、高艳、陈峰、张星臣、孙守光、关忠良、吴强、郑广天，学校老领导徐锡安、张永甡、万明坤、谈振辉出席大会，65 家学校董事单位及 22 家校友合作单位代表，各届校友代表，91、01 届值年校友以及各院系领导和师生代表近 1 500 人参加大会。

校党委书记曹国永致辞。他首先代表学校党政领导班子和全体师生员工向广大海内外校友表示诚挚的问候，向关心和支持学校教育事业发展的领导和同志们表示衷心的感谢。曹国永书记指出，一个多世纪以来，北京交通大学肩负着国家与民族的希望，秉承“知行”校训，继承和发扬“饮水思源、爱国荣校”的优良传统，以“交融世界、通达古今”为己任，为中华民族的伟大复兴做出了重要的贡献。面向“十二五”，《国家中长期教育改革和发展规划纲要》的颁布实施，战略性新兴产业特别是轨道交通的迅速发展，学校在平谷筹建现代轨道交通创新基地暨新校区，为学校的建设和发展提供了新的重大机遇。他强调，“十二五”以及今后一个时期，要紧紧抓住难得的历史机遇，全面对接国家经济和社会发展需要，不断提升办学质量，大力推进改革创新，着力加强学风建设。同时，进一步准确把握学校发展定位，确立中长期发展战略目标，力争经过艰苦不懈的努力，使学校的优势特色学科率先迈入世界一流行列。

校长宁滨做“立足新起点，坚持走内涵发展之路”的主题报告。他向校友和嘉宾简单汇报了学校近年来特别是“十一五”以来在人才培养、师资队伍建设、科研和平台建设、服务社会能力、办学条件、校园文化建设等方面取得的成绩。宁滨校长指出，“十二五”期间，学校将围绕“提高教育质量与学术水平”、“加强师资队伍建设”、“解放思想，推进改革”、“有序推进平谷现代轨道交通创新基地暨新校区建设”、“筹措足够的资金，实现新的跨越”等五个方面开展工作，努力实现到 2015 年学校发展的核心能力和国际影响力明显提升，总体办学水平显著提高，部分优势特色学科冲击世界一流水平，成为拔尖创新人才培养的重要基地、行业科技创新的重要源头、国家经济社会发展的重要支撑、文化传承创新的重要阵地，为把学校建设成为国内一流、国际知名的有特色、高水平研究型大学奠定更加坚实的基础的目标。他强调，校友是学校办学质量的重要标志，是推动母校建设与发展最宝贵的财富和最可靠的力量。要实现学校的各项目标，离不开全校师生员工、各届校友和社会各界有识之士的积极参与，必须进一步加强校友联络，凝聚校友力量，服务校友发展，实现发展共赢。

大会邀请了原校党委书记徐锡安、张永甡和原校长万明坤、谈振辉等四位 91、01 届在校期间的老领导出席。91、01 届校友代表为老领导献花，各位老领导也分别畅谈了各自的感受，对学校建设和校友发展提出了深情寄语和嘱托。

91 届校友代表屠建平、在校学生代表高健分别发言，怀着无限的感恩向母校 115 周年华诞献礼。91 届校友武凯朗诵了自己临时创作的诗作，声情并茂地回顾了自己青葱的校园生活，表达了对母校的眷恋之情。91 届毕业值年校友、呼和浩特铁路局局长杨宇栋以视频的形式表达了对母校 115 周年校庆的美好祝愿。

校庆活动得到了学校董事单位、合作单位、校友企业的大力捐助和支持，大会现场公布了 41 家捐赠单位名单。大会还收到了由北京校友会赠送的玉石砚台、湖南校友会赠送的“芙蓉花开”湘绣、江西校友会赠送的花瓶、北京军区政治部赠送的航空模型、郑州市轨道交通有限公司赠送的一对钧瓷以及北京二七轨道交通装备有限责任公司赠送的青铜鼎等礼物。此外，加拿大校友会和英国校友会筹备组发来贺信，中铁工程设计咨询集团有限公司、南车机车车辆有限公司发来贺电，祝贺北京交通大学 115 周年华诞。大会还现场播放了各地校友会共庆母校 115 周年的视频短片。

大会进行了 91、01 届与 92、02 届毕业值年交接仪式，校友代表交接了值年旗帜。

北京交通大学“十二五”事业发展规划

【综述】

2011年是学校“十二五”的开局之年，北京交通大学经过深入调研，广泛发动全校师生员工总结过去、分析现状、找准差距、明确目标、研究对策、集思广益、形成共识，制定了《北京交通大学“十二五”事业发展规划》（以下简称《规划》）。

《规划》对我校“十一五”规划的实施情况做了客观、全面的总结，认真分析了学校发展面临的新形势和新任务，实事求是地指出了当前学校存在的问题和不足，明确提出了“十二五”期间学校发展的总体目标和主要思路。到2015年，学校发展的核心竞争力和国际影响力明显提升，总体办学水平显著提高，部分优势特色学科冲击世界一流水平，成为拔尖创新人才培养的重要基地、行业科技创新的重要源头、轨道交通和综合交通发展的重要支撑、文化传承创新的重要阵地，在国家经济社会发展中发挥重要作用，为把学校建设成为国内一流、国际知名的有特色、高水平研究型大学奠定更加坚实的基础。

《规划》提出“十二五”期间学校将加快“六个转型”，即：人才培养向全面发展转型，队伍建设向团队提升和可持续发展转型，学科建设向更加注重优势特色转型，科学研究向更加注重科技引领转型，国际合作向全面实施国际化战略转型，社会服务向协同创新转型。确保在国家高水平创新平台、国家创新团队、国家高水平科技成果奖项三个方面实现突破，努力实现师资队伍水平、办学条件、国际化水平、教职工工作条件和生活待遇等四方面的明显提升，人才培养、学科建设、科学研究、社会服务、党建和思想政治工作等五个方面的主要指标达到全国同类高校前列。为实现上述目标，《规划》在人才培养、队伍建设、学科建设、科学研究、国际交流合作、社会服务、校园文化建设、改善办学条件等八个方面明确了任务。通过实施研究生创新能力、科技能力的提升计划和实践创新平台建设、高端人才引育、师资国际化水平提升、大学文化建设、平谷新区建设等工程，以及国际化人才培养模式、校企合作人才培养模式、用人机制、学院综合改革、评估评价机制改革等五个改革试点工作，努力突破学校发展的瓶颈。同时，在组织、制度、资源、责任等方面制定了切实的措施，为实现学校发展蓝图提供重要的保障。

《规划》的制定工作，自2009年12月启动，历经总结启动、调研诊断、规划撰写、征求意见、规划审议五个阶段，期间开展了广泛的调研，征求意见1 900多人次，汇总吸收了各方面的修改意见和建议300余条，召开规划工作会议及专题研讨会150余次。

学校海淀区第十五届人大代表选举工作

【综述】

海淀区第十五届人大代表选举是我国县乡两级人大同步换届选举的重要组成部分，对于加强国家政权基础，巩固党的执政地位，保障人民当家作主，推动科学发展，促进社会和谐，具有十分重要的意义。本次人大换届选举，分配给北京交通大学选区的代表名额为3名。

校党委高度重视人大代表选举工作，成立了北京交通大学选区工作组，下设办公室，由校党委副书记颜吾佴任组长，党委副书记、工会主席高福廷、校长助理吴强、党委办公室主任吴萱任副组长，有关职能部门和各二级党组织书记为成员。

为做好这次选举工作，学校根据《宪法》和有关法律、法规的规定，按照北下关街道分会的工作计划，并结合本选区的实际，对选举区人大代表工作进行了周密部署。学校换届选举工作分为四个阶段进行，准备工作阶段从9月1日至9月12日，宣传和选民登记阶段从9月13日至10月18日，提名和确定代表候选人阶段从10月19日至11月1日，投票选举阶段从11月2日至11月9日。

经过本选区广大选民推荐，共产生代表候选人270人。根据较多数选民的意见，综合考虑代表结构（性别、年龄、民族、党派、师生）等因素，确定了5位初步代表候选人提交选民小组酝酿讨论。根据多数选民的意见，按法定差额比例并经北下关街道选举分会报海淀区选举委员会审查，确定王玉凤、李建勇、陈峰、高健4人为正式代表候选人。

根据海淀区选举委员会统一部署，2011年11月8日为正式选举日。北京交通大学选区共有选民23 096人，参加投票选举的选民22 657人，投票选举的选民占选民总数的98.1%。全选区25个投票站和1个流动票箱共发出选票22 657张，收回选票22 652张，收回的选票少于发出的选票，选举有效。四名正式代表候选人均获得参加投票选民过半数的选票。四名正式代表候选人及选民“另选他人”中按得票数多少排序，前三名为王玉凤、李建勇、陈峰。

11月15日，海淀区选举委员会下发了《海淀区第十五届人民代表大会代表选举结果的公告》，北京交通大学王玉凤、李建勇、陈峰当选为海淀区第十五届人民代表大会代表。学校海淀区第十五届人大代表选举相关工作圆满完成。

2011

组织机构

学校部分委员会和领导小组

以下为2011年1月1日至12月31日学校部分委员会和领导小组调整变化情况。

北京交通大学机构编制领导小组

（2011年1月19日成立）

组　长：校　长

副组长：分管人事副校长、分管组织副校长

成　员：分管教学副校长、分管科研副校长、人事处长、组织部长、计财处长、人事处分管副处长

北京交通大学国家安全工作领导小组

（2011年3月7日调整）

组　长：曹国永

副组长：高　艳　李学伟　吴　强

成　员：学校办、保卫处（部）、稳定办、信息办、国际合作处、研究生院、研工部、学工部（处）、团委、科技处、档案馆主要负责人

办公室设在保卫处（部）

北京交通大学干部工作领导小组

（2011年3月7日调整）

组　长：曹国永

成　员：宁　滨　颜吾佴　王永生

办公室设在组织部

北京交通大学稳定工作领导小组（维护稳定处置突发事件领导小组）

（2011年3月7日调整）

组　长：曹国永　宁　滨

副组长：高　艳　陈　峰　吴　强　郑广天

成　员：学校办、稳定办、保卫处、保密办、学工部、研工部、校团委、宣传部、统战部、信息中心、人事处、实验设备处、国际合作处、后勤集团、社区居委会及各二级党组织主要负责人

办公室挂靠学校办

北京交通大学社会治安综合治理委员会

（2011 年 3 月 7 日调整）
组　长：曹国永
副组长：高　艳　陈　峰　孙守光　吴　强　郑广天
成　员：各二级党组织负责人、学校办、保卫处、后勤处、后勤集团、房地产处、基建处、学生处、研究生院、团委、宣传部、科技处、教务处、实验设备处、计财处、国际合作处、招生就业处、稳定办、社区居委会、信息办主要负责人
办公室设在保卫处

北京交通大学校务公开工作领导小组

（2011 年 3 月 7 日调整）
组　长：曹国永　宁　滨
副组长：颜吾佴　陈　峰
成　员：高福廷　高　艳　李学伟　王永生　张星臣　孙守光　关忠良
下设校务公开工作办公室和校务公开监督办公室，分别设在学校办和纪委（监察处）
校务公开工作办公室主任：陈峰
副主任：学校办公室主任
校务公开监督办公室主任：颜吾佴
副主任：纪委（监察处）处长

北京交通大学交通安全委员会

（2011 年 3 月 7 日调整）
主　任：吴　强
副主任：保卫处处长
成　员：后勤集团、校团委、社区、离退休处、保卫处、校车队负责人
办公室设在保卫处

北京交通大学经济工作领导小组

（2011 年 3 月 7 日调整）
组　长：宁　滨
副组长：颜吾佴　李学伟　关忠良
成　员：计财处、审计处、监察处、教务处、实验设备处、人事处、后勤处、科技处、研究生院、资产公司主要负责人
办公室设在计财处

北京交通大学人才工作领导小组

（2011 年 3 月 7 日调整）
组　长：曹国永　宁　滨

副组长：颜吾佴　王永生
成　员：人事处、组织部、计财处、后勤处、国际合作处、研究生院主要负责人
办公室设在人事处

北京交通大学离退休工作领导小组

（2011 年 3 月 7 日调整）
组　长：曹国永　宁　滨
副组长：颜吾佴　王永生
成　员：离退休处、组织部、人事处、财务处、后勤处、实验设备处、学生处、校医院等主要负责人
办公室设在离退休处

北京交通大学综合改革领导小组

（2011 年 3 月 7 日调整）
组　长：曹国永　宁　滨
副组长：颜吾佴　陈　峰　李学伟　王永生　张星臣　关忠良
成　员：人事处、组织部、计财处、工会、教务处、科技处、国际合作处、研究生院、资产公司、对外联络处主要负责人
委员会下设三个小组：
（1）高校用人机制改革小组
组　长：王永生
成　员：人事处、组织部、计财处、工会、教务处、科技处、研究生院、国际合作处主要负责人
办公室设在人事处
（2）行业特色高校产学联合培养模式和机制改革小组
组　长：张星臣
成　员：教务处、科技处、研究生院、资产公司、对外联络处、计财处主要负责人
办公室设在教务处
（3）大学国际化人才培养模式改革小组
组　长：陈　峰
成　员：教务处、研究生院、国际合作处、计财处主要负责人
办公室设在国际合作处

北京交通大学学生工作委员会

（2011 年 3 月 7 日调整）
主　任：高　艳
副主任：张星臣
成　员：学校办、教务处、学生部（处）、研究生院、研工部、校团委、组织部、招生就业处、计财处、宣传部、后勤处、后勤集团、科技处、保卫处、实验设备

处、信息办、图书馆、体育部、资助中心、心理中心主要负责人
办公室分别设在学生部（处）和研工部

北京交通大学招生工作领导小组

（2011 年 3 月 7 日调整）
组　长：王永生　张星臣
副组长：颜吾佴　高　艳
成　员：招生就业处、教务处、研究生院、学生处、监察处主要负责人
办公室分别设在招生就业处和研究生院

北京交通大学教学工作领导小组

（2011 年 3 月 7 日调整）
组　长：王永生　张星臣
副组长：高　艳
成　员：教务处、研究生院、学生处、招生就业处主要负责人
办公室分别设在教务处和研究生院

北京交通大学教材出版基金管理工作领导小组

（2011 年 3 月 7 日调整）
组　长：李学伟
副组长：王永生　张星臣
成　员：教务处、研究生院、出版社、科技处、实验设备处、计财处主要负责人
办公室分别设在教务处和研究生院

北京交通大学毕业生就业工作领导小组

（2011 年 3 月 7 日调整）
组　长：曹国永　宁　滨
副组长：高　艳
成　员：招生就业处、学生处、教务处、研究生院、研工部、校团委主要负责人及各学院分管学生工作的副书记、副院长
办公室设在就业指导中心

北京交通大学学生申述处理委员会

（2011 年 3 月 7 日调整）
主　任：高　艳　王永生　张星臣
副主任：学生处处长　研究生院常务副院长
成　员：学校办、监察处、学生处、研究生院、教务处负责人、教师、学生代表
办公室分别设在学生处、研究生院

北京交通大学国家文化素质教育基地工作领导小组

(2011 年 3 月 7 日调整)
组　长：颜吾佴
副组长：高　艳　张星臣
成　员：人事处、教务处、工会、学生处、校团委、研工部、人文学院主要负责人
办公室分别设在教务处和校团委

北京交通大学对外交流工作领导小组

(2011 年 3 月 7 日调整)
组　长：陈　峰
副组长：李学伟　王永生　张星臣
成　员：各院系和国际合作处、对外联络处、学校办、人事处、科技处、教务处、研究生院、计财处、招生就业处、发展规划处、资产公司负责人，教师代表
办公室分别设在国际合作处和对外联络处

北京交通大学现代轨道交通创新基地暨新校区筹建委员会

(2011 年 3 月 7 日调整)
主　任：曹国永　宁　滨
副主任：陈　峰　孙守光　关忠良　吴　强
委　员：学校办、基建处、计财处、房地产处、科技处、教务处、研究生院、对外联络处、发展规划处、实验设备处、人事处、后勤处、后勤集团、资产经营公司、图书馆、体育部、远程学院主要负责人
筹委会设在筹建办

北京交通大学基础设施建设工程领导小组

(2011 年 3 月 7 日调整)
组　长：宁　滨
副组长：孙守光　郑广天
成　员：基建处、后勤处、房地产处、计财处、审计处、监察处、发展规划处、实验设备处、保卫处、后勤集团主要负责人
办公室设在基建处

北京交通大学体育运动委员会

(2011 年 3 月 7 日调整)
主　任：颜吾佴
副主任：体育部主任　校工会副主席　校团委书记
委　员：各学院主管体育工作的负责人、校机关工会、学生处、研工部、离退休处、教务处、远程学院、图书馆、后勤集团、校医院、资产公司负责人

办公室设在体育部

北京交通大学劳动鉴定委员会

（2011 年 3 月 7 日调整）
主　任：王永生
副主任：人事处处长
成　员：工会、校医院、监察处、教务处、学校办、保卫处、后勤集团、后勤管理处负责人
办公室设在人事处

北京交通大学筹资工作领导小组

（2011 年 6 月 3 日成立）
组　长：曹国永　宁　滨
副组长：陈　峰　李学伟　王永生　张星臣　关忠良
成　员：学校办、学生处、科技处、研究生院、计财处、国际合作处、招生就业处、对外联络处、资产经营公司、新校区筹建办等主要负责人、各学院（系）院长（主任）
筹资工作办公室挂靠对外联络合作处（北京交通大学教育基金会秘书处）

北京交通大学第十二届学位评定委员会

（2011 年 9 月 3 日调整）
主　席：主管学位工作校领导
副主席：谈振辉　荣朝和　阮秋琦　高自友　宋守信　刘志刚　李长春
委　员：王均宏　卢　苇　刘　军　刘　伟　毕　颖　李国岫　朱晓宁　杨庆山　邵春福　郑　义　和敬涵　修乃华　郭雪萌　赵　耀　娄淑琴　夏海山　魏庆朝
学位评定委员会工作办公室设在校学位办公室，研究生院常务副院长任办公室主任

北京交通大学第十二届学术委员会

（2011 年 9 月 3 日调整）
主　　　任：谈振辉
常务副主任：孙守光
副　主　任：颜吾佴　夏　禾　汪越胜　唐　涛
秘　书　长：蔡伯根
委　　　员：王立德　王梦恕　叶　龙　司显柱　关　伟　孙全欣　刘志明　邢薇薇　张长青　张希清　张　欣　张明玉　张真继　陈后金　余祖俊　沈　鸿　林友芳　周华春　范　瑜　侯忠生　贾元华　贾利民　徐寿波　徐叙瑢　高　亮　常彦勋　韩林飞　韩振峰　简水生
学术委员会工作办公室设在科技处，科技处处长任办公室主任

学术委员会下设理工科分委会、人文管理学科分委会及学术道德委员会，其组成为：

（1）理工科分委会

主　任：夏　禾

副主任：汪越胜

委　员：王立德　王梦恕　关　伟　孙守光　孙全欣　刘志明　邢薇薇　陈后金
张希清　张　欣　余祖俊　沈　鸿　林友芳　周华春　范　瑜　侯忠生
贾元华　贾利民　高　亮　徐叙瑢　唐　涛　谈振辉　常彦勋　简水生
蔡伯根

（2）人文管理学科分委会

主　任：颜吾佴

委　员：叶　龙　司显柱　张长青　张明玉　张真继　徐寿波　韩林飞　韩振峰

（3）学术道德委员会

主　任：谈振辉

委　员：颜吾佴　孙守光　徐寿波　汪越胜　沈　鸿　张　欣

北京交通大学第十二届专业技术岗评聘委员会

（2011 年 9 月 3 日调整）

主任 1 名

副主任 1 名

委员若干名

评聘委员会工作办公室设在人事处，人事处处长任办公室主任

评聘委员会下设理工类分委会、人文社科类分委会、其他专技类分委会

选举海淀区第十五届人大代表北京交通大学选区工作组

（2011 年 9 月 13 日成立）

组　长：颜吾佴

副组长：高福廷　吴　强　吴　萱

成　员：蓝晓霞　殷　快　刘　燕　屈晓婷　李　彤　秦思阳　蒋大明　杨晓晖
张明玉　孙全欣　魏庆朝　杜永平　范　瑜　解　郁　蔡红建　赵　岚
于亚光　沈永清　陈　庚　高沁翔　谷钧宏　孔　琳　王景昕　裴劲松
刘东平　郭海云　康　俊　吴　刚

办公室主任：吴　萱

办公室常务副主任：王绪厚

办公室副主任：刘　燕　屈晓婷　谷钧宏　吴　刚

成　员：胡永军　钟　乐　肖燕彩　武慧姣

北京交通大学 115 周年校庆筹备工作领导小组

（2011 年 9 月 27 日成立）

组　长：陈　峰

副组长：尹 激 余祖俊
下设校庆工作办公室
主 任：尹 激 余祖俊
副主任：孙长索 赵庆先
工作组：联络组 会务组 筹资组 秘书组 宣传组 活动组 校史组 后勤组 安全组

北京交通大学试点学院改革领导小组

（2011 年 10 月 21 日成立）
组 长：曹国永 宁 滨
副组长：陈 峰
成 员：颜吾佴 高福廷 高 艳 张星臣 孙守光 关忠良 吴 强 郑广天 吴 萱 余祖俊 屈 波 刘延平 张明玉 李长春 刘志刚 许安国 王化深 姚念龙 文海涛 蓝晓霞 徐宇工 张真继 杨培飞 连会仁 翟 儒
秘 书：孙军昌 张 樱

北京交通大学试点学院改革工作执行机构

（2011 年 10 月 21 日成立）
（1）学校工作组
组 长：陈 峰
成 员：吴 萱 余祖俊 屈 波 刘延平 张明玉 李长春 刘志刚 许安国 王化深 姚念龙 文海涛 蓝晓霞 徐宇工 张真继 杨培飞 连会仁 翟 儒
秘 书：孙军昌 张 樱
（2）学院试点工作组
组 长：刘延平 张明玉
成 员：张 力 郭雪萌 文映春 施先亮 刘世峰 冯 华 杜 晖 丁慧平 林晓言
秘 书：周耀东
（3）校内专家组
组 长：王金华
副组长：宋守信
成 员：徐寿波 张思东 阮秋琦 荣朝和 赵 坚 卢 苇 刘 军

学校第十次党代会筹备工作领导小组

（2011 年 11 月 23 日成立）
组 长：曹国永
副组长：宁 滨 颜吾佴 高福廷 高 艳

成　员：陈　峰　张星臣　孙守光　关忠良
(1) 组织组
组　长：颜吾佴
副组长：文海涛
成　员：高沁翔　陈志新　田永静等
(2) 宣传秘书组
组　长：颜吾佴　高福廷
副组长：吴　萱　蓝晓霞　王宏军
成　员：孙军昌　陈　颖　宫　宇　吴　俊等
(3) 会务组
组　长：陈　峰
副组长：吴　强　郑广天　余祖俊
成　员：王　瑽　连会仁　翟　儒　赵庆先等
(4) 提案组
组　长：颜吾佴　陈　峰
副组长：余祖俊　文海涛　殷　快
成　员：杜　晔　田永静　宫　宇等

中共北京交通大学第十次代表大会代表资格审查小组

(2011 年 12 月 9 日成立)
组　长：颜吾佴
成　员：于亚光　王宏军　文海涛　孔　琳　许安国　吴　萱　陈志新　林　芳
屈晓婷　高沁翔　殷　快

北京交通大学考核领导小组

(2011 年 12 月 19 日成立)
组　长：曹国永　宁　滨
副组长：颜吾佴　陈　峰
成　员：高　艳　张星臣　孙守光　关忠良　吴　强　郑广天
领导小组下设考核工作办公室，设在学校办

北京交通大学考核工作小组

(2011 年 12 月 19 日成立)
(1) 干部考核小组
组　长：颜吾佴
成　员：组织部、纪委办公室等部分负责同志
(2) 教职工考核小组
组　长：陈　峰
成　员：人事处等部门负责同志

(3) 单位考核小组

组　长：陈　峰

成　员：学校办、相关职能部门负责同志和院（系）师生代表

北京交通大学党务公开领导小组

(2011 年 12 月 21 日成立)

组　长：高福廷

成　员：党委办公室、组织部、宣传部、纪委办公室主要负责人

工作办公室设在党委办公室

北京市教育系统运动会参赛领导小组

(2011 年 12 月 31 日成立)

组　长：颜吾佴

副组长：高福廷　关忠良

成　员：殷　快　郑　超　张真继　蓝晓霞　翟　儒　徐爱国　刘东平　李海红

学校部分机构及负责人

表1　2011年学校党政机关及直属机构负责人

党委系统	部长（主任、书记）	副部长（副主任、副书记）
党委办公室	吴　强（—3.21） 吴　萱（女，3.21—）	王绪厚（—7.2） 蓝晓霞（女，—7.2） 王　瑽（—7.2） 赵庆先（7.2—） 杜　晔（7.2—） 陈　颖（女，7.2—） 孙军昌（兼，7.2—）
纪律检查委员会	颜吾佴	王宏军（4.21—） 孙蓝烽（女）
纪委办公室	王宏军（—5.30） 吴　俊（副处级，5.30—）	
组织部、党校	文海涛（女）	林　芳（女，—11.10） 陈志新（女） 田永静（女，11.10—）
宣传部	高沁翔（—4.21） 蓝晓霞（女，4.21—）	王虹英（女，—7.2） 宫　宇（女，7.2—）
统战部	李　彤（女）	
学生工作部 武装部	蔡红建（—3.21） 姚念龙（3.21—）	芦富彦（—7.2） 刘　燕（女） 韩继华（—9.19） 张　博（7.2—） 秦思阳（女，9.19—）
研究生工作部	屈晓婷（女）	
团委	韩继华（正处级，3.21—9.19） 秦思阳（女，9.19—）	王　莹（女，—1.18） 刘东平（—1.18） 秦思阳（女，—9.19） 温志超（1.18—10.14） 王友双（1.18—） 安志强（10.14—）
工会	高福廷	殷　快（女，常务副主席，正处级） 董敬祝（—5.30） 徐爱国（5.30—）

续表

党委系统	部长（主任、书记）	副部长（副主任、副书记）
机关党委	高沁翔（3.21—）	郑铁锤（主持工作，—3.21）
保卫部	裴劲松（—4.28） 王　瑽（4.28—）	黄　宏 徐　民
离退休党委、离退休工作部	李永学（—3.21） 孔　琳（女，3.21—）	何　青（女，—5.30） 薛成海 张岳强（3.21—）
后勤服务产业集团党委	杜永平（—3.21） 谷钧宏（3.21—）	李燕华（—7.2） 郝志如（女，7.2—）
资产经营有限公司党总支	王景昕	
校医院直属党支部	康　俊（女）	
图书馆直属党支部	周兴友（—3.21） 裴劲松（3.21—）	
体育部直属党支部	刘东平（3.21—）	
出版社直属党支部	郭海云（3.21—）	

行政部门及直属机构	处长（主任）	副处长（副主任）
校长办公室	吴　强（—3.21） 余祖俊（3.21—）	同党委办公室
政策研究室		孙军昌（7.2—）
发展规划处	屈　波（女，3.21—）	
教务处	屈　波（女，—4.28） 李长春（4.28—）	侯永峰 张有根（—7.2） 李长春（—7.2） 衣立新（女，5.30—） 魏旺强（7.2—） 路　勇（女，7.2—）
科学技术处	余祖俊（—4.21） 蔡伯根（4.21—）	赵　鹏（—4.28） 叶　龙（兼） 王冬梅（女） 张立伟（7.2—） 冯海燕（女，7.2—）
人文社会科学办公室	叶　龙	
国家重点实验室		王俊峰
研究生院	刘志刚（常务副院长）	屈晓婷（女，兼） 郝生跃 荆　涛（7.2—） 绳丽惠（女，7.2—）

续表

行政部门及直属机构	处长（主任）	副处长（副主任）
人事处	许安国	王雪松（女） 宋　瑞（女） 赵冠远（7.2—）
学生工作处	（同学生工作部）	
学生资助管理中心	蔡红建（兼，—3.21） 屈晓婷（女，兼）	孙长索（—5.30） 林　芳（女，5.30—）
监察处	王宏军（4.21—）	王宏军（—5.30） 吴　俊（5.30—）
计财处	关忠良（—9.19） 张真继（9.19—）	陈　莹（女，—5.30） 张　俊 周　阳（7.2—）
国际合作交流处 港澳台办	徐宇工	刘彦青（女） 邓新华（女） 刘　锐（7.2—） 陈保利（港澳台办副主任，11.18—）
国际教育交流中心		刘彦青（女，5.30—）
审计处	孙蓝烽（女）	陶　宏（女）
保卫处	（同保卫部）	
基建与规划处	李宏林	黄维科（—5.30） 王德瑜（5.30—） 张孝荣
实验设备处	张家栋	丁鹏玉（—7.2） 赵艳娥（女，7.2—）
后勤管理处	谷钧宏（—4.21） 连会仁（4.21—）	陈　剑
后勤服务产业集团	郑广天（—4.21） 翟　儒（4.21—）	陈中伟（—7.2） 翟　儒（—4.21） 张　重 李燕华 杨金泉（7.2—） 郝志如（女，7.2—）
招生与就业处 （学生就业指导中心）	王化深	黄晓慧（女） 史贞军
离退休工作处	李永学（—3.21） 孔　琳（女，3.21—）	何　青（女，—5.30） 薛成海 张岳强（3.21—）
房地产管理处	杨培飞	刘英武

续表

行政部门及直属机构	处长（主任）	副处长（副主任）
对外联络合作处	尹 澈	吴 俊（—5.30） 徐劲松（女） 孙长索（5.30—）
信息化办、网络中心	贾卓生	王 锋
图书馆	韩宝明	郑 兰（女）
出版社	郑光信（—3.21） 章梓茂（3.21—）	
档案馆	钟 雁（副处级，—3.21） 郑铁锤（副处级，3.21—9.19） 郑铁锤（正处级，9.19—）	王雪松（女，兼）
校医院	李海红（女）	
体育部	张岳强（—3.21） 郑 超（3.21—）	
资产经营有限公司	姚念龙（—4.28） 赵 鹏（4.28—）	王景昕（兼） 王大勇（—5.30） 廖涌泉（5.30—） 何 青（女，5.30—）
科技园有限公司	姚念龙（兼，—4.28） 廖涌泉（副处级，5.30—）	廖涌泉（—5.30）
首都大学生思想政治教育研究中心		寇红江（办公室常务副主任）
新校区建设办公室	吴 强	刘江涛（7.2—）

表 2 2011 年学院党政负责人

学院	党委书记	副书记	院长	副院长
电子信息工程学院	蒋大明	赵 岚（女，—5.30） 李志斌（—5.30） 王虹英（女，5.30—） 刘 颖（女，5.30—）	陈后金	李志斌（—5.30） 刘 颖（女） 娄淑琴（女） 蔡伯根（—7.2） 戴胜华（7.2—） 周华春（7.2—）
计算机与信息技术学院	杨晓晖（女）	徐爱国（—5.30） 于亚光（女，—7.2） 王浩业（7.2—） 董敬祝（5.30—）	韩 臻（—5.12） 钟章队（5.12—）	韩 臻（正处级，兼，5.12—） 梁满贵（—7.2） 于双元（女） 林友芳 刘吉强（7.2—）
国家保密学院			宁 滨	韩 臻（常务副院长，正处级，5.12—）

续表

学院	党委书记	副书记	院长	副院长
经济管理学院	张明玉	王德瑜（—7.2） 郭雪萌（女） 文映春（女，7.2—）	刘延平	郭雪萌（女） 叶　龙（—7.2） 张真继（—9.19） 张　力 施先亮（7.2—）
交通运输学院	孙全欣	赵映奎（—7.2） 孙冬梅（女） 朱晓宁（5.30—）	刘　军	朱晓宁 聂　磊（女） 关　伟
土木建筑工程学院	吴　萱（女，—3.21） 魏庆朝（3.21—）	孙慧环（女，5.30—） 马　强	魏庆朝（—4.21） 张顶立（4.21—）	马　强 杨庆山 张顶立（—5.30） 张鸿儒 高　亮（7.2—）
机械与电子控制工程学院	路加栓（—3.21） 杜永平（3.21—）	王　烜（女） 李国岫	李建勇	杨　飞（—7.2） 李国岫 刘志明 房海蓉（女，7.2—） 邱　成（7.2—）
电气工程学院	范　瑜	连会仁（—5.30） 丁金凤（女，5.30—） 和敬涵（女）	郑琼林（—4.21） 姜久春（4.21—）	和敬涵（女） 王立德 王　毅 姜久春（—5.30） 王健强（7.2—）
理学院	解　郁（女）	丁鹏玉（5.30—） 刘　晓	冯其波	张希清 修乃华 衣立新（女，—7.2） 刘　晓（5.30—） 于永光（7.2—）
人文社会科学学院	孔　琳（女，—3.21） 蔡红建（3.21—）	孙慧环（女，—7.2） 王　莹（女，6.7—）	韩振峰	毕　颖（女） 杨　蔚（女，7.2—）
语言与传播学院	郭海云（—4.21） 赵　岚（女，4.21—）	宁望和（—7.2） 田永静（女,7.2—11.10） 高永峰（女，11.10—） 刘　伟（女，7.2—）	司显柱	杨若东 刘　伟（女，7.2—）
软件学院	卢　苇（兼，—4.21） 于亚光（女，4.21—）	段春荣	卢　苇	赵　宏（女） 段春荣

续表

学院	党委书记	副书记	院长	副院长
建筑与艺术系	沈永清	陈劲松（女，5.30—）	沈永清（兼，—4.28） 夏海山（4.28—）	常　工（—7.2） 韩林飞（—7.2） 陈劲松（女，5.30—） 王丽君（女，7.2—）
远程与继续教育学院	陈　庚（3.21—）	徐晓玉（女，兼）	陈　庚（—4.21） 司银涛（4.21—）	司银涛（—7.2） 祝祖强 徐晓玉（女） 肖贵平（女，7.2—）

注：2011 年机构变动情况

1. 4 月 14 日，经校党委常委会研究决定，由原人文社会科学学院的马克思主义理论教学研究部与文化素质教育中心两个机构组建成立马克思主义学院。
2. 4 月 14 日，经校党委常委会研究决定，在人文社会科学学院法律系基础上，成立法学院。
3. 4 月 14 日，经校党委常委会研究决定，成立国家保密学院，主要依托计算机与信息技术学院建设，经济管理学院和法学院共同参与建设。
4. 4 月 14 日，经校党委常委会研究决定，成立国际教育交流中心，原留学生办公室撤销，职能划归国际教育交流中心；国际合作交流处下设国际汉语培训中心划归国际教育交流中心，同时保留国际汉语培训中心名称便于对外交流、海外办学与汉语推广。
5. 4 月 14 日，经校党委常委会研究决定，成立政策研究室，隶属学校党委领导与管理，暂挂靠学校办公室。
6. 9 月 8 日，经校党委常委会研究决定，调整学校档案馆为正处级单位，设馆长 1 名，副馆长（副处级）1 名。
7. 9 月 23 日，经校党委常委会研究决定，成立“北京交通大学中国技术经济研究中心”，挂靠经济管理学院管理，徐寿波院士担任该中心主任。

2011

党群与思想政治工作

综合工作

【综述】

2011 年是学校“十二五”的开局之年，学校党委文秘、信息与综合工作，围绕学校中心和重点工作，进一步发挥参谋助手作用，突出服务职能，创新工作方法，积极做好会务接待、来信来访、督查督办等日常工作，调查研究、文稿起草、公文管理、综合协调、稳定保密等各项工作得到了全面提升。

【制度建设】

起草了学校章程，组织制定了《北京交通大学二级单位年度考核办法（试行）》、《北京交通大学党务公开实施细则》、《关于加强和改进新形势下我校哲学社会科学课堂教学、报告会、研讨会、讲座、论坛、网络和接受境外基金资助等管理的意见》、《关于落实党委精简规范会议活动有关规定的通知》和《关于进一步规范领导干部外出请假报告制度的通知》。

【文稿服务】

以优质高效的文稿服务学校主业和中心工作，完成教代会、第八次董事会、115 周年校庆、筹资工作会、教学工作会等重要工作会议、庆典节日讲话稿，起草了学校年度工作计划和总结、折子工程等党政重要文件，以及各类向上级部门和领导汇报材料，文字量超过 15 万字。撰写了第二十一次教育部咨询会、第五届高水平行业特色型大学发展论坛、文化强国高层论坛、第七届中国交通高层论坛等国内外高水平论坛和重要会议发言稿共计 4 万余字，有力宣传了我校在人才培养、科学研究、社会服务和文化传承创新等方面的最新战略思考和工作成果。同时，根据高等教育发展新形势和行业特色型研究型大学建设实际，加强高水平理论文章的选题策划和撰写，在《中国高等教育》、《北京教育》等核心期刊发表理论文章 4 篇，采写发表校长人物通讯 2 篇。

积极促进办文质量与效率的全面提升，严把公文质量和审核关，确保了发文的及时、准确和规范。全年审核、制发和运转校内发文及上报文件 533 件，文字量达 56 万余字；完成上级和相关单位来文运转近 3 000 份；为校内各单位传送、处理请示、报告类签报文件 349 份。下发校长办公会纪要、常委会纪要、《北京交通大学公报》等重要文件近 2 500 余份。同时，在发文单中增加了落实情况项目，做到了所有文件逐个督办。运转处理上级机要文件 1 684 份，做到了安全及时，未发生文件丢失和迟办、漏办等情况。创办《要闻回顾》，刊载上级和相关单位重要来文目录与领导重要批示，每季度出刊。

【信息与统计工作】

1. 出色地完成了信息报送任务

继续加强对校内各单位信息报送工作的指导和要求，信息基础工作有序推进。全年向教育部、北京市报送信息 107 期，约 7 万字。其中，关于建立保障学生食堂可持续发展长效运行机制的经验做法类信息被《教育部简报》单篇刊发。安全稳定信息报送方面，敏感时期严格执行应急值班和维稳信息报送每日“零报告”制度，全年向教育部、北京市教工委上报《情况反映》80 期。

2. 做好年鉴、年报编撰等工作

完成了《北京交通大学年鉴·2010》35 万字的组稿编辑工作；完成了《北京教育年鉴》的编写报送任务，选取学校亮点和特色工作，认真编辑、及时报送年鉴条目 59 条、共计 2.4 万字，收集提供图片 24 张；按时编报《中国教育年鉴》条目 27 条、共计 4 000 字。

统筹校内 35 家单位提供的年报素材，梳理学校年度大事要事、突出成绩等内容，编辑制作完成 2010 年年报。编写 2010 年大事记 2 万余字。

3. 认真完成高基表及其他统计工作

作为北京市高校高基表统计工作组长单位，完成 10 所高校统计报表的收集、汇总、核查和上报；召开学校统计工作会议，培训布置并协调校内 22 个单位完成相关统计数据的录入汇总、核查上报工作，完成 2011 年学校基本办学指标分析报告。荣获 2010/2011 学年度北京市教育事业统计工作优秀集体二等奖、优秀个人二等奖。

【督查督办】

加强重点督办和专项督办力度，将学校年度折子工程重点工作、常委会校长办公会决策事项、校领导班子碰头会部署事项作为督办重点，确保督办事项“件件有落实，事事有反馈”。编发《督办简报》5 期，下发《督办单》86 件，积极推动学校中心工作落实。进一步加强校务信箱管理，及时关注网上思想动态和各种问题，积极协调、督促有关部门予以解决和答复。

从机构设置、宣教培训、制度机制建设、主动公开和依申请公开情况、监督保障情况、特色做法等 9 个方面，对学校信息公开工作进行了总结梳理。制定了《北京交通大学党务公开实施细则》，印发《北京交通大学通报》5 期，《北京交通大学公报》1 期，发布重要文件和规章制度 34 份共 5 万余字，有效发挥了学校信息公开和重要管理活动的载体作用。

【接待管理】

按照“热情周到、规范有序、体现层次、树立形象”的目标要求，精心谋划组织，服务细致周到，得到了广泛好评。2011 年，共承担了 30 余项重要接待任务，其中，正式接待政治局委员刘延东、中国关工委主任顾秀莲、科技部副部长陈小娅、国家保密局局长夏勇等副部级以上重要领导近 10 人；教育部、科技部、国家发改委、北京市等上级部门来校指导工作约 12 次；上海交通大学、西南交通大学等兄弟高校领导来访近 10 次；神朔铁路、中铁快运、中关村发展集团等企业单位领导来访 5 次。

积极协助联络教育部、铁道部和北京市等部门，协助推进“两部一市”共建北京交通大学，积极协助联络北京市领导促进学校与平谷区人民政府签署“北京交通大学现代轨道交通创新基地暨新校区项目教育用地土地供应协议”，积极协助推进学校加入了北京高科大学联盟。牵头协调相关部门先后与中关村发展集团、大连交通大学、北京印刷学院等单位签订了战略合作协议。积极服务全校性工作会议、活动 60 余次，配合各种活动全年大屏幕更新 600 余次。

【来信来访】

将解决好群众关心的热点、难点问题作为工作重点，坚持认真分析学校信访形势及内容，及时处理信件、邮件、电话，积极与主管部门信访责任人沟通，耐心细致做好信访人工作。负责书记校长信箱管理，针对师生反映的问题，督促主责部门及时答复解决，协调处理突发事件和热点问题。全年对重点信访个案做到领导分工包干、定期和信访人沟通，及时化解矛盾，努力把工作解决在基层和萌芽状态，有效避免了缠访、重复访等情况，保障了学校安全稳定的发展环境。参加信访工作培训，提高政策理论水平和接访处置能力，耐心细致做好信访人工作，缩短信访案件处理周期。继续推行“校领导接待日”制度，为师生员工提供了一个相对独立、时间固定的接待场所，畅通了信访渠道。

【单位考核】

2011 年学校总结和考核工作本着“夯实基础、注重增量、体现水平、突出质量、兼顾效率”的原则，努力实现学校对二级单位目标责任管理。年度考核主要由基本工作、重点工作和特色工作三部分组成。考核指标体系要既能客观全面反映二级单位日常工作的运转状况及学校年度工作重点的落实情况，又能体现并鼓励特色和创新。同时，尊重院系的学科特点及发展基础，充分考虑机关部处的服务和管理职能，考核方式及程序进一步公开化、科学化、民主化，切实发挥年度考核的激励和导向作用。学校年度绩效工资与单位考核挂钩，获奖单位绩效工资总量上浮一定比例，出现重大失误或考核不合格的单位，绩效工资总量下浮一定比例。

各单位在年底前根据考核指标以及有关开展工作总结和考核的文件要求，全面总结工作，并报送相关材料。考核工作办公室分别组织学院和机关部处、直属单位进行总结交流及民意测评，并组织对各单位基本工作、重点工作和特色工作的考核和评定。学院（系）组织系（室）、所（中心）等进行总结和交流。单位考核工作组综合各方面意见提出对二级单位的考核及奖惩意见，报学校考核领导小组研究后由校党委常委会审定，最后评出获得“思源杯”、“特色奖”和“优秀奖”的单位。

【附件1】

2011年学校年终单位工作考核结果

获“思源杯”：机电学院　经管学院

获“特色奖”：理学院　语言与传播学院　宣传部　纪委（监察处）　校团委　研究生院　研工部　实验设备处　审计处　发展规划处　外联络合作处（国际教育交流中心）　新校区建设办　校医院　体育部

获“优秀奖”：运输学院　电信学院　组织部　科技处　学校办　人事处　招生就业处　国际合作处　科技处　保卫处　学工部　后勤集团　工会　教务处　计财处

组织工作

【综述】

2011 年，学校党委组织工作，坚持以邓小平理论和“三个代表”重要思想为指导，深入贯彻落实科学发展观，认真贯彻落实教育部党组、北京市委和学校党委关于组织工作的部署和要求，围绕学校总体工作思路和重点，以提高组织工作科学化水平为主线，认真落实《中国共产党普通高等学校基层组织工作条例》（以下简称《条例》）；以干部换届调整为契机，不断深化干部人事制度改革，大力加强领导班子和干部队伍建设；以二级党组织换届和筹备召开第十次党代会为契机，不断加强党内民主建设；以纪念建党 90 周年为契机，深入开展创先争优活动，不断加强基层党组织建设和党员队伍建设，圆满完成了全年的各项任务，为加快推进一流研究型大学建设提供了有力的政治、思想和组织保证。

【创先争优活动】

以庆祝建党 90 周年为契机，深入开展创先争优活动。深化“创先争优，从我做起”主题实践活动，组织庆祝建党 90 周年系列活动，进一步引导基层党组织和党员立足本职岗位、创造优秀业绩、培养优秀人才。9 月 30 日，组织召开创先争优活动第二阶段总结暨第三阶段部署会，全面总结创先争优活动第二阶段工作，制订并经校党委讨论通过了《北京交通大学深入开展“提高办学质量促发展、服务人民群众树形象”创先争优活动实施方案》，对第三阶段创先争优活动作出详细部署。

【干部人事制度改革】

以处级干部换届调整为契机，深入推进干部人事制度改革。坚持德才兼备、以德为先的用人标准，坚持民主、公开、竞争、择优，真正把政治坚定、有真才实学、实绩突出、群众公认的干部选拔到领导岗位上来。完善选人用人机制，规范干部工作程序和制度，颁布了《北京交通大学处级领导干部竞争上岗工作规程（试行）》和《北京交通大学处级干部换届聘任工作实施办法》，进一步扩大干部工作民主、提高干部群众参与度，健全竞争择优机制，推行差额考察选拔干部制度，实施干部任免党委常委会票决制。落实干部选任“四项监督制度”，开展了“一报告两评议”工作，进一步加强干部选拔任用监督管理工作。建立处级干部后备人才库，加强后备干部队伍锻炼和管理。

1. 圆满完成处级干部换届调整

组织召开了干部换届调整工作动员大会，按照学校党委的部署，本着先考核，后聘任；先正处，后副处；先平调，后竞岗的原则分三个阶段圆满完成处级干部换届调整。换届工作中进一步加大了竞争性选拔干部工作力度，将 16 个空缺的正职职位全部纳入竞争上岗范围。40 位报名人员中有 33 人符合资格条件进入 10 个职位的公开答辩，另有 6 个职位因报名人数不足 3 人，按规定没有进入竞争上岗后续程序。学校党委常委会依据竞争上岗人员综合成绩确定每个职位的前 3 名或前 2 名共 23 人作为考察对象，根据考察结果，党委常委会通过票决的方式确定了 13 个职位的任职人选。副职干部的调整程序与正职基本相同，共有 43 名副职干部连任，25 人平级调整；对 38 个空缺岗位进行了竞争上岗，共 161 人报名，143 人 235 人次参加了 37 个职位的公开答辩。有 81 人被列为考察对象，经过组织考察，常委会研究确定了 36 人提任副处级干部。另外根据工作需要及岗位情况，有 12 名干部经党委提名，6 人提任正处级干部，6 人提任副处级干部。

经过调整，174 位新一届处级干部全部到岗。本次换届共 78 位处级干部原岗连任，41 位平级轮岗交流，61 位提拔任用，其中正处 19 人，副处 42 人。经过换届调整处级干部结构进一步优化，平均年龄由换届前的 45.9 岁下降到 43.6 岁，下降了 2.3 岁；具有硕士以上学位占 81.3%，较换届前提高了 10.1%；党外干部占 8.5%，提高 2.1%；女干部占 33.5%，提高 6%；少数民族干部占 5.7%，与换届前持平。

2. 大力推进干部教育培训工作

通过专题培训、辅导报告、考察调研、社会实践、挂职锻炼、个人自学等多种方式，大力加强干部教育培训工作。见表 3。组织开展新一届处级干部培训班，党委书记做集体谈话、校长做讲话、纪委书记做廉政谈话。开通处级干部在线学习培训平台并出台考核评价办法。选派 53 名干部和教师参加校外专题培训。注重实践锻炼，组织 25 名干部暑期赴遵义地区开展为期 5 天的集中培训，通过现场教学、专题讲座、参观考察等形式，深入学习党的历史和遵义会议精神，提高干部的党性修养和理论水平。加强干部挂职交流，先后选送 2 名处级干部到教育部和北京市挂职锻炼。加强干部教育培训考核，制定《北京交通大学干部教育培训管理考核办法》，印制干部学习笔记，强化干部自主选学和自学，确保培训效果。

表 3　2011 年干部培训情况一览表

培训时间	培　训　项　目	主办单位	参加人
02.28—03.29	教育部第三十八期高校领导干部进修班	教育部	关忠良
02.28—05.28	第三十五期高校中青年干部培训班	教育部	刘延平
03.29—03.30	北京高校处级领导干部学习贯彻两会全会精神学习班	北京市高校干部培训中心	张明玉　陈后金　解　郁　姚念龙　屈　波
05.09—06.06	教育部直属高校中青年校级领导干部专题研修班（第二期）	教育部	王永生
05.18—05.20	北京高校第五期优秀党支部书记示范培训班	中共北京市委教育工作委员会	于桂兰　魏玉光　邵丽萍　董丽敏
06.01—06.16	北京高校高等教育管理培训班	北京市高校干部培训中心	王　锋　张希清　聂　磊
06.20—06.23	北京高校优秀年轻处级干部培训班	中共北京市委教育工作委员会	孙慧环　谭　洁
07.21—08.11	高校国际交流与合作能力建设培训团（美国）	国家外专局	徐宇工
08.05—08.09	暑期赴遵义干部培训班	学校党委	颜吾佴　文海涛　钟章队　张明玉　刘　军　李建勇　姜久春　冯其波　蔡红建　赵　岚　夏海山　王　瑽　刘志刚　屈晓婷　连会仁　司银涛　韩宝明　谷钧宏　章梓茂　赵　鹏　陈志新　刘东平　寇红江

续表

培训时间	培　训　项　目	主办单位	参加人
09.01—11.30	第三十六期高校中青年干部培训班	教育部	姚念龙
09.11—10.02	高校统战部长管理与公共关系培训班（英国）	教育部	李　彤
09.21—09.23	北京高校新任处级领导干部综合素质提升培训班	北京市高校干部培训中心	魏旺强　张立伟　张顶立　刘　伟　王丽君
10.11—10.14	北京高校第五期优秀党支部书记示范培训班	中共北京市委教育工作委员会	纪丰民　董金凤　姚　宏　汪晓霞　张　杰
10.16—11.05	高校领导干部海外培训（澳大利亚）	教育部	孙守光
10.19—10.21	北京高校高等教育管理培训班	北京市高校干部培训中心	于永光　房海蓉　戴胜华　王健强
10.25—11.14	教育财务管理培训（德国）	教育部	孙蓝烽
11.16—11.17	北京高校学习贯彻十七届六中全会精神培训班	北京市高校干部培训中心	叶　龙　陈　颖　孔德立　杨　军
11.25—12.15	大学生思想教育管理培训（俄罗斯、韩国）	教育部	王　烜
12.01—12.28	高校管理干部培训班（美国）	国家留学基金委	王雪松　田永静

3. 加强干部管理监督工作

认真贯彻落实中央和北京市从严管理干部的要求，认真落实谈心谈话、民主生活会、述职述廉等干部监督管理措施，严格干部日常管理。改进和完善干部考核评价办法，加强干部任期制考核，完成153名处级干部任期考核，校党委确定35名同志考核结果为“优秀”，118名同志为“称职”。健全干部年度考核办法，完善考核民主测评系统，扩大群众参与，不断提高考核工作科学化水平。认真落实干部日常管理监督制度，建立了干部监督联席会议制度，做好出国审查备案、个人事项报告等工作。

进一步修改完善处职干部考核办法和处职干部网上考核测评系统，在校党委的统一部署下，在二级党组织的大力配合下，通过网上考核系统对全校185名处职干部进行了年终考核群众民主测评。经学校考核工作领导小组研究讨论、校党委常委会研究决定，2011年度共有42名处职干部考核结果为优秀，其他干部均为考核称职，组织部对考核结果进行了公示。

4. 切实做好年轻干部和后备干部培养工作

积极为年轻干部和后备干部成长创造条件，丰富干部任职经历，不断开阔干部视野。积极选送青年干部到校外工作，配合北京市做好“80后”干部到区县乡镇任职工作，先后推荐韩继华等5名年轻干部到区县乡镇街道任职。选派青年教师到管理岗位挂职锻炼，组织召开赴宁夏挂职教师座谈会，第一批4名教师圆满完成挂职任务，选送第二批2位教师赴宁夏挂实职锻炼；选送土建学院副教授王斌作为中央和国家机关第七批援疆干部，赴新疆服务锻炼；组织召开第七批青年教师校内挂职总结交流暨第八批校内挂职启动会，第八批共有11位青年教师到7个学院副职岗位和4个部处副职岗位挂职锻炼。积极选派干部到校外挂职锻炼，选送7名年轻干部到教育部、北京市委教育工委、团市委、地方政府部门挂职锻炼。推进校际干部交流培养，接受1名国家教育行政学院干部、4名河南理工大学干部、2名西北民族大学干部、1名北京信息科技大学干部到学校相关单位挂职锻炼，组织部全力做好服务保障工作。

5. 协助做好校级领导班子的有关工作

协助学校党委做好副校长公选工作，起草并经校党委审议通过《北京交通大学公开选拔副校长工作方案》，认真做好公告发布、接受报名、资格审查、述聘大会、组织考察等工作。协助北京市、辽宁省完成两位副校长到北京印刷学院、大连交通大学任职的考察谈话和有关工作。协助做好校级领导干部的培训，共组织校领导参加各级组织的培训 15 人次。协助党委完成校领导年度考核工作，起草制订考核工作方案，组织召开考核述职大会、做好校领导班子民主生活会、个人有关事项报告、档案管理等工作。

【基层组织建设】

根据《中国共产党章程》和《中国共产党基层组织选举工作条例》的有关规定，以二级党组织换届为契机，贯彻落实《中国共产党普通高等学校基层组织工作条例》，明确换届工作原则、工作程序和纪律要求，充分发扬民主，体现选举人意志。

圆满完成二级党组织换届工作。组织召开二级党组织换届工作部署培训会，起草并经校党委讨论通过《中共北京交通大学委员会 2011 年二级党组织换届工作实施办法》，下发《2011 年二级党组织换届工作指导意见》和会议文档模板材料。全程指导各二级党组织换届选举工作，20 个二级党组织按照文件要求和指导意见，在完成所属党支部换届的基础上，分别召开了党员大会或党员代表大会，选举产生了新一届委员会，圆满完成换届工作。

后勤集团党委因集团机构调整，经校党委批准换届延期进行。

【党建研究】

高度重视党建研究工作，依托学校党建和思想政治工作研究会组织研究队伍，提高党员干部的理论研究水平，以党建研究总结经验、破解难题、推动工作、加强创新。

围绕党建工作重点和难点问题，继续开展课题研究。2011 年，学校承担的 2010 年度北京高校党建研究会课题“北京高校党内民主决策机制研究”和“北京高校党内激励关怀帮扶机制研究”顺利结题；成功申报北京高校党建研究会 2011 年度课题 2 项。

【党校工作】

充分发挥党校在党员、干部和入党积极分子培训中的作用，完善校院两级党校培训机制，全年举办两期入党积极分子集中培训，共 15 个班次，培训入党积极分子 2 796 名。加强党课教师队伍建设和课程建设，不断提高教学水平，在第二届北京高校党课“精品一课”评选活动中，学校 3 名党校教师主讲的课程获评“精品一课”，占北京高校评奖总数的五分之一，学校获优秀组织奖。

加强党组织负责人队伍建设，通过校内外培训，不断提高能力素质。先后选派 10 名教师党支部书记参加北京高校教师党支部书记示范培训班。制订下发了《北京交通大学 2011 年党员教育培训计划》，继续以党支部书记、本科新生党员、预备党员、青年教师党员和毕业生党员为重点，加强教育培训。制定下发《北京交通大学党员教育培训管理办法》和《北京交通大学党员教育培训联席会议制度》，确保教育培训取得实效。

【发展党员工作】

选聘 10 名老同志担任兼职组织员，组织召开组织员工作座谈会，交流工作经验和体会。加强对党员发展工作的培训和指导，在组织党支部书记、党委秘书、专兼职组织员培训过程中将党员发展工作作为重点内容加以培训，注重和强调对发展对象入党动机的把握，关口前移，高标准培养入党积极分子，确保党员发展质量。继续做好在青年教师特别是教学科研骨干中发展党员工作。做好党员发展工作，保证发展质量，全年共发展新党员 1 172 名。

【建党九十周年】

牵头制定并经校党委讨论通过了《中共北京交通大学委员会关于开展纪念中国共产党成立 90 周年系列活动的通知》，指导协调各二级党组织和相关部门开展庆祝建党 90 周年系列活动。

组织推选并获评北京高校先进基层党组织 1 个、北京高校优秀共产党员 2 名。组织评选出校级先进基层党组织 20 个、优秀共产党员标兵 10 名、优秀党务工作者 20 名、优秀共产党员 100 名。组织召开庆祝中国共产党成立 90 周年暨表彰大会，对评选出的先进组织和先进个人进行表彰。

组织开展“创先争优作表率、我为党旗添光彩”主题党日活动和“短信寄语建党 90 周年”活动，引导党员坚定信念、牢记使命、争创佳绩。组织近千名党员参观北京高校和北京市纪念建党 90 周年展览。开展走访慰问活动，慰问老党员、老战士和生活困难党员 34 人次。组织召开各层面党员代表座谈会。排演《黄河大合唱》套曲、红歌比赛等大型文艺演出，组织党员观看电影《飞天》。

组织“共产党员献爱心”活动，共捐款 14. 8 万元。

【第十次党代会筹备】

按照党委部署，协调上级和校内有关部门共同做好学校第十次党代会筹备各项工作，负责学校第十次党代会筹备工作领导小组组织组的具体工作，起草并经校党委讨论通过《关于召开中国共产党北京交通大学第十次代表大会的请示》、《关于筹备召开学校第十次党代会的通知》、《关于中国共产党北京交通大学第十次代表大会代表选举工作的通知》、《关于中共北京交通大学第十届党委委员、纪委委员候选人预备人选酝酿推荐工作的通知》等文件，组织召开工作部署会和培训会，指导各二级党组织做好出席学校第十次党代会代表的选举工作和两委委员候选人预备人选有关工作。

【组工干部队伍建设】

按照中央对组织部门和组工干部的要求，强化部内理论学习和业务交流，不断加强组织工作规范化建设，认真开展“讲党性、重品行、作表率”带头创先争优活动，严格要求，从严治部，不断提高学校组织工作科学化水平。加强组工干部队伍建设，除抓好部内集体学习和个人自学外，积极参加各类培训提高自身修养，9 人次参加了教育部、北京市和学校组织的有关工作培训，1 人到北京市委教育工委挂职锻炼。

【荣誉奖项】

在第二届北京高校党课“精品一课”评选活动中，蓝晓霞同志主讲的《党的组织原则和组织纪律》、赵岚同志主讲的《党员条件，端正入党动机，争取早日入党》、杨蔚同志主讲的《党的指导思想》课程获评“精品一课”，学校获优秀组织奖。

学校被市委教育工委评为 2010 年度党内统计工作全优单位。

党委组织部在学校年度考核中连续 3 年考核优秀。

宣传工作

【综述】

2011年，学校党委宣传思想工作深入贯彻落实科学发展观，继续解放思想，着力改革创新，加强理论学习与研究，教职工思想政治教育工作安排系统，载体丰富，注重教育实效。积极推动学校文化建设取得新突破。积极推进内部建设，夯实宣传阵地，提高服务质量，着力促进部门工作水平的整体提升，着力强化大局意识、服务意识和策划意识，不断提高工作质量和服务水平，较好地发挥了党委喉舌的作用。

【理论学习与研究】

中心组学习聚焦热点，强化质量，注重理论创新。全年围绕"'两会'精神"、"国内经济形势与国家'十二五'规划"、"落实国家教育规划纲要"、"高等教育事业科学发展的政策走向"、"中共90年的探索与奋斗"等专题，组织校院两级中心组学习10次。邀请杨伟民、姚景源、张力、张志明等影响力大、认可度高的专家来校作高水平辅导报告，着力提升校院两级班子理论水平和战略思维。紧紧围绕胡锦涛总书记清华百年校庆讲话、十七届六中全会精神学习等时政热点，加强理论研究与宣传。书记、校长在《中国教育报》、《中国高等教育》等刊物先后发表《实现"四个转变"　提升大学服务经济社会能力》、《大学服务如何超越"短平快"》、《大学是社会文化的核心景观》等署名文章，相关稿件被人民网、凤凰网、国际在线等网络媒体大量转载，引起较好社会反响。

【教职工思想政治教育】

系统安排教职工思想教育，丰富载体，注重教育实效。《北京交通大学2011年教职工政治理论学习计划》与年度宣传思想工作同计划、同部署，推动了全年教职工思想教育各项任务的完成。围绕胡锦涛总书记清华百年校庆讲话、"七一"讲话、十七届六中全会等重大节点内容，及时部署组织各级各类学习活动。及时收集、报送学习动态，反映学习成果。学校师生学习十七届六中全会精神的思想动态获《光明日报》头版报道，学习胡锦涛总书记"七一"讲话精神的思想动态第一时间获中国教育电视台报道，学习总书记清华百年校庆讲话精神的思想动态获《中国教育报》报道。

围绕纪念建党90周年，统筹开展系列活动，切实发挥思想政治教育的辐射功能。各类纪念活动载体新颖，内涵丰富，既有主题鲜明的教育活动，又有形式多样的文化活动；既有系列庆祝活动的面，又有突出创新活动的点。全面开展了短信、微博寄语、博客、征文、知识竞赛、经典诵读、唱红歌、书画摄影、"光辉的历程"大型图片展、纪念表彰大会等活动，覆盖面广，师生参与度高，共同唱响共产党好、社会主义好、改革开放好、伟大祖国好、各族人民好的时代主旋律。

继续推进创先争优活动开展。及时总结、宣传报送学校创先争优活动的经验做法和先进典型，上报"加强学风建设"、"服务区域发展"、"打造群众满意工程"等活动简报7期，被教育部教育系统创先争优活动简报采用1期，北京教育系统深入开展创先争优活动简报采用2期。

以开展“创建首都文明区　做文明有礼北京人”主题实践活动为契机，进一步加强学校精神文明建设。相关工作得到北京市委教育工委、海淀区委的充分肯定，《中关村》杂志对学校文明创建工作进行了专题报道。学校荣获2011年“首都精神文明单位标兵”称号。

师德师风建设重在树立榜样，发挥典型激励作用。校内各媒体开辟专题专栏加强典型宣传。加大对学校“七一”受表彰的优秀共产党员代表、教师节受表彰的优秀教师代表、学校“育人标兵”等群体和个人先进事迹材料的宣传展示力度，发挥了强大的正面辐射作用。注重把握典型宣传着力点，加强对科研团队、优秀教师的挖掘报道。全年在《科学新闻》、《北京教育（高教）》、《北京教育（德育）》、《神州学人》、《先锋杂志》等媒体刊登5 000～6 000字人物通讯8篇。

【校园文化建设】

起草学校首个文化建设专项规划《北京交通大学校园文化建设规划（2012－2020年）》，对学校未来八年文化建设进行全面规划和部署。完成《北京交通大学报告会、研讨会、讲座、论坛管理办法》的制定，明确相关活动的审批程序与运行规范。

积极开展“中华诵”试点工作。举办以“中华诵”为主题的“党在我心中”诵读晚会、“春之声”诵读比赛及晚会等活动，吸引了广泛的关注，得到教育部相关司局高度肯定。学校作为高校代表，在教育部2011年“中华诵·经典诵读行动”经验交流研讨会上作典型发言，获得与会人员的一致肯定。

精心设计推出庆祝建校115周年系列文化产品。校庆前夕集中发布了《北京交通大学百年图鉴》、《曾鲲化》、《北京交大赋》、《铅字的力量——北京交通大学报六十年作品精选集》、《翰墨飘香　光影流韵——北京交通大学建校115周年师生员工书画摄影作品选》等文化产品，有效提升了学校文化的传播力和影响力。

【媒体宣传】

圆满完成刘延东同志来校视察、校庆115周年、区人大代表选举等学校重要工作的宣传任务，获得高度肯定。积极开展对科技服务、学科建设、毕业生就业创业、人才培养与学风建设等一线选题的采访报道。

对外宣传做到深度报道月月有，动态新闻不断线，实现《中国教育报》头版头条历史性突破。全年在《中国教育报》等国家级重点媒体刊登头版头条文章5篇，大篇幅报道数10篇，10家以上媒体集中报道的专题新闻20余次，外宣报道总量近千条，在中央电视台、中国教育电视台等重点电视媒体的电视新闻报道200余条，在《中国教育报》、《北京青年报》等多家报刊、杂志、网络发表图片新闻50余次100余幅。

新闻网顺利完成改版，并积极整合网络媒体资源，利用学校官方微博进行活动直播、人人网公共主页报道、知行论坛发帖等形式开展网络宣传工作，提高了学校的网络影响力和知名度。利用学校VPN专线，畅通了新闻联系的渠道。全年发布新闻1 700余条，设置新闻专题专栏7个，总点击量达到295万，日均点击量达到2.7万次。

校报积极创新报道方式，切实贯彻学校党委精简会议精神要求，新闻报道做到有轻有重、有长有短，在报道的角度上，尽量避免简单议程性的报道，而是着力挖掘新闻内涵，把握重要观点，确保“报之有物”。全年编辑出版报纸20期共82版，其中包括校庆115周年等4期专刊，获得良好反映。

电视台积极推动媒介融合，实现立体报道，强化传播效果，对新媒体资产管理系统进行开发。为多个部门提供素材转录、刻录工作，刻存档光盘53张，非存档光盘400余张。全年制作新闻41期，播发新闻共计1 181条，全程录像50余场，摄制新闻素材约300小时，制作光盘近400张。

及时为学校各部门、各学院、单位提供日常拍摄服务，搜集、提供大量新旧图片资料，拍摄新闻图片近50 000张。

广播台全年编辑、制作、审听广播节目184期，向两个校区广播570次13 300分钟节目。

积极推动与语传学院的共建工作，发挥专业优势为学院学生讲授相关课程，开展毕业论文指导工作。

统战工作

【综述】

2011 年学校统战工作以庆祝建党 90 周年和纪念辛亥革命 100 周年等重大活动为契机，认真学习党的十七届五中和六中全会、全国及北京市统战部长会议精神，深入贯彻落实科学发展观，把握“大团结、大联合”主题，开展了大量统战工作。

【民主党派和党外代表人士工作】

1. 及时召开座谈会、通报会，听取统战人士的意见和建议

1 月，校党委召开了统战人士迎新春座谈会，书记、校长亲自参加，向全体民主党派人士和无党派代表人士通报学校工作和统战工作情况，并听取他们的意见。

3 月，全国两会结束后，统战部组织学校民主党派成员和无党派代表人士认真学习两会精神。邀请学校全国政协委员、无党派人士王玉凤教授和国务院参事袁伦渠教授传达了两会精神，畅谈参加全国政协会议的切身感受。与会人员纷纷发言，表示两会后更加振奋，对未来充满信心。

3 月，学校党委召开统战人士情况通报会，颜吾佴副书记传达了年初召开的全国统战部长会议和北京市统战部长会议精神，同时还通报了 2011 年学校工作要点和统战工作要点。

6 月，为纪念中国共产党成立 90 周年，校党委组织召开了统战人士座谈会。校党委副书记颜吾佴出席会议，国务院参事、各民主党派负责人、无党派代表人士、侨联代表人士参加了座谈。大家回顾了中国共产党 90 年所走过的不平凡的光辉历程和取得的伟大成就，畅谈了中国共产党和各民主党派、无党派人士肝胆相照、荣辱与共的奋斗历程，进一步坚定在中国共产党领导下走中国特色社会主义道路的决心和信心。

11 月，校党委召开党外代表人士座谈会，就《学校“十二五”事业发展规划》向党外人士征求意见和建议。各民主党派负责人、无党派代表人士、侨联委员代表参加了座谈会。座谈会上，党外代表人士对《学校“十二五”事业发展规划（审议稿）》总体框架给予肯定，对各个章节进行了深入细致的研讨，并结合在一线工作的体会，从不同的视角和高度就学校的学科建设、人才培养、创新平台建设、教育、教学管理以及提高管理水平等方面提出了意见和建议。

2. 组织党外代表人士参观学习

6 月，为纪念中国共产党成立 90 周年，校党委组织学校各民主党派组织负责人、无党派代表人士、侨联代表人士等一行 15 人团赴重庆、广安参观和学习，对统战人士进行爱国主义和革命传统教育，增强大家的使命感和责任感。校党委副书记颜吾佴亲自带队参加学习考察活动。

10 月，为了纪念辛亥革命 100 周年，学校组织民主党派人士、无党派代表人士和侨联代表参观了位于香山碧云寺内的辛亥革命图片展和孙中山纪念堂，并瞻仰了孙中山先生衣冠冢。校党委副书记颜吾佴参加了此次活动。党外代表人士重温了辛亥革命的历史，进一步了

解了孙中山先生的丰功伟绩和辛亥革命在中国历史上的伟大意义。

3. 进一步加强民主党派工作

主动与民主党派上级组织加强联系与沟通，积极推荐学校民主党派成员到党派各级组织和专委会任职，扩大学校民主党派在北京市和海淀区的影响。

协助学校九三支社开展换届工作。统战部与学校现任支委和海淀九三学社区委进行了多次沟通，逐一协商确定人选。12月19日，九三学社北京交通大学支社召开换届选举大会，九三学社北京市海淀区委常务副主委江毅、组织部部长姚杰、彭祚登、学校党委副书记颜吾佴、统战部部长李彤出席大会，学校有30位九三社员参会，会议由第六届委员会副主委张志力主持。大会按照《九三学社章程》的选举办法，以无记名投票选举的方式，选举产生了由夏海山、张志力、李克平、朱金荣、贾英杰、王晓霞、常丹等7人组成的九三学社北京交通大学第七届委员会。

积极支持民主党派各基层组织开展支部（支社）活动，并组织民主党派成员参加市委统战部和教工委组织的征文活动，为他们发放学习资料，如：胡锦涛同志七一讲话、胡锦涛同志在纪念辛亥革命100周年上的讲话、十七届六中全会精神等，并组织学习。

按计划、保质量地协助民主党派发展新成员。召开学校民主党派负责人会议，共同探讨做好民主党派基层工作的途径与方法。协助九三学社海淀区委调查考核，4月，土建学院教师陈曦被批准为九三学社社员；协助民盟北京市委调查考核，6月，交通运输学院教师郭建媛、建筑与艺术系教师石克辉被批准成为民盟盟员。

4. 加强党外代表人士工作

积极选送党外代表人士参加校外的实践和培训。学校推荐无党派人士钟章队教授参加了中央统战部组织的“同心党外院士服务团赴甘南藏族自治州服务团”活动，为甘南少数民族地区的发展献计出力，得到中央统战部领导的肯定。选送无党派人士谭忠盛教授参加北京高校党外代表人士培训班。

进一步加强了对党外人士的培养和使用力度。11月，学校无党派代表人士王玉凤教授、无党派代表人士李建勇教授当选为海淀区第十五届人大代表（比上届增加1名）。学校无党派代表人士贾顺平教授、无党派代表人士施惠玲副教授任海淀区第九届政协委员（比上届增加1名）。8月，海淀区第六次归侨侨眷代表大会召开，学校无党派代表人士田卫平副教授担任了海淀区侨联常委。2名无党派人士担任了中央统战部六局信息员，本年度干部调整后，学校共有15名党外处级干部，其中正处职6名。

【民族宗教工作】

学校两次召开民族宗教领导小组会，会上颜书记传达了中共中央办公厅18号文件精神，并对学校民族宗教工作进行部署，强调要关心少数民族学生的学习生活，对学校师生中的信教情况做到心中有数，特别要认真贯彻文件精神，依法管理宗教事务，抵御宗教渗透。

积极开展宗教政策、法规和宗教知识的宣传教育。12月份，学校邀请原北京市委统战部副部长、市参事室党组书记周伯琦作了题为《当前的宗教工作形势及党关于宗教问题的基本观点和基本政策》的辅导报告。校院两级党委理论中心组成员、全体教职工党支部书记、学生辅导员、思想政治理论课教师和部分学生代表听取了报告。报告内容丰富，资料翔实，为做好学校新形势下的宗教工作提供了有力指导，并对贯彻宗教工作的政策，加强学校宗教工作提出了具体要求和指导意见。

学校关心少数民族学生的学习生活，召开藏族、维吾尔族学生座谈会和聚餐会，倾听他们的心声，为其成长成才创造良好的环境。

【归侨侨眷工作】

进一步发挥学校侨联组织的积极性。继续推进侨联引智引资工作，关心老归侨、侨眷工作，关心在校学生工作等，为学校的和谐与发展出力。

为了进行爱国主义教育、丰富归侨侨眷的文化生活，11 月，学校组织归侨侨眷，前往国家博物馆和中山公园，参观“复兴之路”展览和中山堂，缅怀伟大的革命先行者孙中山先生的业绩，同时深切感受到没有中国共产党，中国就不可能走上独立自主、富裕强盛的复兴之路。

学校侨联承担的北京市侨联重点课题《北京治堵新选择——悬挂式单轨空中轨道交通的应用研究》被评为 2011 年理论研究和调查研究优秀成果（建言献策类）三等奖。该课题从实际出发，从首都大局着想，提出在北京各大商圈、各大小区、包括新建国际机场等处应用的具体方案，寻找出北京“治堵”的新选择、新措施。

纪检监察工作

【综述】

2011 年学校纪检监察工作遵照上级纪检部门的指示，全面贯彻十七届中纪委六次全会精神，紧紧围绕学校中心工作，以学习贯彻中共中央国务院《关于实行党风廉政建设责任制的规定》、中共中央《中国共产党党员领导干部廉洁从政若干准则》和教育部“十不准”规定为重点，认真完成了《北京交通大学 2011 年党风廉政建设工作要点》中的各项任务，在加强权力的监督和制约方面有了新进展，为全面完成学校今年各项工作任务提供了坚强有力的政治保障。

【宣传教育】

结合学校实际，传达贯彻上级会议精神。4 月 28 日，召开全校 2011 年党风廉政建设工作会议。校党委副书记、纪委书记颜吾佴在会上作工作报告，传达上级有关会议精神，总结学校 2010 年党风廉政建设和反腐败工作，全面部署 2011 年反腐倡廉工作，提出了落实党风廉政建设责任制，加强党风廉政宣传教育、制度建设、监督制约，坚决查处违纪违法案件等五个方面的要求，结合近年高校典型案例对中层干部进行警示教育。校党委书记曹国永作重要讲话，号召全校上下必须以对党和国家事业、对人民群众利益高度负责的态度，加强作风建设、干部队伍建设，落实一岗双责，进一步增强责任感和紧迫感，继续把反腐倡廉建设抓紧抓好，抓出成效。全体校领导、校党委委员、纪委委员、中层干部和各单位班子成员、各系所中心主任、教职工党支部书记、党风监督员、民主党派负责人和无党派人士代表 200 余人参加了会议。

采取多种形式，加强党风廉政建设宣传教育。结合干部换届工作，积极开展廉政谈话和培训。8 月 25 日，学校召开处级干部换届工作总结暨培训会，校党委副书记、纪委书记颜吾佴对全体处级干部进行集体廉政谈话，纪委副书记、监察处长王宏军从中纪委、教育部、监察部关于加强高等学校反腐倡廉建设的意见、党风廉政建设责任制、廉政准则与“十不准”和廉政风险防范管理四个方面对 55 名新任处级领导干部进行廉政知识专题培训。认真开展党风廉政宣传教育月活动，推进廉政文化进校园。10 月，学校纪委印发了《关于开展 2011 年党风廉政宣传教育活动的通知》，部署 2011 年“清正廉洁树形象，完善制度防风险”主题党风廉政宣传教育活动。各单位围绕“参加一次学习、开展一次交流、梳理一次流程、进行一次小结”，认真开展党风廉政宣传教育活动。在宣传活动中坚持丰富内容、创新载体。通过学校电视台滚动播放《廉政准则》宣传教育片；印发《宣传通讯》廉政专刊，刊登了 7 个领导讲话和重要文件制度作为中心组和教职工思想政治教育的学习资料；编写和印发关于《责任制规定》和《廉政准则》的知识测试题及答案，向二级党组织提供警示教育宣传片；组织重点部门关键岗位工作人员、专职纪检干部分别参观北京市组织的《廉政救灾、阳光重建》图片展、建党九十周年北京市反腐倡廉建设成果展；以讲座、座谈会、诚信宣誓等多种形式对大学生开展以遵纪守法、诚实守信为主要内容的廉洁教育。

【责任制落实】

制定并执行《北京交通大学2011年党风廉政建设工作要点及主要任务分工》。4月1日，学校召开党委常委会第133次会议，讨论并通过《北京交通大学2011年党风廉政建设工作要点及主要任务分工》，明确学校党风廉政建设6大方面17项重点工作，并将其分解为24项具体工作；明确负责领导、牵头部门和协办部门的责任和任务，做到责任到人到岗。

按照中纪委驻教育部纪检组下发的《关于开展〈关于实行党风廉政建设责任制的规定〉和〈中国共产党党员领导干部廉洁从政若干准则执行情况专项检查的通知〉》的要求，学校下发《关于开展〈党风廉政建设责任制规定〉和〈廉政准则〉执行情况专项检查的通知》，对自查和备查工作进行重要部署。9月22日，学校顺利通过教育部第三专项检查组的检查。

11月，北京市委教育工委、市教委下发了《关于开展2011年北京高校落实党风廉政建设责任制推进惩防体系任务完成情况检查的通知》，学校在教育部检查的基础上再次开展自查工作，对仍然存在的问题进行整改，完成了《北京交通大学2011年落实党风廉政建设责任制推进惩防体系任务完成情况自查报告》。通过自查、检查和整改，进一步明确了反腐倡廉的领导体制和工作机制，完善了惩防体系，增强了领导干部的廉洁意识。

【监督监察】

学校从建立健全监督制约机制入手，扩大监督范围，探索监督方式，提高监督效果，加强了对权力运行的监督和制约。

围绕学校干部选拔、任用、管理，积极做好监督工作。纪委全程参与了干部选拔领导小组和考评小组的工作。2011年全校进行了处级领导干部的换届竞聘，纪委监察处全程参与了33人正处级职位和143人副处级职位的选拔竞聘监督，对拟提职的59名处职领导干部候选人均提出书面廉政意见。

对学校11名校级领导干部和199名中层领导干部的兼职情况进行了清查，覆盖面达到100%，将自查结果进行了分层分类梳理汇总，初步建立了“北京交通大学党员领导干部兼职情况信息库”。形成了规范领导干部兼职的意见，进一步规范了领导干部兼职行为。

积极参与基建项目的论证、招投标、重大项目变更和验收等监督工作。重点参与了学生活动中心建设过程中的重点环节和科技创业大厦招标的大量监督工作。

进一步加强对物资设备采购招投标过程的监督，重点加强对邀请招标、竞争性谈判、询价采购和单一来源采购等特殊形式招投标的监督和管理，加强了对招标代理公司的监督。全年纪委监察处共有91人次参与相关监督工作。

参与后勤集团对学生床上用品的考察、采购的监督；首次参与校医院中药饮片采购招投标工作，对招标会议、药厂调研等关键环节进行了监督和规范业务流程的指导。

加强对研究生、本科生招生政策、录取、复试、保送等重点环节进行监督，重点对体育、文艺、艺术设计本科招生考试的专业测试和自主招生考试等关键环节的监督，协助招生就业处、研究生院等部门完善制度建设、规范工作流程，建立了长效机制。

与计财处、审计处联合开展“小金库”专项检查工作，查出小金库问题1项，并及时进行了纠正。

参与学校职工住宅拆建监督工作；配合房地产管理处对职工住房情况进行调查；积极参与学校有关部门组织的先进评选、评奖、人员聘用等监督工作。

【信访与案件查办】

认真做好信访举报。全年共受理来电、来信、来访 18 人次，均按照规定进行了处理。

5 月，北京市教育纪工委组织开展了 2011 年度案件质量检查，对 2010 年 1 月至 2011 年 5 月已经办理结案手续并已向教育纪工委报送结案材料的案件进行检查。学校纪委按照检查要求，认真自查，并接受兄弟院校的互查和教育纪工委检查。

保密工作

【综述】

2011 年，学校保密工作坚持以邓小平理论和“三个代表”重要思想为指导，深入贯彻落实科学发展观，认真落实中央和北京市委关于加强新形势下保密工作的精神，根据教育部和北京市委保密委的部署，认真研究保密工作中遇到的新情况新问题，按照“积极防范、突出重点、依法管理”的方针，以提高保密工作能力为着力点，以落实保密责任为抓手，以迎接 2012 年第二轮军工保密资格审查认证为契机，通过加强技术防范、教育培训、制度建设和监督检查，积极推进保密体系建设和能力建设，既确保国家秘密安全，又便利信息资源合理利用，圆满完成《2011 年保密工作要点》各项计划，为学校发展与和谐校园建设提供了服务保障。

【体制机制】

深入推进工作体制机制创新，进一步提高管理、服务水平，依据“业务工作谁主管，保密工作谁负责”的原则，全面实行保密工作领导负责制，学校各级领导组织和领导干部，在职责范围内均承担相应的保密工作责任，逐级实行保密责任制，签订保密责任书，做到保密工作与业务工作同研究、同部署、同检查、同落实、同奖惩。

以迎接 2012 年第二轮军工保密资格审查认证为契机，学校认真学习、贯彻、执行保密认证新标准，按照标准要求，全面总结学校取得军工保密资格认证以来的保密工作，找出存在的问题，针对薄弱环节，下大力气整改，逐项落实军工保密资格新的认证标准，做到以评促建，夯实保密管理工作基础。

5 月 24 日，学校召开年度保密委员会工作会议，校党委书记、保密委员会主任曹国永，校党委副书记、保密委员会副主任高艳及校保密委员会委员出席会议。会议由保密办主任吴萱主持。会议总结了 2010 年度学校保密工作，通报了涉密人员调整情况及学校军工科研项目及管理情况，并传达上级文件，对 2011 年保密工作进行了部署。

根据学校《关于评选保密工作先进集体和先进个人的通知》，进行了 2010 年度保密工作先进集体和先进个人的评选工作。经单位推荐，学校保密委员会研究决定，对电信学院保密领导小组、计算机学院韩臻课题组、理学院王永生课题组等 3 个保密工作先进集体和王琴等 10 名保密工作先进个人予以表彰和奖励。

【宣传教育】

学校坚持把保密宣传教育作为一项经常性工作常抓不懈，本着筑牢保密防线，强化保密意识，知晓保密法规，掌握保密知识，提高防范能力的要求，开展了形式多样、持续有效的宣传教育活动。

邀请教育部办公厅副主任安钰峰为学校保密委员会成员、院（系）党委书记和分管科研副院长、国家保密学院部分师生和学校涉密课题组成员做专题讲座。组织学校领导、校保密委成员和学校国家保密学院师生共计 80 余人赴国家博物馆参观“全国窃密泄密案例警示教育展”，并组织学校国家保密学院、计算机学院师生积极承担警示教育展志愿服务，使学校师生对新时期保密工作有了更深入的理解。

积极推进保密知识进课堂活动，为新入职人员、新入学硕士、博士研究生进行保密及安全专题教育，使其在入校的时刻就知保密、懂保密。9 月份，保密办为全体新上岗中层干部做题为《加强保密意识，提高防范能力》专题培训。依托北京交通大学国家保密学院，并充分利用学校保密管理与保密技术特色专业优势，邀请国家保密局、国家保密技术研究所的专家，举办了以保密法律法规、保密管理、保密标准等为主题的保密系列讲座，取得了很好的效果。

学校高度重视《保密工作》、《保密科学技术》订阅工作，为校领导、保密委委员、二级保密领导小组和涉密人员订阅《保密工作》杂志 35 份；为涉密单位订阅《保密科学技术》10 份；结合高校保密工作实际，为校领导、保密委委员、二级保密领导小组和涉密人员订购《高等学校保密知识手册》书籍 50 余册。把保密专业图书、杂志作为保密宣传教育的重要资料，实现了保密专业杂志覆盖学校保密工作各个领域、各个方面的目标。

【监督检查】

学校根据新的军工认证标准对信息化安全保密管理和技术防护提出的要求，加强保密技术防护设备的应用，严格按照新标准规定，进一步完善计算机和信息系统管理制度，建立详细的信息设备台帐和严格的维修、报废和销毁审查制度。加强涉密计算机的保密技术防护，严格执行“涉密不上网，上网不涉密，电脑不混用，介质不交叉”的原则，实现了涉密计算机违规外联监控、信息输出的安全审计、涉密移动存储介质绑定。配备了互联网保密信息保密检查系统和涉密计算机违规上互联网检查工具，坚决杜绝涉密计算机上国际互联网，非涉密计算机处理涉密信息的现象。

依托学校的国家保密学院，充分发挥保密特色专业特点和人才优势，选拔政治面貌好、品学兼优的研究生，经过系统培训，承担学校保密技术检查工作。由学校保密办、军工办和计算机学院信息安全专业选拔的研究生组成检查组，对学校涉密单位进行了 2 次安全保密专项检查，并分别于 8 月和 12 月通过了北京市军工保密资格认证办和国家军工保密资格认证办组织的保密检查。开学初和放假前保密办都安排部署各涉密单位组织开展保密自查，发现问题，及时整改。

【保密管理】

根据新修订的《保密法》和《武器装备科研生产单位保密资格标准》，学校修订和完善了保密管理规章制度，将保密管理贯穿于军工科研项目申报、立项、实施、验收的全过程，切实加强对军工科研项目实施过程的监控和检查，将军工科研工作与保密管理融为一体，建立“项目谁主管，保密谁负责”的保密责任制度，在科研工作中抓保密，以保密工作促科研。

学校建立涉密人员离岗审查及签订离岗保密承诺书、涉密人员出国（境）保密审查及保密提醒制度，严格执行涉密文件复印、打印、刻录审批，涉密计算机维修、重装操作系统等各项审批工作。2011 年，办理国际论文保密审查 254 篇，涉密学位论文保密审查 17 篇。

按照北京市国防科工办的要求，完成军工保密资格认证单位基本信息和军工涉密人员基础信息的采集工作。

学校定期召开保密工作会议，传达上级文件精神，通报泄密案例，分析泄密案件的成因和特点，查找问题，汲取教训，及时解决工作中出现的问题。有计划地选派专兼职保密干部进行学习培训，加快建设一支政治强、素质好、业务精的保密干部队伍。

发挥信息安全专业特点和人才优势，选拔政治面貌好、品学兼优的研究生，经过系统培训，承担学校保密技术检查工作，高水平的技术队伍也为保密工作发挥了技术服务保障作用，提升了学校保密工作水平。

学生工作

【综述】

2011 年，北京交通大学坚持以科学发展观为指导，把社会主义核心价值体系融入到教育的全过程，以专业化、精细化、规范化为目标，把促进学生全面健康成长作为一切工作的出发点与落脚点，与时俱进，因势利导，探索创新，不断提升思想政治教育工作的覆盖面和感染力，取得了良好的教育效果。

【体制机制建设】

完善多种渠道学生工作协调机制，促进“三全”育人深入发展。学校学生工作部门与机关部处及各院系加强了学生工作研究与交流，相关单位密切协调工作，通过举办大学生思想政治教育论坛、走访院系调研学生工作、组织学生工作联席会、走访兄弟院校等方式深入研讨学生思想教育及管理工作，促进了“三全”育人工作协调发展。

高度重视安全稳定工作，确保各项工作顺利进行。建立各院系敏感时期“零报告”制度，汇总网络舆情和各学院情况，完善了敏感时期的长效预警机制。敏感时期，组织学生工作干部深入校园各个地方和学生宿舍积极巡查，组织自律会在学生公寓开展各项工作，防止突发事件发生。制定了《2011 年北京交通大学学生安全教育活动月实施方案》，组织开展全校本科生安全教育活动，将节假日前的安全卫生大检查作为长效机制，每月组织一次本科生安全卫生大检查，及时发现隐患，通报检查结果，责令限期整改，加强安全意识教育工作，在节假日前、消防工作重点时期，学校及时将各方面情况编写通知发送至每一位学生的邮箱，并且通过校内论坛、大屏幕和手机短信，将学校安全工作要求告知每一位同学。

完成学生活动服务中心一站式服务大厅的规划和施工工作。为了深入贯彻科学发展观，进一步落实“以学生为本”的办学理念，2011 年学校建成了集学生食堂、小剧场、琴房、学生活动室、一站式服务大厅和学生浴室等为一体的学生活动中心，为学生学习、生活、娱乐、实践活动等搭建了平台。学校建设了学生事务一站式服务大厅，通过集中服务、规范管理，提高学生事务部门的服务效率和服务质量，为学生学习、生活提供高效、便捷的服务。在深入调研走访相关高校学生服务大厅运行情况后，结合学校实际制定了《北京交通大学学生事务一站式服务大厅规划方案》，科学合理规划一站式服务大厅的设计规范和工作方案，将教育、管理和服务有机结合起来，不断提高大学生思想政治教育精细化程度和实效性。

【学生工作队伍建设】

加强辅导员培训工作精细化，提高工作水平。学校制定了《2011—2012 年度辅导员培训计划》，修订了《北京交通大学本科生班主任工作暂行规定》。加强辅导员、班主任培训工作，邀请中国青少年研究中心副主任、中国青少年研究会秘书长、《中国青年研究》杂志主编刘俊彦，清华大学吴倬教授等专家做专题培训，进一步开拓了辅导员的工作视野。校党委高艳副书记、张星臣副校长针对学生工作发展和人才培养做专题培训。结合建党 90 周年，在辅导员中深入开展思想政治教育工作。组织全校学生工作干部暑期赴井冈山革命圣地学习实践，进一步坚定了理想信念，增强了学生工作队伍的凝聚力和战斗力。

搭建平台，增强辅导员校内外交流。组织校内离职的学院党委副书记与新上岗的党委副书记展开座谈，就队伍建设、就业指导、深度辅导等主题进行深入交流。校党委高艳副书记与各年级辅导员分别开展座谈交流，帮助辅导员提高工作意识。组织辅导员与北京理工大学、北京化工大学、北京航空航天大学等高校的辅导员工作队伍进行联谊，交流工作经验。

严格选聘，选好配强辅导员队伍。2011 年辅导员队伍流动大、缺编人数多。学校提前启动招聘工作，严格招聘程序，严把辅导员入口关。收到报名简历 1 215 份，经过严格筛选、笔试、心理测试和面试后选聘了长期辅导员 12 名。

不断规范学生思想政治教育课题管理机制，提升辅导员研究水平。学校进一步加强学生思想政治教育课题的规范化管理，紧密结合工作实际，2011 年共立校内学生思想政治教育研究课题 19 项，其中重点课题 2 项，一般课题 12 项，支持课题 5 项。开展了 2011 年度课题中期考核和 2010 年度延期课题结题工作。积极组织辅导员参与上级部门课题申报，优秀论文评选等工作。完成了《高校德育创新与发展成果选编——北京交通大学卷》一书。

【学风建设】

举办学生学风建设论坛，努力解决学生学业发展实际困难。学校按照“覆盖面广、内容丰富、重点突出、取得实效”的原则，于五六月系统开展了丰富多彩的学风建设活动，切实提高了学生学习的积极性和主动性。学生学风建设论坛分为主论坛、分论坛、基层论坛和网络论坛四个部分。邀请宁滨校长、国家教学名师王移芝教授、北京市成才表率博士生成德文为学生作主题报告，近 3 000 名本科生聆听了主论坛报告。选拔各类优秀学生典型代表成立学生学风建设宣讲团，共开展 7 场报告会，在广大同学中形成了“学先进、看典型、比创新、赛学风”的优良学风。紧紧围绕“网络成瘾”、“时间管理”、“学习动力”、“学业诚信”四个学风建设主要方面邀请知名专家、学校教师、学生代表开展访谈活动。开展学风建设主题辩论赛两场，组织了网络知行平台讨论活动、党员承诺活动等。各学院结合各自学院专业和年级特点，组织开展了一系列学风建设活动，鼓励学生参与，让学生受益，将学风建设主题活动在学生中以不同形式深入开展。

开展新生引航工程，狠抓班级学风建设。制定《北京交通大学 2011—2012 学年第一学期学风建设实施方案》，抓好新生班集体建设和宿舍建设，营造积极向上的良好学风。面向新生组织三场学风建设报告会，在新生中树立学习典型，激发新生学习热情，明确学习目标。组织基础课教师学习沙龙活动，邀请高等数学、英语、计算机等教师为学生提供学习指导。邀请老校长万明坤教授为学生做“追求、环境与力量——与青年大学生漫谈人生”的主题报告，为学生讲解成长、成才之道。各学院认真做好新生引航工程，通过邀请校内外知名学者、教授做新生学风建设专题报告、开展科普知识竞赛、新生主干课程学习方法讲座、新生计算机入门培训、“集体自习日”等活动，增强学生学习兴趣。

激发专业兴趣，提高学生自主学习的积极性。激发学生的学习兴趣，培养学生对本专业的热爱，以此促进学风建设。结合专业特色，着力打造专业学习指导和服务项目，发挥专业教师、高年级学生等人员的作用，效果显著。电信学院为有深造愿望的同学举办了“慧择青春”系列活动，分专业方向邀请学院知名教授解读所在团队的研究方向、科研情况、导师配备等。经管学院不断完善工作坊工作体制，深入开展学生团体辅导。邀请了校内知名教师和校外专业人士担任主持人，开展了学习方法指导、学术研讨、情商培养等主题的工作坊系列活动，共600余人次先后参与到工作坊中来，最大程度满足学生的需求。交通运输学院在城轨和电子商务两个专业试行导师制，为每名大一学生配备导师，对学生学业、专业问题给予指导和帮助，使学生从大一就接触专业课教师，促进学业发展。语言学院定期开展“让语言成为你腾飞的翅膀”等主题专业教育，并依托“语言学习服务中心”开展咨询服务，提升学生的英语综合应用能力。

【学生党建】

进一步完善制度，健全学生党建工作机制。修订了《北京交通大学学生党员发展细则》、《北京交通大学学生党支部工作细则》。进一步完善了学生党员述职评议、新生党员培训、学生党员骨干培训等机制。始终抓住培养党员质量关，认真做好入党积极分子的培养教育、考察和引导工作，以电信学院2009级党支部为试点，按照自愿原则，在每个支部内开展积极分子风采展示活动，通过风采展示和公开答辩环节，评选出最优秀的积极分子作为发展对象，参与活动的积极分子和正式党员均反馈良好。

拓展党员锻炼平台，开展党员社会实践活动。紧密结合建党90周年，组织学生党支部深入开展红色“1+1”活动。共有24个本科生党支部先后赴京郊农村、企事业单位等开展了共建活动。在活动开展中学生处及时下发文件、定期召开活动启动会和交流会、开展个别指导，加强了对活动的指导和服务，提高了认识程度，增强了共建的效果。本年度学工部首次组织学生党员骨干参加暑期社会实践活动，组织策划了“永远跟党走”学生党员暑期社会实践活动，赴山东济南、莱芜两地开展实践和服务。

加强学生党员党性修养，深入开展党员培训工作。本着严格要求，认真培养、搭建学习平台的指导思想，对新生党员开展了系列培训。8月29日至31日组织新生党员152人提前入校参加了培训开幕式、专题讲座、团体训练，观看了红色影片《建党伟业》，并组织新生党员参与了新生的迎新工作，旨在提高新生党员的党员意识，增强党员的党性修养。10月份，邀请学校党课老师对新生党员进行了12学时集中理论培训并组织结训考试，通过培训提高新生党员的理论水平和党务工作能力。

【思想政治教育及管理】

1. 以建党90周年为契机，深入开展大学生思想政治教育

统筹策划，深入开展“学习党史·坚定信念”主题教育活动。

本着设计精致新颖、组织形式活泼、覆盖面广、增强学生积极性、提高教育实效性的原则，系统策划组织了党史知识竞赛活动、“放歌党旗下·红动北京城”红歌会、“中华诵·党在我心中”经典名家名篇诵读会、“短信寄语建党90周年”评选活动、“党在我心中”征文等系列教育活动。广大同学积极参与，认真学习党史，坚定报效祖国、服务人民的理想信念。

2. 积极引导，夯实日常思想教育工作

抓住有利时机，大力开展爱国、责任、成才教育。学校组织学生认真学习贯彻胡锦涛总书记在清华大学建校100周年的讲话精神，教育学生努力学习成才，勇担重任。政治局委员刘延东在视察交大时会见了我校优秀学生代表，对学生提出殷切的希望。学工部门紧紧抓住教育时机，组织学习刘延东的讲话精神，教育学生把报效祖国、奉献社会作为奋斗目标，努力成为能负重任的国家栋梁之材。利用各种传统节假日开展各种形式的中华优秀传统文化教

育，增强学生爱国情感。

创新实践平台，开展行业引导教育。学校紧紧抓住国家发展的重大事件拓展教育实践平台。6 月 22 日，组织学生参加了实际体验京沪高速铁路活动，并组织本校专家教授在高铁列车课堂现场讲解高铁建设，促进学生直观感受中国高铁速度，学习高铁精神，热爱高铁事业，投身高铁建设。

以情育人，加强毕业生教育引导工作。加强毕业生的感恩教育、文明离校教育和就业观教育，丰富教育手段，将教育与服务紧密结合。制定并完善北京交通大学本科毕业生思想政治教育计划，实行教育模块化。组织毕业生开展“最后一堂课”、“让青春在祖国最需要的地方闪光”、毕业一封信与班会交流、评选“我最敬爱的教师”等活动。创新教育途径，开展了“毕业生嘉年华”活动，通过网络报名选取毕业生代表，邀请宁滨校长、高艳副书记、张星臣副校长与 30 余名毕业生联欢，共进晚餐，同学们和校领导真诚的交流，活动收到良好成效。

系统设计、科学开展新生入学教育。制定了北京交通大学新生入学教育计划，将新生入学教育分为学业教育、校史教育、心理健康教育、安全教育、保险教育等模块，延长教育时间、降低活动密度，充分发挥学院自主性，增强了教育活动的实效性。修订了《红果园之旅》，用于指导新生学习生活。10 月至 11 月开展了“我的班级我的家”——学习型班集体创建活动，通过建设班级学习制度，新老生交流会、班级骨干培训等方式推进学习型班集体建设，加快新生适应大学学习生活的步伐。

坚持“三贴近”原则，扎实开展日常教育活动。通过开展主题报告会、参观、观看红色演出和红色影片等活动，深入开展日常思想政治教育活动。5 月 6 日，组织学生参加了汶川地震灾害恢复重建主题展览开幕式活动，参观了汶川地震重建后的图片展，同学们深刻体会到“一方有难、八方支援”的精神；5 月 27 日，组织学生代表参加了中国科学技术协会第八次全国代表大会；6 月 27 日，组织部分学生观看音乐舞蹈剧《旗帜》；7 月 9 日，组织学生参加北京市国防教育宣讲团成立大会暨首场国防教育讲座；9 月，组织学生开展了“北京精神”评选活动；9 月 9 日，英雄航天员景海鹏大校为全校师生作《五星红旗迎风飘扬——飞天圆梦为国争光》的主题报告，全校 1 400 余名师生共同聆听了报告，爱国之心为之深深感动。

继续推进“形势与政策”课改革，增强教育实效。加强“形势与政策”课的规范管理、坚持分类教学、丰富教学形式、提升教学水平、加强师生互动，努力增强教学实效性。紧密结合社会热点问题，开办了解读“两会”精神、国家周边关系和海洋权益、学习党史、校史、通胀压力下的宏观经济形势、关于美国战略东移问题等课程讲授。在课程设计上结合不同年级和专业的特点分类设计内容。邀请中国国防大学张玉坤教授、人民大学金灿荣教授、我校经济管理学院经济学专业的 7 名教授以及校领导为同学们授课。精细策划教学环节，注重发挥学生的积极性和主动性，将理论学习与实践结合起来，通过观看红色影片、参观访问、班级活动、知识竞赛、自学等多种形式加强师生互动环节。

加强网络教育阵地建设，完善教育机制。学校加入教育部网络舆情报送机制之中。改进《网络舆情日报》，共编制 287 期。编写《外网舆情扫描》和《网络舆情专报》，分别报道外网教育改革、突发性群体事件和校内外论坛针对特殊事件的舆情。完成校园网络舆情年度报告，开展校园论坛周期性规律研究。不断完善网络队伍建设，及时掌握学生的网络动态。

3. 规范学生日常管理工作，发挥管理育人功能

典型引路，充分发挥先进集体和个人的示范作用。通过制作展板、组织报告会等形式宣传优秀学生的先进事迹，充分发挥榜样的带动作用，激扬大学生的时代热情。组织召开了“北京交通大学 2010—2011 学年学生先进集体、先进个人暨社会实践表彰大会”，制作了《耕耘希望（2010—2011 学年）》视频，从课程学习、科技竞赛、文体活动、志愿服务、社会实践等方面全面展示了一年来同学们成长进步的历程，起到了学习示范作用。以 2011 年度茅以升铁道教育希望之星奖评审会为契机，在全国铁路 11 所高校开展涉及学工、教务和相关学院的茅以升班建设研讨会。做好周恩来、詹天佑等特色班集体建设，开展“我的班级我的家”评选活动。

严格程序，认真做好评优评先工作。积极开展先进集体、先进个人和奖学金的评选工作。为了鼓励同学们在学习上不断进步，设立了“学习进步奖学金”，要求获奖同学学习成绩与上一个学年相比有明显进步，平均成绩在 70 分以上，并具有一定的代表性，奖励金额 500 元/人每年，按不多于参评人数的 1% 评选，有则评选，没有则不评选。进一步使评优评先工作成为广大学生树榜样、受教育、增动力、增实效的过程。通过与相关部门和校外实体联系，新增设了中国港湾奖学金、中立鸿·杨爱芬奖学金、天易奖学金、京仪椿树电力电子奖学金、“NLTC 绿色照明奖学金”等 5 项专项奖学金，并与富士施乐（深圳）公司续签奖学金合同，总金额 18. 1 万元。

严格管理，做好学生违纪处分和教育工作。修订了《北京交通大学学生管理规定》。深入开展学生普法教育活动。加强考试纪律、学术规范等教育。依法依规做好学生奖惩工作。按照“程序正当、证据充足、依据明确、定性准确、处分恰当”的总要求，遵循学校文件要求，履行相关程序，做好学生违纪处分工作。为了增强学生对遵守校规校纪的重要性的认识，通过学校 BBS 论坛、邮箱、大屏幕、公告橱窗等媒介，提出诚信考试倡议，将典型案例整理刊出，起到了较好的警示作用。

学生安全教育常规化。在新生入学、毕业生离校、学生宿舍调整、法定传统节假日及纪念日、国家举办重要会议或大型活动，各级学生工作部门都要提前对学生进行相关安全教育，做好相应应急预案，以保证校园秩序稳定正常。

【心理健康教育】

1. 落实教育部《普通高等学校学生心理健康教育工作基本建设标准》，加强心理中心与院系间的工作机制建设

按照《基本建设标准》逐项检查学校心理健康教育的体制机制、师资队伍、教学体系、活动体系、心理咨询服务体系、心理危机预防与干预体系和工作条件等方面的建设情况，对薄弱环节和不达标方面积极进行建设，不断充实完善，不断推进心理健康教育工作的科学化建设。

推动中心与学院联动机制，共同促进工作开展。本年度共召开学院心理老师工作会议 6 次，强化学生服务一体化的理念。加强心理中心与院系心理教师的联系，中心对应各院系安排固定的专职心理老师指导工作，定期与院系学生工作干部沟通交流，参与院系心理健康教育活动，共同做好心理危机的预防和干预工作。心理中心与院系共同策划设计大型心理健康教育活动，做到“大的活动共有主题，小的活动各有特色”。如 4 月份由心理中心和各院系共同协作完成第八届大学生心理健康文化活动月，9 月份中心老师下到学院为新生开展系列

心理健康教育，10 月开展“七日心晴——感受幸福，感恩关怀”等活动。

2. 加强课程管理，提升课程质量

本年度心理中心共开出 8 门理论课，2 门实践课，选课人数为 3 820 人。不断建设和完善新课程体系，对于所有开设课程，心理中心不断组织大家研讨，积极探索改革教学内容，采用多样化的教学手段，使心理课程有趣，学生爱上，有益，学了有用。经过两年的不懈努力，各门课程均积累了丰富的教学材料，制作出了课程课件，编写了教案，教学质量在原有的基础上不断丰富和提高，中心所开设课程在学生评教中均受到学生欢迎和好评。不断拓展和延伸教学空间。面向心理委员开设《基本的助人策略与技巧》，面向班干部开设《团体心理训练》等。本年度共对 2011 级 188 名心理委员进行了 8 次 16 个学时的培训，对 2010 级的 23 名心理委员进行了 8 次 16 个学时的中级培训，对 2010 级 6 名心理委员进行高级培训，对培训合格的分别颁发初级、中级和高级心理委员证书。组织编写系列教材，不断促进课程规范化，第一本教材《心理学的帮助》已经出版，第二本教材《心理素质的培养与训练》已完成初稿。

3. 深化个体咨询，加强团体辅导，不断促进专兼职咨询专业成长

本年度个体咨询共接待各类咨询 1 203 人次。落实严重个案及时上报、即时处理、及时转介制度，加强重点和危机学生的信息库建设，做好跟踪，同时加强与院系、校医院与专业间的联系。除正常预约咨询外，心理中心设紧急个案接待制度，全年共接待并处理学生危机事件 35 起。不断拓展咨询形式，邀请擅长音乐治疗的胡涛老师来校开设特色咨询。完善了预约制度，增加了对希望继续接受咨询的毕业学生的制度管理，建立了长程个案的管理规定，完善了专兼职咨询师的管理制度。

加强“心理咨询师成长之家”的工作，不断促进专兼职咨询师专业成长。共举办心理咨询师成长之家活动 26 次，内容分为两大模块：案例研讨和情感沙龙。共设立 3 个团体咨询小组和一个心理成长工作坊，56 人得到 6 ～ 16 周的团体辅导服务。共吸纳 6 位外校专业人士到我校带领团体工作，其中一个小组是欧文亚龙模式的小组，在国内处于领先位置。建立了团体咨询师的团体学习小组和研讨。对研究生、2011 级新生党员、心理委员骨干、团干部、社团干部、学院班干部等共开展拓展训练活动 14 次。

4. 面向全体学生，开展丰富多彩的心理健康教育活动

共举行阳光心理论坛 25 期，涉及的话题有：人际关系与沟通、团队合作、自我认识、压力应对与情绪管理、创造力培养、个人目标、时间管理与规划、恋爱、生命教育以及幸福感等，并针对 2010 届毕业生举办了两期毕业生专场活动。论坛平均参与人数为 20 人左右，参与人有本科生、研究生和少量教职工。

以“亲近你我，给力幸福”为主题举办交大第八届大学生心理健康文化活动月活动。策划组织了北京高校“校园心理情景剧优秀作品展演”、“北京高校心协会长论坛”等活动。院系及心协积极参与营造全校心理健康教育的文化氛围，如组织举办“北京交通大学校园心理情景剧大赛”等。

以世界精神卫生日为契机，心理中心与心协及二级心协，联合开展了为期一周的主题为“七日心晴——感受幸福，感恩关怀”的心理健康专题宣传活动。

共出版 7 期《心路》，1 期文化活动月专刊；为新生印制了《心理宣传手册》；出版印制了“幸福感”“沟通”“压力应对”“情绪管理”等宣传折页；为心理委员编印了讲义，

适时更新宣传橱窗，新生入校时向新生家长发放《致家长的一封信》。

每周二、三、四下午为学生提供心理测评。包括纸质工具测评和软件测评；提供快乐芯心理训练；引进音乐放松睡眠仪，为期末考虑焦虑学生提供放松和减压。

加强研究生心理健康教育工作。完成研究生心理健康教育体系的建设，完成2011级研究生新生的心理普查及后续访谈工作；为研究生开设7场专题心理健康讲座；完成对研究生党员骨干的心理培训。

5. 大力推进心理危机的预防和干预工作，建立全方位工作体系

开展对2011级本科生、研究生新生的心理健康普查、访谈和干预工作，开展心理危机排查工作，针对不同人群开展心理危机预防培训，对2010级、2011级心理委员开展为期8周的初级培训和中级培训；加强院系学生工作干部对青年教师心理健康知识和心理危机预防的培训。成立危机学生评估小组，对每例危机学生进行评估，必要时转介到专业医院进行治疗或邀请专家来校会诊；对于中等程度问题的学生进行长程的心理咨询，个体咨询8次以上的学生转入团体咨询中。

全方位对学生进行心理健康宣传教育。新生入学后心理专题折页发至每位学生；心理健康讲座覆盖全体新生；每月一期心理报纸发至每个宿舍；每周一期阳光心理论坛探讨学生关心的问题；开展心理文化活动月和活动周；指导学生心协开展丰富多彩的心理健康教育活动；指导高年级心理委员骨干到一年级开展心理素质拓展训练等。

6. 指导心理社团，陪伴学生在锻炼中慢慢成长

大学生心理健康协会在心理中心的指导下，开展心理健康知识讲座、心理电影赏析、朋辈交流与互助、心理素质拓展训练等丰富多彩的活动。在各二级学院组建二级心协，推进院系心理委员建设和心理健康教育工作；在新生入学后，组织各学院开展了七日心“晴”——感受幸福，感恩关怀的健康教育活动，帮助大一新生解决入学适应问题。

健心社不断发展壮大。本年度共开展心理培训19次，接听咨询热线112人次。朋辈服务11次，外请专家督导8次，内容包括读书会、模拟接线、心理活动体验、情感交流等，进一步提升了健心社成员的专业性。

7. 成功申请2项校思想政治研究课题；主编著作3部，发表论文4篇

【国防教育】

1. 加强学生军训管理

组织开展2010级学生军事理论课、集中军训及校内分散训练等工作。坚持带军训辅导员和“小教官”岗前培训制度，对军训辅导员和“小教官”的培训更加严格。10月10日～13日，十二名辅导员在北京延庆某部训练基地进行了培训，使带军训辅导员军政素质明显增强，成为组织“小教官”岗前培训的称职教练员。保证了学生校内分散军训的质量，为集中军训打下坚实基础。完善学生军事课学籍管理制度，学校规定学生军事训练课为4个学分，其中校内分散军训为1学分，军事理论课为1.5学分，集中军训为1.5学分。在学生军训结束后，对每个学生进行考核和成绩鉴定，填写成绩鉴定表并载入学生档案。

坚持制度、规范管理，创建浓厚的军事生活和学习氛围。1月7日～17日组织实施2010级学生军事理论课教学工作，共完成《毛泽东军事思想》、《国防动员》、《我国周边环境》等12个课目的教学。期间坚持早晨出操、整理内务卫生，上下课以营（学院）为单位整队，逐级清点人数报告，课前课后辅导员向教官报告，严格考勤、例会和课后讲评制度，

教学管理井然有序，受到了国防大学教官和上级机关的赞扬。为了增强学生校内分散军训的效果，把增强学生国防观念和作风纪律养成教育作为训练重点突出抓，2011 级学生校内分散军训中的内务卫生检查评比和队列会操取得优异成绩。

2. 强化学生国防教育

突出主题，有的放矢，开展国防教育讲座。2 月 28 日，我校国防生营 50 位优秀代表在人民大会堂参加了由中央宣传部、共青团中央、解放军总政治部和中共黑龙江省委联合举办的关于革命烈士郜忠利同志的先进事迹报告会。学校先后邀请国防大学军事学博士张玉坤教授来校作题为“中国海洋争端问题”的报告；邀请神舟七号飞天宇航员之一英雄航天员景海鹏大校为全校师生作《五星红旗迎风飘扬——飞天圆梦为国争光》主题报告；邀请国防大学公方彬教授来校作题为《思想文化领域的几个重大问题》的报告。

精心准备，筹划片源，组织开展国防主题文体教育活动。7 月 16 日至 22 日，北京交通大学、清华大学、中国石油大学在延安举办的第五届国防生“手拉手”夏令营。通过延安革命教育基地的现场教学，三校国防生了解了党的艰苦奋斗历程，体会了延安精神的内涵，更加坚定了从军报国，献身国防的理想信念。11 月，组织各学院学生参与“我与国防”征文和国防知识竞赛，引导学生积极学习国防知识，表达拥军情感。

3. 建好共建基地

学校组织人文学院学生到三军仪仗大队开展辅导英语、计算机、法律知识普及教育，三军仪仗大队专门委派施训干部定期到我校指导学生国旗队训练，学校领导与国防大学、大兴区武装部、海淀区武装部、大兴区武装部等单位领导进行走访与座谈，通过互动交流促进部队官兵和学校师生相互了解，相互学习，相互帮助，共同提高。

4. 做好征兵、退伍工作

根据北京市人民政府、北京卫戍区征兵命令，学校 2011 年冬季征兵工作于 11 月全面展开。学校成立征兵工作领导小组，领导小组下设征兵工作办公室，负责具体组织冬季征兵各项工作。北京市 2011 年冬季征兵工作主体变为在校大学生和应届大学毕业生，10 下旬学校召开校长办公会专题研究征兵工作，确定“精心组织，层层落实，宣传先行，突出实效”工作思路，研究制定入伍学生优抚新政策，确保圆满完成征兵任务。学校修订并下发了《北京交通大学入伍学生学籍管理、优抚待遇实施细则》，新细则规定退伍复学学生服役期间连续两年获得优秀士兵或荣获三等功以上，学习成绩排名专业前 50%，满足学校保研基本条件即可获得推免资格等一系列优惠政策。学校下发了《关于做好 2011 年冬季征兵工作的通知》，通过一个通知、一封信、一个宣传提纲、一次班会、一部咨询热线、一个退伍老兵服务组、一个置顶帖、一次工作部署会、一场宣传咨询会、一场动员晚会等 10 个“一”工作，将征兵宣传覆盖到每名学生。2011 年冬季征兵共有 76 名男生、25 名女生共计 101 名学生报名应征。男生中研究生 1 名，本科生 52 名，高职生 23 名，其中 7 人为中共党员，10 人为少数民族学生，28 名学生有进藏意愿。最终，共 31 名学生被西城区征兵办批准入伍服义务兵役，其中本科生 20 名，研究生 1 名，高职生 10 名。是西城区所有征兵单位中应征入伍学生最多的学校。

学校坚持每年举办新老兵欢送欢迎大会，前往新兵服役部队走访看望服役学生，鼓励他们在部队安心服役，激励入伍学生在部队成长成才。学生退伍返校后，积极落实退伍学生优抚政策，由“战友协会”协助其落实各项优惠政策，协助办理复学手续。举办退伍返校和参军入伍学生座谈会，激励进步。

【国防生培养】

学校与北京军区密切协作，认真落实国防生培养工作。在国防生招收选拔、军政训练、教育管理等工作中不断创新，培养机制逐步完善，培养质量稳步提高。2011 年国防生中有 16 个集体、183 人次获得校级以上表彰奖励，5 人次在北京市以上学科竞赛中取得名次，3 人次被北京市评为“三好学生”和“优秀学生干部”；向部队输送合格毕业国防生 95 人；7 月份，在防化指挥工程学院参加驻京 12 所签约高校和内蒙古大学国防生基地化训练中，学校获得 5 面锦旗，连续两年受表彰最多。

1. 严把选拔招收关口，国防生生源质量较高

从源头把好国防生入口关，进行多种形式的招生宣传吸引优质生源，严格按照标准条件多渠道、全方位考查把关，在对选拔对象的思想行为、文化成绩、身心素质等进行全面了解综合比较基础上择优录取，保证生源质量。选拔的国防生文化成绩和思想行为测评成绩均在专业排名前 50%；招收的 50 名国防生中 33 人获得过校级以上表彰，20 人在县市级以上学科竞赛中获得过名次，30 人中学期间担任过学生干部。

2. 扎实开展思想政治教育，国防生献身国防信念坚定

采取灵活方式方法深入开展当代革命军人核心价值观教育。一是专题教育紧贴国防生实际。召开思想政治教育座谈会了解国防生思想情况、意见和建议；围绕献身国防主题每月开展一次专题教育；对毕业生进行“扎根基层、建功立业”系列教育；在新入学国防生中开展“珍惜身份和荣誉”系列教育。二是形势与政策教育生动活泼。每月组织形势与政策教育，组织学习党的十七届六中全会精神、胡主席“七·一”重要讲话，解读国际国内热点新闻，使国防生认清形势、掌握政策，增强责任感与大局观。三是教育活动形式多样。邀请专家为国防生作报告；卫戍区业余文艺汇演队到校为师生专场演出；举办航天英雄景海鹏报告会；举行国防生毕业、签约仪式等活动，有效促进了教育成果的深化。

3. 狠抓军事训练，国防生军事素质进一步提高

把第一任职能力的培养放在提高国防生军政素质的首位，狠抓军事能力培养，全年共完成了 9 门总计 360 个学时的军政训练课教学。国防生军政素质得到明显提高，毕业国防生军事考核合格率达到 99%。一是坚持走访调研改进工作。由学校主要领导亲自带队，到 38 集团军、石家庄机械化步兵学院、内蒙古军区边防团、新疆马兰基地等 8 个用人和培训单位调研毕业国防生情况，为改进工作提供一手资料。二是严密组织军事教学授课。由选培办人员担任授课任务为国防生讲授《军事法概论》理论课；邀请国防大学教授作《我军信息化现状》等 10 个专题讲座；开展军事技能大比武、徒步拉练等活动。三是抓好军事技能训练。狠抓了毕业国防生的强化训练。开展军事技能大比武、唱军歌、出黑板报等技能培训活动，提高了担任基层指挥员的基本技能。安排国防生担任普通学生、新入学国防生和海滨学院学生的军事训练小教官，国防生组织指挥能力明显增强。四是扎实搞好暑假实习锻炼。暑假期间组织各年级国防生开展了“六个一”活动：防化学院 15 天基地化训练、三师炮兵团 42 天当兵锻炼、北京交通大学黄骅海滨学院 10 天见习代职、校内 18 天基础军政集训、大兴民兵训练基地 15 天大学生集中军训和延安 7 天军事夏令营。

4. 加强日常管理，国防生和干部研究生形象良好

从一日生活制度着手，从点滴养成抓起，培养良好的作风。一是加强教育引导，提高守

纪意识。在入学、毕业、寒暑假和节假日等重要时节定期开展安全教育；组织观看《防止网络失泄密》等光盘开展保密教育；严格军容风纪教育及监督管理。二是配强培养骨干，发挥骨干作用。制定了《国防生骨干产生办法》，选拔能力素质较全面的国防生担任骨干，发挥国防生自管、互管作用。安排选培办干部搞好传帮带，提高国防生骨干工作能力。三是加强检查督促，促进作风养成。学校定期组织安全大检查，督促各级落实管理规定。采取跟课查课、记考勤、定期召开班会、讲评学习工作等形式，加强检查督促。定期检查讲评国防生仪表着装、内务卫生。严格落实例会、请销假、晚点名等制度，为培养合格军官打好作风纪律基础。采取经常检查、沟通、给干部研究生工作单位发函等方法，抓好干部研究生管理。

【资助工作】

学校认真贯彻落实国家各项资助政策，进一步完善学校“奖、贷、助、勤、减、补”的资助体系，着重加强家庭经济困难学生的教育和能力培养，切实结合基层院系情况和学生需求，不断提高家庭经济困难学生的综合素质，促进学生健康成长成才。

1. 高度重视学生资助工作队伍建设，全力打造“三支队伍”

为推动学生资助工作全面发展，确保“每一名家庭经济困难学生都能得到有效的资助和教育”，学校全力打造学生资助工作“三支队伍”，即校级实行专人专职，工作队伍人数稳步增加：在人员编制紧张情况下为资助中心增加1名固定编制，确定1名保留学籍留校任职同志担任国家助学贷款专项工作，并聘任新疆维吾尔族挂职干部专门负责少数民族资助工作；院系实现专人专项，本研全覆盖：全校14个院系，分别安排26名专职辅导员总体负责所在院系本科和研究生资助的具体工作；学生骨干补充配合，推进零距离服务；以校院两级资助办公室学生助理和学生自强社骨干为抓手，努力培养一支家庭经济困难学生中的干部骨干力量，组织开展各类学生喜闻乐见的教育活动，努力实现学生的自我服务、自我管理、自我教育。

2. 不断健全校院两级资助工作运行机制，加强全校资助工作的联动配合

2011年，为将资助与教育并重的工作要求落到实处，进一步完善了学校资助中心的管理、教育和服务的各项职能，强化了校级中心的统筹协调和考核评估的作用，完善了院系资助工作领导责任制，构建学院党委副书记为组长、具体分管辅导员为责任人、各年级辅导员为任务落实人，部分学生助理协助参与的院系级资助工作组。同时改革学校学生自强社的体制架构，由原来的校资助中心直接指导管理，具体组织开展各项活动，变为设立校院两级学生自强社，校级自强社受学生资助管理中心领导，工作运行实行院系分社长联系会议制；各院系设立分社，受各院系学生工作组领导，同时接受北京交通大学自强社指导。改革后明确了学校学生资助中心对校院学生自强社工作的领导，重点作好工作的统筹策划、指导协调和经费保障，同时又能充分发挥各院系的自主性，对接经济困难学生的需求，积极开展有针对性、体现院系特色的教育服务活动。

3. 全力落实各项资助政策，突出资助工作的全覆盖和精细化

国家助学贷款应贷尽贷，强化贷后管理。学校通过随录取通知书邮寄国贷宣传手册、开通热线电话和开展暑期社会实践走访活动，组织院系国家助学贷款工作宣讲会等，做到国家助学贷款政策新生“知晓率”100%。通过“绿色通道”为369名家庭经济困难新生办理入学手续。学校资助中心和经办银行一起对申请贷款学生进行父母经济状况联网核查，保证家

庭经济确实困难学生应贷尽贷。2011 年度新增校园地国家助学贷款学生 589 名，申请国家生源地助学贷款学生 407 名。针对校园地国家助学贷款毕业生贷款违约率偏高的情况，成立了院系本科生、研究生贷后管理工作小组，具体负责本院系学生贷款管理工作，及时对违约毕业生进行催还，2011 年度的还贷违约率为 4%，较往年有了较大幅度的降低。

勤工助学体现过程管理，突出育人功能。学校坚持将勤工助学与社会实践相结合、与思想教育相结合的原则，本着锻炼学生能力、提高综合素质的目标加强此项工作。2011 年，将勤工助学岗位申报、审批、管理及补助的发放全部纳入学生管理信息系统，进行网上操作，进一步规范了勤工助学管理。资助中心举办“第七届勤工助学固定岗位勤工助学双选洽谈会”，在双选会举办当天就确定了近 1 000 名学生上岗；加强勤工助学上岗培训，四期勤工助学培训大会参加学生达 1 200 人。资助中心加强与用人单位沟通，明确育人任务，组织督察小组加强在岗学生的监督管理。2011 年学校设立 1 500 多个助学岗，上岗学生达到 3 300 多人，其中家庭经济困难学生上岗比例占 80% 以上，发放勤工助学补助 485 余万元。对参加校内勤工助学学生全面进行问卷调查显示，同学们认为通过勤工助学锻炼了自身能力，增加了阅历，提高了综合素质。12 月，学生资助中心举办勤工助学评先活动，评选出 10 名“勤工助学标兵”、40 名“勤工助学先进个人”、60 名“勤工助学先进个人提名奖”，组织召开经验交流与表彰大会，全国学生资助管理中心张光明主任和高校处周春树处长应邀出席并指导工作。

奖助学金规范评审与管理，确保公开公平公正和全覆盖。为保障各类助学金的资助来源及良性运行，在家庭经济困难学生认定中严格审查学生资格，严格执行审核程序，严格监督助学金的使用情况，及时评比、公示、发放国家奖助学金，并配套发放学校专项助学金，做好各类社会捐助助学金的评审发放。2011 年发放助学金 20 类，总计金额达 1 054 万元，共计 3 939 人次，涉及面超过 26%（本科），助学金实现家庭经济困难学生全覆盖。加强资助方与受助方沟通，与宋庆龄基金会、扶贫基金会、青少年发展基金会等基金会积极联系，通过举办助学金发放仪式、座谈会和参观走访等形式，保证学生受到实实在在的教育；组织受助学生写汇报和感言等，及时将材料汇编寄给捐助方，通过以上多种方式，架起资助与受助双方的桥梁。通过进一步完善“奖、贷、助、勤、减、补”等资助体系，加大对学生的资助力度，全年投入经费共计 7 189. 8 万元（含研究生）。

4. 进一步对接学生实际与需求，加强家庭经济困难学生的教育和能力培养

开展主题教育活动，提高学生道德品质。为进一步加强家庭经济困难学生教育，使他们在思想道德、价值观、人生观等方面得到全面发展，上半年组织开展“关爱、诚信、自强、感恩”主题教育活动。开展诚信教育，通过召开诚信教育大会，宣讲国家助学贷款还款、个人征信系统及代偿的相关政策；组织先进个人发言、观看宣传短片、组织集体宣誓等形式对毕业生进行诚信教育，强化诚信意识，为贷款学生制作还款友情提示卡；资助中心组织家庭经济困难学生开展身边诚信故事 PPT 展示评比活动，在校园网上展示并评奖。开展感恩主题活动，母亲节前组织学生寄明信片开展“将爱寄回家”等活动，在校园网知行平台开辟专栏组织开展写下对母亲的深情“献给母亲一束花”活动；组织家庭经济困难学生以班级、年级、社团为单位开展纪念建党 90 周年实践活动，表达对祖国、对党和政府的感恩之情，并对优秀活动进行评选和表彰。

重视学生自立自强精神的培养，开展第三届自强之星评选工作，评出 10 名“北京交通

大学自强之星”。召开自强之星颁奖交流会，邀请教育部全国学生资助管理中心领导参会，还邀请了“全国自强之星”、清华大学贾娜同学来我校作报告。

开展“资助政策进内蒙”暑期社会实践活动，组织两支由家庭经济困难学生组成的暑期社会实践团队赴赤峰、通辽、包头、呼和浩特等城市，走访慰问家庭经济困难学生家庭，向新生和家长宣讲国家和学校资助政策，丰富家庭经济困难学生成长经历。

开展能力建设活动，提升学生综合素质。通过开展能力建设活动不断提高家庭经济困难学生个人能力、综合素质及就业能力。下半年，开展以“基本学习、有效沟通、策划组织、规划发展”为主的四个模块的能力建设活动月。邀请以国家教学名师王移芝老师领衔的讲师团为新生讲解计算机应用基础知识、英语技能知识，解决部分经济困难学生基础欠缺、技能不足的问题，提高学生基本学习能力。通过资助中心徽标及文化衫设计大赛、中心网站设计征集大赛等为家庭经济困难学生提供成长舞台，鼓励锻炼他们学有所专所长。组织家庭经济困难学生征文活动，激励他们勇于面对困难，励志成才，锻炼他们语言表达与写作能力；通过“我的勤工助学生活”主题演讲比赛，使一批内向、害羞的同学勇敢走到台前。开展自强社骨干培训营，选取各学院自强社学生干部及自愿报名的家庭经济困难同学进行组织能力等各方面培训，使他们在学会合作中理解团队精神。针对高年级学生的求职需求，邀请企业知名人力资源主管为家庭经济困难学生讲授写简历注意事项及求职中的礼仪等。组织学生积极参加中国宋庆龄基金会推出的“星巴克大学生环保践行者项目”、青基会“激励行动”等项目，引发同学们关心校园、关注社会，有效提高他们的动手能力和解决问题能力。

开展少数民族学生工作，资助与教育并重。学校每学期初组织召开西藏、新疆少数民族学生座谈会，倾听他们心声，为他们解决学习和生活上的实际问题。对少数民族学生的爱好、特长及家庭经济情况进行全面登记，以便更好地帮助他们解决困难，激励他们发挥特长，使他们在大学生活、学习得更好。各院系辅导员定期与学生谈心，各班级开展“一帮一”活动，促进各民族学生加强相互交流、理解与团结，共同进步。通过新疆教育厅聘请到维吾尔族干部图尔洪·买买提明老师来校工作，并专门增设勤工助学岗位安排少数民族学生上岗工作，使他们在参与学生资助工作中锻炼能力，在与其他民族的学生交流合作中健康成长。定期组织少数民族学生参观、游览等活动，使同学们感受不同民族风情和地域文化，了解祖国现代化建设情况，认同党和国家的领导与政策。发挥藏族学生歌舞特长，开展锅庄舞会等活动；在开斋节、古尔邦节、藏历新年等少数民族节日，让他们自行策划组织联欢活动，学校领导、老师和少数民族同学欢聚一堂。

5. 不断完善制度建设，推进常规工作规范化和程序化

为进一步加强国家助学贷款的管理及相关教育工作，制定出台了《关于加强国家助学贷款院系贷后管理工作的规定》，明确和规范了院系在国家助学贷款贷后管理工作的责任和要求。制定出台了《思源助学金管理办法（试行）》，修订完善了《北京交通大学学生临时困难补助发放办法》，学校思源助学金、临时困难补助资金的管理和发放工作得到了进一步规范。

共青团工作

【综述】

2011年，学校共青团在校党委和上级团组织的坚强领导下，切实履行四项基本职能，以学校中心工作为着力点，以服务广大同学全面健康成长成才为出发点，以“两个全体”作为工作目标，加强基础工作，不断探索新形势下吸引凝聚青年的路径与载体，圆满完成庆祝建党90周年相关工作，获得由共青团北京市委员会授予的2011年度“首都高校社会实践先进单位”及2011年度“学党史、知党情、跟党走”主题教育活动先进单位。

【组织建设】

1. 召开共青团北京交通大学第十八次代表大会，凝聚人心，共谋发展

1月8日，学校召开共青团北京交通大学第十八次代表大会。大会通过了韩继华代表共青团北京交通大学第十七届委员会所作的《贯彻落实科学发展观　深化共青团育人职能　为加快建设国内一流、国际知名的研究型大学作出新贡献》工作报告，选举产生了共青团北京交通大学第十八届委员会委员、副书记、书记，表彰了北京交通大学“分类引导青年优秀项目”，开通了“卓越交大”——学生学术文化活动短信查询平台，发布了北京交通大学青年2011年度动画形象。

2. 创新团支部等级评估机制，落实全校基层团组织和团员团干部创先争优工作

为深入贯彻团中央、团市委、学校党委对基层团组织的要求，科学、全面衡量学校团支部的各项建设成果，校团委通过主题调研、与学院团委老师及同学座谈等形式，结合各学院团支部建设的实际情况，对团支部等级评估工作实施办法进行改革，使之更适合新时期学校共青团的发展需要，使团的基层网络组织有效地覆盖全校青年，使团的各项工作和活动有力地影响全校青年，实现“以评促建”，促进学校共青团创先争优工作扎实有效的开展。

3. 加强学生团干部骨干培养，选树青春榜样，培养青年马克思主义者

举办“第21期团校暨第5期精英训练营”。在全校范围内选拔100名学生团干部骨干、200名团支部书记进行培训，通过专家讲座、素质拓展和社会调查，全面提高学生干部骨干的综合素质，并通过其发挥示范和引领作用，提高全校学生干部素质。举办了“十佳团支部书记”评选活动。经过前期申报材料评审和理论知识考试，结合为期10天的网上风采展示和投票评选及最终答辩环节，评选出了北京交通大学2010—2011学年“十佳团支部书记”。举办2010—2011学年五四颁奖典礼，首都大学、中专院校“先锋杯”优秀团支部、优秀共青团干部、优秀共青团员、北京交通大学优秀共青团干部、优秀共青团员、“十佳团支部书记”、“十佳团日活动”及英才奖获得者受到表彰。校党委副书记颜吾佴和副校长陈峰共同为北京交通大学五四奖章获得者颁奖，校党委副书记高艳发表讲话。

4. 加强主题团日活动组织力度，实现“两个全体”

以建党90周年为契机，组织开展了“学党史，知党情，跟党走”主题团日活动；以同学们喜闻乐见的交流、沟通、联络、聚集等方式创新开展“我爱我家——共建文明宿舍”

主题团日活动，大大增强了团日活动的吸引力和教育效果，扩大基层团支部工作的覆盖面，真正发挥引导全体青年的作用，加强对基层团支部的指导和考核，为各学院基层团支部提供交流和学习的平台。

【主题教育】

1. 以庆祝中国共产党成立90周年为契机，深入开展学生思想政治教育工作

按照学校党委的统一部署，团委联合学生工作部、研究生工作部在全校学生中开展了纪念中国共产党成立90周年“我与祖国共奋进——学习党史·坚定信念”系列主题教育活动；联合学校办公室、组织部、宣传部、学生工作部、研究生工作部、离退休党委、工会、信息中心等开展全校重点纪念活动。

2. 利用重大节庆日、纪念日进行爱国主义教育

在五四青年节、国庆等节庆日、纪念日隆重举行升国旗仪式，同时结合每周一学院升国旗仪式，对青年进行爱国主义教育，引导大学生爱国荣校，树立远大理想。组织学生艺术团举行《长征组歌》专场演出，继承发扬革命精神。举行系列活动隆重纪念“一二·九”运动76周年，推出了“一二·九”主题升旗仪式、火炬接力比赛、“我心永爱”主题文艺汇演等活动，教育广大同学牢记历史，肩负起祖国赋予我们的时代责任。

3. 团中央“我与祖国共奋进”形势政策宣讲会全国首场报告会在学校举办

团委承办由共青团中央主办的“我与祖国共奋进”形势政策宣讲会全国首场报告会。国家发改委秘书长、党的十七届五中全会精神中央宣讲团成员杨伟民作了题为“加快转变经济发展方式，为全面建成小康社会打下具有决定性意义的基础”的专题报告，帮助广大师生更加深刻了解我国“十二五”时期的任务目标和重大决策部署。

4. 以青年学生需求为出发点，加强优良学风主题教育系列活动

组织“红果园名人讲堂”等6期，邀请六小龄童、胡敏、王光谦、范维澄等走进红果园，通过高水平的学术、文化讲座，引导团员青年树立远大的学习目标，增强思想政治工作的活力，进一步丰富和充实校园文化，有力促进了校园文化建设。以四六级模拟考试、学风建设座谈会、“校友心声”报告会等活动为龙头，充分结合交大学生实际需求，在加强学风建设的同时，为同学们营造更好的学习氛围，激发同学求知、求学的积极性。

【社会实践】

为加强党建和思想政治工作，围绕学校党委和团市委工作重点，学校举行了“永远跟党走”学生暑期社会实践活动。全校共组建社会实践团队105支，其中本科生团队73支、究生团队32支。其中12支团队被评为首都高校社会实践优秀团队，共35项实践成果被评为首都高校社会实践优秀成果。在抓好大中型团队的基础上，重点加强了小型团队的建设，有意向、有能力的普通同学3人以上即可自发组建自主项目实践团队，进一步扩大了社会实践的参与人数，增强了实践效果，参与学生共计逾10 000名。暑假期间，交大学子分赴美国及中国21个省市自治区，开展了红色足迹寻访、城乡发展调研、理论宣讲、农村支教、志愿服务、基层走访、校友访谈、企业考察等形式的活动。

【志愿服务】

学校推进志愿服务事业向长期化、制度化、规范化发展，使志愿服务常态化，务求实效。北京交通大学青年志愿者服务团1月被授予“2010年度首都高校学生社团无偿献血组织工作奖”。组织北京交通大学20名优秀大学生志愿者在“十一”长假期间，参与首届环

北京职业公路自行车赛志愿服务工作，参与物资准备、维护秩序、赛道巡视、贵宾接待、车队服务、翻译陪同、兴奋剂检查等服务。160 余名志愿者参加校庆 115 周年庆祝活动累计服务 600 余小时。

【科技创新与创业】

多项创意创新活动为青年科技交流提供新平台。组织学生参加北京青年创新创业博览会，学校 3 个优秀科技作品参加了展览，很好的展示了学校学生科技创新的成果。举办北京交通大学“节能减排”创意与产品大赛，面向全校本科生征集有关“节能减排”的创意与作品，并在其中评选出了 22 个奖项。举办了北京交通大学首届创业知识竞赛。

开展科技文化节系列活动，营造校园科技创新氛围。联合教务处等部门，组织开展了 2011 年度“挑战杯”课外学术科技作品大赛和创业计划大赛。举办五四科技文化节、统筹开展科技创新讲座、科技成果图片展、实验室巡回参观等活动，努力营造科技创新氛围，培养创新精神，提高实践能力。举办第二十一届“慧光杯”研究生学术文化节，为研究生学术创新搭建平台。

各类创业创新比赛顺利进行，交大学子屡获佳绩。全校共有 1 484 人次的学生参加了北京交通大学 2011 年度“挑战杯”课外学术科技作品竞赛，提交了 394 项作品，经竞赛评审专家组评审、组委会审定，共评选出 184 项获奖作品，其中一等奖 31 项、二等奖 58 项、三等奖 95 项。参加第六届“挑战杯”首都大学生课外学术科技作品竞赛获自然科学类特等奖 2 项、一等奖 1 项、二等奖 2 项、三等奖 3 项；获哲学社科类特等奖 1 项、一等奖 2 项、二等奖 1 项、三等奖 1 项。在获奖数量和获奖级别上取得历史性突破，学校荣获“首都优胜杯”和“优秀组织高校”。参加 YBC 举办的北京市大学生创新创业大赛，向本届邀请赛推荐了 9 支团队参赛，最终荣获三等奖 1 项，学校荣获优秀组织奖。参加第十二届“挑战杯”全国大学生课外学术科技作品竞赛获自然科学类三等奖 1 项、哲学社会科学类三等奖 1 项，学校荣获“高校优秀组织奖”。

就业创业见习基地建设稳步推进，全面帮助学生成长成才。在团市委的大力支持下，联合招生与就业工作处、大学生科技园，举办“见习基地进校园——见习岗位与大学生面对面”活动，邀请各类企事业单位近 40 家，提供岗位近 700 个。

【文化艺术教育活动】

1. 浓厚校园文化艺术氛围，繁荣校园文化艺术成果

创新性开展校园文体活动。积极发挥学生会、研究生会和各类学生社团的作用，创新载体和形式，开展丰富多彩的校园文体活动，丰富学生第二课堂。组织开展“交大论坛”辩论赛、校园歌星大赛、“闪耀新声”主持人大赛、北京交通大学第二届人文知识竞赛、“院际杯”篮球赛等文体活动，满足了广大同学日益增长的精神文化需求。喜迎建校 115 周年，团委与教育基金会联合举办了“设计我最美的交大，寻找我最美的交大”系列作品征集评选活动，活动从“设计我最美的交大”文化产品、“寻找我最美的交大”摄影作品、“描绘我最美的交大”文学作品三个方向同时征集，分类评比。共征集作品 200 余件，评出了各类作品一、二、三等奖及优秀奖，在人人网进行获奖作品展示，并于 10 月 15 日校庆当天在校园展出，受到好评。

推进“高雅艺术进校园”、“民族艺术进校园”。定期邀请专业的、高水平艺术团体来学校进行演出。6 月 26 日晚，大型秦腔现代戏《西京故事》在学校天佑会堂上演，这是由教

育部主办的纪念建党90周年系列活动——“优秀剧目进校园”的在京首场演出。教育部党组副书记、副部长杜玉波，教育部思想政治工作司司长杨振斌、体卫艺司司长杨贵仁、中宣部文艺局副局长梁红鹰、中宣部宣教局办公室主任王雅卿、北京市教育工委常务副书记王民忠等相关领导出席，校党委曹国永书记、校长宁滨等领导陪同，包括学校师生在内的来自北京十多所高校的四千余名师生观看了演出。先后举办了青春励志舞台喜剧《麻辣校园之台疯来了》、科普话剧《小曾碳索记》、中央芭蕾舞团、新疆维吾尔自治区歌舞团、北京歌舞剧院、北京幽兰剧社专场演出等多场活动。“2011年高雅艺术进校园系列活动——民族音乐专题讲座”由国家一级演（奏）员宋飞、王中山、吴玉霞进行互动演出，校党委副书记高艳、副校长张星臣和教育部体卫艺司艺术处处长万丽君等出席活动。学校团委还举办了艺术沙龙、毕业生晚会、迎新晚会、新年音乐会、《长征组歌》迎新专场演出、学生艺术团获奖作品汇报演出、学生活动服务中心启用专场演出等精品文艺活动，扩大艺术教育的辐射力、影响力，浓厚校园艺术氛围。

2. 依托学生艺术团，扩大学校国内国际知名度与影响力

受国家汉办、孔子学院总部委派，学生艺术团民乐团、合唱团、舞蹈团在校党委副书记高艳带领下，赴非洲利比里亚、多哥两国开展文化交流活动，在利比里亚大学、中国驻利比里亚大使馆、中国驻利比里亚维和部队和多哥罗美大学、中国驻多哥大使馆等地为大学师生、当地群众、驻外使馆官员、维和官兵、驻外医疗队、农业组、体育组和中资机构工作人员举办演出7场。

受共青团中央委派，学生艺术团民乐团赴韩国进行文化交流活动，为当地群众献上了一场场别开生面的晚会，表演的节目赢得韩国友人的喜爱。民乐团不仅承担了中韩交流活动全部演出任务，还配合了10月26日至27日中共中央政治局常委、国务院副总理李克强同期的正式访问，并受到李克强同志的亲切接见。

应共青团中央国际联络部邀请，学生艺术团民乐团和舞蹈团分别在日本青少年友好使者代表团、越南青年友好团欢迎宴会上表演了经典剧目《俏花旦》等节目，受到外国来宾的热烈欢迎。舞蹈团在学校第四届国际文化节开幕式上表演开场舞蹈《欢庆》，为中外学生及友好人士展示了一场别开生面的民族表演。舞蹈团、合唱团在国家会议中心参加了由教育部示范性软件学院建设工作办公室举办的庆祝国家示范性软件学院成立10周年文艺汇演。组织合唱团参加了首都教育系统“纪念中国共产党成立90周年”大型专题晚会演出，担任全场歌曲类节目伴唱，并表演了交响合唱《致祖国》。参加北京海峡两岸民间交流促进会、北京市台湾同胞联谊会联合主办，由北京交通大学港澳台办、团委联合承办的“两岸青年同唱抗战歌曲”演唱会，与台北爱乐青年乐团进行友好交流。

【学生组织与社团】

学校团委依托学生会、研究生会、学生社团、团委职能部门搭建各类活动、实践平台，全面提高大学生的综合素质。

学生会召开2011—2012学年干部理事大会，校党委副书记高艳出席并发表重要讲话。举办第十九至二十二期“红果园名人讲堂”。举办两次四六级模拟考试，全校累计12 000余人次参加。举办第十三届“交大论坛”辩论赛、“闪耀新声”主持人大赛，举行第五、六届“天之交子”风采展示大赛、第二十四届校园歌星大赛、第八届饮食文化节、第八届女生文化节、“院际杯”篮球赛、大学生权益周、校领导阳光接待日、学风建设座谈会、学代会提

案综合座谈会、标准化公寓座谈会、共建文明食堂座谈会、办理学生公家一卡通、迎新生活动、食堂标兵评比、“一二·九”火炬接力比赛等活动。

研究生会举办第二十一届“慧光杯”研究生学术文化节、就业创业论坛、繁星志愿支教、“知行杯”体育文化节、第八届研究生“英语文化之夜”等活动。

学生科协举办北京交通大学首届“节能减排”创意与产品设计大赛。本次比赛由中国产业安全研究中心、北京交通大学团委主办、中华人民共和国科学技术部科技司、北京交通大学学生科学技术协会协办。比赛面向全校本科生征集有关“节能减排”的创意与作品，并在其中评选出了22个奖项，为同学们提供了展示的平台。主办第13届百科知识竞赛、北京交通大学第三届创业项目选拔大赛。

团委宣传部举行“学习与成长”校领导与同学网络在线交流活动，在校园新闻网点击量达到12 000余次，校长宁滨、校党委副书记高艳、副校长张星臣出席网络交流活动。时时关注青年舆情动态，共报送维稳周报18期。每周开展“倾听日”座谈会共21次，每周一利用学生邮箱、电子屏幕等途径向全校青年公布本周《学生活动日志》。截至12月底先后向学校主管副书记、相关部门领导及上级有关部门报送《交大青年外网舆情日报》200余篇。举办建校115周年《辛亥革命》优秀史诗电影展播活动。邀请中国人民解放军陆海空三军仪仗队的三名优秀护旗手参加“北京交通大学纪念建党九十周年升旗仪式暨新党员宣誓”活动。

团委办公室负责交大学生活动服务中心3至8层前期装修装饰设计、预算制定、物资采购、装饰装修、运行管理、场地申请系统开发等专项工作。组织学生制作学生活动服务中心宣传展板，安排志愿者负责启用试运行当天的志愿服务工作，积极做好活动中心启用网络舆情引导工作。组织专门力量开发“北京交通大学学生活动服务中心场地申请系统”，学生活动服务中心场地使用有序进行。

团委社团部举办“青春·团聚·创意”交大社团BAR交流会，集中展示了校园文化、艺术的丰富多彩，校党委副书记高艳出席活动并与各学生社团负责同学进行交流。举行第13届五四社团文化月及“一二·九”社团文化月，评选出年度十佳明星社团和最佳新秀社团。协会共参加校级以上比赛七十余次，如绿色之家协会参加北京市教育系统节能减排知识大赛获得团体三等奖；飞翎舞社参加第三届首都高校体育舞蹈大赛，囊括各个舞种多个奖项；数学建模协会参加全国大学生数学建模竞赛，获得北京市一等奖；棋牌协会参加北京林业大学举办的北京市第十一届五子棋高校邀请赛，在无禁组别获得团体第二和第三，在有禁组别则获得团体第一和第六。

青年志愿者服务团举办“感动交大，让爱闪耀”北京交通大学青年志愿者服务团成立十周年颁奖典礼，北京市志愿服务指导中心副主任张楠、北京市红十字血液中心副主任高冬英、中国宋庆龄基金会联络部部长陈爱民、中华慈善总会“和基金”主任李菓、中国老龄事业发展基金会主任朱燕辉、联合国志愿者项目官员汤飞等校外嘉宾出席，校党委副书记高艳副书记、相关部处领导、志愿服务基地代表和学校千百名志愿者观看晚会；月坛街道残疾人联合会、北京大钟寺古钟博物馆、明园学校等12家校外志愿服务基地代表出席，清华大学、北京大学、中国人民大学等26所兄弟高校团委及社会志愿者团体负责老师和同学也参加了晚会。晚会表彰了学校数十年来的优秀志愿者和志愿服务项目，塑造了学校青年的特有精神追求。

“知行”——特色理论学习研究会开展“红潮澎湃”学生党员系列论坛、“华彩思源—名家讲坛”等品牌活动，探索和创新活动载体和形式，提升自身影响力，在首都各高校理论社团建设中走在前列。组织学生参加对外经贸大学主办的“学习全国‘两会’和国家‘十二五’规划精神学生高端峰会”。先后举办“红潮澎湃”系列论坛之党支部内部建设交流会、“90年与90后”，以“忆九十年风雨征程，领新时代卓越之风”为主题，开展了第十一届“理论之光”学习实践活动月的系列相关活动。举办“青春凝聚党旗下”演讲比赛。举办北京交通大学第二届人文知识竞赛决赛。举办了“模拟人民代表大会校园提案大赛”决赛，海淀区人大代表学校理学院王玉凤教授出席了本次比赛。启动了交大“知行杯”首届社会实践调研大赛。

【建党九十周年】

按照学校党委的统一部署，团委联合学生工作部、研究生工作部在全校学生中开展了纪念中国共产党成立90周年“我与祖国共奋进——学习党史·坚定信念”系列主题教育活动。联合学校办公室、组织部、宣传部、学生工作部、研究生工作部、离退休党委、工会、信息中心等开展全校性重点纪念活动。举办“学习党史·坚定信念”党史知识竞赛、《黄河大合唱》套曲专场演出、“放歌党旗下·红动北京城”红歌会、“中华诵·党在我心中”经典名家名篇诵读晚会、红色经典话剧《青春之歌》专场演出等文化、艺术类活动9场次，累计超过6 000人次参加或观看了活动。还举办了“党在我心中”主题征文活动、“短信寄语建党90周年”评选活动和纪念建党90周年升旗仪式暨新党员宣誓活动。

校院两级团委组织丰富多彩的纪念活动。在学校层面，举行了“永远跟党走”学生暑期社会实践活动、“青春创意·红色颂歌”创意文化节、“学党史、知党情、跟党走”主题团日活动、“青春的榜样”首届校园戏剧小品大赛、“闪亮交大·文明校园”志愿服务长征行动等活动。以学院为主体，面向全校举行了“中国红”幕投演讲大赛、“庆建党九十华诞，抒我党光辉篇章”主题演讲比赛、“红色创意文化长廊”、红色电影模仿话剧PK大赛、“九十华诞，酷软精英”酷软嘉年华软硬件知识竞赛、“建党伟业·艺彩纷呈”纪念建党90周年艺术作品展、“星星之火”学生党员系列论坛等。此外，团委还组织师生赴国家博物馆参观中央苏区革命传统主题展览并举行重温入党誓词活动，赴北大观看教育部庆祝中国共产党成立90周年红色专场演出，赴北京工业大学观看首都教育系统纪念中国共产党成立90周年大型专题晚会等。

工会工作

【综述】

2011 年，校工会围绕全国模范职工之家验收，以凝心聚力的工会文化建设为主线，通过架桥梁、搭平台、提品位、送温暖、建家园等途径，打造工会文化，全面履行工会职责。

【教代会工作】

3 月 18 日，第六届教代会常设主席团暨第十五届工会委员会召开第五次扩大会议，听取了 2010 年教代会、工会工作汇报，审议了工作要点。

7 月 18 日，第六届教代会常设主席团暨第十一届工会委员会第六次全体会议（扩大）召开。会议通过了教代会常设主席团成员、工会委员会委员调整名单。在本次学校处级干部换届中，有 5 位教代会代表团团长和 13 位二级工会主席涉及教代会常设主席团成员、工会委员会委员身份的变动。

第六届教代会常设主席团成员名单（按姓氏笔画排序）

王景昕　刘　云　刘东平　孙全欣　张　斌　张明玉　张星臣　杜永平　杨晓晖
谷钧宏　邵春福　陈劲松　范　瑜　郑　兰　段春荣　荣朝和　赵　耀　赵成刚
徐晓玉　徐爱国　殷　快　高沁翔　高福廷　康　俊　蒋大明　韩继华　解　郁
蔡红建　魏庆朝

第十一届工会委员会委员名单（按姓氏笔画排序）

丁金凤　文映春　王　莹　王虹英　田永静　关忠良　刘　晓　孙冬梅　孙慧环
何　平　张绍茹　杨卫国　邱　成　和敬涵　洪建平　郝志如　徐　民　徐爱国
殷　快　高自友　高福廷　董敬祝

11 月 21 日，北京交通大学六届四次教代会全体会议举行，校党委副书记、教代会主席高福廷主持会议。宁滨校长作了题为《发挥优势、注重质量、加快高水平研究型大学建设步伐》的工作报告；陈峰副校长就学校“十二五”规划起草、修订情况和主要内容做了说明，并对《北京交通大学“十二五”事业发展规划（审议稿）》进行了说明。

11 月 22 日，北京交通大学召开第六届教代会常设主席团第七次扩大会议，各代表团汇报了分组讨论的情况。代表们对校长工作报告和《北京交通大学“十二五”事业发展规划》给予了充分肯定，同时本着认真负责的态度对学校的建设发展提出了建设性的意见和建议。会议通过了对《北京交通大学“十二五”事业发展规划》的审议意见。

【青年教师工作】

6 月 8 日，校工会组织新入职教职工“我们共有一个家”联谊拓展活动。校工会常务副主席殷快向到场的 80 余名新会员介绍了工会的性质、活动准则、工作方针、基本职责、会员的权利和义务、学校工会的发展和建设教职工之家的工作思路等。同时，工会邀请学校心理素质教育中心的老师为新教师们组织拓展活动。

9 月 23 日至 24 日，学校举办第八届青年教师教学基本功比赛总结交流及社会实践活动。

校工会常务副主席殷快、校工会副主席徐爱国、人事处副处长宋瑞、教学基本功比赛评委、指导教师和获奖选手，以及教务处工作人员等共计40人参加了此次活动。总结交流会后参观了首钢京唐钢铁公司。

【师德建设和“三育人”工作】

1月17日，2010年度校“三育人”先进集体、先进个人颁奖暨工会系统表彰会举行。校党委书记曹国永、党委副书记颜吾佴、高福廷为获得2010年校“三育人”先进的3个集体、5名标兵和15个先进个人颁发了奖状、奖牌和证书。会上还对在2010年作出贡献的优秀工会干部和工会积极分子进行了表彰。

5月，经过二级单位推荐、全校师生网上投票、校“三育人”工作委员会审批，并报校党委常委会研究决定，3个单位获得2011年度“三育人”先进集体称号、38位教职工获得“三育人”先进个人称号。

【文化体育工作】

1月20日，教职工书画协会承办的“迎新春、送春联”笔会活动举行，十几位教职工书画协会的会员为交大家属区的110个单元门书写了春联。

3月25日，后勤管理处、后勤集团、校工会共同组织，在密云风景区进行了义务植树活动，80余位教职工种下了240余株火炬树苗。

3月29日，为将学校九次党代会提出的“每天锻炼一小时，健康工作五十年，幸福生活一辈子”的目标落到实处，校工会推出日常健身计划——每周二、五下午工间操时间组织教职工健身活动，并在天佑会堂前启动。

4月14日，校工会组织600余位教职工前往植物园春游。

4月21日，在学校主操场举行校工会主办的“相约北京”教职工全民健身排舞比赛。18支参赛队，共计620名教职工参加了比赛。

5月13日至14日，学校举行校教职工第二十八届、学生第四十八届田径运动会。开幕式上600名教职工进行了排舞表演。经过两天的比赛，后勤集团、校机关、资产公司、机电学院、土建学院、理学院、计算机学院、电信学院获得男子团体前8名；后勤集团、理学院、校机关、计算机学院、资产公司、机电学院、经管学院、校医院获得女子团体前8名；后勤集团、校机关、资产公司、理学院、机电学院、计算机学院、土建学院、电信学院获得男女团体前8名。

6月30日，校工会、组织部、宣传部、校团委在天佑会堂共同举办“燃情交大、红歌悠扬”庆祝建党九十周年红歌会。全体在校校领导及1 000多名教职工用自己的歌声热烈庆祝中国共产党九十华诞。

7月7日，第十一届教职工游泳比赛举行。共有15个单位参加。电信学院、经管学院、土建学院、计算机学院、校机关、机电学院分获团体前6名。校党委副书记、体委主任颜吾佴为获奖单位颁奖。

10月14日，为庆祝115周年校庆，举办“翰墨飘香、光影流韵”书画摄影展。本次画展共收到274幅优秀作品。经专家评比，共评出一等奖42幅，二等奖50幅，三等奖63幅，纪念奖119幅。

10月24日，校工会、校体委、体育部共同组织了教职工排球比赛。15个二级工会的30支代表队参加了比赛。获得男子比赛前8名依次为：经管学院、电信学院、机电学院、校机关、资产经营公司、理学院、电气学院、后勤集团；获得女子前8名依次为：电信学院、机电学院、经管学院、人文学院、校机关、理学院、电气学院、建筑与艺术系。

10月29日，北下关地区“电力杯”运动会在学校主校区操场召开，国家海洋环境预报中心、铁道科学研究院、国家电网等20多家单位参赛。校党委副书记颜吾佴出席了开幕式，学校参赛队夺得团体第二名。

11月3日、5日，由校工会组织的“2011教职工秋季健步行”活动在奥林匹克森林公园举行，400多人参加活动。

11月17日，校第十一届登香山比赛举行，200多名教职工参加了比赛和游园活动。

12月1日至7日，历时5个工作日的教职工校园健步健身周活动举行，共有6 000多人次参加健步走。

12月6日至8日，经过3天6轮的移位赛，学校2011年教职工围棋、象棋比赛圆满结束。此次比赛为棋类爱好者提供了相互对弈、相互学习的机会。

【暖心工程】

1月10日至18日，2011年度北京交通大学思源助学金、教职工爱心帮困基金捐助活动中，共收到教职工爱心基金捐款70 300元。

1月，校工会代表学校慰问了3位困难劳模和12位困难职工，送上节日的问候和慰问品、慰问金。

“五一”节前夕，校工会慰问了全校27位劳动模范。

5月至6月，与校医院共同组织一年一度的全校教职工体检，近4 000人参加体检。

7月15日，经校教职工爱心帮困基金委员会研究决定，向6名符合条件的教职工发放了38 000元救助款。同时，根据市教育工会的倡议，结合学校实际情况，委员会研究决定，从学校爱心基金会支出20 000元，用于首都教职工爱心基金捐款，属于学校定向捐款。

7月26日至30日，校工会组织优秀教职工暑期社会实践团40余人赴牡丹江考察，参观了林海雪原、八女投江纪念碑、镜泊湖，陶冶了爱国情操。

12月5日，校工会常务副主席殷快、副主席徐爱国看望了侯立、王益青两位多年义务献血的职工。

全年学校为全校3 539名工会会员参保重大疾病职工互助保障计划；校工会为全校1 513名女教职工参保特殊疾病保险；经校工会生活福利委员会审批，教职工临时困难补助全年共向139位教职工发放慰问金71 800元。

【女教职工工作】

3月初，学校第二届“交大巾帼十杰”评选经过各二级工会报送候选人、由全校教职工通过电子邮件投票评选，王翠肖、王雪松、刘红军、郭雪萌、付俐、杨晓晖、闫立、陈树文、娄淑琴、和敬涵10位女教职工获得“交大巾帼十杰”称号。

3月3日，在天佑会堂为全校女教职工放映了一场电影，纪念国际劳动妇女节，丰富学校女教职工文化生活。

【工会组织建设】

4月15日至16日，校党委副书记、工会主席高福廷，工会常务副主席殷快及学校11位二级工会主席、教代会团长赴河北省黄骅市，出席了北京交通大学海滨学院工会委员会成立大会，黄骅市委常委、组织部长黄瑞强，市总工会副主席曹绪贵等出席会议。会后学校工会、教代会干部与海滨学院领导及工会委员交流座谈。

5 月 17 日至 20 日、5 月 19 日至 21 日，校工会参加全国高校工会宣传思想工作研讨会和原铁路高校工会工作研讨会。

5 月 31 日，四所交通大学工会工作研讨会在西安交大举行。党委副书记高福廷、西安交大党委副书记李伟、上海交大党委副书记潘国礼、西南交大党委副书记何云庵和四所交大工会主席、工会干部 50 余人参加会议。研讨会共收到论文 16 篇。

6 月，由于全校干部换届，校工会副主席董敬祝改任计算机学院党委副书记、副院长，徐爱国同志任校工会副主席。

8 月 30 日，学校通过了以北京市教育工会主席张青山为组长的全国模范职工之家验收组的检查验收。党委书记曹国永、校长宁滨、党委副书记、工会主席高福廷，以及各二级单位党政正职、教代会常设主席团成员、校工会委员、经审委员等出席了验收会。市教育工会副主席郭峰主持会议，并代表中华全国总工会向学校颁发了全国模范职工之家的奖牌和奖金。

11 月 24 日，上海交通大学工会主席贾金平、副主席张杰及二级工会主席等一行 12 人来校考察，两校就工会工作进行了交流。

12 月 29 日，学校举行 2011 年工会系统总结表彰暨新春联欢会。校工会以及各二级工会委员 100 余人参加了联欢会。校党委副书记、工会主席高福廷总结了 2011 年工会的工作，并对 6 个二级先进工会，10 个先进工会小组，30 个先进个人进行表彰。

2011 年度先进工会（6 个）：

经济管理学院工会　建筑与艺术系工会　电子信息工程学院工会

土木建筑工程学院工会　电气工程学院工会　交通运输学院工会

2011 年度先进工会小组（10 个）：

语言与传播学院大学英语部工会小组

土木建筑工程学院建筑工程系工会小组

机械与电子控制工程学院机械工程系工会小组

电子与信息工程学院通信系工会小组

交通运输学院交通工程系工会小组

经济管理学院应用经济学一级学科工会小组

后勤服务产业集团饮食服务中心工会小组

电气工程学院电气传动与控制系工会小组

校机关学校办公室工会小组

计算机与信息技术学院计算机基础教学基地工会小组

2011 年度先进工会工作者（30 人）：

邱瑞昌　王　浩　李志斌　郑　伟　陈　刚　孙卫青　赵　强　董敬祝　郭祎华

董金凤　孙　越　赵映奎　邱之静　王　颖　简阳天　曲立忠　郭洋宏　何映雪

宏　宇　陈国宏　赵世瑛　冉　洁　陈　颖　黄晓慧　魏　炜　徐　民　许白桦

董乐贤　王　康　曹茂达

老干部与离退休工作

【综述】

2011年，学校老干部与离退休工作按照上级和学校党委工作部署，结合学校离退休工作实际，认真贯彻老干部工作方针政策及《北京交通大学离退休工作领导责任制》，围绕学校的中心工作，以“让学校党委放心、让老同志满意”为目标，优化管理队伍，落实“两项待遇”，注重维护老同志的合法权益，为老同志办实事、做好事、解难事，围绕实现“六个老有”，不断提高服务质量和服务满意度，发挥老有所为平台作用，开展老年大学、老教授协会和关工委等工作。截至12月31日，离退休教职工1 692人，其中离休人员94人（平均83岁），老战士8人；70岁以上老人1 105人。离退休党委下设17个党支部和1个临时党支部，有正式组织关系党员819名（其中在职党员7名）。离退休工作处现有工作人员8人。离退休人员分布状况详表4、表5、表6。

表4　离退休人员按行政级别分类一览表

类别	正局	副局	正处	副处	正科	其他	小计
离休人	2	18	8	50		16	94
退休人	4	8	73	80	75	1 358	1 598
合计人	6	26	81	130	75	1 374	1 692

表5　离退休人员按技术职称分类一览表

类别	正高	副高	中级	初级	其他	小计
离休人	15	22	31	6	20	94
退休人	231	486	312	339	230	1 598
合计人	246	508	343	345	250	1 692
百分比（%）	14. 54	30. 02	20. 27	20. 39	14. 78	100

表6　离退休人员按年龄段分类一览表

类别	90岁及以上	89～80岁	79～70岁	69～60岁	59～50岁	49岁以下	小计
全部人员	10	205	890	438	139	10	1 692
百分比（%）	0. 59	12. 12	52. 6	25. 89	8. 22	0. 59	100
其中党员	2	112	406	198	93	1	812
百分比/%	0. 25	13. 79	50	24. 39	11. 45	0. 12	100

【党建工作】

1. 加强基层党组织建设，充分发挥党支部的政治核心和战斗堡垒作用

把支部建设作为党建工作的重点，注重党员干部的选拔工作。按照学校党委的工作布

置，10 月底顺利完成离退休党支部换届选举工作，选举产生了新一届支部委员会。11 月召开了中共北京交通大学离退休第三次代表大会。第三次党代会在认真总结过去六年工作的基础上，明确了未来五年的工作任务，完成了二级党组织的换届选举工作，产生了第三届离退休党委。12 月选举学校第十次党代会代表 22 名。全年，共组织召开党委会议 10 次，党委扩大会议 2 次，党支部委员以上会议 12 次，重点传达文件精神和工作要点，布置党员教育活动安排和上级临时交办的计划外任务，研讨离退休党支部工作。全年接转党员组织关系 52 人次，办理政审 15 人次。

不断健全党支部组织管理机制，使党支部的设置更为科学。离退休党委现下设 17 个党支部，在远离学校、离退休人员居住较为集中的西三旗育新花园小区设置了临时党支部；坚持离退休党委委员联系党支部制度，加强支部的干部力量，充分发挥离退休党支部在服务管理、思想政治工作和凝聚人心中的重要作用。

在优化离退休老干部党支部设置的基础上，根据离休党支部均已高龄、组织活动不便的情况，重新指定 3 名在职党员担任离休党支部助理员，协助支部开展活动；完成开展创先争优活动及上报工作；加强离退休人员与原离退休单位的联系，在重大节日组织老同志座谈、联欢，特别是得到了兄弟单位和部门党组织对离退休党支部党员活动经费的支持，增强了党组织的凝聚力。

2. 贯彻党的十七大精神，深入开展“创先争优”活动

以“分散学习与集中学习相结合、定期辅导与培训骨干相结合、座谈讨论与参观学习相结合”的学习方式，组织离退休党员干部集中培训、专题讲座、送学上门、新老党员共话和专题党日活动等。离退休党委按照校组织部、宣传部学习安排及要求，指导离退休党支部根据老党员自身特点，组织学习、讨论，开展党员教育等活动，完成了年度理论学习任务。2011 年共印发学习材料 1 800 多份。

在党员干部的培训中，注重党员干部的政治理论培训。10 月举办党员干部政治理论学习培训班。在政治理论培训中，围绕学校中心工作及老同志关心的民生、建设文化强国等热点、难点话题，开展专题辅导、研讨，使党员干部不断加深了对党的方针、政策的认识与理解，提高了政治理论水平和组织工作能力。

以庆祝建党 90 周年为契机，加强活动阵地建设、舆论引导，增强政治认同感和凝聚力。4～6 月，组织离退休人员积极参加中组部和教育部老干部局组织的“与党同呼吸、共命运、心连心”征文活动，推荐征文 22 篇，组织 300 名老党员参加“百万党员寄心语活动”。5 月，组织 50 多名离退休党员干部赴天津平津战役纪念馆参观学习；组织 400 多名离退休党员开展“喜登天安门、参观中国国家博物馆，纪念建党 90 周年”主题党日活动。6 月，组队参加教育部在京老同志庆祝中国共产党成立 90 周年文艺演出；召开“重温入党誓言 坚定理想信念—离休老党员纪念建党 90 周年座谈会”；召开“退休老党员纪念建党 90 周年座谈会”；举办共有 500 多名老党员参加的以“唱红歌　颂党恩　跟党走”为主题的“庆祝建党 90 周年红歌会”；在各活动站设立“红色园地”，开展老党员纪念建党 90 周年留言、寄语活动；开展“颂党恩抒豪情、添光彩乐晚年”书画、摄影展，并选送 6 幅优秀作品参加教育部展览，其中 2 幅作品获三等奖；选送几十幅作品参加北京市组织的相关展览，“七一”前夕，陪同校领导慰问与走访老战士、老干部、老党员及特困党员 30 余人。7 月，组织“党员献爱心”捐款活动，共捐款 6 860 元；邀请马克思主义理论研究和建设工程专家作

"学习胡锦涛总书记'七一'重要讲话精神辅导报告"。

3. 加强离退休党委宣传阵地建设，办好内部刊物《心声》

全年《心声》发刊 27～30 期共 2 400 份。围绕学校党委中心工作和党员教育活动内容，突出宣传党的十七大精神和离退休党建工作，刊登了学年工作要点；刊载了开展"创先争优"活动、组织纪念中国共产党成立 90 周年系列活动、党员干部培训、第三次离退休党员代表大会和组织离退休人员参加选举海淀区第十五届人大代表工作、学校离退休人员情况通报会等专题报道；发表了老教授协会、关工委和老年大学社团等活动简讯，以及健康小常识、诗歌等。全年更换宣传橱窗 2 期。

【落实两项待遇】

学校老干部工作始终坚持"以管理为基础、以服务为宗旨、以满意为目标"，坚持不懈地落实离退休老干部的政治待遇和生活待遇，坚持以服务促平台建设，为实现"六个老有"提供优质服务。

1. 落实政治待遇

本着方便离退休老同志参加活动的原则，开展了形式多样的政治学习和参观活动，在学习与思想建设上关注老同志的需求；在重大问题上重视倾听老同志的意见和建议，鼓励他们为学校改革与发展献计献策；在接待信访工作中，正确疏导、引导上访人员，密切关注重点人员思想动态，尽可能化解矛盾，为校园和谐稳定服务。全年共召开离退休人员学校情况通报会 2 次；组织老党员座谈会 3 次；举办纪念辛亥革命 100 周年学术报告会 1 次；组织 1 500 多位老同志参加选举海淀区第十五届人大代表工作；参加元旦、春节、"七一"、国庆等节日陪同校领导走访慰问老战士、老干部、老党员、老教授及特困党员 50 人次以上；接待来访老同志 200 多人次；全年订购报刊杂志近百种。

2. 落实生活待遇

组织离休老干部参观疗养 2 次；离退休老同志迎新年联欢活动 2 次；春季和秋季召开新退休人员座谈会 2 次；重阳节前夕，走访慰问 8 位在京的 90 岁以上的高龄老人，带去节日礼物和全校师生的问候。

为维护好离退休人员的合法权益，开展免费法律咨询活动。

为加强活动站基础设施建设，购置了空调、乒乓球台和会议桌等设备。

坚持每月两次为享受医疗待遇的老同志派专车到世纪坛医院就医共 500 多人次；每月由处里指派专人配合校医院为 270 多位享受 102 待遇人员报销一次药费。为了更加方便老同志就医与报销，与学校相关部门协商，自 11 月 1 日起简化了领取住院支票程序。

全年探望患病、住院及困难离退休人员 200 人次以上；组织 1 600 多位老同志体检，并针对检查结果组织 2 次健康讲座；全年处理丧事 22 起。

【老年大学】

离退休工作处支持老年大学活动平台开展各种社团活动，以寓教于乐为原则，鼓励老干部身体力行地参加社团活动，保持愉快、健康的心态。2011 年，老年大学根据老同志的需要，相继举办摄影、工艺、书法、绘画、计算机、老年保健等讲座和培训班，充分发挥离退休教职工舞蹈队、合唱团、木兰队、摄影社、书画社、时装舞蹈队和门球队等作用，以各社团成员为骨干，组织开展适合老年人特点的各种文体活动，丰富老同志的精神文化生活，增强凝聚力。

【老教授协会】

协会成立至今已发展了131名会员。新推荐老教授督导员5人；完成老教授协会会员健康、老有所为意向调查问卷的发放、收集及研究工作；组织会员参观新开馆的中国铁道博物馆、举办老年健康讲座和新春联谊会等；圆满完成中国老教授协会部署的各项任务：参加《大师风范》的编辑与出版、《全面建设小康社会中，高智力老人群体的社会价值及相关政策的研究》重要课题研究和中国老教授协会第七届代表大会筹办等。

【老龄活动】

合理利用现有条件积极开展形式多样的文体活动，丰富老同志的精神文化生活。

组织好运动会。注重项目设置的安全性、参与性，增强趣味性，降低竞技性。共有1 200多名离退休老同志参加了运动会，不仅满足了老同志健身的需求，而且为大家提供了一个见面交流的机会。

组织好春游、秋游活动。根据老同志的喜好和身体状况选择了包括蟒山国家森林公园、朝阳公园、北京国际鲜花港、北京张裕爱斐堡国际酒庄、神堂峪自然风景区和大运河国家森林公园等游览景点，共有2 400多人次参加。

组织开展各种文体比赛活动。通过社团和活动站，组织老同志开展各类比赛，举办书画、摄影展等；积极参加教育部、市教委、火车头体协等部门组织的各种文艺表演、书画摄影展等。例如，10月18日学校木兰队参加北京市“抒情颂党恩、康乐展风采”健身项目展示活动，获乐龄风采奖；11月7日至8日门球队参加北京海淀区北下关地区第10届门球赛，获冠军。

【关工委工作】

关工委积极组织老同志参与大学生思想政治教育，开展“人生大课堂”、“名师面对面”、“班级之友”、“社团之友”等育人活动，取得可喜的成绩。4月14日，中国关工委主任顾秀莲一行来学校检查指导关工委工作；11月23日，北京高校关工委基层建设现场会在学校隆重召开；全面完成2011年教育部关工委理论研究中心的工作任务。学校关工委被评为全国教育系统关工委和北京市教育系统关工委先进集体；关工委主任李士群被评为全国教育系统关工委和北京教育系统关工委先进个人；党委副书记高艳被评为北京教育系统关工委优秀干部；退休干部恽大文被北京教育系统关工委授予贡献奖；退休干部孙以惠、刘峰被评为北京教育系统关工委优秀党建组织员。

2011

人才培养

研究生教育

【综述】

2011年研究生院在校党委领导下，围绕学校折子工程中的工作重点和年初制定的工作要点开展工作，结合学位与研究生教育工作会议上校长报告和“十二五”规划提出的研究生教育发展目标，紧密围绕“优化结构、注重创新、提高质量”的发展思路，进一步推动了学位与研究生教育、学科建设和研究生思想教育工作的新发展，取得了较好的成绩。

【招生工作】

2011年，北京交通大学硕士研究生计划招收2 960人，其中国家计划内2 164人；实际招收2 925人，国家计划内2 149人。博士研究生计划招收412人，其中国家计划内366人；实际招收420人，国家计划内270人。在职人员攻读工程硕士专业学位招收794人。在职人员攻读会计硕士学位招收97人。软件工程硕士领域自主招生1 016人。

【培养工作】

2011年，北京交通大学毕业研究生2 886名，其中博士279名，硕士2 607名。截至12月31日在校研究生8 625人（不含非学历教育研究生），其中博士生2 249人，硕士生6 376人。2011年春季，共开设硕士生课程345门；博士生课程69门。秋季，共开设硕士生课程665门；博士生课程105门。

硕博连读选拔工作。3月启动硕博连读选拔工作，为提高博士生生源质量，继续加大硕博连读的比例，各学院负责具体宣传动员、组织报名及面试工作，拟录名单直接报研究生招生办公室，由研究生招生领导小组统筹考虑后，确定硕博连读生的具体比例。最终确定硕博连读113名。

学籍管理工作。为加强研究生学籍管理工作，学校继续进行超期博士和硕士研究生学籍处理工作。对超过8年的博士研究生，发放退学通知89份，对超过5年的硕士，发退学通知13份，并按程序对2004级83名博士生、2005级109名博士生及2007级11名硕士生发放了学业警示书。

教材工作。7月，根据北京交通大学教通［2011］53号、研通［2011］12号文件《关于北京交通大学2011年教材出版基金资助教材公布的通知》，有2本研究生教材获校出版基金资助。见表7。

表7　2011年教材出版基金资助研究生教材名单

序号	单位	作者	教　　材	适用范围
1	经管学院	刘延平	现代企业组织理论与实践	研究生
2	理学院	修乃华、罗自炎	半定规划	研究生

教改工作。12月，结合研究生教育“十二五”规划，围绕重点工作，组织完成2011年研究生教育专项基金立项工作，共计立项13项，见表8。立项选题包括本硕博连读试点班、

基础课程平台建设、数字化研究生教育系统开发等方面。对前期资助的 7 项课题进行了结题检查，对 10 项课题进行了中期检查。

表 8　2011 年研究生教育专项资金资助项目名称及资助金额

序号	学院	项目负责人	项　目　名　称	资助经费/万元	项目编号
1	电信学院	娄淑琴	研究生科研素质提升的研究与实践	6	134092522
2	计算机学院	徐保民	研究生奖助学金管理信息系统研发	5	134093522
3	计算机学院	罗四维	硕士论文网上匿名评审系统研发	6	134094522
4	经管学院	张菊亮	物流专业硕博连读班课程与科研训练体系一体化研究	5	134095522
5	机电学院	李国岫	全日制专业学位研究生专业实践环节设置、考核与评估研究	5	134096522
6	理学院	王兵团	研究生数学建模应用能力培养实践	5	134097522
7	理学院	修乃华	理科思源试点班实施方案研究	6	134098522
8	语言学院	周红红	硕博连读试点班外语能力培养实践研究	5	134099522
9	建艺学院	夏海山	优秀硕士、博士学位论文奖励设计方案研究	6	134100522
10	研究生院	冯继欣	博士生导师动态评估及招生指标分配机制研究	7	134101522
11	研究生院	孙　强	强化信息整合与绩效统计的学位与研究生教育管理信息系统建设研究	4	134102522
12	研究生院	绳丽惠	学位论文规范研究	6	134103522
13	信息中心	高　勃	研究生招生信息系统研发	6	134104522
			合　　计	72	

研究生公派出国项目。2011 年经国家留学基金委评审，学校 58 位研究生获得资助，其中联合培养博士生 24 人，攻读博士学位 34 人，超额完成 2011 年国家建设高水平大学公派研究生项目签约任务。“国家建设高水平大学公派研究生项目”至 2011 年完成第一个五年计划，2012 年继续实施，新一期项目联合培养博士研究生面向“985 工程”和“211 工程”建设高校签约选拔，攻读博士学位研究生面向全国公开选拔，学校联合培养博士研究生签约名额为 25 名。11 月，启动 2012 年“国家建设高水平大学公派研究生项目”申报工作，组织召开了项目说明会，校研究生会学术部组织了项目交流会，并配合组织进行了 3 个博士生项目宣讲会。12 月，组织推荐 10 名攻读博士学位研究生人员申报法国博士生项目。

培养机制改革。2011 级博士研究生招收非定向研究生 264 名，根据博士生导师科研情况，获得学校专项基金资助的占 4.9%，对基础学科给予扶持的占 1.5%，依托国家级科研课题招收的占 71.6%，依托省部级科研课题招收的占 17%，依托其他科研课题招收的占 4.9%。7 月完成了博士生导师助研津贴的科研转账工作，博士生导师为博士生助研津贴共计转出 424 万元科研经费。完成 2010 级硕士研究生第二学年奖助学金的评定工作，此次参评硕士生 2 240 人，72% 的学生奖助学金等级发生变化，其中奖学金等级提高的占 44%，下降的占26.9%，奖学金的变化率近几年大体相当。9月，顺利完成2010和2011级两个年级的硕士研究生、2008—2011级四个年级的博士研究生与2007级直博生助学金的发放工作，全校硕士月发放助学金62.3万元，全校博士月发放助学金118.3万元。为提高培养质量，出台了《博士研究生拔尖创新人才培育实施办法》，且由校党委常委会通过并开始实施。5月启动培养方案的制订工作，9月启动“拔尖创新人才选拔试点班”工作。电子、计算机、经管、运输、土建、机电、电气7个学院开展首批试点，2011年全校试点班总人数91人，其中直博生46人，硕士生45人，全校10个一级学科涉及创新人才培养。2011年学校优秀博士生科技创新基金纳入学校基本科研业务费统一管理，经学生申报、学院评审、研究生院审核、科技处审批，确定资助“优秀博士生创新研究基金”Ⅰ级57项、Ⅱ级25项、Ⅲ级6项，特级3项。同时，配合基本科研业务费申报时间的调整，11月启动2012年项目申报工作。完成出国访学6项，出国学术交流16项的项目申报、审查及派出工作。

教学检查。为规范研究生教学秩序管理，加强课堂教学质量监控，结合学风教风建设，秋季学期开展研究生课程教学秩序和教学质量集中检查工作。全校12个研究生教学单位和研究生院全体工作人员采取听课检查评估的方式对大部分课程的教学秩序与纪律、教学内容与方法两方面进行了检查。结果表明，研究生课程总体教学情况良好。教师备课充分、精神饱满，多数教师注重专业课程的研究性，能够与研究实际相结合。但存在因事调课的任课教师未经教学单位同意或备案就擅自调课等现象。加快研究规范研究生课程调课批准备案制度应作为今后教学管理工作的重点内容之一。

开展在职专业学位检查。根据教育部学位办［2011］43号文和北京市学位办［2011］8号文的要求，研究生院组织各学院认真组织本单位在职人员攻读硕士专业学位的检查工作，利用暑期完成基础资料的收集整理以及自查报告的撰写，认真分析在职专业学位教育中存在的问题，并提出工作规划。

硕士研究生基础学制调整。为提高研究生培养质量，推进硕士研究生分类培养，起草了“硕士研究生基础学制改革调研报告”，在分析学校硕士研究生培养目标与培养现状的基础上，经校长办公室审议通过，于2011级硕士开始，学术型专业硕士研究生基础学制调整为2.5年，专业学位硕士研究生基础学制仍为2年。

培养方案修订。为落实中宣部、教育部关于研究生思想政治理论课课程设置调整的意见，并配合学校硕士研究生基础学制的调整，以及2010年新增专业学位类型的需求，5月启动全部学科培养方案的修订工作，7月，完成47个博士方案、78个硕士方案，以及7个“拔尖创新人才选拔试点班”和29个全日制硕士专业学位培养方案的修订与制订工作。

第八届全国研究生数学建模大赛。9月“第八届全国研究生数学建模大赛”中我校15个队参赛。共获得二等奖3项，三等奖6项。

【学位工作】

2011年博士、硕士学位授予情况。1月11日北京交通大学第十一届学位评定委员会第七次全体会议讨论了学位授予工作，同意授予博士学位118人、硕士学位748人；7月5日北京交通大学第十一届学位评定委员会第九次全体会议讨论了学位授予工作，同意授予博士学位175人、硕士学位2 408人；10月21日北京交通大学第十二届学位评定委员会第一次全体会议讨论了学位授予工作，同意授予博士学位14人、硕士学位18人。授予博士硕士学位名单附后。

学位授权点调整工作。根据国务院学位委员会办公室《关于按〈学位授予和人才培养学科目录〉进行学位授权点对应调整的通知》（学位办〔2011〕25 号）文件精神，结合学校具体情况，共调整一级学科博士点 3 个，一级学科硕士点 3 个，见表 9。

表 9　一级学科博士点调整名单

序号	调整后增加学科名称	现有学科名称
1	0714 统计学 （可授理学、经济学学位）	0202 应用经济学、0701 数学
2	0835 软件工程	0812 计算机科学与技术
3	0837 安全科学与工程	081903 安全技术及工程

一级学科硕士点调整名单

序号	调整后增加学科名称	现有学科名称
1	0813 建筑学	0813 建筑学
2	0833 城乡规划学	0813 建筑学
3	1305 设计学 （可授艺术学、工学学位）	050404 设计艺术学

新增硕士专业学位授权点申报工作。国务院学位委员会第 28 次会议审议通过了《审计硕士专业学位设置方案》，决定在我国设置和试办审计硕士专业学位。我校以适应需求，坚持标准，保证质量为基本原则，新增审计学硕士专业学位。

优秀博士论文培育、推荐等相关工作。2011 年着重做好优秀博士论文的选拔和培育工作，通过全面实施研究生教育创新工程，重点推荐优秀博士科技创新基金获得者、出国访学基金获得者、专项研究基金获得者参加优秀博士论文的评选，加强调研和有关信息跟踪服务工作。4 月启动了校级优秀博士学位论文评选工作，共评选出校级优秀博士论文 14 篇，推荐北京市优秀博士论文 4 篇，经北京市教委聘请同行专家评审，我校 2 篇博士学位论文入选 2011 年北京市优秀博士学位论文：简水生教授指导的冯素春博士的学位论文《多波长、单纵模光纤激光器的研究》，马志明教授指导的刘玉婷博士的学位论文《网页排序中的随机模型及算法》。教育部、国务院学位委员会公布《教育部、国务院学位委员会关于批准 2011 年全国优秀博士学位论文的决定》教研〔2011〕2 号，我校吴重庆教授指导的李政勇博士完成的学位论文《光纤偏振态的高速控制与偏振编码通信》获得 2011 年全国优秀博士学位论文。我校简水生院士指导的许鸥博士的学位论文《基于光纤光栅的光纤激光器、滤波器和倾斜光纤光栅的研究》获优秀论文提名。

导师遴选。1 月组织开展我校博士、硕士生指导教师遴选工作。各学院学位分委会推荐了 52 人参加博士生导师遴选，其中副教授申请博士生导师 10 人，兼职教授参加博导遴选 13 人。经初审，共有 40 人进行了外送评审，经过校外专家评审和校学位委员会全体会议投票表决共有 23 名校内教授和 2 名具有博士学位的副教授通过博导遴选，此外还增加兼职博士生导师 8 人，其中，已经是外单位博导，且符合我校资格认定条件的 4 人，新增硕士生导师 78 人。

【管理工作】

1. 科学制定《北京交通大学进一步加强和改进研究生思想政治教育工作实施办法》

教育部《关于进一步加强和改进研究生思想政治教育的若干意见》（教思政〔2010〕11号）文件下发后，按照学校统一要求，分别召开相关职能部门、学院党委书记院长、导师代表研讨会和研究生代表座谈会。在现有工作的基础上，开门问计广泛调研，分析把握研究生思想政治教育规律，以提高研究生思想政治素质、促进全面发展、全面提高培养质量为目标，科学制定《北京交通大学进一步加强和改进研究生思想政治教育的实施办法》，从领导体制和工作机制、工作途径、研究生主体作用的发挥、工作队伍建设、保障措施等方面系统推进研究生思想政治教育工作。

2. 成功举办全国博士生学术论坛（交通运输工程）

11 月 3 日至 4 日，北京交通大学举办 2011 年全国博士生学术论坛（交通运输工程）。论坛的主题是“安全高效，便捷绿色”，宗旨是“交融思想，启迪智慧”。交通运输工程国务院学科评议组专家、兄弟院校学者及百余名博士生参加。本次论坛由国务院学位委员会办公室、教育部学位管理与研究生教育司主办，北京交通大学承办。

2011 年全国博士生学术论坛（交通运输工程）的举办，充分发挥了学校交通运输工程一级学科的优势，促进了优质教育、科研资源共享，营造了浓厚的学术创新氛围，为全国交通运输工程领域的博士生搭建了高水平的学术交流平台。

3. 在研究生中开展科学道德和学风建设教育活动

为贯彻中国科协办公厅、教育部办公厅《关于做好“科学道德和学风建设宣讲教育”有关工作的通知》（科协办发组字〔2011〕32 号）精神，按照北京市科协、市委教育工委、市教委《关于在研究生中开展科学道德和学风建设宣讲教育活动的通知》（京科协发组字〔2011〕56 号）和《关于组建科学道德和学风建设宣讲专家队伍的通知》（京科协发〔2011〕62 号）提出的任务和要求，研究生工作部组织开展研究生科学道德和学风建设教育活动，制定并发布了《北京交通大学关于在研究生中开展“科学道德和学风建设教育活动”实施方案的通知》（研通〔2011〕17 号），邀请了 7 名教授组成了学校专家宣讲团，组织了专家宣讲报告会、进行了研究生与导师之间的师生讨论、举办了“科学道德和学风建设”主题辩论活动、开辟了“研究生科学道德和学风建设宣讲教育”网络论坛专版，进一步营造良好学习和科研风气，教育研究生更加自觉地遵守学术规范、坚守学术诚信、完善学术人格、维护学术尊严、抵制学术不端行为，努力成为优良道德的践行者、学术风气的维护者和学术水平的追求者。

在开展以上活动的基础上，承担了由北京市科协、北京市委教育工委、北京市教委主办，我校承办的“北京科学道德和学风建设宣讲团成立仪式暨专场报告会”的组织工作，我校宁滨校长、阮秋琦教授和吴重庆教授被选为宣讲团成员。

4. 举办 2011 年北京交通大学研究生党员骨干培训班（总第二期），依托研究生参加纪念中国共产党成立 90 周年系列主题教育活动，通过组织校领导座谈会、校领导报告、专家报告、研讨交流、团队训练、实务培训、音像教学多种培训形式强化骨干培养，实施研究生党员教育培训工程。组织研究生参加纪念中国共产党成立 90 周年“我与祖国共奋进——学习党史·坚定信念”系列主题教育活动，在校园红歌会、党史知识竞赛等活动中，寓教于乐，激发了研究生热爱党、热爱祖国、热爱社会主义的感情。

5. 面向全体学生，实施研究生综合素质教育计划

针对复合型拔尖创新人才的时代需要，以营造学术氛围、加强科技服务为目标，开展综合素质提升系列活动。深入开展研究生学术活动，推进校园学术文化的建设，2011 年共组织了 8 场“院士校园行”活动和 142 场“与大师面对面”名师讲坛活动。校院两级共组织研究生学术论坛 213 次。举办第二十一届“慧光杯”研究生学术文化节，组织 8 场学术沙龙、3 期优秀校友面对面活动、3 期博闻论坛活动和研究生辩论赛活动，收到研究生学术论文 674 篇，收录优秀论文 339 篇，形成《慧光杯优秀论文集》。培养研究生树立正确的价值观和科学精神，营造了校园浓厚的学术文化氛围。

积极开展研究生社会实践活动，培养实践能力和服务社会意识。2011 年，共组织了 32 支研究生暑期社会实践团共计 423 人，结合专业特长深入基层开展社会实践活动。荣获 16 项首都高校社会实践优秀成果，5 支实践团荣获首都高校社会实践优秀团队，5 名研究生荣获首都高校社会实践先进个人，3 名指导教师荣获首都高校社会实践先进工作者。按照“自愿报名、专业对口、择优录取、组织选派”的原则，选拔推荐了 18 名优秀博士生参加北京市挂职锻炼，召开了挂职博士生动员培训会。

把研究生“三助”工作作为研究生日常实习实践，使研究生助教、助管工作与育人紧密结合起来，使得上岗研究生得到能力锻炼。为进一步规范研究生“三助”岗位设置，今年完善了《研究生“三助”岗位设置规范》和“三助”管理系统，做到了研究生“三助”聘任工作的公平、公正、公开，发挥了研究生三助的育人功能。2011 年设置岗位 1 386 个，上岗研究生 1 942 人次。为了更好地解决研究生的实际困难，学校将三助津贴标准提高到 12 元/小时，9 月份开始执行。

主办第八届研究生英语文化之夜，继续举办研究生艺术工作坊开放日活动。以“创意·合作·分享”为宗旨，分别以“感恩交大，难忘师恩”、“我眼中的交大”及“心灵之约”等为主题，面向研究生开展毕业生涂鸦设计、摄影技术交流、主题摄影展及联谊交流等系列活动。通过 61 场艺术工坊开放日活动，加强不同专业研究生的沟通交流，在提升研究生的艺术素养的同时，激发了他们的创意，丰富了研究生课余文化生活。

举办全国道德模范郭明义报告会，以帮助我校患病研究生为契机，邀请第三届全国道德模范、2010 年感动中国年度人物郭明义到我校作题为《把幸福给你》的主题报告，并成立北京交通大学青年志愿者服务团思源爱心小分队，号召交大学子常怀感恩之心，常思感恩之行，加入到奉献爱心的行列，丰富了主题教育形式，弘扬了志愿服务精神。

6. 针对不同阶段，实施研究生学期教育计划

针对不同年级、不同学科研究生在不同培养阶段所面临的学业、就业、心理及社会适应性等问题，以课程教学形式，开展制度化、模块化的系列课程教育。包括研究生职业规划与职业发展、学术规范与学术道德、阳光心理与生命健康、危机控制与安全管理等内容。

开展研究生就业指导专场活动，共举办职业生涯规划与职业发展专题讲座、就业交流座谈会、实习求职经验分享会等 5 次活动。

组织“研究生心理健康培训周”活动，共举办七场主题为“积极心态，为学业与生活续航”的培训，覆盖全体 2011 级研究生。

编印并发放了《研究生安全教育知识手册》，有效地提高了研究生对消防、交通、户外活动等安全知识的掌握。组织开展“研究生安全教育周”活动，在对宿舍用电和防火安全

隐患进行了排查的基础上，组织研究生学习安全管理相关条例，举办 6 场安全专题知识讲座，切实提高研究生处置突发事件和自救自护的能力。与 2011 级全部住宿研究生签订《安全责任书》，共 3049 份。在研究生学苑公寓，逐楼组织研究生参加安全疏散演习，有效地提高了研究生应对火情等突发事件的能力。

组织研究生参加 21 次数据库培训，包括《如何提升学术研究与科研写作的效率？——RefWorks 参考文献管理系统的介绍》、《SCI 数据库在科研中的价值与应用》等专题培训，指导研究生获取和利用图书馆资源。

7. 加强专兼职辅导员培训，组织研究生辅导员沙龙活动

在加强对研究生专职辅导员工作指导的基础上，继续完善研究生专兼职辅导员队伍建设。今年以教育部、北京市开展普通高等学校辅导员队伍建设情况自查工作和北京市深度辅导工作总结工作为契机，研工部认真总结近年来的研究生辅导员队伍建设工作，针对新形势下研究生群体的特点及教育规律，对研究生思想政治教育的工作体系与教育模式进行探索与实践。

积极组织 6 名研究生专职辅导员参加北京市培训，并开展 3 次校内培训活动。以“倾听、分享，从不同的视角谈深度辅导”等为主题举办 2 次研究生辅导员沙龙活动，为研究生专兼职辅导员搭建了沟通、交流的平台。

8. 加强研究生安全稳定教育，促进校园平安和谐

坚持执行重大纪念日和关键时期专、兼职辅导员值班制度，2011 年研究生工作部共报送安全稳定信息 66 天，休息日在岗值班 31 天。加强对公寓文化自律委员会、伙食建设工作委员会和网络宣传员三支德育工作队伍的指导，开展消防安全卫生检查，对维护研究生群体的安全稳定发挥了重要的作用，具体工作如下。

（1）成功处理、解决 9 名研究生的特殊问题，包括身体、心理等突发事件。共向 15 人发放思源助学金 34 100 元。（2）把握学生思想动态，加强网络舆情动态监控，组织研究生网络宣传员监控网络舆情，定期梳理研究生的舆情动态，编辑网络舆情汇报 17 期。（3）制作《2011 年北京交通大学研究生安全稳定教育工作手册》，更好地指导安全稳定教育工作。（4）制订研究生消防安全卫生工作检查方案，制订了由学院自查、研究生检查组互查、辅导员检查组互查、学校大检查等多阶段的检查方案，2011 年共组织全校消防安全检查 8 次，每次检查结束后，对存在的问题进行通报、限期整改，落实整改结果。（5）研究生伙委建设委员会每两周与后勤集团饮食服务中心进行一次座谈，2011 年共举办 17 次活动。（6）开展毕业研究生文明离校活动，向毕业离校研究生发布《2011 年研究生文明离校倡议》，并组织毕业研究生捐书捐物。

9. 积极开展研究生思想政治教育工作研究获奖

“以学术成长与全人发展为目标，系统建构研究生思想政治教育实效工作体系”荣获第二届首都大学生思想政治教育工作实效奖一等奖；高艳、屈晓婷、秦莹、胡滢撰写的论文《坚持“以人为本”，构筑促进研究生全面发展的综合素质教育平台》荣获“首都大学生思想政治教育优秀科研成果”论文类三等奖；屈晓婷、高艳、秦莹撰写的论文《基于创新能力培养的研究生思想政治教育现状研究》荣获北京高教学会研究生教育研究会第七届优秀高等教育论文优秀论文一等奖；屈晓婷、秦莹撰写的论文《基于学风现状的研究生思想政治教育研究》获北京高教学会研究生教育研究会第七届优秀高等教育论文优秀论文三等奖；

2011 年北京高校宣传教育工作会议上，高福廷副书记做题为“以学术成长和全人发展为目标系统建构研究生思想政治教育工作体系”典型发言；研究生工作部获得北京交通大学“三育人”先进集体荣誉称号。

10. 加强研究生思想政治教育工作平台建设，完成日常工作

开展信息化建设工作，开发研究生信息系统模块，建设了研究生个人信息查询、评优评先、社会实践管理、学术活动通知等功能模块，规范管理流程，提高工作效率。充分利用 22 号学生公寓和学苑公寓研究生创新活动中心，举办学术、文化等交流活动。实行网络化使用申请，加强管理、完善审批程序，保证了活动中心无差错使用。2011 年 22 号学生公寓活动室举办活动 536 场，学苑公寓活动室 572 场，为全校学生开展学术交流、创新实践、就业创业培训提供了开放性的“平台”。继续以自办刊物为载体，加强研究生政治思想教育工作交流平台建设。刊印 3 期《交大研究生》杂志和 3 期研究生德育工作简报。利用学位授予仪式、研究生迎新工作、重大节日以及研究生评优评先等工作平台，加强对研究生的日常思想政治教育工作，取得了良好的工作效果。

北京交通大学 2010—2011 学年研究生先进集体、先进个人情况：

（1）北京交通大学优良学风班（33 个）；

（2）北京交通大学优秀研究生（11 名）；

（3）北京交通大学三好研究生（612 名）；

（4）北京交通大学优秀研究生干部（457 名）；

（5）北京交通大学道德建设先进个人（10 名）；

（6）北京交通大学社会实践优秀团队（22 个）、北京交通大学社会实践优秀个人（84 名）、北京交通大学社会实践优秀带队教师（10 名）；

（7）北京交通大学研究生优秀奖学金（3 名）；

（8）北京交通大学智瑾奖学金（21 名）；

（9）京东方奖学金获得者（20 名）、京东方奖教金获得者（教师 4 名）、京东方管理贡献奖（教师 1 名）；

（10）西门子铁路奖学金（3 名）；

（11）校友奖学金（1 名）；

（12）宝钢优秀学生奖学金（4 名）；

（13）尖峰奖学金获得者（3 名）；

（14）光宝助研奖学金（13 名）；

（15）电力节能奖学金（7 名）；

（16）利德华福电气奖学金（6 名）；

（17）万桥奖学金（3 名）；

（18）唐车奖学金（7 名）；

（19）曦明助学金（10 名）；

（20）华为奖学金（6 名）；

（21）新联铁奖学金（10 名）；

（22）九阳助学金（15 名）；

（23）新誉奖学金（12 名）；

（24）台达奖学金（10 名）；
（25）京仪椿树奖学金（5 名）；
（26）唐一新能源奖学金（9 名）；
（27）NLTC 绿色照明奖学金（8 名）；
（28）中立鸿一杨爱芬奖学金（3 名）；
（29）汤森路透奖学金（3 名）；
（30）天易奖学金（16 名）；
（31）天易助学金（10 名）。

【附件2】

北京交通大学博士生指导教师及授予博士、硕士学位人员情况

1. 北京交通大学博士生指导教师一览表（见表10）

表10　北京交通大学博士生指导教师一览表（分专业统计）

专业名称	新增博士导师	已有招生博导名单
产业经济学	李雪梅　张梅青	荣朝和　李文兴　欧国立　赵　坚　袁伦渠　林玳玳　张瑞萍　石美遐　叶蜀君　谭克虎　李孟刚　曹玉书（兼）　张　雷（兼）　奚晓明（兼）　王稼琼（兼）　吴彤彪（兼）　叶茂林（兼）　张国祚（兼）　冯　华　潘浩然　李朴民（兼）　王　灏（兼）　周道许（兼）
运筹学与控制论	郝荣霞	常彦勋　修乃华　冯衍全　商朋见　王　军　王金亭　渠刚荣
光学	张福俊	徐叙瑢　冯其波　王永生　黄世华　邓振波　何志群　侯延冰　张希清　徐　征　洪　涛　何大伟　吕燕伍　陈云琳　滕　枫　刘　博　王淀佐（兼）　张书练（兼）　沈建中（兼）　马志明（兼）　衣宝廉（兼）　许祖彦（兼）　朱　红（兼）　段武彪　金光日
系统分析与集成		高自友　徐维祥　贾斌　孙会君　李克平
固体力学		石志飞　章梓茂　汪越胜　于桂兰　兑关锁　郭雅芳　刘金喜（兼）　刘　颖
机械设计及理论	易　晓 王仪明（兼）	查建中　方跃法　李德才　姚燕安　张朝辉
车辆工程	刘　伟	孙守光　谢基龙　李　强　张　鹏　刘志明　杜彦良（兼）　杨绍普（兼）　张曙光（兼）　任尊松
电力系统及其自动化		范　瑜　王　毅　金新民　刘明光　张小青　王　玮　吴命利　吴俊勇　和敬涵　张　黎（兼）　宋永华（兼）　胡兆光（兼）　叶柏洪（兼）　雷清泉（兼）
电力电子与电力传动		郑琼林　王立德　刘志刚　游小杰　姜久春　叶云岳（兼）刘小河（兼）　阮新波（兼）　刘友梅（兼）
通信与信息系统	李　旭 孙　昕 陶　成	简水生　陈常嘉　李　洵　张宏科　王均宏　延凤平　刘　云　钟章队　娄淑琴　朱　刚　李唐军　裴　丽　杨　维　宁提纲　秦雅娟　陈根祥　郭宇春　高德云　蒋林涛（兼）　黄卫平（特聘教授）　孙　玉（兼）　吕家国（兼）　周华春　荆　涛　艾　渤
信号与信息处理	赵瑞珍　刘　杰	阮秋琦　肖　杨　赵　耀　梁满贵　杨义先（兼）　田　捷（兼）　孙冬梅
信息安全	姜建国（兼）	毕　颖　杜　虹（兼）　夏　勇（兼）　张　斌（兼）　刘吉强

续表

专业名称	新增博士导师	已有招生博导名单
计算机应用技术		韩　臻　于　剑　王志海　沈昌祥（兼）　孟洛明（兼）　林宙辰（兼） 石　勇（兼）　陈性元（兼）　李凡长（兼）
计算机软件与理论		吴尽昭（兼）
计算机科学与技术	刘　峰 沈　鸿（兼）	卢　苇　孙永奇　樊建平（兼）
系统工程		侯忠生　贾元华　申金升（兼）　吕永波　王喜富　关　伟　钱大琳　张　喜 吴建平（特聘教授）　张智文（兼）　石定寰（兼）　陈志南
岩土工程		赵成刚　张鸿儒　乔春生　刘建坤　刘保国　何　平　王　哲　张顶立　项彦勇 白　冰　赵伯明
桥梁与隧道工程		王梦恕　夏　禾　刘维宁　施仲衡　朱尔玉　雷俊卿　高　日　谭忠盛　季文玉 袁大军　黄　卫（兼）　陈铁林　张　楠
道路与铁道工程	杨广庆（兼）	许兆义　魏庆朝　王连俊　杨成永　高　亮　陈　峰　杨松林　白明洲 张鲁新（兼）　赵国堂（兼）　雷晓燕（兼）
结构工程		杨庆山　朋改非　张　荫（兼）　王元丰（兼）　安明喆　杨　娜
交通信息工程及控制	蔡伯根　董海荣 王飞跃（兼）	谈振辉　陈后金　宁　滨　侯建军　徐洪泽　赵会兵　唐　涛　闻映红 李邓化（兼）　魏学业　宋永端（兼）　王化深　杨华中（兼）
交通运输规划与管理	李海鹰	刘　凯　毛保华　周磊山　张星臣　林柏梁　邵春福　刘　军　何世伟　袁振州 韩宝明　董宝田　朱晓宁　马建军（兼）　贾利民　孙全欣　宋　瑞　郎茂祥 赵　鹏　季常煦　聂　磊　于　雷（特聘教授）　傅志寰（兼）　董　焰（兼） 姚恩建　闫学东　郭继孚（兼）
载运工具运用工程	陈梅倩	朱衡君　翟洪祥　邢书明　徐宇工　贾　力　张　欣　宁　智　韩建民　李国岫 周　洋　何伯述　余祖俊　杨庆新（兼）　曾广商（兼）　刘　石（兼） 杨中平　耿志修（兼）
管理科学与工程		徐寿波　李学伟　刘伊生　张润彤　汝宜红　关忠良　鞠颂东　黄　磊　穆　东 张真继　姚　兵（兼）　王庆云（兼）　赖　明（兼）
企业管理		张明玉　丁慧平　张秋生　刘延平　邬文兵　叶　龙　周守华（兼） 张　新（兼）　刘玉廷（兼）　葛新权（兼）　杨　华（兼）　张文松　唐方成
信息网络与安全		何德全（兼）
地下工程		贺少辉
安全管理与工程		
物流管理与工程	施先亮　赵启兰 魏际刚（兼） 郑大昭（兼） 张成海（兼）	王耀球　张菊亮　侯汉平
电工理论与新技术		张晓冬　张和生

续表

专业名称	新增博士导师	已有招生博导名单
电机与电器	李伟力（兼）	张奕黄　葛宝明　顾国彪（兼）
电气工程	王久和（兼）	杨庆新（兼）　陈树勇（兼）
机械制造及其自动化		李建勇　王太勇（兼）
机械电子工程		李平康　王爽心　李长春
安全技术及工程		方卫宁　谭南林　肖贵平　秦　勇
光学工程	谢　芳	盛新志　王　智　郑　义　衣立新　赵谡玲
技术经济及管理	黄宗远	林晓言
一般力学与力学基础		戈新生（兼）
城市轨道工程		梁青槐
防灾减灾工程及防护工程		齐梅兰　陈文化
市政工程	李德生	李　进　夏海山
思想政治教育		颜吾佴　林建成　路日亮　陈树文　刘秀萍　张雷声（兼）荆学民（兼）韩振峰
工程与项目管理		郝生跃　孙永福（兼）
旅游管理	石培华（兼，后调入）	张　辉
工程力学	黄海明	金　明　王正道
供热、供燃气、通风及空调工程		李德英（兼）
会计学		郭雪萌　马　忠　程小可　张立民
运输与物流		张长青
系统理论	郑神州　何金生　于永光	彭名书 邓红文（兼）　曹鸿钧
管理科学		陈喜庆（兼）　王岳森（兼）　周　静（兼）
土木工程		岳祖润（兼）
信息管理		许立达（讲座教授）　刘世峰
控制理论与控制工程	刘德荣（兼）	
合计	37 人（兼职 12 人）	350 人（兼职 93 人）

2. 学位授予名单

北京交通大学第十一届校学位评定委员会第七次全体会议授予博士学位人员名单（118 人）

（2011 年 1 月 11 日）

电信学院（18 名）

通信与信息系统

王　里　周春月　黄　清　王　姝　牛延超　林福宏　丁　飞　郜　帅　郭华明

李世勇　江海昇　冯　辰

交通信息工程及控制

郝晓莉　曹　源

交通运输工程　智能交通工程

赵林海

电磁场与微波技术

刘　鹏

信息与通信工程　信息网络与安全

张宇翔

电力电子与电力传动

王　磊

经管学院（24 名）

产业经济学（经济学）

祝祖强　杨志梁　张　伟　申向阳　金　懋　杨秋宝　孙起生

管理科学与工程（管理学）

况　勇　苏　斌　周建勤

管理科学与工程　安全管理与工程（管理学）

李　森　翁勇南　王小龙　丰艳萍　赵雪锋

管理科学与工程　管理科学（管理学）

翟小宁

管理科学与工程　物流管理与工程（管理学）

朱　煜　黄树林　王雅璨　杜曼玲

企业管理（管理学）

王　莹　宋希亮　胡　剑　曹卫兵

机电学院（8 名）

车辆工程

杨广雪　邓　野

机械设计及理论

张克涛　孙　静

载运工具运用工程

郭北苑　田　毅　张田田　李从心

土建学院（19 名）

道路与铁道工程

王俊峰　曾巧玲　曲建军　马立峰

工程力学

熊志远　张新春

结构工程

韩　嵘　吴寒亮　刘　佩　武成浩　张晓丹　姚宗健

桥梁与隧道工程

陈建勋　姜兰潮

岩土工程

齐震明　周龙翔　刘　艳　郑　晅　金　旭

理学院（7 名）

光学

穆林平

光学工程

由凤玲　郑　猛　杜玙璠

运筹学与控制论

范秉理　曾建初　许　娜

运输学院（29 名）

交通运输规划与管理

张才春　刘海东　杨意坚　许笑平　石钦文　宋晓梅　谢东繁　夏　萍　石　雨
李　峰　牛永涛　尹晓琴　郝艳召　张红亮　赵娜乐　李艳红　吴先宇　房霄虹
李　娟　王　爽　王艳玲　王　刚　郭淑霞　付慧伶　周方明　谢美全

系统工程

张尊栋　潘跃飞　JANG SIM CHOL

计算机学院（13 名）

计算机科学与技术

唐颖军　赵　静　鹿　瑞

计算机应用技术

杨莉萍　艾丽华　丁　丁　蔺旭东

信号与信息处理

吴　敏　杜海峰　牟大中　林春雨　支瑞聪　孔令军

北京交通大学第十一届校学位委员会第七次全体会议授予硕士学位人员名单（748人）

（2011年1月11日）

电子信息工程学院（338人）

通信与信息系统　134人

程　骋　杨　鑫　程子栋　张振宇　李尚攀　周志艳　靳盛皓　李　哲　胡聚宁
李　娟　刘　奇　颜志杰　叶　青　赵锐敏　张丽萍　要志文　李朋育　李　玮
许　辉　刘　凯　魏　巍　姚素梅　滕　飞　王晶晶　李伟杰　刘晓腾　张菲菲
仲丽媛　罗定嘉　魏祥淦　蒙海光　牛青青　王海峰　曹　磊　申宏刚　石　靖
王　振　张鹏杰　李富艳　张　伟　程　澄　黄燕辉　李元乾　周功铭　齐宗飞
张林林　胡少荣　朱广彬　曹东亚　刘　洋　孙　倩　方卓理　黄成全　田洪强
张　翠　于晓丹　楚翠英　孙健波　王　婷　王晓斌　张　聪　张健跃　李洪涛
吕德东　王辽松　赵天昊　代　勇　贾海燕　门家强　牟建宏　王正浩　于晓溪
王　钢　袁　伟　张华晶　柳海明　杨永亮　郭　辉　舒　勇　肖　鹏　谢燕平
方　概　李林涛　刘　姗　孙　乐　王曙光　阳振华　余绪梅　郑广宁　蔡亚茹
符和清　石伟栋　吴桂芳　韩志娟　沈　涛　董振辉　方　然　孙道平　姚　苏
周月萍　朱　斌　黄　捷　刘明华　宋紫溪　范　岩　洪元志　林一多　刘牧寅
孙　冰　许德力　石　杰　王瑜琦　张羽书　黄雅琦　贾春风　陈　欣　丁　珣
高婷婷　李昱炜　庞萌萌　武夏冰　杨　帆　赵留俊　崔　捷　肖　鹏　袁晓芳
冯玉明　蒋潺潺　蒋云翔　李　娜　刘　玮　钱逸群　孙金芝　叶　畅

光通信与移动通信　12人

张蕙峰　郝秀晴　师家红　唐尊伟　于涵伟　王清华　安丽婧　周　楠　瞿秩华
吕济根　曹　毅　孙欣欣

控制理论与控制工程　18人

袁　磊　许　羽　侯铁竹　李　莉　任要中　胡　淼　苗圣全　许　凯　赵士军
石　亮　王　嵬　严慧君　杨　凡　陈　旭　张　浩　张丽君　王小山　桂乐芹

微电子学与固体电子学　27人

唐　磊　吴　瑶　周　旋　耿靖斌　杨雅雯　胡晋彬　王　哲　郭仙菊　刘彦鑫
阮孝莉　王成成　邢金朋　续海涛　白光宇　陈双文　郭　倩　林振斌　周　超
蔡晓伟　霍微伟　邵际南　崔庆博　林　雨　陈丽坤　唐来福　殷　莉　李　斐

电磁场与微波技术　11人

马红玉　包玉龙　池剑锋　张从国　徐璐佳　雷飞鹏　杨　光　毕重颖　孟　涛
田鹏飞　张　勤

信息网络与安全　17 人

王阿婷　张庐颖　李　蒙　李国材　杨　阳　杨　路　苏少明　韩瑞凯　史磊峰
周　平　戴晓栋　刘叙友　杨　钊　叶宪斌　孔　玲　张　宇　于展琦

交通信息工程及控制　73 人

汪　俊　张　静　耿　杰　黄铁群　杨海波　殷　琴　周晓庆　贾晓哲　裴丽君
梁志勇　刘梦婕　冉娜娜　朱兆俊　闫晓曦　郭志良　徐　蒨　张兆中　田智韬
邓璇炽　李鹏杰　刘　佳　申振明　许　波　杨　菲　杨栩楠　张　涛　邹未栋
戴　金　邓昌琪　孔令宽　商　晖　刘海旭　司继渊　郭　尹　李　洁　刘　磊
石　坤　王　超　王　丹　胡巍巍　吴晓丹　尹　南　羊兴旺　陈法仲　靖焱林
李　雷　张庆新　张友兵　张　路　窦鹏飞　梁俊秀　张　洋　郭丽娜　曹艳玲
聂　慧　于　冬　陈　琦　蒋　爽　袁成奎　白如雪　刘占来　陈沂川　胡玲玲
朱林富　裴志斌　王超琦　王倩倩　修桂生　耿　悦　师瑞音　张　超　樊学涛
李占魁

电路与系统　23 人

白海霞　陈　新　卢　威　吕宪军　孙镇江　谭　川　赵　佳　朱　晨　魏　翊
张西峰　崔　浩　曹　璐　蒋子鹏　李　腾　彭开来　于宵云　季必文　张继旺
邱振兴　陶　凯　胡华增　王　佳　杜维雄

智能交通工程　18 人

廖　韬　敖俊秋　赵砚朋　文秋子　李子钧　陈　思　王永森　李慧粉　宋吉龙
张晓飞　李　博　黄　宇　班　屹　宗　平　马　超　沙　波　刘伟宁　王　朋

环境工程　5 人

王显文　王钱矾　霍宏艳　卢　怡　张　强

计算机与信息技术学院（11 人）

计算机科学与技术

王改娟　李玉梅　韩鸿洲　张杰才　杜　昊　付　嵘　赵　翔　王一雯　高永占

人机交互工程

张　宗　林维钟

经济管理学院（3 人）

企业管理

王　冠　范桂梅

物流管理与工程

陶俊杰

交通运输学院（32 人）

城市交通工程（自设）

陈　磊

电子商务（自设）

金沙沙

系统理论

刘　亮　朱久平

系统分析与集成

李晓雪　闫宏伟　张红云　卢朝阳　张朝峰

系统工程

肖华刚　杨　进　杜　焕

安全技术及工程

都　舒　杨　雪

交通运输规划与管理

孔　琦　常成志　李婷婷　张铁映　孙　维　刘乃娟　王　谱　李　萍　董　琨
冯晓燕

智能交通工程（自设）

朱　露　杜志芳　吴铁锋

运输与物流（自设）

黄雅婷　任俊学　冉　洁　王　佼　朱虹宇

土木建筑工程学院（40 人）

岩土工程

贾　伟　朱海涛

结构工程

高　超　包　静　肖国华　熊　晨　刘英亮　康　敏　计凌云　吕　璇　刘　丹
张文琦

市政工程

柴　峰

桥梁与隧道工程

高　亮　王　宇　刘海彬　罗小峰　路　啸　郭鹏涛　吕奇峰　杨成栋　宋延旭
何　信　唐一丰　蔡　恒　于　娇　赵　光　刘佳宝

摄影测量与遥感

张希庆　杜　勇

地下工程

姚伟林　王　抒

道路与铁道工程

李莹春　龚前卫

环境科学

李永华

环境工程

章双霜

防灾减灾工程及防护工程

田　晨　贾穗子　刘伟强

隧道工程

张　翾

机械与电子控制工程学院（11 人）

机械制造及其自动化

成俊霖　郑贞其　王晓聪

机械电子工程

张宗健　胡　静

材料加工工程

施　涛

材料学

邵世林

动力机械及工程

单　冲

工程热物理

罗华俊　陈振兴　曹　瑞

电气工程学院（6 人）

电气工程

童　超　翟津川　徐佳园　戴恩强　陈意龙　陈　超

理学院（12 人）

计算数学

武兰兰

概率论与数理统计

张军欢

光学

曾志攀　陈　筱

应用数学

江琴

运筹学与控制论

侯瑞娜

光学工程

胡小叙　周春燕

凝聚态物理

部　展

生物化学与分子生物学

喻浴飞

物理电子学

李　芳　邢鑫鑫

人文社会科学学院（1 人）

马克思主义哲学

颜秉玺

语言与传播学院（1 人）

英语语言文学

张芬芬

专业学位硕士（285 人）

电子与通信工程

董　畅　郜志强　卢晓辉　吕　峰　史　峰　程继航　于立成　李　菲　纪海涛
赵　健　赵晨辉　许　剑　周明吉　庄云鹏　张现启　王兴达　蔡笑伦　马　越
田　冰　刘涛滔　林　青　韦家祺　马思邈　吕梁松

控制工程

殷　晴

计算机技术

张春红　倪帼英　刘　磊　李　楠　李津滨　曹　原　陈　翕　方　庆　曹晓玮
田红霞　武雪芳　王　静　刘金娥　刘　超　康　迪　李　彬　刘　喆　仇新梁
杨宏宁　耿　伟　王冉晴　祁　峰　李　扬

软件工程

付晓丹　杨文冠　高广丰　刘　杨　郭　巍　邹晓东　赵　蔚　张铧珊　翟晓宇
陈晓斌　魏子麒　汤　贝　黄　娟　郑　洋　卢伟涛　陈　思　苏麒匀

物流工程

马芸菲　祁　波　王　宇　李　纯　石　花　吴建文　刘　杰　陈　曦　高　楠
李　克　张晓春　陈世君　高　颖　郭　薇　李　冰　叶　媚　张　烨　郭焕彬
李承赞　赖　璞　石广辰　鲁　斌　公　义　卢兴春　孙丽娜　孟庆鹏　甘忠澍
梁俊峰

项目管理

翟燕泉　戈文杰　姜　楠　韩　冰　刘　睿　蔡丽军　胡长春　刘　军　张素英
李　茁　方　哲　苏苗青　华宝余　杨豪杰　胡庆宇　田延军　冯水利　仇昌春
王殿文　田　川　杜迎雪　谭晓东　张　昊　曹云明　段　慧　路　伟　谭远振
孙名刚　马晓晶　李　静　叶可仲　王克难　聂英才　孙　兵　张小康　徐立民
高蒙亮　刘云彦　孙春杰

交通运输工程

邹景利　蔡光天　韩秀涛　王　尧　陈　宜　李东铭　曹斌华　姜　明　邓　强
付　宏　王晓东　李景亮　张小圃　任　蕾

控制工程

梁　蕊　王琪琳　燕晨屹

物流工程

张　敏　程　岩　孙　毅　李　琴　于跃奎　崔　勍　赵景辉　于福利　李饶奇
陈　涛

车辆工程

缑庆伟　任广慧

隧道与地下工程

卢艳伟

机械工程

刘瑞芳　黄桂芸

道路与铁道工程

占有志

建筑与土木工程

崔　涛　国　斌　李永斌　崔　宁

电气工程

付昊旻　李雪飞　王素凤　赵晓初　宋晓波

工商管理硕士

李　珂　魏　新　许　慧　赵　季　张松甫　王　扬　陈苹果　尹今霖　王长周
张　阳　张国平　陶志坤　徐志国　周秀霞　蔡自力　张东亚　武凤新　郎建华
霍志文　蔡德权　李　伟　许景良　印　爽　张顺义　钟碧盛　周新河　王　敏
王兴立　吴涛锋　许欢云　杨清波　刘继勇　刘菊花　刘向阳　潘海洋　孙慧琦
王　东　陈华广　陈　文　陈招勇　李　梅　刘殿君　国庆义　王玉霞　赵文亚
白　涛　李　萌　杜西塔　顾维军

高级管理人员工商管理硕士

孟繁春　崔　璨　李　宏　蒋泽军　乔俊飞　武　农　郑晓龙　张忠良　曹登敏
巫　宏　周　坤　王　杰　曾若飞　欧　宁　李栋宝　张晓东　张立梅　吴成红
彭晓华　田新明　王　磊　徐小华　刘　军　黄　刚　于志平　陈玉柱　李燕宁
侯志刚　刘志强　韩　辉　任连顺　杨　超　管　杰　李怀谦　张云生　陈　辉
陈国桢　曹志安　冯文铁　李辉坚　赵　军　满　振　李　羚　刘喜乐　吴树平
杨立新　张　宇　王永军　刘　婷　杨世东　李济洲　郝　晋　汪　崴　李　继
余顺周　卢庆水

会计硕士

郑洪厂　韩素娟　麻胜利　张宏中　王卫星　蔡朝荣

高等学校教师在职攻读硕士学位（2 人）

通信与信息系统

李继光

产业经济学

吴　颖

同等学力人员申请硕士学位（5 人）

交通信息工程及控制

邓胜江

企业管理

高　媛

会计学

杨玉麟

劳动经济学

曲永政

思想政治教育

刘　芳

北京交通大学第十一届校学位评定委员会第九次全体会议授予博士学位人员名单（175 人）

（2011 年 7 月 5 日）

电子信息工程学院（14 名）

通信与信息系统

陈月云　路慧敏　司夏萌　延志伟

电磁场与微波技术

浦　实

通信与信息系统

郑晶晶　吴恒奎

交通信息工程及控制

殷辰堃　吕继东　乔志伟　于蓉蓉　周　鹏

交通运输工程　智能交通工程

卜旭辉　刘　江

计算机与信息技术学院（16 名）

计算机应用技术

李　燕　姚　崎　恽佳丽　张小平　蔺　源

信号与信息处理

王丽辉

计算机软件与理论

刘硕研

计算机科学与技术

解文杰　王中锋　贺利坚　王　哲　冯　奇　薄一航

信息与通信工程　信息安全

范艳芳　刘　镝　章　睿

经济管理学院（39名）

产业经济学（经济学）

赵　斌　刘广生　彭志群　马　俊　魏　娟　刘晓春　赵书新　段建强　王梅霖
齐银山　傅端香　徐平国

管理科学与工程（管理学）

郝学军　崔树杰　林自葵　李晓君　廖玉平

管理科学与工程　安全管理与工程（管理学）

翟怀远

管理科学与工程　工程与项目管理（管理学）

姜　波

管理科学与工程　物流管理与工程（管理学）

陈　立　王　静　董　军

管理科学与工程　管理科学（管理学）

张　韬　何绍恩　范高贤　关晓兰

管理科学与工程　信息管理（管理学）

宋　岩　蔡盈芳　岳义春

会计学（管理学）

袁学英　郭　琴

企业管理（管理学）

王　刚　孟凡平　孙长松　赵　进　许洪贵　胡杰武　华　光　王鹏耀

交通运输学院（20名）

交通运输工程（工学）

刘明辉

交通运输工程　运输与物流（工学）

王玉明

交通运输规划与管理（工学）

柴　岳　张　蕊　李彦来　董晓岩　李　乾　赵宇刚　董春娇　孟学雷　郭宏伟
陈　超　李　熙　王　伟　杨远舟

系统分析与集成（理学）

王力劭　周慧娟　张　勇

系统工程（工学）

魏　炜　柴圆圆

土木建筑工程学院（39 名）

交通运输工程　城市轨道工程

夏景辉

道路与铁道工程

蒙晓莲　许兰民　黄建玲　陈进杰　吕高峰　雷　军　王英杰　朱　超　姚宝珍

防灾减灾工程及防护工程

郝文秀

工程力学

徐晓亮

固体力学

税国双　孙卫明　李建宝　周晓舟

结构工程

任红伟　孙　静　刘明辉　朱伟亮　郭　猛　乔　磊

桥梁与隧道工程

洪开荣　罗富荣　孙　谋　杨丽辉　杜朝伟　郭小红　李鹏飞　王文斌

土木工程　地下工程

郭佳奇　康富中

岩土工程

滕文彦　李少刚　施烨辉　王天亮　郜新军　徐　冲

一般力学与力学基础

李郑发

机械与电子控制工程学院（13 名）

车辆工程

宋志坤　刘志民　李皓玉　马增强　刘永强

机械设计及理论

何新智　于加晴　郝瑞参　李剑玲

载运工具运用工程

姚宝峰　王灵芝　胡清梅　路永婕

电气工程学院（8 名）

电力电子与电力传动

马　琳　王苏敬　王　松　卢西伟　梅　樱

电气工程

吴　燕　杨大晟　杨　媛

理学院（24 名）

光学（理学）

戴春爱　张新卫　冯志慧　冯宇光　王申伟　孙　建　宋丹丹　魏永生　郭志军
孔翔飞　刘智勇

光学工程（工学）

余觃禄　孙钦军　戴新宪　邬　洋

运筹学与控制论（理学）

王秋媛　张　翠　王秀云　于　洋　杜　娟　王英楠　董科强　狄振华　化小会

人文社会科学学院（2 名）

思想政治教育（法学）

宋德勇　刘　燕

北京交通大学第十一届校学位评定委员会第九次全体会议授予硕士学位人员名单（2 408 人）

（2011 年 7 月 5 日）

电子信息工程学院

电路与系统

杜　杉　秦少东

通信与信息系统

曲胜凯　沈　涛　李　计　肖玉火　张　博　陈　晨　宋政育　丁若尧　孙亚光

微电子学与固体电子学

崔　可　周博敏　李　进　宋　宝　刘凯悦　刘　彤

交通信息工程及控制

岳　龙　李一鸣　祝陶美　曾奕帝　柴　铭

控制理论与控制工程

胡　斌

信息与通信工程　信息网络与安全

马超群

信息与通信工程　光通信与移动通信

李　博

交通运输工程　智能交通工程

郭　磊　严细辉　张福峰

计算机与信息技术学院

教育技术学（理学）

李盟盟　李朋飞　宋永健　王　毅　姚佳豆　王　莹

模式识别与智能系统

朱吉霞　石　虎　杨　柳　刘振兆　茶蓉蓉　李志超　周　晓　李　浩　林婉娟
杨厚德　段红帅

生物医学工程

童　奥　陈学琴　李　杏　马俊宽　包　涵

信号与信息处理

任虹宇　杨晓燕　张　凯　邓志伟　樊曼劼　方　琪　王宁宁　李　杨　李　越
高春娟　柏便景　杨　琳　付秀花　江晓磊　曹份槟　刘　淑　芦丽丽　尚　倩
杨　静　张俊青　黄　莉　段　鑫　安　磊　戚晶晶　郭凡慈　盛慧珍　王　铮
闫　屾　周　欣

信息与通信工程　人机交互工程

赵志鹏　李　靖　邱亚钦　邓海峰　杨　靓

计算机应用技术

李广帅

信息与通信工程　信息安全

孙守胜　黄伟光　孔凡真　李　倩　赵　元　黄　珊　裴　培　林　楠　聂　鹏
吴一帆　左相辉　崔永彪　赵云颋　李　林　教传博　李　川　魏虎林　张　坤
彭荣辉

计算机科学与技术

毕　珊　邓宏飞　孙　超　王宇航　程　舰　刘　瑜　邵俊鹏　郝毓刚　冯知非
蒋　涛　高　娟　曾　晶　王　均　叶　琳　吕沙沙　兰凯梅　薛　镭　陈　晖
毛程炜　曾一平　王同刚　李林卿　崔鸿博　徐海波　郭郝然　张　莉　商源纯
王　鹏　王　洋　杨荟蓉　程皖飞　王　君　徐　祎　丁　宁　王　斌　朱　峰
王翠翠　傅中华　李　鹏　王永亮　吴江娇　刘四平　李敏学　魏云超　赵慧娟
屈有政　兰如钦　王　荣　哈传喜　杜红芳　李芳芳　范志斌　崔顷顷　刘月峰
张琪胜　冯　瑶　秦　逞　赵飞国　郑　超　杨延昭　张恩超　王　佳　吴晓东
闫　硕　霍　翔　姜　升　炳利利　王　敏　张煜东　胡恩召　冯　磊　龙　超
李立明　张　超　冯　颖　高　同　魏旭科　何　威　李　帅　冯立雪　李亚飞
周　源　吴　彤　杨司祺　张丽丽　符宇波　王　慧　高石玉　王长进　戴雪梅
廉松海　袁　梦　王建乐　张强强　李　波　冯　枭　李高敏　吴倩倩　吴秀梅
阿地力　江阿力木

经济管理学院

安全技术及工程

李代忠　李　飞　宋艳艳　王　恒

产业经济学（经济学）

姜　乔　陈　颖　朱嘉鹏　杨亚琴　王　晶　高　伟　阎　玮　邓元慧　顾　佳
贾　腾　张　凯　李　寒　陶　洪　王明艳　张金花　孟光宇　石利汝　闫　慧
何文华　王晓霞　贺　磊　董秀月　曹慧莉　王然然　许　斌　尹琳芳　温　暖

SHILTERKHANOV　OLZHAS（哈萨克斯坦）

管理科学与工程　工程与项目管理（管理学）

宋晓宇　陈露露　李康乐　李亚若　谢　婷　纪　烨　李博楠　刘秋燕　张　健
董　盛　时　良　许夏洁　高　妮　李小莹　叶美芳　伍倩仪　王　森　杨小红
代旭娟

管理科学与工程　管理科学（管理学）

秦　剑　张珊珊　田美荣　王　壹　吴　昊　王　爽　崔　文　汪立欢　牛瑜洁
马甜甜　华　蕊

管理科学与工程　物流管理与工程（管理学）

张欣颖　刘　蓉　张鹏飞　陈少荣　储徐明　蒋俊华　陆　瑶　孙　隽　张　建
郎晓夫　骆莹莹　胡　鲜　康　彪　刘志高　杨　洁　杨文佳　高莲莲　江　灿
张君平　彭　敏　王　超　于　华　郝栋梁　刘灵凤　宋　宇　徐洪超　张新民
曹方磊　乔晓慧　张　泽　李晓玲　于　妍　张伟娜　黄　娜　姜　睿　刘立朋
王　婷　肖和英　戈珊珊　王　航　温　阳　刘鹏程　高大鹏　焦　雯　韦如镇
夏国伟　库　彬　孙晶慧　孙文哲　郭　健　王玲玉　王　婷　殷丽玲　申福军
VU THI HUYEN NHUNG（越南）

管理科学与工程　信息管理（管理学）

柴　莹　许培祥　周丽君　刘文娟　纪艳军　任静怡　方　冰　王　青　赵铁华
刘　洋　汪凯宁　袁思佳　张余博　易　芳　李实振　王继培　闫丽君　叶赛男
梁艳春　孙金良　张　鑫　郭彦涛　严　格　杨　丽　张昭振　张颖瑞　刘中华
谷秀君　杨泽东　郭　璇　江　泫　孙胜平　石小刚　尹　丽

会计学（管理学）

王晓欣　余　璇　张敬敏　房　建　侯海玮　冉　洁　邢丽丽　韩　煦　汤志飞
张　蕊　单晓鹏　韩存娇　王一琼　吴飞飞　徐珮淇　姚静怡　张　萍　雷良俊
董英飞　姜梦琼　刘彦来　许　琼　杨小娟　张　澜　张　瑶　王　慧　胡少芳
段学智　柳　婧　康瑞瑞　尚　欣　陈亚西　刘艳杰　任　翘　郭　华　刘　洋
薛胜杰　吕文慧　王　敏　张龙天　钟　琤　王利晶　魏　娜　吴晓伟　于丽颖
张　雪　王维超　徐　辉　袁晓晨　令狐清清

技术经济及管理（管理学）

方佳维　马　涛　孙　盈　张天悦　王　冠　林成杰　马　媛　陈　哲　孟　影
ZONIAIAN BARO VIVIANE ANICEWTE（马达加斯加）

金融学（经济学）

阮　圆　邓　妍　胡　晗　潘朝宇　董晓婷　李　帅　童　颖　张　琳　党　敏
李　弢　史明明　赵蓓蕾　高　鹏　陈阳阳　杜睿超　史丽媛　王骁鹏　王　瑶

劳动经济学（经济学）

韩春佳　孙　超　陈湘蕊　徐　牧　董晓穆　赵冬旭　赵　越　聂正康　张福康
王　芳　刘歆琳　谢雪琴

旅游管理（管理学）

王丽铭　原思敏　陈海沐　莫雯静　高志娟　岳燕祥　谢桂敏

企业管理（管理学）

岳　鑫　耿　智　易　伟　姜晓文　冯金明　孔令平　孙　明　赵胜男　周秀君
彭晓菲　邓小凤　段宁娜　陈　婷　吕艺宁　杨晓南　龙丽丽　张　苗　李璐杰
祁俊云　张京蕾　赵志伟　袁黎明　刘晓琳　夏琳琳　杨　婷　吕振宇　施育华
赵　静　周德芬　周　涛　白亚腾　边铁垚　褚福磊　郑天驰　朱　青　白　杨
程　剑　孙秀娟　赵璐璐　胡瑞雪　邢力丹　赵壮英　张柳煜
MAI THùY LINH（越南）

区域经济学（经济学）

黄新政

社会保障（管理学）

胡　滢　刘　瑞　司　琦　王　霞　王　轩　张婷婷　杜银伟　马程程　孙　一
王　丹　徐德成　曹心影　田秋园　张　蕾　孙　杨　孙　仲　王彩钰　岳　娟
钟媛慧　黄　敏　李　敏　李晓云　洪　洁　邢乙春　郝伟伟　贾馥宁　梁馨月
刘　涛　王美霞

统计学（经济学）

邵悦然　赵　欣　董莹莹　连　洁　曹　玲　贾利斋　王　伟

国民经济学（经济学）

金　锐　牛　慧　宋　敏　赵　甜　陈为芳　徐大玲　曹丽芳　高　翔　刘　畅
刘　客　田　迎　熊浩宇　刘向颖　叶　云

财政学（经济学）

栾学远　孙翠霞　冯建秀　郜　朋　唐　石　王维维　赵金杰　聂　萍　王海波
高嘉华　何美丹　孟　倩　王永兵

国际贸易学

丁　然　熊　燕　徐柠杉　孙玉亮　曹　博　刘彦坤　魏芳兰　张　磊　朱孟路
邢芳群　张红丹　郝　倩　沈　晨

交通运输学院

系统分析与集成（理学）

李　静　胡　超　靳　莉　马　辉　张芳菲　周莉茗　林少华　李红莲　蒋　洋
崔　姝　崔　姝　姚克贺　孙　浩　杨凌霄

系统工程

齐龙涛　王　璐　才笑琦　房圆晨　王爱丽　黄阿琼　娄宝珠　徐　瑢　杨　扬
蔡晓春　王　烁　刘　刚　范雪波　夏　青　张鹏飞　常　欢　贾淑玲　张涵雅
陈　涛　蒋　文　高　洁　黄军红　张敏敏　刘小霞　魏　斌　张菁菁　李妙君
廖　唱　薛　爽　常剑锋　黄丽燕　赵云龙　邹　冉　邵一琨　吕志远　吴　月
吴延芳　邓新峰　冯　娇　朱亚男　郑　明

安全技术及工程

范会川　张毅刚　吕玉强　卫　纬　梁相鸿　崔　浩　苏旭明　张思帅　贾天丽

交通运输规划与管理

蔡　培　羡晨阳　蒋　新　黄洪超　刘昊翔　张　春　张　霖　常　湃　杨华峰
悦　彩　王会会　郑　营　刘海涛　苗文娟　薛　源　李喜华　刘亮平　田盟蒙
周志龙　安文娟　李　昂　李　倩　苗晓燕　王清校　王久亮　杨　维　索明亮
姜　雯　马　娜　贾国强　李　宁　王在磊　沈梦青　郭彦云　秦珺靖　吴燕伶
毕　莹　郭　瑾　胡必松　魏　巍　张萧萧　乔小艳　钮志强　王小娟　夏丛伟
张文焕　谢金鑫　沈　涛　魏红苗　夏　天　邓晓义　刘志谦　卢会芬　徐　梁
岳　强　郭彦东　崔园园　李现涛　关　桢　韩然然　黄浚源　滕宇蛟　李光磊
孙　欣　于　鹏　赵满姣　程　颖　高　艺　黄冠涛　张嫣红　程　远　胡鲜朝
李光红　宋庆梅　武　建　郑　璐　于冉冉　孙兴斌　张　芸　尹　东　张　静
荀阳阳　杨　雪　王　超　邹庆茹　潘小美　吴瑞良　鲍陈希　皇妍妍　贾玉芬
秦　蕾　姜　蕊　李　爽　王友双　苑文萍　张军伟　麦合布拜·麦麦提明（蒙古）

管理科学与工程　电子商务（管理学）

董延涛　郭宇飞　夏　令　武科名　陈　煜

交通运输工程　智能交通工程

罗　昊　易惠欣　郑维凤　王雪霏　刘银红　张　浩　谢　懿　宁　荣

交通运输工程　运输与物流

陈　超　唐晓婷　杨晓红　李　敏　刘蕴韬　赵文鹏　单冬芝　王　萌　张晓洁
张　申　王炳丹　王　卉　杨　倩　权　璐　孔　爽　卢　凌　张　艳　贺　婧
王　坤　刘东啸

交通运输工程　城市交通工程

史文雯　丁丹丹　李　静　郭杜杜　雷玉茜　徐清柱　张丽花　韩延龙　周　晔
孔婷月

交通运输工程　交通安全工程

刘　洋　刘永诗　张瑞博　孙立云　徐　晶　薛　玉　陆　宽　王　翠　王　臻
赵　晔

环境工程

王淑敏　吴杰臣　周建琴　刘金明　郑　超　宋亚辉

土木建筑工程学院

工程力学

陈　赟　高　宇　李　静　焦　雯　邓　博

防灾减灾工程及防护工程

王子玮　黄明兰　薛万程　张淼鑫　李　钊　庞　博　师少辉　马　佳　苏　力
刘　恺　元莎莎　刘　敏

固体力学

刘　宇　张克军　马天雪

岩土工程

刘　宇　张克军　马天雪　李湘蕾　马小云　陈　赟　高　宇　李　静　焦　雯
邓　博　陈全飞　刘文秀　任国家　史晓英　陈　飞　张　振　王文韬　王艳辉

江建红　梁英俊　张　鹏　赵永正　李年辉　张　钊　李文桦　黄　达　彭光堂
苏丽娟　杨海锋　杨旭升　梁　韵　罗　平　金美清　马中华　方　茜　邵润萌
敖国栋　田　辉　张桂满

流体力学

李湘蕾　马小云

结构工程

李同乐　庞乃勇　李　明　侯亚委　陈思佚　张雪枫　廖　兴　王秀娟　姚瑞香
陈　盛　马　琰　闫会春　王婷婷　谷　鹏　额吉乐　尉大业　鲍崇山　鲍伟丽
林振杨　金　明

市政工程

白晓彬　李　季

桥梁与隧道工程

姚　虎　封吴秋　廖　宇　谭明媚　徐　强　胡亚辉　孙　聪　张　磊　董敬勋
杜石磊　张　晶　毕成双　程　伟　孟小伟　宁文光　丁　波　何文龙　薛晓凯
张　浦　高　飞　冯同同　田　芳　王悦瑜　杨　林　汪　乐　段超杰　宋　欣
陈建波　康银庚　李　波　张孟东　曾　鹏　李晓龙　李志彩　谢远方　张　睿
李　杰　段化垒　吴济栋　李孔明　李慧乐　李征徽　秦　波　罗　华　陈小云
秦　鑫　黄文龙　樊　强　冯福洋　李敬鹏　师联旭　汤庆超　杨明松　韩　军
李圣强　郜　昊　张永宾

土地资源管理

黄　垚　席雅君

摄影测量与遥感

梁　菲

地质工程

杨寅静　颉登科　吉林

环境工程

李青云　魏　孜　刘伟富　朱　然　丁　彦　张　静　徐晓辉　燕　艳　任　博
姚晓飞　贾维婧　吴锦涛　锡第德（老挝）　TRAN SON LAM（越南）

交通运输工程　城市轨道工程

富　涛　祁国梁　顾　博　慎　丹　黄　睿　余　攀　刘小强　徐彰杰　晏小波

土木工程　地下工程

刘春杰　高文立

道路与铁道工程

马化洲　王　婷　吴凯伟　马军旺　高　明　商金涛　张　盛　王俊冬　毛成琦
王鹏程　韩　波　李苍楠　马晓华　王成晓　李丹丹　孙　成　孙方道　刘　红
张旭光　李萌萌　王少楠　唐　武　王　辉　温鹏飞　邢烨炜　杨文栋　周雄慧
班世银　胡　文　李媛媛　赵　欣　朱孝笑　田　川　曹宇泽　岳会婷

机械与电子控制工程学院

机械制造及其自动化

贺儒丽 林 立 李少军 王旺旺 周 莹 蔡光明 郭文亮 曾翔宇 成文凭
吕 峰 陈宇航 王 超 邹慧宇 王中华 杨 磊 刘 翔

机械电子工程

鞠 娜 崔兴斌 郑 辉 吴 勇 陈 敏 杨雪松 余 俊 吴永亮 周佳亮
吕 丹 张 清 李青松 李 寅 张玉梅 付新菊 刘小龙 张 春

机械设计及理论

郭一竹 刘 晴 詹文良 曹晏玮 孙志明 雷 磊 刘 璨 陈 燕 冯振华
汪 彦 王永亮 张 楠 张寒冰

车辆工程

王 霞 乔英俊 滕 瑶 朱海斌 姜少辉 马跃峰 熊德伟 郭治军 韩 坤
于荣泉 胡晓军 邢晓威 邹诣深 谷学思 郭祥涛 齐延辉 张一鹤 郭润兵
王 萌 刘丹凤 张 豫 宋 伟 杨大春 肖铁汉一

材料学

王 海 林亚梅 张 猛 李 扬 张 伟 于 冬 于 欢 阴敬甲 邱晓锋
韩 琪 孙建军

材料加工工程

许秦贞 于大海 张高洁 孙传景 王 硕 孙 帆 宋鹏飞 李宏栋 邢 希

工程热物理

张 杨 王玉叶 杨 敏 邓阿强 方 向 康 咪 李 黎 王春海 常 超
刘奕江 张 浔

动力机械及工程

曾 帅 高 翠 黄 猛 朱 亮 李道强 张国瑞 李少鹏 朱 博 李晶晶
白振霄 陈一帆 雒 先 杨 浩 侯元静 王 硕 陈祝清 付永恒 黄 利
王 跃

安全技术及工程

张海丽 叶星星 桑 博 余学立 郭剑峰 栾 帅 乔文俞 张建斌 郑京生
张 翕 曹微微 王丽娜 杨 超 秦 方 章宝福

载运工具运用工程

谢 凯 罗 玲 冉 堃 张 晶 赵建俐 杨 旭 赵 尚 张雅文 胡 博
温 雯 田永峰

检测技术与自动化装置

李建伟 王 媛 高 倩 黎光宇 国 鑫 任贵杰 许剑芸 郭一诗 吕 进
屈春华 李朝霞 何 茜 沈丽珠

机械工程

SHAANIKA SAM HINAMWAAMENI（纳米迪亚）

电气工程学院

电气工程

梁丽娟　石　屾　沈致君　张晓东　宝旭峥　邓珂琳　金　翀　盛　龙　谢　治
赵　颖　方　芳　黄小羽　郑旭波　冯存亮　李丰林　凌　晨　王思耕　吴伟亮
张瑞芳　王　勇　韩海英　胡　伟　李　珂　梁启权　李金芝　曹琦琦　任　红
王　宁　王　硕　杨伟新　冯　悦　李索宇　李肖刚　林培峰　张　晓　张亚娟
刘　洋　宋　宇　苏　超　朱　翔　梁建钢　刘振权　路建良　董　浩　邓　雅
卢彦杰　王　恋　戴剑锋　侯少敏　龙小梅　张义龄　韩静静　孔　飞　杨会胜
郭红卫　贾　波　客金坤　孔　嵩　仝　鑫　于青松　韩啸一　闻　超　赵晓红
雷　捷　周火德　吴　昊　张川宝　方　鼎　刘　瑶　李瑞夫　陈　彦　胡启雯
温志超　张　巍　陈　芳　范　伦　胡　俊　路婷婷　吕贺强　魏德林　贺　电
冀鲁豫　张西鲁　陆清照　王晓鹏　李　婷　何宣虎　赵枭枭　高任龙　赵志军
陈艳芳　李思杰　徐　龙　周美丽　黄　武　李方健　李欣然　王德伟　张　灿
刘　翼　王文明　徐　丹　金冀伟　廖　岩　娄婷婷　王吉松　张雪圆　陈　灏
盛财旺　王　杰　王　涛　李　娟　彭道福　邵珠宏　黄　绵　李　晶　王　峰
邓卫华　范文宝　黄　尧　刘　冰　张　杰　陈　鹏　方江晓　何晓颖　尚志娟
陈向婷　郭昱霄　唐杰斌　上官明珠

理学院

概率论与数理统计（理学）

郭亚龙　赵晓军　秦　瑶　潘活泼　葛伟杰　苏玉杰　韩　笑　佘　峣　周　元
柯郑林　卢　颖　赵　杰　欧阳铬铮

运筹学与控制论（理学）

李燕楠　高西娜　师林娜　王可可　全珍旭　朱锡媛　豆　飞　鲍晓辉　任丽丽
赵　然

凝聚态物理（理学）

吕　晶　徐永彦　崔　雍　刘　杰　吴　凡　冀　前

生物化学与分子生物学（理学）

郭舒涵　焦月盈　张　娜　郭海红　李丹丹　王晓宇　夏黎黎　徐少华　赵　峰

物理电子学

姚　星　李　敏　李金明

生物物理学（理学）

王诺鑫　韩秋连

计算数学（理学）

李臣亚　吴佳亮　张　曼　唐　棠　马宝云　弓　靖　薛姣阳　徐康康　李鸿帆
刘　浩

光学（理学）

黎远安　李海伟　韦　成　乔　瑞　卢兆山　于　涛　盖　欣　陈黎暄　海　博

刘国林　吴怀昊　晏　斌　陈　伟　武文彬

光学工程

白　蒙　金国芳　于玲玲　何　娇　李彦芳　林向东　徐　倩　邓　彦　李　玥
赵　宇　黄艳丽　王　勇　胡　兵　仝海跃　李伟南　曹兰兰　黄宇军　姜上尉
程燕鹏　苗　锋　郝　健　石梅荣　孙振超　高　宇　许静静　曹欣悦　韩桂芝
叶　鑫　铁剑锐　韦维砚　卓祖亮　丁甲成　高靖欣　白静璐　宋　瑶　纳　杰

材料物理与化学

武　慧

应用化学

高长文　卢　虎　尚大吉　张路宁　赵　光

应用数学

吴艳果　徐　键　徐沙沙　张国庆　陶　芮　赵　闯

理论物理

闫　涛　尚冬冬

系统理论

廉云芳　尚素霞　袁　艺

语言与传播学院（25 人）

外国语言学及应用语言学（文学）

方　草　关　敏　洪丹凤　侯　珍　李　慧　郝　洁　杜　灏　王　琦　张　虹
钟向亮　周　培　马　爽　范学敏　胡艳津

英语语言文学（文学）

金勇林　万　虹　王大业　瓮　燕　尹梦莉　崇　宁　丰　蕴　黄晓燕　霍　金
马志民　侯　娜

人文社会科学学院（60 人）

马克思主义哲学（哲学）

陈文杰　兰　卓　高　强　张建玉　郑　芳　马蕙紫　彭志敏

国际法学（法学）

王　祯　郭冬晨　李　丽　李　玉　赵　巍　陈　彬　杜晓静　潘　杰　王　莉
TEGSHJARGAL NAVCHAA（蒙古）

经济法学（法学）

廉安然　孙晶晶　王素敏　翁岱惠　张立学　李任飞　王　菲　张　硕　冯丹晨
郝　妍　秦婧英　沈　刚　刘颖杰　和军建　赵　陆　王文竹　李　帅　杨　琴
杨祝华　庸佚名　张红丽　朱晓雨　范玮玮　王　珏　王文筱　魏　霞　林　洁

马克思主义中国化研究（法学）

方　建　白　洁　宋思源

科学技术哲学（哲学）

张雯雯　李　响　华　威

马克思主义基本原理（法学）

安红霞　张平平　裴孝金　刘丽华

思想政治教育（法学）

王向珍　周　作　冯琦翔　苏大卿　高云鹏　郑　泽　王　巍　谭　铮

建筑与艺术系

建筑设计及其理论

吴晓云　张　帅　江　畔　尉　斐　许　玮　李志新　张宇星　赖彩丝

设计艺术学（文学）

赖彩丝（中国台湾）　蔡　思　刘　婧　白馨远　孙　迪　崔　萌　孔晓璇

李欣欣　杨晓蕾

专业学位硕士（833 名）

电子与通信工程（40 人）

毛胜光　蔡　亮　高　晔　周震宇　包朋主　李世群　王瑶霏　徐　聪　尹立勇

苗义烽　暴学志　琚　龙　梁　成　胡晨光　孟　琦　李　军　陈建发　宋静宇

吴义壮　梁生敦　王一伟　张　琪　刘　蓉　刘峥荣　张　威　李成祥　唐禹行

丁　博　张颖彬　赵光胤　韩　磊　季伟谦　邵利军　刘晓宇　艾生菊　高远谋

黄　伟　李俊杰　高丽娜　汤春玲

控制工程（21 人）

刘　钊　赵懿琼　顾添慧　业　青　王新意　杨地勇　李　超　赵　优　王淑颖

于文涛　王　菁　张健勇　林福栋　贾庆东　邓仙玉　金文兵　吴建进　徐彦吏

黄奕安　张　洋　陈佳杰

计算机技术（28 人）

杜　宇　韩晓虹　吴　燕　何　凯　张　囡　王　冉　胡　婧　吕　茜　刘　鑫

肖　彪　吴健伟　李　杰　付　强　孟云侠　杨　悦　王志娟　张卫苓　许　琪

张雅明　崔雪炜　高　平　王　艳　高　茹　赵振涛　毕　然　王　丽　刘玲惠

韩　栋　姚红玲　张丽凤　王　茜　庞　超　张晓蕾　解秀萍　平金珍　贾艳梅

王云肖　郑秀春　魏宏昌　张彩霞　白振林　魏立寰　李新强　张　超　李志国

卢育红　贾永强　高亚宁　商永鑫　孙　冉　吴　刚　肖佩岚　谢　辉　张　静

张立扬　周　祺　周　瑶　朱亚玲　朱正军　李卫娜　夏黎明　李　晶　舒　彧

李　黠　王青亮

会计硕士专业学位（47 人）

张福军　包秋萍　李婉祯　潘　帅　张　浩　张子义　温大可　吴　萍　卫运红

杨　勇　胡建猛　柯震虹　韩　怡　李振龙　任梅芳　贾秀山　李金亮　洪武坤

王桂芬　王晓丹　顾迟群　王　芳　姜　军　徐益强　杨　勇　罗　健　孙运德

葛宇峰　金　毅　周学良　阮丽娟　马　林　李　磊　倖佩盛　周志国　邓寄秋

宋　凌　武　翔　付绍云　林　静　梁志文　王　珂　张钦荣　宋卫琴　韩广富

刘　爽　曹志强　赵新廷　董　涛　孙全勇　肖　琳　徐速民　李太学　郭郁宾

陈雪苇　于　婧　杨宝祥　周　瑞　孟晓勇　赵丽丽　侯　家　徐必连　张　柳

侯冠华 李丁丁 蔺莉莉 谢珍华 郭睿 陶婧 胡渊 冯志敏 姚政
刘菲 汪吉妍 尹萌萌 常会刚 纪远亮 段洁 朱春芳 范军军 李晓奇
罗斌 陈欣 叶梓 边炜 李佳 杨井泉 刘晓艳 李昱怡

软件工程（98 人）

李立军 郑青芬 樊文君 王东亮 张鹏 郭洋宏 牟迪 李尚帅 李伟
田野 王宁 王一灵 许晶凤 朱凯 李敏 刘奔 沈建征 田蕾
王津津 张永明 赵玉兰 周东 杨星 李子豪 滕莎 付惠惠 鲍建行
陈焱劼 陈昭 李乐乐 王晓宇 魏浩 张鹏 梁梦娇 孔维晟 李婷
李杏 刘天平 闻峥 赵耀宏 李国坤 李亚凡 李娅娅 孟蓝茹 任宝虎
张慧 贾文娟 李聪 张静思 蔡柳青 侯光 贾宇敏 李珏伶 董琳
韩亚萍 刘振 皮明震 石郡儒 王莎 王树冠 李小乾 臧媛媛 胡钢铃
黄进 孟凡刚 杨芳 臧静 白赫鹏 樊引刚 高强 连九研 乔孟元
王伟东 张春晓 赵宇函 黄合鑫 黄静 马兰 张义 郑霞 郑瑛楠
闫铮 于克宁 陈刚 崔江婧 潘顺 汪明晖 汪洵潇 王海琼 吴琰
于石林 梁万红 韩续 何耀宇 宋宇轩 吴迪 姚欣 张彪

物流工程（9 人）

明星 李宁 朱惠琦 但国平 李龙飞 王焕 蓝玉华 刘健康 龚斌
吴国辉 杨瓛 郭佳 秦寰宇 王影 杨丽莉 彭良浩 张烜 梁睿
桑璐 徐永芹 黄波 吴芬 王金凤 佟嘉明 王红旗 张继

项目管理（8 人）

张国栋 邢利峰 赵劲波 王扬

交通运输工程（9 人）

尹晓亮 刘赫 康健 张文馗 王斌 沙悦寒 高明明 侯玉碧 刘向东
王嘉军 谢勇涛 孙永利 徐幼成 代增辉 刘坤 单秀全 王健 满朝翰
张兴 赵严 王琳琳 李晶玮 董锐 许鸿飞 张华锋 丁然 杨亦慧
马月涛 王秀芬 王九州 张旭 杨樾 杨珍 赵贞慧 张俊峰 郭沛
杜伟 董杰 杜海晖 胡雅岚 秦志鹏

机械工程（13 人）

张永刚 王增斌 曹垚鑫 苟立波 余长海 秦淼 苏晓静 王现冲 孙跃涛
占干 郇翔 王延超 张煜堃

电气工程（45 人）

董明星 李喆 刘志峰 张海山 冯文彬 张淼 胡克振 周楠 裴维娜
薛劭申 刘琦 聂刚 沈志武 高磊 卜凡鹏 宋海涛 杨志鹏 吕洪林
宋新晓 雷海峰 刘伟 唐维平 沈围 龚兆丰 贾凌云 陈晓芳 胡婷婷
李刚 韩戈奇 郜垚 张弛哲 黄佐林 张辉 王振华 杨勐峣 成建明
袁野 任海洲 黄敏君 贾容达 王嘉悦 赵英杰 刘峰 杨旭东 翟宇

车辆工程（5 人）

朱胜利 淡红升 赵东霞 曹国伟 李希勇 董伟力 王建东 李东波

建筑与土木工程（11人）

张晓林　周　冉　莫仁冬　闫红雷　李　翔　林长青　柴海楼　韩建坤　刘鹏涛
王　华　鄢雨红　陈振明　许立山　王轶霞　王宗奎　王冠通　张青林　余　浩
郑　海　宋智强　赵　杰　刘春晓　于萍萍　于丹妮　张　钊　刘　伟　柳江涛
赵瑞传　张　奔　范腾飞　高　峰　唐　超　苏智慧　周　攀　刘　芳　彭　星
杨　静　杨文博　黄　欢　宋　欣　崔　星　尹从峰　张　宁　郭琳琳　翟　博
穆明华

工商管理硕士（284人）

孙少敏　田冬波　卢文方　冉世民　张淑红　张玉凤　王　飞　张　健　陈　虹
苏旭光　周兆卓　吕　立　谢　冰　徐天晓　顾　娜　史　婧　秦添恺　尚　春
苏　艺　田　伟　邴守英　陈亮亮　吴　瑞　李秋南　梁喜明　李朝辉　王进才
王　彤　李占军　朱光耀　王　月　顿德全　何　娜　张和平　张　强　李　岩
皮秋如　任国龙　贾路通　李保仁　蔡佳芒　董晓军　蒋　琳　邱丽红　郭中华
郝　瑜　郭家辉　李　磊　艾　华　柴　毅　孙宏伟　张　蓉　赵　南　孟　扬
裴　欣　彭　涛　王永刚　袁　禾　翟一鸣　刘晓亮　王　灿　生媛媛　吴　昊
孙　惟　王东生　栾　剑　周宗朝　王莹彬　张淑杰　赵永中　孟祥旺　彭丽君
卢　薇　乔永璞　李爱群　李红云　刘津京　刘　婧　刘青梅　吴风波　谢兴才
陈子今　郑世强　包永昌　张学荣　王　频　严卫兵　关叶鹏　张　平　苏欣士
孙红军　陈云忠　韩东宇　于连望　韦春晓　王　博　王　灿　车　文　杜丽华
王新红　辛　达　李金星　李　嘉　刘春虹　卢牡丹　熊兴娟　赵保明　秦卫峰
范文婷　黄　冠　姜　岚　刘秀艳　王永妮　吴智洪　周志虎　杨　芳　伊三悌
梁　媛　刘海涛　黄　玮　尹丹娜　姜　宏　逄建辉　陈　永　崔馨予　周　娟
顾　蔺　吉　辉　金松乔　韩　杰　窦生辉　冯　宇　钟海昌　李朝伟　温俊英
钱晓艳　赵久建　杨栋梁　杨　帆　乔德地　邱　明　陈冠瑛　杨梦薇　强学刚
任婉华　罗　巍　雒　娟　熊　燕　于红建　肖洪礼　杨英杰　何　懿　贾燃胜
陈俊君　杜　娟　刘伟玲　孟令徽　胡绪华　宣文佳　张宝成　张洪涛　游章飞
袁国敏　陈　鹏　申伽奇　王佳莉　叶炳周　易　飞　杜志杰　关雪微　汪亚宁
王　艳　安志明　易由页　李学梅　夏艳秋　陈俊彬　赵　文　薛建斌　于　敏
陈海岚　袁其波　张汝锋　王伟杰　毋利娜　李　歆　刘兴国　江　渊　李文新
廖振晖　马仪明　张鑫雨　张　喆　高惠萍　万世祥　戴　军　文蕴蕴　张　莉
张　瑞　洪瑞春　姜耀程　王洪涛　王晖东　王文星　肖金平　李　柯　李　琳
张文国　张玉良　张智领　龙福林　周连升　程　萌　付真理

高级管理人员工商管理硕士（100人）

崔殿华　钟　灵　高媛媛　李晓京　李银山　汪继宏　柏　青　韩　莉　时景丽
贾惠平　谷胜利　王　玉　肖文静　宋克明　郑小勇　刘德升　杨　森　毛　飞
石　乐　韩战鹏　李增海　黄朝庆　李文昌　戴　军　肖铁贤　陈　杰　郭　军
张聪山　郑良君　刘万义　高建荣　刘海涛　祁永信　黄俊超　张兆峰　张　毓
曹小毛　杨青松　王洪海　张启兵　李　波　陈义军　何　操　李彩惠　沈建忠
李江辉　胡　书　李取生　柴建刚　张建刚　赵　莹　张　璐　吴　群

高等学校教师在职攻读硕士学位

计算机软件与理论

王元强

企业管理

王　娜　左丽丽　杨莉萍　丁昭涵

会计学

樊　琳　李　妍

电气工程

马艳玲

旅游管理

秦志红　张巍巍　王　辉　李鹏学　张　瑜

运筹学与控制论

张　敏　赵文莉

北京交通大学第十二届校学位评定委员会第一次全体会议授予博士学位人员名单（14人）

（2011年10月21日）

计算机与信息技术学院（3名）

信号与信息处理

陈江峰　刘　志　南哲万

经济管理学院（1名）

企业管理（管理学）

陈　婷

交通运输学院（3名）

交通运输规划与管理

夏　明　郑　攀

系统工程

王传涛

土木建筑工程学院（4名）

道路与铁道工程

赵　平

结构工程

张　建

工程力学
朱福巍　肖卫国

机械与电子控制工程学院（1 名）

车辆工程
张俊清

电气工程学院（2 名）

电力电子与电力传动
聂晓波
电气工程
朱　熙

北京交通大学第十二届学位评定委员会第一次全体会议授予硕士学位人员名单（17 人）

经济管理学院（2 人）

管理科学与工程　管理科学
宿燕燕
管理科学与工程　物流管理与工程
胡梦飞

交通运输学院（1 人）

管理科学与工程　电子商务
任国睿

土木建筑工程学院（9 人）

结构工程
李东磊　庞翠翠　陆小吕　杨　阳　彭　喆　刘　敏　李兴坡　王耀峰　曾　航

机械与电子控制工程学院（2 人）

安全技术及工程
汪雅楠
工程热物理
赵立强

电气工程学院（1 人）

电气工程
李　雪

专业学位硕士（3 人）

工商管理硕士专业学位（1 人）

李林旭

建筑与土木工程（1 人）

王家庚

本、专科教育

【综述】

2011 年，学校本专科教育以顶层设计制定本科人才培养“十二五”规划、本科教学工程实施计划、本科人才培养新方案为切入点，突破改革瓶颈，强化内涵建设，不断推进三类拔尖创新人才培养。2011 届毕业生就业率 98% 。深造率 46. 8% ，比 2010 年提高 4. 5% 。

【质量工程】

2011 年，本科教学工作全面贯彻落实胡锦涛总书记在庆祝清华大学建校 100 周年大会上的重要讲话精神和教育规划纲要，制定了学校《本科人才培养“十二五”发展规划》，明确了今后五年本科人才培养的指导思想和“改革创新，完善机制，改善学风，提高质量”十六字工作方针，确立了本科人才培养战略发展目标，梳理了“树立先进理念，不断提升本科教育质量；深化模式改革，着力培养三类拔尖创新人才；优化办学结构，努力建成一批品牌专业；推进全员育人，促进形成优良教风学风”四个方面的战略任务，提出了“创新教学管理体制机制、加大教学经费投入力度、建设高水平教学队伍、实施教育体制改革试点、推进教学平台建设工程”等五个方面的保障举措。

6 月 8 日，学校召开 2011 年本科教学工作会议，宁滨校长作了题为《以实施学校人才培养“十二五”规划为契机，促进本科人才培养质量迈上新台阶》的报告。提出了“深化培养模式改革，培养三类拔尖人才；强化教学内涵建设，搭建高水平实践平台；深化教学管理机制改革，完善教学质量保障体系”三项重要任务。围绕宁校长报告和会议主题，开展了全校教育思想观念大讨论，统一了树立教学质量是学校生命线、并将全校各方面资源优势服务于人才培养的基本认识。针对人才培养中的重点和难点问题，召开了“拔尖创新人才培养、产学合作人才培养、研究性教学、国际化人才培养、理学平台建设”等 5 个学校层面的专题研讨会，交流了 12 篇教学研究论文或经验总结，通过交流和研讨，梳理了存在问题，明确了改革方向，制定了改革举措。12 个教学单位分别召开学院和系所等层次的研讨会共计 24 次，通过研讨，进一步凝聚了思想，理清了思路，明确了任务。

按照教育部、财政部决定在“十二五”期间继续实施“高等学校本科教学质量与教学改革工程”（以下简称“本科教学工程”）的文件精神，研究制订了《北京交通大学“本科教学工程”实施方案》，确立了“本科教学工程”的指导思想和建设目标，全面部署和细化了“质量标准建设、专业综合改革、精品开放课程建设与共享、实践创新能力培养、教师教学能力提升”等五个方面的教学改革与建设任务。2011 年“本科教学工程”取得了初步成效。获评国家教学名师 1 名、北京市教学名师 3 名，争取到国家级工程实践中心重点建设项目 3 项，新增卓越工程师教育计划建设项目 1 项，新增国家级和北京市级大学生创新性实验计划项目各 60 项、国家精品教材 5 种、北京市精品教材 16 种。作为试点，通信工程和自动化专业接受了国际 IEEE 专业评估，获 IEEE 专家的专业认证指导，获得国际专家高度评价。

【专业建设】

2011 年学校再次凝练和明确了本科人才培养工作的总体发展目标，即："到 2015 年，本科人才培养形成规模适度、结构合理、文理交融、优势突出、特色鲜明、多元开放的办学格局，成为国家高素质专门人才和拔尖创新人才培养的重要基地，成为行业科技创新重要源头，人才培养综合实力进入国内高校前列，一批专业达到国际专业认证水平"。为此，学校进一步梳理"十二五"本科专业的建设思路。在发展新专业方面，进一步优化专业结构和布局。积极主动地适应国家和北京市经济社会发展需要，满足轨道交通和战略性新兴产业重大需求，包括继续发展轨道交通类特色专业和积极增设适应轨道交通发展国际化的相关专业；积极满足国家互联网、绿色京九、低碳经济、环保技术、生物医药等关系到未来环境和人类生活的一些重要战略性新兴产业发展需要，争取发展战略性新兴产业相关专业。建设品牌专业，办出特色，争创一流。构建学校、国内和国际三级专业评估与认证制度，基本形成学科专业规模、结构、质量、效益协调发展和可持续发展的机制，形成一般专业、重点建设专业（特色专业建设点）、重点（品牌）专业三级建设体系，把 20% 的本科专业建设成品牌专业。

按照人才培养"十二五"发展规划任务要求，制定了《北京交通大学推进专业评估与认证指导性意见》，制定了《北京交通大学关于重点（品牌）专业建设的指导性意见》和《北京交通大学重点（品牌）专业评估方案》，各学院制定了专业建设规划，努力将现有的优势特色专业办成品牌。推荐了土木工程、自动化交通运输、机械工程及自动化、电气工程与自动化、计算机科学与技术等 7 个轨道交通卓越工程师计划实施专业参加教育部"本科教学工程"专业综合改革试点（重点专业建设点）。

2011 年 5 月，为了促进工程教育和学科发展，提高专业的建设水平和国际竞争力，学校决定电信学院"通信工程"、"自动化"两个特色专业在国内率先申报国际 IEEE 专业认证。学校与 IEEE 国际认证委员会签署合作备忘录。校院两级领导高度重视，亲自参与，每周开会沟通交流，并组织校内外专家评审把关。电信学院按照工作时间要求，精密部署、扎实推进、稳步开展各项工作，研究国际 IEEE 专业认证的政策和体制、规范和标准、程序和过程、自评报告等材料，成立学院 IEEE 专业认证领导小组和工作小组，制定《电信学院申请 IEEE 专业认证日程安排》。

9 月，学校向教育部申报了"车辆工程"、"物流工程"和"物联网工程"3 个新专业。其中，"车辆工程"专业是为适应国家轨道交通快速发展迫切需要大批高素质人才而设置的。"物流工程"主要是为了满足国内外现代物流业迅猛发展对物流工程专业人才持续增长的迫切需要。"物联网工程"专业是为满足国家发展战略性新兴产业需要专门高素质工程人才而设置的交叉学科专业，将依托计算机与信息工程学院、并调集电子信息工程、交通运输和经济管理四个学院在物联网方向学科优势和条件共同建设。截至 2011 年年底，学校本科专业总数 48 个，本科当年招生专业数 40 个。

12 月 13 日至 18 日，受美国工程与技术鉴定委员会（ABET）下属的 IEEE 工程协会委派，Rod Harker 先生来校指导电信学院"通信工程"和"自动化"专业申请国际 IEEE 专业认证工作。Rod Harke 先生与张星臣副校长深入探讨学校的办学理念、专业历史等问题，与电信学院和相关单位领导及师生代表进行座谈，并参观实验室、课堂、学生活动服务中心、校史馆等，就学生情况、专业的培养目标、学生成效、持续改进、课程体系、师资队伍、教学设施、学校对专业的支持等问题进行全面、详细的调研，对学校管理机制、实验室设备、教职员工热情和决心、学生激情和活力等方面给出极高评价，认为两个专业的标准和水平已经超过国际认证的工程学位要求。

【培养模式】

10—11月，教务处组织进行国内外高水平大学人才培养工作调研和学习研讨，形成了《高水平大学拔尖人才培养调研总报告》，提出了理念观念创新、制度机制创新、管理模式创新、培养模式创新等四项进一步深化改革的具体建议，2011年12月29日正式出台了《2012本科人才培养方案完善修订的指导性意见》。新培养方案贯彻“十二五”本科人才培养规划的创新思路，力图在创新人才培养模式的整体层面实施三点突破：一是减轻学生课程负担，给学生更多自主学习时间，学分压缩为155～165个，选修>35%，实践>30%，引导学生发展和构建主动学习、探索研究的学习模式；二是深化改革课程教学模式，优化专业主干课程内容结构，提升学生综合能力与创新能力；三是提升教学内涵，在教学大纲、教学设计、教学环节等全过程落实创新人才培养目标和质量标准。

卓越工程师培养模式。以教育部“卓越工程师教育培养计划”试点专业为载体，三项举措深化“探索行业高校产学联合培养人才的模式和机制”教育体制改革项目试点。一是研究校企合作可持续发展瓶颈，寻求协同创新联合培养的模式机制。9月学校与12家知名企业合作共同进行了卓越工程师产学联合人才培养试点选拔工作，最终选拔出首批27名学生参加试点，实施“3+1+2”订单式校企联合培养、本硕一体化培养，由以往单一人才培养模式转变为学业与职业全程培养模式，试点取得了良好的工作成果，得到企业和学生的认可；成立校企联合教学指导委员会，由原来以高校为主培养转变为校企双方共同承担联合培养的责任；实施校企联合共建，由离散的教学资源转变为教学、科研资源共享，学校还投入了150万专款用于学生到企业实习实践。二是建立校企联合培养政策机制，健全管理制度。研究制定《北京交通大学产学联合人才培养工作指导性意见》、《北京交通大学校企联合培养校内创新性平台建设方案》、《北京交通大学校外人才培养示范基地评价指标体系》等8个相关文件，切实保障了联合培养工作的有效实施。三是校企共同参与，建设卓越计划专业主干课程体系。建设了8个轨道交通卓越计划专业主干课程体系，完善了180门理论和实践课程教学大纲，落实了三个层次的科学训练体系，重点突出了轨道交通领域的工程素质培养、工程实践能力培养、工程研究能力培养三个方面的内容。将课程理论和工程实践有机结合，推进“做中学，研中学”教学模式，引导学生进行以发现问题为先导，以解决问题为目标的学习，培养学生综合能力。由原来学校教师单向传授知识转变为校企共建师资队伍共同培养学生。目前，学校聘任的企业教师人数已达90多人。4月，组织第一批卓越计划的6个专业参加教育部的阶段性检查，主要考察了参加专业的培养方案和教学大纲。其中电气工程与自动化、机械工程及自动化、计算机科学与技术和交通运输4个专业通过阶段检查，土木工程和自动化专业需整改。7月6日教育部正式批准学校软件工程专业为实施卓越工程师教育培养计划学科专业，至此学校共有7个专业参加卓越计划。

拔尖人才培养模式。在原有试办思源班、茅以升班、詹天佑班经验的基础上，进一步集聚全校优势特色学科优势，进一步扩展实验班个数和规模，系统布局6个研究型拔尖人才培养试点班，制定了《北京交通大学拔尖人才培养模式改革指导性意见》，指导各学科专业开展研究型拔尖人才培养；学校层面组织召开研究型拔尖人才培养专题研讨会，交流了电信学院“通信工程本硕连读班”和土建学院“茅以升班”的运行情况和实施经验，针对试点班培养模式的改革思路和具体问题，探讨了科学设计培养方案，推广导师制、小班授课和学生选拔淘汰的滚动机制。2011 年各实验班深化培养模式和管理机制改革、优化课程结构，配备优秀教师授课，配备高水平导师，完善管理运行制度，实施进入与退出拔尖人才选拔和培养的动态调整机制等多种改革举措，在研究型拔尖人才培养上取得进一步实效。具体如下。

理科试验班。组织召开了“理科试验班运行模式改革研讨会”，商定了新一届试验班的招生简章和工作方案，确立了学生前两年理学院、后两年专业学院管理的运行模式。2011 年理科试验班扩大至 6 个班 150 人左右的招生规模，起草了思源班选拔和退出制度，实行动态管理方式，除高考录取外，其他 40 名学生从当年入学数理基础好的新生中遴选，同时入学一年后不适应试验班学习的学生允许选择其它理、工、经管类专业学习。召集相关学院开展了多次研讨，完善了 2011 年理科试验班培养计划，打破各院以专业培养为导向各自设置基础课程的培养模式，探索物理与数学基础课程有机融合的多元化教学体系，其中前两年分为数学和物理两种方案，分别针对重数学基础和重物理基础的专业设计，后两年课程包含了 8 个学院 15 个专业，实现了学生培养计划的个性化。2011 年理科试验班的 50 名毕业生中，继续国内升学的有 30 人，其中保送研究生 27 人，出国深造的有 11 人，深造率达 82%，9 人选择就业。在 2011 年首届“CIBN 杯”全国大学生英语节目主持人大赛中，思源班康政获得了此次竞赛唯一的特等奖；2008 级思源班董谯远在加拿大滑铁卢大学平均成绩 94.3 分，获得了由黑莓手机公司设立的奖学金，这是中国学生首次获此奖项，而滑铁卢大学每年只有一名学生获此殊荣。

产学联合拔尖人才培养试点班（院士班）。充分发挥光波所高水平实验平台、高水平师资队伍的学科优势，成立了“产学联合拔尖人才培养试点班”，探索从本科到博士生无缝对接的连续培养模式。组织召开了“产学联合拔尖人才培养试点班研讨会”，明确了试点班选拔培养等环节的实施模式和具体工作安排，确定了二年级末在工科和理科相关专业中选拔 20～30 名学生，优秀学生通过直博、保研进入研究生阶段学习，制订了数理、通信两个方向各年级学生的培养方案，并完成了试点班的班级组建。2008 级的 10 名本科生都已直接攻读博士学位，由以简水生院士为核心的导师组进行指导，进行本硕博一体化的课程和实践环节学习，2009 级的学生也将采用直博方式培养。

各学院拔尖试点班。电信学院“通信工程本硕连读试点班”在学生管理滚动淘汰机制的基础上，允许非试点班学生同时参与首批保研，引入竞争保持专业优势。土建学院“茅以升班”改进了选拔方法，修订形成了新的“茅以升班遴选和管理办法”，将原来入学时根据高考成绩直接选拔的做法优化为以第一学期的成绩为主进行遴选，避免了各地基础教育水平差异带来的影响。计算机学院“计算机科学试验班”以兴趣驱动，使学生有机会和条件参与教师的科研项目中，其中大部分为来自国家自然科学基金项目。2009 级试验班共有 31 名同学参与了大学生创新实践项目，占班级总人数的 84%。语言学院“英语口语特长班”从英语专业和非英语专业选拔学生进行专业的英语口语和英汉口译技能训练，已获得北京市以上级英语竞赛奖项共 11 项。运输学院总结了轨道交通复合型拔尖人才培养模式创新试验区建设经验，为下一步建设以运输学院为主体的轨道交通拔尖人才试点班提供了基础。电气学院也开展了建立学院试点班的工作研讨，起草了试点班的建设方案。

拔尖人才培养支撑平台建设。文化素质教育平台方面。组织召开了“人文素质平台建设研讨会"，起草了《北京交通大学人文素质平台建设方案》和具体实施方案，明确了工作任务和时间节点。设计了涵盖文学、历史、哲学、艺术、综合五个模块的核心课程和外围课程，制订了精品课程和特色教材建设规划。理学平台方面，起草了《北京交通大学理学平台建设方案》，提出了建设教学案例库、构建演示实验室等的建设任务，并在此基础上完善了具体的实施方案，建立了每周工作例会制度。从数学公共基础课的教学实际中提炼出各课程章节的知识要点，围绕知识点组织各学院提出了本学科专业知识能与之相结合的初步案例。

【人才培养国际化】

深入开展"探索有特色高水平大学国际化人才培养模式"教育体制改革项目试点工作，从三个层面创造环境，推进人才培养国际化。

丰富国际化人才培养模式。建设了 4 个国际试点班，分别探索了留学生与国内学生全程校内同班培养模式，国内外分段联合培养模式，与国际合作学校共同构建国际化课程体系、建立合作教学团队、学生可前往合作学校接受联合培养模式等。参加第一批试点工作的共有 2009 级、2010 级 162 名学生，2011 级 4 个国际班扩大规模新招 141 名学生。学校层面共投入 450 万元专项资金支持聘请外籍教师为 4 个国际班上课、学生国际化活动、双语课程和教材等相关建设；完善培养方案对接和学分互认，重点加强对参加学生的指导和服务，2011 年本科生参加国际交流项目学生比去年增加了 20% 。

建设双语课程平台。研究制定《北京交通大学双语课程认定办法》，制定了基本条件和课程标准，从定性和定量两个角度对双语课程教学进行规范；开展双语课程教案、教学日历的检查工作，聘请专家对双语教学文件进行评阅、进课堂听课与指导。2011 年，全校共开设了 85 门双语课程共 121 个课堂，包括 8 个全英文课堂，比去年分别增加了 57% 和 32% ，全校接受双语教学的学生达 5 990 人次，比去年增加了 22% 。

深化大学英语基础课程教学改革。在原有分级、分课型、分模块教学的基础上，强化以英语考试认证和学科竞赛为目标的教学与考评，搭建学生自主学习平台，建立了大学英语网络自主学习资源库，提高了英语教学的实效性。2010 级学生一次通过英语四级考试占该级学生总数的 79. 53% ，其中优秀占 16. 0% ；2011 年第十二届学生英语竞赛全国总决赛，获全国特等奖 8 项，获得全国一等奖 17 项。

【课程教学】

结合 2012 年培养方案修订工作，继续推进公共基础课程改革。提高思想政治课教学效果，从改革教学方法和手段出发，注重平时考核，加强实践教学；英语课重新定位在培养学生的英语综合应用能力，特别是听说能力，同时增强其自主学习能力，强化了以英语考试认证和学科竞赛为目标的教学与考评；计算机课设计学生入学后参加计算机能力考核，根据学生水平分层分模块教学，同时强调与学科专业的结合，为工科、商科、文科等设计不同的适用课程；加强自然科学基础课程，增加微积分课程学分，夯实学生数理基础，部分工科专业增加工科化学课程，包括实验教学环节；体育课程引导学生平时多参与体育运动和健身活动，掌握终身锻炼的技能；素质课方面增设通识核心课，聘请知名专家、校内高水平学者授课，以培养学生科学素养和人文情怀。

继续推进研究性课程体系建设。目前研究性教学模式已在全校专业主干课程和重要基础课程中全面开展，同时具备了一定的水平。学校以评促建，组织了两次"优秀研究性教学训练载体”和“优秀研究性教学学生作品”评选工作，同时将优秀载体和优秀作品资料上传网站，以供示范和交流。

积极开展视频公开课和资源共享课建设。组织召开了专题会议召集各学院全面部署了视频公开课和资源共享课的建设规划。部署了交通运输学院的《铁道史话》、《高速铁路纵横》、《交通纵横》等三门课程进行精品视频公开课建设，争取进入国际级精品视频公开课行列。

【教材建设】

为落实规划教材、立项教材和特色教材等的编写及出版工作，梳理了教材编撰情况，协同学院共同督促落实教材出版。

积极组织申报国家级和北京市级精品教材，本年度 5 种教材获评国家精品教材（见表 11），16 种教材获评北京市精品教材（见表 12）。组织了 2011 年北京交通大学教材出版基金评选工作，聘请外校专家评审，最终本年度本科有 8 本教材获得出版基金资助（见表 13）。

表 11　2011 年国家精品教材

学院	教材名称	主编	出版社
运输学院	电子商务系统建设与管理	刘军、刘震宇	电子工业出版社
经管学院	物流学	汝宜红	高等教育出版社
机电学院	列车制动（第二版）	饶忠、彭俊彬	中国铁道出版社
计算机学院	数字图像处理学（第 2 版）	阮秋琦	电子工业出版社
运输学院	集装箱运输与多式联运（第二版）	朱晓宁	中国铁道出版社

表 12　2011 年北京市精品教材

学院	教材名称	主编	出版社
经管学院	服务科学概论	张润彤	电子工业出版社
经管学院	公司财务管理：理论与案例	马　忠	机械工业出版社华章分社
经管学院	轨道交通运输经济	欧国立	中国铁道出版社
经管学院	基础会计学	郭雪萌	北京交通大学出版社
经管学院	产业经济学	李孟刚	高等教育出版社
运输学院	铁路重载运输	杨　浩	北京交通大学出版社
运输学院	电子商务战略	刘红璐	电子工业出版社
运输学院	轨道交通综合实验指导	毛保华	人民交通出版社
土建学院	轨道工程	高　亮	中国铁道出版社
土建学院	现代桥梁预应力结构	朱尔玉	清华大学出版社 北京交通大学出版社
理学院	微积分（上、下）	刘迎东	科学出版社
理学院	激光原理	盛新志 娄淑琴	清华大学出版社
机电学院	动车组设计	李　强	中国铁道出版社

续表

学院	教材名称	主编	出版社
电信学院	模拟集成电路基础	路　勇	中国铁道出版社
电气学院	电气工程专业综合设计教程	王　玮	清华大学出版社 北京交通大学出版社
建筑与艺术系	素描	王　珉	高等教育出版社

表 13　2011 年校基金资助教材

序号	学院	姓名	教材名称	使用范围
1	人文学院	颜吾芟	中国法律文化概论	本科
2	理学院	吴重庆等	光学与光学技术研究方法	本科
3	理学院	郝荣霞	图论导引	本科
4	语言学院	杨若东	英语语言与词汇学及词汇扩展教程	本科
5	运输学院	尹相勇等	C/C + + 程序设计	本科
6	电气学院	吕刚	城市轨道交通车辆概论	本科
7	语言学院	邵钦瑜、冯蕾	大学艺术英语教程	本科
8	运输学院	蒋熙、李晓峰、张喜	列车运行控制系统	本科

【教学改革】

学校以人才培养模式改革为核心，以课程体系、教学内容、教学模式及方法改革为重点，通过项目拉动，促进全校教育教学改革的开展。

2011 年批准建设校级教改项目 78 项（见表 14），总经费 166. 25 万元，全校教师和教学管理人员发表教学研究和教学改革论文 147 篇。

表 14　2011 年校级教改项目一览表

序号	学院	项　目　名　称	项目类型	执行负责人
1	运输学院	交通运输类创新型专业人才培养模式的研究与实践	重点	刘　军
2	运输学院	城市轨道交通专业运营实践创新载体建设	重点	毛保华
3	运输学院	交通运输品牌专业建设	面上	孙全欣
4	运输学院	交通工程品牌专业建设	面上	邵春福
5	运输学院	智能运输工程本科专业建设	面上	刘　军
6	运输学院	大学生创新试验项目指导方法研究	面上	陈绍宽
7	运输学院	高速铁路行车安全保障课程建设	面上	蔡国强
8	经管学院	基于全程导师制的经管人才培养模式创新研究	重点	刘世峰
9	经管学院	经管类本科课程体系与研究生课程体系协调建设	面上	李伊松
10	经管学院	工科院校信息管理与信息系统专业本科教学优质课程培育与建设研究	面上	张润彤
11	经管学院	“新书院”本硕博一体化培养模式物流管理专业科研训练体系研究	面上	张菊亮

续表

序号	学院	项 目 名 称	项目类型	执行负责人
12	经管学院	会计学专业本硕一体化教学模式研究	面上	郭雪萌
13	经管学院	基于“教学—科研—实践”一体化的创新人才培养模式研究	面上	赵启兰
14	机电学院	轨道车辆卓越工程人才校企联合培养模式探索与教学科研一体化实践平台建设	重点	刘志明
15	机电学院	国际化专业人才培养体系与方案建设的探索	重点	张乐乐
16	机电学院	测控技术与仪器专业建设与实践平台建设研究	面上	史红梅
17	机电学院	基于CDIO的机械工程及自动化专业人才培养体系设计、实施与认证研究	面上	鄂明成
18	机电学院	工业工程专业双语课程群建设与研究	面上	朱晓敏
19	机电学院	热能与动力工程专业建设及学生科技创新实践能力培养	面上	何伯述
20	机电学院	“自动控制原理”精品课程实践环节的建设	面上	张金英
21	建筑学院	设计学本科专业培养模式与课程体系建设研究	重点	王丽君
22	建筑学院	建筑设计基础课程群交叉学科的融贯教学与数字化平台建构研究	面上	常 工
23	建筑学院	“卓越工程师计划”下建筑设计教学改革的基础建设研究	面上	张红红
24	建筑学院	建筑设计课外辅助训练研究	面上	石克辉
25	建筑学院	网络与数字化建筑教学研究	面上	张育南
26	建筑学院	建筑与艺术系建筑学方向室内设计课程的系统化研究	面上	马 强
27	土建学院	研究型行业大学轨道交通土建工程人才校企联合培养体系和模式的探索与实践	重点	张鸿儒
28	土建学院	拔尖创新人才试点班“茅以升班”的培养模式和培养体系探索与实践	重点	于桂兰
29	土建学院	结构设计系列课程建设	面上	姜兰潮
30	土建学院	超高层建筑风致效应教学风洞试验	面上	李 波
31	土建学院	适应新培养方案的基础力学课程建设探讨和研究	面上	王正道
32	土建学院	环境工程专业基础与专业课程体系优化与调整方案研究	面上	李久义
33	土建学院	《理论力学》课程双语教学研究与建设	面上	税国双
34	人文学院	北京交通大学人文素质教育平台建设研究	重点	王玉萍
35	人文学院	学校“卓越法律人才教育培养计划”实施研究	重点	毕 颖
36	人文学院	“05方案”实施以来思想政治理论课存在的问题及对策研究	面上	杨 蔚
37	人文学院	理工科大学《国学概论》课程建设与研究	面上	孔德立
38	人文学院	法学专题研究性教学模式探索——以《刑法学》课程为视角	面上	高晓莹
39	人文学院	书画艺术教育对提升大学生人文素质的探索与实践	面上	蔡红建
40	人文学院	高校开展法律诊所教育的实践研究	面上	王 霞

续表

序号	学院	项 目 名 称	项目类型	执行负责人
41	计算计学院	计算机与信息类专业体系建设与人才培养探索与实践	重点	阮秋琦
42	计算计学院	基于“计算思维”能力培养的计算机基础教学改革的研究与实践	重点	王移芝
43	计算计学院	信息类专业大学生创新能力培养基础教育研究	面上	徐金安
44	计算计学院	Java 语言程序设计双语课程教学与训练体系建设	面上	黄　华
45	计算计学院	计算机基础教学实验中心服务体系构建与平台建设	面上	周　围
46	计算计学院	生物医学工程专业信息类课程综合化教学和实验集成平台建设	面上	黄惠芳
47	计算计学院	“面向对象程序设计与 c + +”双语教学资源建设	面上	瞿有利
48	计算计学院	保密专业跨学科人才培养模式的研究与平台建设	重点	何永忠
49	软件学院	国际化软件工程师人才培养模式的研究与实践	重点	卢　苇
50	软件学院	产学合作构建程序设计类课程实训教学新模式	面上	赵　宏
51	软件学院	软件工程专业主干课程群研究性教学改革	面上	陈旭东
52	软件学院	《J2EE 架构与程序设计》双语课程建设的研究与实践	面上	冀振燕
53	软件学院	《数据结构与算法设计》与《离散结构》课程实验教学改革的研究与实践	面上	冯凤娟
54	软件学院	《离散数学结构（双语）》课程研究性教学改革及课程资源建设	面上	刘　铎
55	理学院	本科生数学基础教学平台建设与实践	重点	廉巧芳
56	理学院	工科物理教育改革研究	重点	王玉凤
57	理学院	信息与计算科学专业建设与实践	面上	曹鸿钧
58	理学院	数学基础课程双语教学的研究与实践	面上	吴发恩
59	理学院	中美俄《微积分》教材的对比研究	面上	刘迎东
60	理学院	大学物理互动课堂题库系统开发	面上	赵红敏
61	理学院	《现代材料分析方法及实验》优质课程建设	面上	张　辉
62	电气学院	电气工程学院轨道交通电气化专业教育体系建设	重点	杨中平
63	电气学院	《电机学》课程双语研究性教学的实践与探索	面上	刘慧娟
64	电气学院	《模拟与数字电子技术》课程研究性教学资源建设	面上	李国国
65	电气学院	电气工程专业《数字电子技术》课程考试改革的研究	面上	马晓春
66	电信学院	本科通信工程专业、自动化专业国际 IEEE 专业认证研究	重点	邵小桃
67	电信学院	“电子科学与技术”专业建设	重点	陈后金
68	电信学院	德国高等教育对我国产学研结合高等教育的借鉴	面上	裴　丽
69	电信学院	国际班与合作国际院校课程接轨方案研究	面上	李润梅
70	电信学院	电路理论课程十二五规划及建设	面上	杜普选
71	电信学院	无线通信系统级实验平台搭建	面上	李　旭
72	电信学院	信息安全类课程教学与考核方式改革与实践	面上	穆海冰

续表

序号	学院	项　目　名　称	项目类型	执行负责人
73	语言学院	国际视阈下的高校教师发展研究——大学英语信息化资源超市建设	重点	蒋学清
74	语言学院	以内容为依托，注重人文素养的英语专业课程体系改革研究与实践	面上	刘晓晖
75	语言学院	以教学实践为依据，构建英语专业毕业论文多元管理体系的教学改革	面上	朱岩岩
76	语言学院	“教学相长、师生共建”式网络平台规划与建设——以《经典英文影视赏析》课程网络平台建设为例	面上	王云彤
77	语言学院	语用对等在翻译教学中的研究与实践	面上	乔澄澈
78	语言学院	英语专业《英语语音》课程研究性教学模式创新与研究	面上	张　宏

【实践教学】

2011 年，学校与企业共建校内实习基地 3 个，校外实习基地 43 个。7 月，学校与北京地铁运营有限公司、郑州铁路局、南车青岛四方机车车辆股份有限公司、北京中软国际信息技术有限公司、中铁信息工程集团、北京京仪椿树整流器有限责任公司、北京城建设计研究总院有限公司、Intel 公司等 8 家单位共同合作申报的国家级工程实践教育中心已全部通过教育部的初步认证。8 月，组织北京市地铁运营有限公司、郑州铁路局、南车青岛四方机车车辆股份有限公司三个校外工程实践教育中心参与申报教育部“本科教学工程”工程实践教育中心建设，9 月 2 日教育部正式批准这 3 个中心为国家工程实践教育中心建设单位，并拨款 600 万进行建设。12 月，组织第二批校级校外人才培养示范基地评选，评选出沈阳铁路局长春电务段生产实习基地、交通工程专业沧州市交警支队校外人才培养基地、东软集团软件工程校外人才培养基地等 3 个北京交通大学校外人才培养示范基地。

12 月，学校出台专门文件推动卓越计划特色系列教材的编写。截至年末，各学院共申报立项教材 60 本，学校将于 2012 年年初进行评审立项。

继续推动国家和北京市级实验教学示范中心建设，进行设备更新、升级，数字化实验室和环境建设，促进优质资源共享和数字化运行。要求各实验中心按照校内模拟验收的反馈意见进行整改并提交报告，组织 8 个北京市级实验教学示范中心参加北京市实验教学示范中心建设情况调研检查，启动“本科教学工程”国家实验教学示范中心的申报工作。组织开展优秀实验项目评选，评出优秀实验项目 11 项；8 个国家级、北京市级实验教学示范中心开出有实验的课程 230 门，开出实验项目总数为 720 个。继续推进实验室对本科生开放，开设《主要实验室功能介绍》、《主要实验室学术前沿讲座》、《主要实验室科技专题案例》课程共 16 902 人时数。

【科研训练与学科竞赛】

2011 年学校进一步实施本科生科研训练一体化方案，完善了《北京交通大学创新性实验计划项目管理办法》和《北京交通大学本科生参加大学生创新性实验计划项目的管理与激励办法》，补充了确定“国家级、北京市级大学生创新性实验计划项目”原则，以更加合理的激励和评价机制，为学生科研创新活动提供政策支持。投入专项资金 150 万元，新增

1 000 平方米的学生科技创新活动基地，进一步保障了重要学科竞赛和创新创业计划项目活动场地与环境。

为了进一步规范大学生创新实验计划项目的管理，激励各学院加大对计划实施的投入，制定了对项目级别的认定办法，通过对项目级别的认定规范，强化奖惩措施，量化执行标准，切实起到鼓励各学院积极参与和严格管理大学生创新实验计划项目的作用。对 2010 年申报的 309 项大学生创新计划项目进行了结题验收，顺利结题的有 254 项，共有 1 064 名学生、255 名指导教师参与。其中，60 个国家级项目优良率达 98.3%，30 个北京市级项目优良率达 93.3%。

组织 2011 年大学生创新计划项目，全校有 429 个项目批准立项，其中，国家级和北京市级各 60 项；共有 1 733 名学生、400 名指导教师参与项目；与 2010 年立项情况相比，立项项目数增加了近 40%。积极组织学生参加科技创新成果交流活动。

2011 年学校有 3 项大学生创新性实验计划项目，包括 1 篇论文和 2 个项目的优秀成果参加了“第四届全国大学生创新年会”，进行大会交流。1 项大学生创新性实验计划项目优秀成果参加北京市教委组织的“第八届北京国际教育博览会北京市大学生科技创新成果展”，电信学院的大学生创新实验项目“先进高速列车控制模型与实验平台”在参展中获得了广泛的认可。

进一步完善了学科竞赛平台，设置覆盖各学科的 3 大类 50 多项重要学科竞赛，形成了所有学生都有机会参与、分层选拔的运作模式；承办 2 项北京市学科竞赛，举办了 26 项校内竞赛，共有 11 639 人次学生参加各级学科竞赛 81 项，获全国以上奖 306 项。在第 35 届 ACM/ICPC 国际大学生程序设计竞赛全球总决赛中，获排名第 42 位；在美国大学生数学建模竞赛中获 2 项一等奖；在 2011 年台达杯国际太阳能建筑设计竞赛中获 1 项一等奖；在首届“CIBN 杯”全国大学生英语节目主持人大赛中荣获唯一的特等奖，8 名学生荣获 2011 年“全国大学生英语竞赛”特等奖。2011 年学校学生参加学科竞赛获奖统计见表 15。

表 15　2011 学生参加学科竞赛获奖统计表

竞赛范围	获奖情况											
	特等奖		一等奖		二等奖		三等奖		单项奖		汇总	
	项数	人数	项数	人数	项数	人数	项数	人数	项数	人数	项数	人数
全球			3	8	16	47			9	27	28	82
全国	9	9	24	42	75	101	155	234	15	34	278	420
北京市	4	19	35	105	57	139	63	121	1	1	160	385

【毕业设计】

对毕业设计（论文）的初期工作抽查结果显示，教师提供任务书的整体质量较高，优良率达 82.73%，学生开题报告的优良率达到 88.18%。对毕业设计（论文）工作进行中期检查的结果反映，学生选题大部分能体现专业特色，理论联系实际，体现工程背景，真题真做。根据统计，毕业设计（论文）的选题属于工程设计的为 38.22%，软件开发的为 10.81%，理论研究的为 41.48%，其他为 9.48%（见表 16）。从毕业设计（论文）题目的来源看，属于导师科研项目的占 37.87%，导师自拟的占 50.61%，其他为 11.52%（见表 17）。中期检查也反映绝大部分学生能按要求查阅所需的资料，大部分指导教师能定期与学生见面，按时检查学生毕业设计的进度，把握其整体进行情况，保证了毕业设计的质量。经过毕业设计（论文）答辩考核，最终成绩优秀的为 14.4%，良好的 40.2%，中等为 33.99%，及格为 10.67%，不及格为 0.33%，其它 0.4%（见表 18）。

表 16　2011 年毕业设计（论文）题目类型统计表

理论研究		工程设计		软件开发		其它		总计	
数量	百分比/%	数量	百分比/%	数量	百分比/%	数量	百分比/%	数量	百分比/%
1 400	41.48	1 290	38.22	365	10.81	320	9.48	3 375	100

表 17　2011 年毕业设计（论文）题目来源统计表

导师科研项目		导师自拟		其他		总计	
数量	百分比/%	数量	百分比/%	数量	百分比/%	数量	百分比/%
1 278	37.87	1 708	50.61	389	11.52	3 375	100

表 18　2011 年毕业设计（论文）成绩统计表

项目	优	良	中	及格	不及格	其他	合计
人数	486	1 357	1 147	360	11	14	3 375
百分比/%	14.4	40.21	33.99	10.67	0.33	0.4	100

【质量监控】

2011 年学校深化教学管理机制改革，进一步完善教学工作校院两级管理机制。由学术水平高、教学经验丰富、责任心强的教师组成校院两级教学督导组，学校督导组 7 位成员，采用听课、交流、调查和座谈等多种形式，检查和监督教学各个环节的秩序和质量。学校督导组全年共听课 400 余门课程，1 200 多个课堂，对改进教师的课堂教学和学院的教学管理工作起到了积极的作用。学院领导深入教学第一线听课，全年听课 320 多次，比较全面客观地了解课堂教学的实际情况，为进一步加强教学管理，制定正确的决策提供了有力的依据。在学院领导听课的基础上，将系主任和专业负责人、基础课程负责人听课情况列入学院年度考核评优项目，设计了课程组听课评价表，加强学院对教学质量的监控和管理。院系课程组定期开展相互听课和教学研讨活动，促进教师间相互学习、相互借鉴，对青年教师授课能力的培养起到了重要作用。

学校强化过程管理，加大教学各环节检查力度。教务处联合学生处和各学院主管教学的领导、教学管理人员及辅导员于两个学期的学期初、学期中、学期末共开展了 5 次全校范围的教学秩序检查，将检查中发现的问题反馈到相关学院和学生管理部门，进一步促进了学校的教风学风建设。本年度教务处在学期初共进行了 2 次教学日历和教案检查，在全校范围内侧重抽查专业主干课程、全校性公共基础课程和双语课程共计 46 门。本年度于学期中进行了 2 次试卷检查，共抽查试卷 80 份，学生答卷 1 500 份。通过每学期常规的教学检查，督促了学院加强教学档案资料的规范性管理，提升课程教学质量。

学校每个学期学期末进行学生网上评教，2011 年两次评教共有 242 350 人次参与，涉及全校理论课、实验课和体育课共 2 232 个课堂，学校根据学生评教数据和督导教师听课情况与学院进行了充分交流，鼓励教师改进教学工作，切实提高教学质量。综合学生网上评教、督导教师评价和教学管理人员评价等几方面的意见，本年度共计新评选出优秀主讲教师29名，优秀实验教学指导教师3名。为鼓励和表彰长期为本科生授课，爱岗敬业、勤勤恳恳、严谨治学、学生评教一贯优异的教师，2011年评选出课堂教学教风标兵5名。学校通过教学激励调动了广大教师的教学积极性和创造性。

学校持续推进研究性教学模式改革工作，在两学期学期末共组织了2次全校主干课程和重要基础课程的优秀研究性教学训练载体和优秀研究性教学学生作品的评选工作，全年共评出优秀研究性教学训练载体22项，优秀研究性教学学生作品35项。以专项检查和评优激励为手段进一步推动了课堂教学模式的改革，切实保障人才培养质量。

学校不断强化教学团队建设，着力建设一支集国家级、北京市级和校级教学名师于一体的高素质的教学队伍。2011年，阮秋琦教授荣获第六届全国高等学校教学名师奖；朱晓宁、张真继和李京平三位教师获第七届北京市高等学校教学名师奖。

起草了《北京交通大学优质课程认定办法》、《北京交通大学研究性教学认定办法》、《北京交通大学双语课程认定办法》，强化课堂教学质量的全过程规范化管理，明确了优质课程、采用研究性教学的课程、双语课程的建设质量标准。调动教师的教学积极性，进一步提高教学质量，组织各学院教师和教学管理人员召开了课堂教学质量评价标准的研讨会，听取了老师们对于目前学生网上评价表的内容以及对任课教师课堂教学评价标准的意见和建议，在此基础上重新设计了学生网上评教指标，并发放问卷进行调查，为进一步设置科学合理的评价标准提供了依据。

【教学管理】

进一步完善校院两级教学管理。注重教学管理工作的顶层设计和整体布局，明确学校与学院任务分工和关键环节的任务要求，主要通过制定学校年度工作计划、学院年度工作实施计划和阶段工作实施计划来强化目标管理。按照学校发展规划，制定了《北京交通大学2011年关于进一步加强本科教学工作的若干意见》，确立了学校年度本科教学7大工作目标和22项重点任务；制定了学院年度工作实施计划。根据学校1号文件精神和本科教学工作要点，统筹考虑各学院的优势、特色和发展需要，通过学校与学院、学院与学院之间的反复沟通与交流，确立各学院年度本科教学日常工作和重点（特色）工作的目标任务，形成学院年度工作的实施计划，作为学院年度教学工作的努力目标和年末对学院进行考核与评价的主要依据，指导学院有目标和有针对性地开展各项工作；制订了学期阶段计划。春季和秋季学期，分别制订学期初、中、末工作计划，强化结点控制；每周召开处务会，商定周计划，解决工作中推进难点；发布周工作日志和处务会纪要，引导学院开展重点工作。

推进教学工作校院两级管理机制改革。按照突出年度重点工作、突出调动学院主动性、积极性和创造性，强化日常教学管理工作的原则，进一步完善了对学院工作评价指标体系，进一步整合与简化了信息采集表格；完善了年终对学院评价工作指标体系。2011年对学院评价一级指标体系按重点推进工作、日常教学质量与教学管理、教学工作量、教学工作特色四项进行，共计48项观测点，45张数据统计表。完善激励策略，调动教师参与改革的积极性。2011年从学校首次投入教学奖励共计400万元，按照对学院评价结果，按下一年工作目标任务、工作质量与水平、教学工作量三个项目进行统计排序，最终确定了各学院的奖励额度。另外，2011年学校上水平奖励中教学获奖励共计16万元发放给了10项国家级的获奖项目和改革项目。

【教务管理】

完善教学运行管理。顺利完成了本年度日常教学调度、落实教学任务、课表安排、选课组织、教室管理、考试管理和成绩管理工作，确保了本科教学工作的正常运转。尤其是精心做好拔尖创新人才培养各试点班、产学联合人才培养相关专业班级和国际化人才培养各国际班的教学任务落实、课程安排和学生选课工作，落实好三类人才培养工作。（1）日常教学调度。严格教学管理，加强日常教学调度的管理工作，完成了任课教师因出差等临时调课、节假日、运动会等放假调课，大型考试占用教室批量调课等日常教学调度工作。（2）落实教学任务。严格按照培养计划落实教学任务，测算学生选课需求，控制学院开设课程数量的下限，确保教学资源基本满足学生需求。控制各专业主干课程教授上课的达标率，督促开课学院落实好教学任务。（3）课表安排。克服一年级学生跨校区排课、课堂多、时间片和教室资源相对紧张等困难，顺利完成了全年两次4 000多个课堂的课表安排工作。进一步对排课结果进行优化，使课表安排尽可能合理。（4）选课组织。以方便学生为出发点，进一步提高服务质量，在选课系统中增加培养方案查询、预分配有余量课程等功能，录制视频操作指南，为学生选课提供指导。全年两次共组织完成近14 000名本科生，27万多门次的选课工作。（5）教室管理。进一步规范教室借用流程，完善教室借用手续，加强对教室借用系统的管理，完成了全校学生班会、社团活动、各种考试、各种培训、各种教学活动的教室安排使用和期末考试期间自习教室开放时间延长调整等工作。（6）考试管理。完善考试组织的各个环节，期末考试在各楼设立考务组，配考务组长和流动监考，加强对考场的管理和服务工作。制订了考务组长、流动监考和监考员的工作职责和工作流程，加强对相关人员工作的指导和培训。在四六级考试等大型考试中，加强与各职能部处的沟通与协调，形成工作方案，明确各项工作的任务分工，在各单位的共同努力下确保考试工作的顺利完成。全年共组织两次期末考试近1 500场8万多人次，两次补考350多场7 000多人次，两次四六级考试18 000多人次，一次专利代理人考试11 000多人次。（7）成绩管理。完成日常的成绩维护管理工作；督促学院按时完成期末考试和补考的成绩录入工作；做好文艺和体育特长生的成绩管理工作；加强对出国学生的服务工作，全年制作中英文成绩单约1 700人次9 300多份。

完善学籍管理。加强学籍管理的规范性建设，很好地完成了新生入学、报到注册、学籍变动、学业警示、毕业生管理、证书证件管理、学籍材料归档等学籍学历管理工作。尤其是创新政策机制，为三类人才培养的各试点班建立灵活、规范的学籍管理办法，支撑各试点班的退出机制、学生自由选专业和本硕一体化培养等特点，为三类人才培养提供保障。（1）新生入学。完成了2011级3 494名新生的学籍核对、电子注册、学生证发放和学籍卡制作等工作；完成了9名学生的保留入学资格、43名学生放弃入学资格工作；完成了2011级3 400多名同学火车票优惠卡乘车区间的收集、注册工作。（2）报到注册。进一步规范本科生报到注册的工作流程和工作要求，顺利组织了2011年春秋两个学期本科生学期初报到注册工作，按期完成国家规定的学年电子注册工作。（3）学籍变动。顺利实施了128名学生一周以上的请假审批、218名学生的转专业工作，65名学生的休学审批、37名学生的复学审批、60名学生的退学审批、以及其他少数同学的取消学籍工作和转学工作。（4）学业警示。以加强过程管理为目的，进一步规范学业警示工作，注重学业警示工作的效果，加强对学院工作质量的考核。完成了全年春秋两个学期105名学生的学业警示工作。（5）毕业生管理。完成2011届3 517名本科毕业生和402名高职毕业生的信息核对、图像信息采集、电子注册、毕业证书和学位证书制作发放、延期毕业资格审批、材料归档等工作。(6)证书证件管理。除制作发放新生学生证、毕业生毕业证和学位证外，还制作了因证书丢失而补办的往届生毕业证明书、学位证明以及在校生的学生证近500份。(7)学籍材料归档。完成2011届毕业信息归档、毕业生学籍卡归档、2011年学生学籍变动审批材料归档等工作。

完成了2012届应届本科毕业生推荐免试研究生工作、本科生参加国际交流项目的管理工作，推进了教务管理信息化建设、教学管理规范化建设等工作。(1)推荐免试研究生。加强对推荐免试研究生的组织和管理，本年度共推荐免试研究生637名，其中校内487名，校外150名；学术型388名，专业学位190名；校外150名中科院及985院校125名，占校外总数的83%。(2)本科生参加国际交流项目。进一步加强本科生参加国际交流项目的推广工作，扩大交流项目的规模。通过加大校内宣传、完善培养方案对接和学分互认等工作，加强对参加学生的指导和服务，调动学生参加国际交流项目的积极性。本年度本科生参加国际交流项目学生超过200人次，比上年交流学生数量增加了20%。(3)教学管理信息化建设。积极推进新教务管理系统的建设与运行工作，进一步提高教学管理信息化水平。本年度启用了新的综合教务系统，课程管理、培养方案管理、教学任务管理、排课管理和选课管理等多个功能模块已全面使用。新教务管理系统的功能得到进一步增强，比如教学任务落实模块可测算必修课和专业选修课的需求总量，可控制专业主干课程教授上课率等，新选课模块增加了培养方案查询功能等，提高了对学生选课的指导和服务，这些功能的使用大大提高了教学管理的信息化水平。(4)教学管理规范化建设。在转专业、学业警示、退学、保送研究生等工作中根据管理过程中出现的新情况和新问题，不断总结经验，起草新的规定，制定新的管理流程、审批单据和规范化表格，规范过程管理，简化工作程序，提高教学运转水平和对广大师生的服务质量。(5)教学管理人员业务培训。召开了落实教学任务、学业警示、退学、保送研究生等工作的专题培训会，进行相关政策和管理办法的解读，指导和培训基层教学管理人员，效果良好。(6)改善教学环境。更换了思源东楼全部教室和思源楼部分教室老旧桌椅2 800多个座位。(7)校历编印。根据学校改革思路，多方收集、参照兄弟院校校历方案，制订了多套2011—2012学年校历备选方案供校领导决策。经校长办公会审议确定后，向全校各单位印刷发放。(8)多媒体教室管理与划转。全校多媒体教室的建设与日常管理工作，后半年积极落实多媒体管理部门向由教务处划转到后勤集团。(9)积极参与教学联合体工作。落实为学院路教学联合体和中关村教学联合体的开课工作；组织学校学生选修联合体各校开设的相关课程；组织学校学生辅修学院路联合体开设的辅修专业；组织承担了2011年学院路秋季学期工作例会暨处长联席会议。

【高职教育】

2011年，学校继续面向高中毕业生招收新生434人（其中清河185人，燕郊249人），进入学校高职学院学习。北京交通大学职业技术学院现有2个分院：清河职业技术学院、燕郊职业技术学院，是北京交通大学分别与北京公共交通控股（集团）有限公司党校和交通部管理干部学院合办的高等职业教育。

高职学生在校学习期间，由北京交通大学负责审定专业培养计划、教学大纲及专业课程设置、实训计划和实践教学安排，负责对高职教学过程和教育质量的检查、评估和指导，部分专业基础课、专业课及实践环节的指导教师由总校选派有经验的教师担当。

为了满足科学技术与社会经济发展的需要，适应市场的需求，学校在教育部专业设置的框架内自行调整职业技术学院的专业设置。2011 年高职学院设有 8 个专业：法律事务、计算机网络技术、公路运输与管理、高等级公路维护管理、道路桥梁工程技术、城市交通运输、旅游英语、计算机应用技术。在校生共计 1 336 人。

学校职业技术教育特别注重实际动手能力的培养。两个高职分院分别与相关企业或与企业有直接联系的管理单位联合办学，给实践教学和学生就业提供了有利的条件。在实践教学中，学生与用人单位可以相互了解，双向选择。2011 年两个高职分院就业率达到了 90%。

根据北京市教委专升本有关文件精神，2011 年学校高职学院的优秀应届毕业生进入北京信息科技大学继续本科学习并按文件规定推荐 15% 参加北京市和交大本校的专升本考试，达到录取分数线后录取比例控制在 8%。共录取了 32 名学生，分别进入北京信息科技大学的行政管理、工商管理、英语及计算机科学与技术专业本科三年级继续学习，成为正式的本科生。

根据上级及学校有关 2011 年应届毕业生入伍预征工作文件精神，2011 年高职学院有乔宇、李征、张福君、袁勃、曹晓松、卞帅、王喆、檀飞、郭伟平、李海峰、陈雨露 10 名学生批准入伍。其中乔宇、李征为第一批进藏士兵。赵红霞退伍后根据政策免试升入北京信息科技大学本科学习。

【附件3】

2011年北京交通大学本、专科专业目录及本、专科在校生人数

1. 北京交通大学本科专业目录（见表19）

表19　北京交通大学本科专业目录

学院	专业	年级			
电信学院	电子科学与技术	2008	2009	2010	2011
	通信工程	2008	2009	2010	2011
	通信工程（试点班）	2008	2009	2010	2011
	通信工程（国际班）		2009	2010	2011
	自动化	2008	2009	2010	2011
	自动化（铁道信号）	2008	2009	2010	2011
计算机学院	计算机科学与技术	2008	2009	2010	2011
	计算机科学与技术（铁路信息技术）			2010	2011
	生物医学工程	2008	2009	2010	2011
	信息安全	2008	2009	2010	2011
	信息安全（保密技术）				2011
经管学院	财务管理	2008	2009		
	工程管理	2008	2009	2010	2011
	工商管理类			2010	2011
	会计学	2008	2009		
	金融学	2008	2009		
	经济学	2008	2009		
	经济学类			2010	2011
	市场营销	2008			
	物流管理	2008	2009	2010	2011
	信息管理与信息系统	2008	2009	2010	2011
土建学院	环境工程	2008	2009	2010	2011
	土木工程	2008	2009	2010	2011
	土木工程（城市轨道工程）			2010	2011
	土木工程（铁道工程）	2008	2009	2010	2011
运输学院	电子商务	2008	2009	2010	2011
	交通运输类	2008	2009	2010	2011
	交通运输类（国际班）				2011
	交通运输类（城轨道交通）	2008	2009	2010	2011
	交通运输类（铁路运输）	2008	2009	2010	2011
	交通运输类（智能运输工程）			2010	2011

续表

学院	专业	年级
机电学院	测控技术与仪器	2008 2009
	工业工程	2008 2009 2010 2011
	机电类	2010 2011
	机械工程及自动化	2008 2009
	机械工程及自动化（国际班）	2010 2011
	机械工程及自动化（铁路机车车辆）	2008 2009 2010 2011
	热能与动力工程（汽车工程）	2008 2009
电气学院	电气信息类	2008 2009 2010 2011
	电气信息类（轨道电气化）	2010 2011
理学院	材料化学	2008 2009 2010 2011
	光信息科学与技术	2008 2009 2010 2011
	信息与计算科学	2008 2009 2010 2011
	理科试验班	2008 2009 2010 2011
人文学院	法　学	2008 2009 2010 2011
语言与传播学院	英语	2008 2009 2010 2011
	传播学	2008 2009 2010 2011
	西班牙语	2011
软件学院	软件工程	2008 2009 2010 2011
	软件工程（国际班）	2008 2009 2010 2011
建筑艺术系	建筑学	2007 2008 2009 2010 2011
	数字媒体艺术	2009 2010 2011
	艺术设计	2008 2009 2010 2011

2. 北京交通大学高职学院专业目录（见表20）

表20　高职学院专业目录

学院	专业	年级
燕郊职业技术学院	法律事务专业	2006 2007 2008 2009 2011
	计算机网络技术	2006 2007 2008 2009 2010 2011
	公路运输与管理	2006 2007 2008 2009 2010 2011
	高等级公路维护管理	2006 2007 2008 2009 2010 2011
	道路桥梁工程技术	2006 2007 2008 2009 2010 2011
清河职业技术学院	城市交通运输	2006 2008 2009 2010 2011
	计算机应用技术	2007 2009 2010 2011
	旅游英语	2006 2007 2008 2009 2010 2011

3. 北京交通大学2011年本科各专业在校生人数（见表21）

表21 北京交通大学2011年本科各专业在校生人数

学院	专业	延期	2007	2008	2009	2010	2011	总计
电信学院	电子科学与技术	5		88	79	70	78	315
	通信工程	14		190	181	171	135	677
	通信工程（国际班）				30	30	19	79
	通信工程（试点班）			58	51	58	43	210
	自动化	5		126	120	100	78	424
	自动化（铁道信号）			57	60	93	84	294
	小计	24		519	521	522	437	1 999
机电学院	测控技术与仪器	6		81	72			153
	工业工程	4		23	19	23	26	91
	机电类					258	281	539
	机械工程及自动化	3		146	133			279
	机械工程及自动化（国际班）					41	43	84
	机械工程及自动化（铁路机车车辆）	5		59	64	56	55	234
	热能与动力工程（汽车工程）	1						
	热能与动力工程	5		74	59			133
	小计	24		383	347	378	405	1 513
土建学院	环境工程			47	31	24	30	132
	土木工程	18		279	279	281	263	1 102
	土木工程（城市轨道工程）	2				28	29	57
	土木工程（铁道工程）			60	61	51	61	233
	小计	20		386	371	384	383	1 524
经管学院	财务管理	1		44	27			71
	工程管理	1		28	29	34	31	122
	工商管理				6			6
	工商管理类	1				143	146	289
	会计学			95	118			213
	金融学	2		85	92			177
	经济学	3		49	28			77
	经济学类					117	78	195
	市场营销	1		13				13
	物流管理	3		71	96	84	53	304
	信息管理与信息系统	3		56	29	42	49	176
	小计	15		441	425	420	357	1 643

续表

学院	专业	延期	2007	2008	2009	2010	2011	总计
运输学院	电子商务	3		43	29	28	29	129
	交通运输类	1		197	204	91	81	573
	交通工程	1						
	交通运输	11						
	交通运输类（城轨）			29	62	66	53	210
	交通运输类（国际）						21	21
	交通运输类（铁路）			62	88	129	104	383
	交通运输类（智能）					33	32	65
	小计	16		331	383	347	320	1 381
人文学院	法学	12		97	98	91	97	383
	小计	12		97	98	91	97	383
理学院	材料化学	3		45	47	58	54	204
	光信息科学与技术	5		140	111	102	110	463
	理科试验班	4		62	102	107	179	450
	信息与计算科学	7		132	97	101	109	439
	小计	19		379	357	368	452	1 556
计算机学院	计算机科学与技术	14		164	143	95	103	505
	计算机科学与技术（铁路）					49	50	99
	生物医学工程	4		44	49	48	53	194
	信息安全			25	52	53	29	159
	信息安全（保密技术）						27	27
	小计	18		233	244	245	262	984
电气学院	电气信息类	7		315	338	256	256	1 165
	电气工程与自动化	6						
	电气信息类（轨道交通）	2				56	63	119
	小计	15		315	338	312	319	1 284
软件学院	软件工程	10		176	160	126	169	631
	软件工程（国际班）					18	4	22
	小计	10		176	160	144	173	653
建筑艺术系	建筑学	4	41	43	46	42	45	217
	数字媒体艺术				30	27	30	87
	艺术设计			47	49	50	51	197
	小计	4	41	90	125	119	126	501
语言与传播学院	传播学			43	42	47	49	181
	西班牙语						25	25
	英语	4		55	52	64	51	222
	小计	4		98	94	111	125	428
总计		181	41	3 448	3 463	3 441	3 456	13 849

4. 北京交通大学2011年专科各专业在校生人数（见表22）

表22　北京交通大学2011年高职学院专科各专业在校生人数

学院	专　业	2009	2010	2010	合计
燕郊学院	法律事务	44		40	84
	计算机网络技术	42	46	37	125
	公路运输与管理	46	53	45	144
	高等级公路维护与管理	47	53	33	133
	道路桥梁工程技术	94	123	94	311
	小　计	273	275	249	783
清河学院	城市交通运输	61	82	91	234
	计算机应用技术	60	44	48	152
	旅游英语	65	42	44	151
	小　计	186	168	183	537
	合　计	459	443	432	1 334

远程与继续教育

【综述】

2011 年，远程与继续教育按照“以人为本、强化服务、注重质量、科学发展”的工作思路，制定和实施了一系列学历教育、非学历教育培养质量保障措施，在规范管理、教学基本建设、教学管理、学历教育、非学历教育、对外合作办学等方面都取得了较大发展。

全年成人高等教育招生录取本、专科学生 3 978 人（其中本科 2 648 人、专科 1 330 人），毕业学生 2 919 人（其中本科 1 915 人、专科 1 004 人），在籍学生 7 689 人（其中本科 5 257 人、专科 2 432 人）；网络教育招生录取本、专科学生 26 253 人（其中本科 8 329 人、专科 18 715 人），毕业学生 20 070 人（其中本科 6 269 人、专科 13 801 人），在籍学生 70 601 人（其中本科 24 564 人、专科 46 037 人）。全年成人高等教育、网络学历教育总计招生 30 231 人，毕业 22 989 人，在籍学生达 78 290 人。攻读学校高等教育自学考试专业的学员 12 130 人，毕业学生 10 195 人。

【成人学历教育】

截至 12 月底，学校在全国各地建立的函授站目前仍继续招生的共计 9 个，即上海局函授站、天津函授站、柳州铁路函授站、济南局函授站、郑州局函授站、南昌局函授站、乌鲁木齐局函授站、深圳函授站、河北能源函授站。成人教育专业设置见表 23。

表 23　成人教育专业设置

层次	专业名称	层次	专业名称
本科	会计学	专科	公共事务管理
本科	计算机科学与技术	专科	人力资源管理
本科	人力资源管理	专科	汽车运用技术
专本科	土木工程	专科	物流管理
专升本	英语	专科	财务会计
专升本	艺术设计	专科	铁道机车车辆
专升本	人力资源管理	专科	铁道车辆
专升本	自动化	专科	铁道工程技术
专升本	电气工程及其自动化	专科	建筑工程技术
专升本	机械设计制造及其自动化	专科	工商企业管理
专升本	工商管理	专科	工商行政管理
专升本	会计学	专科	铁道交通运营管理
专升本	计算机科学与技术	专科	机电一体化技术
专升本	物流管理	专科	通信技术
专升本	电子商务	专科	计算机应用技术

续表

层次	专 业 名 称	层次	专 业 名 称
专升本	通信工程	专科	电气化铁道技术
专升本	交通运输	专科	铁道通信信号
专升本	录音艺术		

【远程网络教育】

2011 年为保证教学质量，对现有的网络教学中心进行了规范管理，停办了 5 个网络教学中心，截至 12 月底，学校在全国各地区建立的网络教学中心由上年的 67 个变为 62 个。网络教育专业设置见表 24。

表 24　网络教育专业设置表

层 次	专 业 名 称	层 次	专 业 名 称
专升本	交通运输	专科	铁道通信信号
专升本	土木工程	专科	铁道交通运营管理
专升本	工商管理	专科	电气化铁道技术
专升本	物流管理	专科	机电一体化技术
专升本	会计学	专科	工商企业管理
专升本	电气工程及其自动化	专科	物流管理
专升本	计算机科学与技术	专科	城市轨道交通运营管理
专升本	交通运输（铁道运输方面）	专科	建筑工程技术
专升本	自动化（交通信号与控制方面）	专科	会计
专升本	机械设计制造及其自动化	专科	计算机应用技术
专升本	土木工程（工民建方向）	专科	旅游管理
专升本	土木工程（铁道工程方向）	专科	物业管理
专升本	旅游管理	专科	汽车技术服务与营销
专升本	房地产经营管理	专科	人力资源管理
专升本	人力资源管理	专科	供用电技术
专升本	车辆工程	专科	铁道工程技术
专科	铁道车辆	专科	铁道机车车辆
专科	市场营销		

【高等教育自学考试】

学校高等教育自学考试在吉林、河北、内蒙古、新疆、江苏和北京 6 个省、市、自治区开考。2011 年设有独立本科 9 个专业，专科 13 个专业。自学考试专业设置见表 25。

表 25　自学考试专业设置

层　次	专　　业	层　次	专　　业
独立本科	人力资源管理	专科	地铁运输与管理
独立本科	交通（铁道）运输	专科	地铁通信系统
独立本科	物流管理	专科	物流管理
独立本科	铁道财务会计	专科	人力资源管理
独立本科	运输工程	专科	交通（铁道）运输
独立本科	旅游管理	专科	机车车辆
独立本科	采购与供应管理	专科	铁道财务会计
独立本科	劳动社会保障	专科	劳动社会保障
独立本科	电子政务	专科	铁道工程
专科	地铁供用电技术	专科	通信信号
专科	地铁电动客车技术	专科	采购与供应管理

【培训工作】

全年共举办各类培训 95 期，培训 8 846 人次；参加各类考试 12 717 人次，完成培训和考试 21 563 人次。

2011 年新开发的培训班有 8 个，分别是铁道部供电系统全路技术能手培训班、铁道部车务系统全路技术能手培训班、青藏铁路公司劳动定额管理培训班、青藏铁路公司班组管理干部培训班、中铁铁龙集装箱物流股份有限公司铁路物流研修班、喀麦隆农村公路网规划与养护研修班、喀麦隆电力管理研修班、乌干达铁路建设培训班。全年培训情况见表 26。

表 26　2011 年培训情况统计表

序号	分类	项　目　名　称	期次	培训人数
1	铁路系统	铁道部供电系统全路技术能手培训班	1	50
2		铁道部车务系统全路技术能手培训班	1	50
3		铁道部 2011 年职教管理培训班	1	49
4		铁道部工务系统职工教育专业师资新技术培训班	1	50
5		铁道部电务系统职工教育专业师资新技术培训班	1	50
6		铁道部供电系统职工教育专业师资新技术培训班	1	50
7		北京铁路局职教骨干师资高级培训班	3	135
8		哈尔滨铁路局职教管理干部培训班	2	106
9		乌鲁木齐铁路局职教科长培训班	1	27
10		太原铁路局职教科长培训班	1	44
11		济南铁路局职教干部培训班	1	45
12		2011 年广铁集团（公司）职教师资培训班	1	54
13		沈阳铁路局职工培训基地师资培训班	2	115
14		成都铁路局 2011 年职教科长培训班	2	89
15		昆明铁路局职教管理干部培训班	1	40

续表

序号	分类	项目名称	期次	培训人数
16	铁路系统	青藏铁路公司职教科长培训班	1	30
17		呼局行车组织高技能骨干人才培训班	3	151
18		广铁集团通号"十百千万"人才高铁新技术培训班	2	87
19		南昌铁路局动车车辆继续教育培训班	1	44
20		哈尔滨铁路局工务系统线路专业知识培训班	1	52
21		2011年哈尔滨铁路局铁路运输新技术新装备及高速铁路行车组织培训班	2	144
22		哈尔滨铁路局运输统计业务骨干培训班	1	77
23		成都铁路局CRH动车组列车长培训班	1	54
24		青藏铁路公司劳动定额管理培训班	1	30
25		青藏铁路公司班组管理干部培训班	1	30
26		内蒙古集通铁路（集团）公司工务技术培训班	2	144
		小计	36	1 797
27	其他企业培训	大唐国际财务人员继续教育培训班	4	454
28		北京地铁通信信号专业培训班	2	111
29		中铁铁龙集装箱物流股份有限公司铁路物流研修班	1	60
30		北京福田物流有限公司物流管理研修班	1	60
31		国网新源一本制度六个手册培训（杭州）	1	35
32		国网新源总会培训班	1	28
33		国网新源税务培训班	1	52
34		国电审计培训班	1	87
35		三吉利党风廉政建设培训	1	35
36		国利能源党员培训	1	40
37		北京国电富通电力专业英语培训班	1	15
38		外交部服务中心	4	251
		小计	19	1 228
39	涉外培训	利比亚铁路工程师	1	19
40		喀麦隆农村公路网规划与养护研修班	1	6
41		喀麦隆电力管理研修班	1	8
42		乌干达铁路建设培训班	1	15
		小计	4	48
43	其他培训	高级会计人员继续教育	3	1 022
44		中级会计人员继续教育（校内）	8	2 353
45		中级会计人员继续教育（校外）	11	1 338
46		统计人员继续教育培训班	2	267
47		企业培训师培训	1	10

续表

序号	分类	项　目　名　称	期次	培训人数
48	其他培训	高级物流师培训	1	8
49		成人学位英语培训	2	33
50		人力资源经济师	1	19
51		双证班	1	15
52		会计串讲辅导班	1	284
53		国管局计算机软件培训班	1	90
54		会计取证班	1	35
55		会计中级职称	1	26
56		房地产经纪人协理培训	1	49
57		二级建造师培训	1	104
		小计	36	5 773
培训合计			95	8 846
1	考试	环保部招录考试	1	900
2		北京市公务员考试	1	1 200
3		注册测绘师	1	750
4		房地产经纪人协理考试	1	1 350
5		二级建造师考试	1	1 170
6		一级建造师	1	690
7		二、三级翻译考试	1	1 350
8		建行上岗考试	1	2 350
9		物流师考试	2	306
10		会计考试	1	428
11		托福	33	1 814
12		GRE	7	327
13		托业		82
	考试合计		51	12 717

【留学服务工作】

与澳大利亚科延大学继续签署了合作协议；与志弘绎海签订合作协议，首次尝试与国内教育企业合作进行全国网络式招生。

全年共完成留学中介99人次，其中美国留学17人，英国留学50人，荷兰留学6人，澳洲（含新加坡校区）26人。国际项目2011年共计招生127名，其中本科生112名，研究生15名。本年度各类在校学生333名，毕业生159名，2011年国际项目在校学生统计见表27。

表 27　2011 年国际项目学生情况统计表

专　业	各专业人数
多媒体艺术设计	20
国际贸易与商务	50
会计与理财	39
商科	30
物流管理	68
预科班	111
美国瓦尔帕莱索大学硕士班	15
合　计	333

招生与毕业生就业工作

【综述】

2011 年，学校招生就业工作认真落实阳光工程，积极完善各类招生制度，以提高社会满意度为宗旨，不断开拓招生宣传的渠道，生源质量稳步提高；就业工作将“以学生为本”作为出发点，就业管理及就业服务工作以“细化工作、用足政策、深度服务、创新举措”为思路，扎实开展宣传服务，加强创新性和信息化建设，卓有成效地完成了各项任务。

【招生工作】

1. 招生总体情况

（1）招生计划完成情况

2011 年本科及高职招生总规模与往年持平，计划总数 4 000 人，其中本科 3 500 人，高职 500 人。实际录取本科新生 3 482 人，高职 501 人。此外录取港澳台新生 2 人，2 年制预科生 20 人。

（2）招生计划分配情况

根据教育部“优化生源结构，促进区域均衡”的原则，2011 年适当调减了北京等优质教育资源集中地区的计划，大幅度加大了向中西部及生源大省的倾斜力度，特别是西部地区招生计划增至 910 人，占全校招生总计划的 26%，比上年增加 3.6%，最终录取西部地区新生 1 024 人，占录取新生总数的 29.39%。比上年的实际录取人数又增加了 1.02 个百分点。

（3）生源情况

绝大部分省区各类型招生报考生源非常充足，其中普通类统招中：理工类有 22 个省区的录取线高于重点线水平比上年有所增长或与上年持平，其中有 19 个省区的录取线达到近五年以来的最高值，12 个省区的增长幅度超过了 10 分。文史类 2011 年在 22 个省投放了文科计划，其中 16 个省区的录取线高于重点线水平比去年有所增长或与去年持平，14 省区的录取线达到近三年的最大值。

部分地区出现生源不足情况，如海南、重庆、青海、山东理工类生源不足，甘肃文史类生源不足，后经录取二志愿或征集志愿完成计划。

2. 主要工作及特点

（1）积极落实“阳光工程”，努力推进招生制度建设

根据教育部的最新精神及学校的实际情况，重新修订了《本、专科（高职）招生工作规定》以及保送及自主选拔录取、艺术特长生、高水平运动员、艺术类专业等各种特殊类型的招生管理办法。在招生工作中，始终坚持重大问题集体决策制度，招生政策的重大变更、各种特殊类型招生的选拔政策及认定名单均事先经学校招生工作领导小组审核批准，各项招生政策、招生计划、工作程序、咨询服务、录取结果等及时在本校招生资讯网或“阳光高考”信息平台公布，有效地发挥媒体监督作用。

（2）不断创新服务形式，提高社会满意度

学校领导继续对招生宣传工作给予了高度的重视和极大的支持，校党委副书记高福廷、副校长关忠良分别亲自带队奔赴内蒙、云南进行高考招生宣传，张星臣副校长先后赴江西教育电视台和陕西电视台接受了招生专访。

招生办公室开展了形式多样的高招宣传咨询活动

首次联合北京科技大学、北京邮电大学、北京林业大学、北京化工大学四所高校举行新闻发布会，就2011年北京五高校联合招生咨询活动安排及2011年招生政策进行解读。

精心编制了招生简章、本科报考指南，并根据各省具体情况分省编制招生政策指导折页。向全国1 364所重点中学邮寄了学校招生宣传资料。

延长电话咨询时间，开展网络咨询。从4月10日到7月4日，除高考前后两2周外，每天8:00～21:00安排专人接听电话咨询，平均每天接听咨询电话约146个，录取期间开通了两部咨询电话，全天接听考生咨询。此外招生资讯网开辟了高考论坛，参与了教育部“阳光高考”网站和各地区招办组织的10多个网站在线答疑。仅招生资讯网论坛就曾连续四天网上问题数超过200条。

4月23日成功举办了大型校园开放日活动。在高考填报志愿期间，举办咨询周活动，为每一位前来咨询的考生进行深度指导。

（3）重新组建招生宣传队伍

经学校招生工作领导小组审核批准，完成了新一届宣传组组长聘任工作，召开招生工作会，对上一届招生宣传联络组的工作进行了总结和表彰，并向新聘任组长颁发了聘书，本次聘期为三年。

2011年招生办公室共组织了27个宣传组160名老师奔赴各地参加招生宣传活动。据不完全统计，宣传组老师总计参加各地区大型高招咨询会60余场，共走访中学150多所，召开中学座谈会或中学咨询会近90场，新建生源基地中学43所。

（4）积极稳妥推进自主选拔录取的改革

报名条件上突出强调了选拔范围是“符合学校学科培养特点、对学校某一学科专业有浓厚兴趣、具有较强培养潜质”以及“学校生源基地中学推荐”的优秀毕业生。

申请方式要求考生全部申请资料及辅助证明材料均经网上提交，丰富了网上审核内容，并使得网上审核更有针对性。

初审评价增加了考生资料核实和专家对培养潜质评估的环节，从而增加了评审的专业性和公平性。

取消了报到当天现场缴费，首次实现了在考试确认阶段进行网上缴费。

（5）召开第二届中学校长论坛，加大生源基地建设力度

10月25日至26日，联合北京科技大学、北京邮电大学、北京林业大学和北京化工大学举办了第二届中学校长论坛。论坛期间与中学校长和负责人做了深入沟通，广泛听取了各地中学对高校宣传和自主选拔录取等工作的意见，并逐条细化在2012年的相关工作中逐步实施。中学校长会后，根据生源情况和各地重点中学的分布，新认定生源基地中学60所，目前生源基地数量达到了254个。

（6）结合院系调研和试点学院工作，做好2012年自主选拔录取的前期工作

10月底至11月初，利用三周时间围绕各院系专业设置、招生培养就业联动、自主选拔

录取政策调整和促进各院系招生宣传等问题，走访调研了全部 12 个院系，与各院系的领导和专家深入交流，并在扩大学院宣传力度、在自主选拔录取工作中强化学院学科选拔两个方面达成共识，完成了调研报告，并反馈给教务处及各个院系共同研究落实。结合试点学院相关工作，与经济管理学院共同交流研究，并将其人才选拔标准也融入 2012 年选拔过程中，作为创新人才选拔新模式的试点。在 2012 年自主选拔录取招生政策制定中，除了保持原有 A 类和 B 类学生选拔，单设 C 类试点为经济管理类专业选拔综合素质高、具有创新潜质的优秀学生。

【就业工作】

1. 毕业生基本情况

（1）基本数据

2011 年学校共有各类毕业生 6 143 人，其中毕业研究生 2 566 人，本科毕业生 3 176 人，高职毕业生 401 人。毕业生总数较上年增加 485 人，增幅 8%。其中，毕业研究生规模增长迅速，增幅达 29%。

2011 届毕业研究生就业率为 98. 91%，同比增长 0. 33 个百分点；本科毕业生就业率为 98. 55%，较上年度增长 0. 9 个百分点；高职毕业生就业率 93. 02%，同比上升 0. 28 个百分点，完成了毕业生就业工作基本目标。

总体就业情况好于上年，深造率、签约率、就业率均有所上升。2011 届本科毕业生深造比例达 46. 82%，与上年相比上升了 4. 50%，进入“985”、“211”高校的比例达到近 92%，部分学生进入纽约大学、瑞典皇家理工学院、香港大学等国际知名学府深造。签约率与去年相比上升了 2. 55%，在签约就业学生中，到国有企事业单位就业的比例达 61. 14%，进入航天、电力、金融等行业就业比例也呈快速增长态势。毕业生就业去向见表 28。

表 28　毕业生就业去向一览表

学历	人数	出国	升学	签三方	灵活就业	待就业	深造率（%）	签约率（%）	就业率（%）
本科	3 176	328	1 159	1 259	384	46	46. 82	86. 46	98. 55
硕士	2 395	42	64	1 942	321	26	4. 43	85. 52	98. 91
博士	171	5	42	109	13	2	27. 49	91. 23	98. 83
高职	401	0	33	56	284	28	8. 23	22. 2	93. 02
本专合计	3 577	328	1 192	1 315	668	74	42. 49	79. 25	97. 93
研究生合计	2 566	47	106	2 051	334	28	5. 92	85. 81	98. 91

（2）本科生就业流向

本科毕业生约 1/3 选择留京。就业地区为北京市的 405 名毕业生中，北京生源 149 名，非北京生源 256 名；在京就业毕业生中，男生 293 名，比例在 72% 以上。上海因落户限制，所占比例相当小，仅有 0. 64%，广东省相对其他省份所占比例较高，约占 13%。沿海地区也是京外就业中的重要区域，本科毕业生就业地区流向见表 29 和图 1。

表 29　本科毕业生就业地区流向

地区	北京市	上海市	广东省	其他沿海地区	东北	西部	其他	总计
总计	405	8	163	268	95	190	130	1 259
百分比/%	31.67	0.64	12.95	21.29	7.55	15.09	10.33	100.00

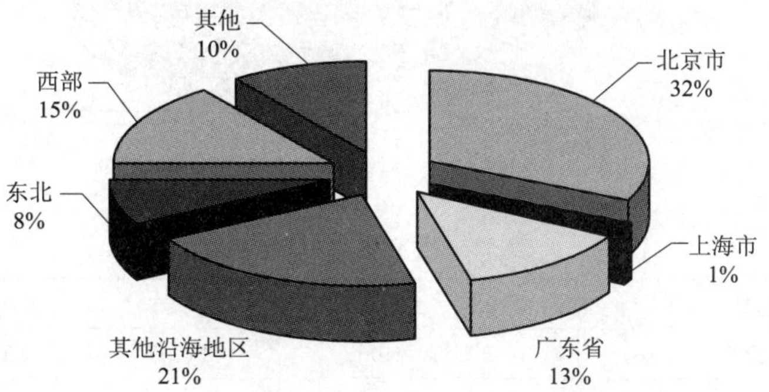

图 1　本科毕业生就业流向图

在本科生签约单位中，国有企业占有约 75% 的比例。其余去向中，科研、部队也占据了一定的比例。在表 29 中还有几项不可忽视的成分，党政机关、教育单位、地方基层项目等几项服务性岗位的就业，表现出本科生中有一部分毕业生将服务于国家基层及教育中，为社会的基础建设奉献力量。在签约单位经济类型中可看出私有及外商经济已有了一定的比例，由此看出我国经济结构调整后，该类经济的发展势头良好，这也影响着毕业生的择业观念。具体见表 30、表 31 和图 2。

表 30　本科毕业生签约单位性质流向

单位性质	国有企业	三资企业	党政机关	科研单位	教育单位	地方基层项目	部队	其他企业
人数	723	55	28	38	12	11	93	299
百分比/%	57.43	4.37	2.22	3.02	0.95	0.87	7.39	23.75

表 31　本科毕业生签约单位经济类型流向

经济类型	国有经济	集体经济	私有经济	外商经济	港澳经济	总计
人数	940	91	184	30	14	1 259
百分比/%	74.66	7.23	14.61	2.38	1.11	100

（3）毕业生研究生就业流向

2011 年毕业研究生 2 566 人，其中硕士 2 395 人，博士 171 人。截至 9 月 1 日，毕业研究生就业率为 98.91%，同比高出 0.33%。其中，硕士就业率为 98.91%，博士为 98.83%。见表 32。

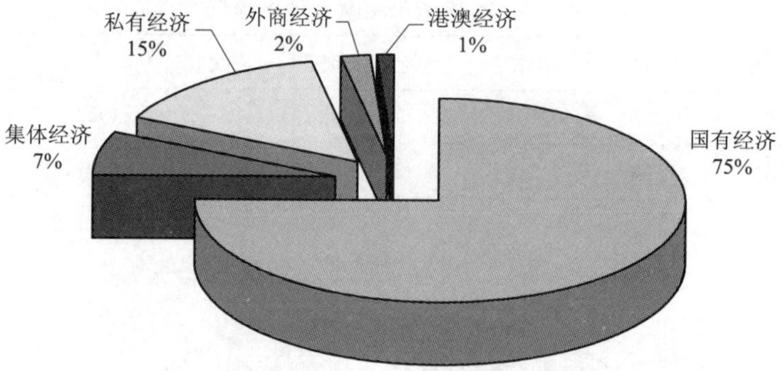

图 2　本科毕业生签约单位经济类型流向

表 32　研究生毕业流向

	总计	出国	升学	签三方	灵活就业	待就业
人数	2 566	47	106	2 051	334	28
百分比/%	100	1.83	4.13	79.93	13.02	1.09

研究生的留京比例明显高于本科生，占总签约人数的 58.80%，其中北京生源仅 126 人，占总签约人数的 6.14%。在毕业研究生中，到西部地区就业人数比例明显低于本科生。具体见表 33、表 34、表 35、图 3 和图 4。

表 33　签约毕业研究生的就业地区流向

	北京市	上海市	广东省	其他沿海地区	东北	西部地区	其他	总计
人数	1 206	13	133	176	53	184	286	2 051
百分比/%	58.80	0.64	6.48	8.58	2.58	8.97	13.46	100.00

表 34　毕业研究生签约单位性质流向

单位性质	国有企业	三资企业	党政机关	科研单位	教育单位	地方基层项目	部队	其他企业
人数	1 090	118	47	226	118	6	13	433
百分比/%	53.14	5.75	2.29	11.02	5.75	0.29	0.63	21.11

表 35　毕业研究生签约单位经济类型流向

经济类型	国有经济	集体经济	私有经济	外商经济	港澳经济	总计
人数	1 574	129	230	83	35	2 051
百分比/%	76.74	6.29	11.21	4.05	1.71	100.00

2011 届毕业研究生中有 2 051 人签订就业协议。从单位性质上看，国有企业仍然是最主要流向，占到 53.14%，其次是科研单位，占到 11.02%。其他类型单位就业比例小，且分布相对分散。与本科生就业有所不同的是，科研单位所占比例明显增高，外商经济的选择率

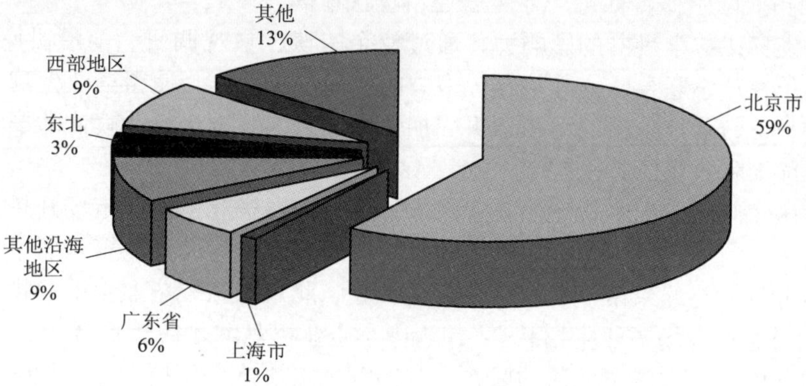

图3　签约毕业研究生的就业地区

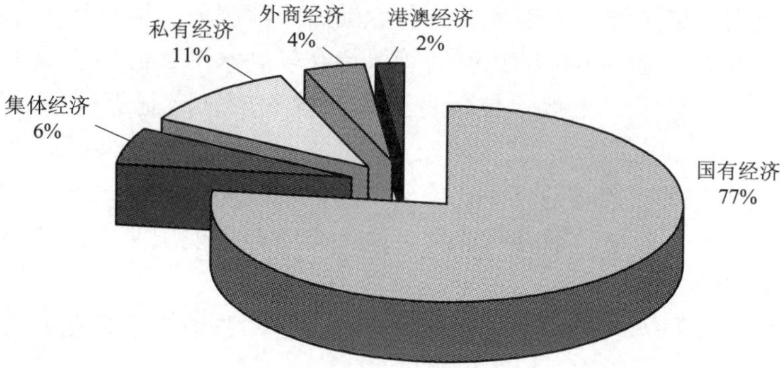

图4　毕业研究生签约单位经济类型流向

也比本科生有一定的增长。

2. 主要做法与特点

(1) 强化服务和监管职能，不断提升就业管理服务质量和水平

针对毕业生就业工作中出现的新情况、新问题，就业指导中心分别修订了研究生和本科生的《就业工作实施意见》，为做好毕业生就业管理服务工作提供了政策支持。通过《就业指导手册》、就业资讯网、知行论坛、现场咨询、政策宣讲会等多种形式，做好就业政策与国家促进就业计划项目的宣传力度，耐心、细致地解答毕业生提出的各种问题，全年接待咨询达3 000余人次。

在校院两级就业管理体制的框架内，各学院根据实际情况设立院级就业工作常设机构，建立健全就业工作日常管理制度和监督管理机制，保障就业工作稳定、健康、可持续发展。

注重加强对就业管理工作人员的业务能力和政策素养的培训，组织开展就业政策能力、签约管理实务等相关工作培训。同时，紧密结合市教委就业管理网络平台的研发工作，不断完善学校就业管理信息化平台，推进签约管理信息化建设，保障数据管理准确无误。

规范就业材料管理，对各类就业数据实行信度监控，逐一审核毕业生就业数据和签约信息，对灵活就业情况进行常态化抽样调查，每周统计全校就业进展情况并定期向各学院通报。

（2）巩固拓展两手抓，促进毕业生就业市场快速健康发展

学校充分发挥优势学科群的影响力，通过校企座谈、参观调研、前沿讲座等多种形式，加强与重点单位在产学联合、人才培养等多方面的深层次合作，使得毕业生到重点行业就业的比例稳定增长，行业地位得以不断地巩固加强，进入国家重点行业就业的毕业生比例稳定增长。被中国航天科技集团特别授予“航天人才突出贡献奖”。

紧密围绕国家政策导向和毕业生就业需求，大力开展毕业生就业市场开拓工作：校领导带队参加电力人才就业论坛，作为电力人才校园招聘基地之一，获得第六届电力人才就业供需交流会的承办权；与北京市经济和信息化委员会、北京市高校毕业生就业指导中心联合举办“北京市中小企业专场毕业生招聘会”，为中小企业招贤纳才搭建平台。

继续加强与中西部发展中地区的联系，与国家重点扶持高新技术企业加强联系，走访广西、陕西、宁夏、青海等省、自治区的人才工作部门，为毕业生求职就业搭建新平台。

组建专业化的志愿者服务团队，面向用人单位实行“贴心服务”，免费提供招聘咨询、信息发布、简历代收、定向推荐、现场支持、后勤保障等服务，对于用人单位的工作需求实行首问负责、快速响应，用人单位满意度连续保持在较高水平；面向毕业生提供就业形势分析报告、求职就业安全警示、重点单位信息咨询、就业信息定制等服务，提高毕业生求职效率。

2011 年累计发布各类招聘信息 3 846 条，举办专场招聘会共计 325 场次，举办百家规模以上的大型毕业生招聘会 3 场，举办行业类、地区类中等规模毕业生招聘会 10 场次。

（3）指导与规划并举，持续提升毕业生就业力

结合学生不同阶段的需求，科学设计就业指导内容，邀请知名企业人力资源总监和知名教育专家开展系列就业指导讲座 21 场。

完善个性化就业指导服务工作，坚持举办就业指导与职业生涯规划开放日活动，设立专家咨询岗，并在“知行信息交流平台”开辟了“求职那些事儿”就业网络咨询论坛，全天候为学生提供“一对一”个性化咨询服务；深入各院系，结合专业特点开展巡回讲座 10 场；举办了北京交通大学第六届模拟面试大赛和第四届职业生涯规划大赛，吸引 380 多名毕业生报名参赛，在学生中营造了良好的就业工作氛围。

学校高度重视就业困难同学的帮扶工作。5 月，学校正式出台了《帮扶就业困难毕业生工作实施办法》，对全校就业困难毕业生提出了全程化、常态化的帮扶计划，在开展综合素质培训、专业实践辅导、求职技能提升、就业岗位推荐、资助体系完善等方面提出了具体措施。2011 年，共有 51 名家庭经济困难毕业生获得总额 32 300 元的求职资助。

创业教育工作领导小组统筹开展创业政策研究及实践指导工作。就业指导中心联系聘请创业导师，依托《大学生 KAB 创业基础》课程和创业讲座等开展创业教育工作。本学年，课程选课人数达 200 余人。

3—7 月，北京交通大学第三届大学生创业项目选拔大赛成功举办，60 多个团队提交了创业方案。大赛胜出的 8 支创业团队已经进入了企业注册的阶段。

【附件 4】

2011 年本、专科招生录取状况

1. 2011 年本科招生专业

通信工程、自动化、自动化（铁道信号）、电子科学与技术、计算机科学与技术、计算机科学与技术（铁路信息技术）、信息安全、生物医学工程、软件工程、经济学类、经济学类（文）、工商管理类、信息管理与信息系统、物流管理、工程管理、交通运输类、交通运输类（智能运输工程）、交通运输类（铁道运输）、交通运输类（城市轨道交通）、电子商务、土木工程、土木工程（铁道工程）、土木工程（城市轨道工程）、环境工程、机械工程及自动化、机械工程及自动化（铁路机车车辆）、测控技术与仪器、热能与动力工程（汽车工程方向）、工业工程、电气信息类、电气信息类（轨道牵引电气化）、理科试验班类、信息与计算科学、光信息科学与技术、材料化学、法学、英语、传播学、西班牙语、建筑学、艺术设计、数字媒体艺术。

西班牙语是新增专业。

2. 2011 年高职招生专业

燕郊学院：公路运输与管理、高等级公路维护与管理、道路桥梁工程技术、计算机网络技术；

清河学院：城市交通运输、计算机应用技术、旅游英语（文理兼招）。

3. 2011 年各省本科及高职录取分数线

具体见表 36 和表 37。

表 36　2011 年各省区录取情况统计表（本科）

地区	计划数	实际录取	理工类							文史类						
			提档线	最低分	最高分	一批	二批	高职	艺术	提档线	最低分	最高分	一批	二批	高职	艺术
北京	214	302	568	568	636	484	435	150	282	571	571	616	524	481	150	312
北京 2 志愿	15	15	646	646	650											
天津	68	79	603	603	633	515	429	180/170	278	584	584	593	519	460		299
河北	190	213	639	639	659	581	535	200	340	604	604	615	562	524	200	340
山西	152	173	599	599	660	570	520		288	558	558	578	543	496		284
内蒙古	125	131	576	576	619	482	409	160	219	549	549	566	486	430	160	219
辽宁	130	175	611	611	651	520	452	248	200	595	595	602	535	475	290	
吉林	131	157	622	622	649	548	443			592	592	602	537	437		

续表

地区	计划数	实际录取	理工类							文史类						
			提档线	最低分	最高分	一批	二批	高职	艺术	提档线	最低分	最高分	一批	二批	高职	艺术
黑龙江	108	123	608	608	689	551	465			593	593	613	540	462		
上海	25	25	468	468	489	462	393						468	412		
江苏	60	65	355	355	378	345	320	315	219/180	356	356	369	343	319	314	
浙江	86	91	622	622	636	550				610	610	618	571			
安徽	106	116	612	612	626	534	477	200					547	510	200	
福建	95	104	634	634	651	573	460	220		582	582	585	564	473	325	
江西	122	132	587	587	603	531	474	200		570	570	578	532	484	260	
山东	144	161	568	568	658	567			295	583	583	623	570			295
河南	142	156	630	630	643	582	531	310	334	598	598	603	562	515	393	334
湖北	115	123	608	608	648	571	517		330	566	566	577	547	507	388/235	
湖南	131	136	625	625	654	572	492	200		618	618	627	583	528	205	
广东	81	88	591	591	616	568	504/460			607	607	619	580	536/489		
广西	87	90	576	576	624	506	424	210					519	456	210	
海南	25	25	652	652	758	615	548						671	595		
重庆	68	69	542	542	631	533	479	414	318	606	606	616	564	504	421	318
四川	106	113	562	562	615	519	448		340	574	574	581	533	473		340
贵州	89	92	539	539	574	448	376						516	446		
云南	88	92	560	560	593	465	380						495	455		
西藏汉/民	4	4	555/444	555/444	561/461	450/270	315/222						485/315	350/280		
陕西	98	107	615	615	651	540	488	280		594	594	606	543	495	300	
甘肃	80	86	559	559	606	501	448		220	504	504	532	504	458		
青海	19	20	385	385	549	380	331	295					430	380	340	
宁夏	51	53	554	554	583	486	444						500	463		
新疆	95	119	582	582	615	473	407			578	578	592	504	433		
西藏内地班民/汉	22	22	260	260	478	235/325				380	380/423	434/432	285/355			
新疆高中班民/汉	16	26	385	385/517	553/553	310/405				475	475	572	335/405			
新疆预科	20	20	402	402	459	353				450	450	465	424			

表 37　2011 年各省区录取情况统计表（高职）

地区	理工类								文史类							
	提档线	最高分	最低分	一批	二批	三本	高职	艺术	提档线	最高分	最低分	一批	二批	三本	高职	艺术
北京	205	289	205	484	435	396	150	282	255	316	255	524	481	443	150	312
天津	195	394	195	515	429	302/270	180/170							365/305	200/190	
河北	547	579	547	581	535	390	200	340	527	548	527	562	524	441	200	340
山西	411	411	536	570	520			370	397	397	507	543	496			390
内蒙古	357	422	357	482	409	340	160	219	382	420	382	486	430	373	160	219
辽宁	439	454	439	520	452	390	248	200								
吉林	469	537	469	548	443	377	230									
河南	527	546	546	582	531	455	310	334	507	515		562	515	460	393	334

4. 2011 年本科专科新生基本信息

具体见表 38 和表 39。

表 38　2011 本科录取新生基本信息

项　目	内　　容
新生总数	普通本科新生 3 482 人，另有港澳台新生 2 人，总计 3 484 人 （本表仅统计普通本科新生 3 484 人情况）
性　　别	男生 2 140 人，占 61.42%，比去年增加 1.36 个百分点，但仍低于 2009 年以前的水平； 女生 1 344 人，占 38.58%
培养方式	统招生 3 286 人，占 94.32%； 内地西藏班 22 人，内地新疆班 26 人，占 0.63%； 定向生 150 人，占 4.31%；其中：国防生 51 人，企业定向 33 人，民族班 45 人，预科升本 21 人
科　　类	理工类考生 3 191 人，占 91.59%； 文史类考生 212 人，占 6.09%，比去年增长 0.35 个百分点； 艺术类考生 81 人，占 2.32%
政治面目	党员 4 人，占 0.11%； 预备党员 21 人，占 0.6%；（实际报道后新生党员和预备党员人数为 139 人，占 3.99%） 团员 3 377 人，占 96.93%； 群众 82 人，占 2.3%，比去年降低 0.1%
民　　族	汉族 3 016 人，占 86.57%； 少数民族分布在 26 个民族共计 468 人，占 13.43%；其中：满族 92 人，蒙族 68 人，回族 65 人，土家族 43 人，壮族 31 人，维族 31 人，藏族 29 人，苗族 22 人，其他民族均在 20 人以下

续表

项　目	内　　容
来　　源	城镇考生 2 489 人，占 71.35%，比上年减少 0.54 个百分点；农村考生 998 人占 28.65%； 应届考生 3 056 人，占 87.72%，比上年增加 2.05 百分点；往届考生 428 人占 12.28%； 应届考生和农村考生比例达到近 2 年的最高点，农村应届考生人为近 4 年最多。 其中：城镇应届 2 252 人，占 64.64%；城镇往届 234 人，占 6.72%； 农村应届 804 人，占 23.08%；农村往届 194 人，占 5.57%
外语语种	英语 3 480 人，占 99.89%； 日语 3 人，占 0.09%； 法语 1 人，占 0.02%
年龄分布	15 岁 8 人，16 岁 62 人，17 岁 454 人，18 岁 1 797 人，19 岁 921 人，20 岁 182 人，21 岁 47 人，22 岁 7 人，23 岁 5 人，24 岁 1 人。 考生平均年龄约为 18.25 岁，比上年略有增加，16 岁及以下新生占 2.01%，22 岁及以上年龄段占 0.46%，低年龄段新生比例有所提高，但最小年龄较去年上升，高年龄段比去年上升
录取志愿	一志愿 3 403 人，占新生总数的 97.68%； 二志愿 46 人，其他志愿 35 人
特 长 生	通过学校认定的文艺特长生 41 人，占 1.18%；体育特长生 23 人，占 0.66%； 特长生总计共占新生的 1.84%
西部地区	西部新生 1 024 人，占录取新生总数的 29.39%。比上年又增加了 1.02 个百分点
港 澳 台	男生 1 人，女生 1 人；1 人来自台湾，1 人来自香港

表 39　2011 年高职录取新生情况

项　目	内　　容
新生总数	总计 501 人
性　　别	男生 319 人，占 63.67%（比上年下降了 2.07 个百分点）； 女生 182 人，占 36.33%
来源地区	北京 326 人、天津 16 人、河北 45 人、山西 46 人、内蒙古 42 人、辽宁 6 人、吉林 9 人、河南 11 人
所属学院	清河学院 201 人；燕郊学院 300 人
科　　类	理工类考生 415 人，占 82.83%； 文史类考生 86 人，占 17.17%
政治面目	团员 480 人，占 95.81%； 群众 21 人，占 5.39%（比上年减少 1.2 个百分点）
民　　族	汉族 465 人，占 92.81%； 少数民族有 36 人，占 7.19%，其中：满族 16 人，回族 9 人，蒙族 8 人，朝鲜族 1 人，藏族 1 人，鄂温克族 1 人
来　　源	城镇应届 172 人，占 34.33%；城镇往届 30 人，占 5.99%； 农村应届 226 人，占 45.11%；农村往届 73 人，占 14.57%； 应届考生 398 人，占 79.44%；往届考生 103 人，占 20.56%； 城镇考生 202 人，占 40.32%；农村考生 299 人，占 59.68%

续表

项　目	内　　容
年龄分布	16 岁 2 人，17 岁 20 人，18 岁 275 人，19 岁 125 人，20 岁 60 人，21 岁 16 人，22 岁 2 人； 考生平均年龄约为 18.52 岁，16 岁及以下年龄占 0.40%；22 岁及以上年龄段占 0.40%
录取志愿	一志愿 494 人，占 98.6%；其他志愿 7 人，占 1.34%
分数情况	成绩在二本线上的有 63 人，占新生总数的 12.38%； 二本线下 10 分以内的有 25 人，占 4.99%； 二本线下 20 分以内的有 19 人，占 3.79%

体育工作

【综述】

2011 年学校体育工作全面贯彻落实国务院颁布的《全民健身计划（2011—2015 年）》，坚持"健康第一"的思想，坚持以人为本，加强机构建设，工作水平得到显著提高。

【队伍建设】

体育部现有教职工 43 人，专任教师 35 人，其中教授 1 人、副教授 14 人、讲师 19 人、新进非事业编制岗位教师 1 人；具有博士学位的教师 1 人，具有硕士学位的教师 13 人。管理干部 4 人，教辅人员 4 人。所有教师均承担本科教学工作，教授和副教授上课率为 100%，平均周课时达 14 学时以上。

2011 年体育部新成立（调整）了 9 个二级机构，分别是：行政办公室、第一教学研究室、第二教学研究室、科学研究室、群体活动指导中心、竞赛训练管理中心、大学生体质测试中心、教学（学术）指导委员会和教学督导组。

【体育工作条例评估】

学校非常重视《条例》的评估工作，以分管体育工作的校党委副书记、体委主任颜吾佴为组长，由教务处、人事处、计财处、后勤集团、学生处、团委、体育部等组成评估领导小组，严格按照北京市教委的通知精神，对照《条例》及其评估指标体系的要求，认真进行了自查和初评，发现并及时解决存在的问题。

北京市教委《学校体育工作条例》评估专家组于 12 月 23 日来学校进行现场评审。专家组由北京市教委体育卫生艺术处处长王东江和北京市大学生体育协会主席杜松彭带队。校党委副书记、体委主任颜吾佴出席会议，并在会上阐述了发挥高校体育工作创造力的教育理念，全面介绍了校体育工作的开展情况。体育部郑超主任代表学校围绕校体育工作概况、贯彻落实条例情况、近年来取得的成绩、学校体育工作特色以及未来工作展望等五个方面做了汇报，得到专家组的肯定。2011 年学校被北京市教委评为北京市高校贯彻实施《学校体育工作条例》优秀学校。

【体育教学】

以本科体育教学工作为主线，狠抓"教学规范化、课程层次化、教研系统化、课堂质量化"的四化建设，努力开创学校体育教学工作的创新模式，全面提升教学工作水平。

1. 进一步规范教学秩序，强化教学管理，修订体育部教学管理制度，完善教学管理条例，建立规范化的教学档案，形成科学化的管理目标，抓改建、促发展，全面提升教学工作水平。

2. 抓教学法研究。根据体育教学工作需要，体育部 2011 年成立了以教研室和职能中心为主的二级机构，调整充实了体育教学指导委员会成员。成立的第一教研室以乒乓球、羽毛球、网球等课程为主，第二教研室以篮球、排球、足球等课程为主，由两个教研室开展对教案、教法与组织、技术要领等方面的系统教研，规范教学，提高质量，进一步加强了体育部教学组织的建设。

3. 狠抓课堂教学质量，坚持看课制度，恢复集体备课制度，规定每学期隔周的周四下午为集体备课时间，研究教学方法和教学手段。进一步加强对体育教学质量的监管力度，调整充实了体育部教学督导组成员，逐步加强和完善了体育部的教学监控体制。

抓好青年教师教学关，10 月 18 日和 26 日组织体育部教师分别观摩了刘文洁的《健美操》和林立文的《羽毛球（高级）》公开课。课后，围绕课前准备、教学方法的选择与运用情况、课堂的组织与控制、教师仪表和教态表现、学生运动负荷及本堂课身体锻炼效果、教学任务的完成情况等方面对授课教师进行了评议。

加强体育课程建设，新开设《体育人文社会科学概论》，扩大了学生的体育知识面，提高了学生的体育素养。结合学生实际，重新调整了一年级《体育Ⅰ》课程 12 分钟跑的评分标准。以人性化的考核方式，扩大学生 12 分钟跑的合格率，同时加强测试工作的严肃性，得到了广大教师和学生的一致认可。

认真总结体育本科教学研究与改革成果，在教师和教学管理人员中积极倡导教学与教学管理的研究、建设与改革，郑超等 9 位教师的 10 篇文章入选《北京交通大学 2011 年教学研究与改革论文集》，并公开出版。

圆满完成了全年本科体育教学任务。2010—2011 学年第二学期，开出 253 个课堂，学生总数为 7 168 人；2011—2012 学年第一学期，开出 301 个课堂，学生总数为 10 118 人。为妥善解决部分学生由于没有修够体育学分所造成的体育学量堆积问题，2010—2011 学年第二学期，专门为 2007 级学生开设了 5 门专项课，安排了体育课程补考，累计 96 人次；2011—2012 学年第一学期，开设《体育人文社会科学概论》和《运动、营养、健康》两门体育理论课，并扩充课容量，动员并鼓励 13 名教师在教学基本量之外，多开出 26 个课堂。

【业务研究】

为推进体育部科学研究工作的开展和工作质量的提升，促进体育部学术氛围的建立，提高教师体育科研的水平，12 月 31 日举行 2011 年体育部科学论文报告会。科技处王冬梅副处长和教务处衣立新副处长出席并讲话，充分肯定会议提要论文的质量。本次会议共收到论文 25 篇，有 23 人次投稿，投稿率为 66%。论文研究领域涉猎广泛，包括体育教学、体质健康、高水平运动队训练、社会体育等各个方面。报告会紧跟学科前沿，结合教学、群体和训练实际，取得了很好的效果。共评出一等奖 3 篇，二等奖 4 篇，三等奖 5 篇。8 位作者在会上做了主题报告。

青年教师赵歌的《构建“科学与人文教育”相融合的高校体育课程》和周艳茹的《北京交通大学〈国家学生体质健康标准〉实施的现状分析与对策研究》2 个项目，获得学校基本科研业务费立项。

【群众体育】

2011 年学校积极开展“全国亿万学生阳光体育运动”，群体工作以科学发展观为统领，以构建和完善全民健身服务体系为主要任务，积极推进职能和作风转变，“借”阳光体育活动，“创”群体活动特色，大力开展面向每一个学生的以休闲性、趣味性为主的学生体育活动。加强了组织和激励，吸引了更多学生参与，不断提高每天锻炼一小时的经常性运动人口比率 。开展的主要群体活动如下。

1. 5 月，举办全校综合性运动会，设置了 158 项竞赛项目，参赛师生 18 000 余人次，比赛项目和参与人数为历年之最。

2. 圆满完成2010年度学生体育“学院杯”工作的评比。电信学院、经管学院和运输学院荣获2010年度学生体育“学院杯”。通过学生体育“学院杯”的评比，充分调动了学院的积极性，大力推动了学院体育活动的开展。

3. 举办学校2011年体育节，自9月开始，至11月结束，为期两个半月。项目设置为13个大项和63个小项。新增定向越野锦标赛和阳光体能“五项全能”达人赛。足球“百队杯达人赛”参赛队伍达150支，共有18 496人次参与了本次体育节的各项赛事活动，调动了广大同学的参与热情和积极性，实现了全校研究生、本科生的广泛参与。

4. 7月，体育单项协会参加了全国大学生板球比赛，获得第四名；参加了全国大学生棒垒球比赛，获得第七名。同时还参加了北京市大学生体育舞蹈比赛、龙舟比赛、鹫峰登山比赛、乒乓球比赛等多项赛事，在体育舞蹈比赛中取得了多项冠军。2011年学校获得北京市教委颁发的北京市大学生阳光体育联赛优胜奖。

【竞技体育】

学校坚持把竞技体育工作作为促进沟通、增强团结、激发活力、建设和谐校园的重要手段，积极培育体育特色和品牌，激发全校师生参与体育运动锻炼的热情，通过竞技体育的发展带动群众体育的普及与推广。

圆满完成了2011年学校体育特长生的招生工作，加强了高水平运动队的建设，制定并完善了优秀运动员保送研究生等激励政策，2008级毕业生中有3名优秀运动员被保送研究生，调动了教练员、运动员训练的积极性。2011年学校获得北京市教委颁发的普通高等学校高水平运动队建设检查评比二等奖。

北京交通大学羽毛球高水平运动队15周年队庆暨高水平运动队建设高层论坛于11月19日举办，校党委书记曹国永和教育部、国家体育总局、中国大学生体育协会、北京市大学生体育协会、北京市部分高校领导到会讲话、致辞。队庆仪式由中国羽毛球协会副主席、校党委副书记颜吾佴主持。15年来，学校羽毛球高水平运动队走过了扎实奋斗、自我完善、创新发展的历程，先后在世界大学生羽毛球锦标赛、区域性国际大学生运动会羽毛球赛、全国大学生羽毛球锦标赛和全国大学生羽毛球精英赛中取得优异成绩。校体育部主任郑超教授主持高水平运动队建设高层论坛，颜吾佴副书记等6位校领导、专家学者和高级教练员，围绕高校高水平运动队建设的现状与未来，分别从宏观、中观和微观几个不同层面作了主题发言。新华社、中央人民广播电台、大学生周刊等10余家媒体对本次活动进行了报道。

加强体育工作交流。9月18日至28日，以学校党委副书记高福廷为团长、校体育部主任郑超为副团长的中国大学生羽毛球代表团对丹麦进行访问交流。代表团参观了丹麦体育与体操协会的几个分会驻地，对丹麦体育活动的开展和管理情况有了深入的了解；参观了Gerlev体育学院，领略了丹麦体育教学情况及传统体育项目的继承和发展。

学校运动队的竞技水平和比赛成绩继续保持优势，参加全国和北京市各级各类体育竞赛20多项次，取得全国冠军10项，北京市冠军17项。羽毛球队在全国大学生羽毛球锦标赛中取得6枚金牌，获得北京市大学生羽毛球锦标赛中的6项冠军，陈钰璐同学代表中国参加了“第二十六届世界大学生夏季运动会（深圳）”羽毛球项目的比赛，获得了混合团体亚军；男子篮球队的水平稳步提升，战胜清华大学获得2011年北京市高校联赛第二名，并再次进军CUBA东北分区赛；排球队取得了新的突破，男子排球队首次获得全国大学生排球超级联赛冠军，女子排球队获得了第四名，并分别获得了北京市大学生排球比赛冠军；田径队个别项目在全国高校中领先，获得全国大学生比赛冠军1项，北京市冠军1项；跆拳道队异军突起，在全国大学生比赛中获得了2项冠军，获得北京市冠军8项。详见表40。

表40　2011年北京交通大学高水平运动队比赛成绩一览表

竞赛名称	时间	组别	项目	名次	获奖队员
第二十六届世界大学生夏季运动会（深圳）羽毛球比赛	8月		混合团体	第二名	陈钰璐
2011年北京市大学生羽毛球锦标赛	5月	甲组	男子团体	第一名	袁　亮　孙思远　杨斯森　张昌龙　宋宗耀　颜子又
2011年北京市大学生羽毛球锦标赛	5月	甲组	女子团体	第一名	王文筱　刘芳晓　方思敏　李　智　李驭风　徐菲聆
2011年北京市大学生羽毛球锦标赛	5月	甲组	男子单打	第一名	宋宗耀
2011年北京市大学生羽毛球锦标赛	5月	甲组	男子单打	第二名	张昌龙
2011年北京市大学生羽毛球锦标赛	5月	甲组	女子单打	第三名	方思敏
2011年北京市大学生羽毛球锦标赛	5月	甲组	男子双打	第一名	宋宗耀　孙思远
2011年北京市大学生羽毛球锦标赛	5月	甲组	男子双打	第二名	袁　亮　颜子又
2011年北京市大学生羽毛球锦标赛	5月	甲组	女子双打	第一名	王文筱　刘芳晓
2011年北京市大学生羽毛球锦标赛	5月	甲组	女子双打	第二名	方思敏　李　智
2011年北京市大学生羽毛球锦标赛	5月	甲组	混合双打	第一名	袁　亮　李　智
2011年北京市大学生羽毛球锦标赛	5月	甲组	混合双打	第二名	杨斯森　王文筱
2011年北京市大学生羽毛球锦标赛	5月	甲组	混合双打	第三名	孙思远　范　晨
2011年北京市大学生羽毛球锦标赛	5月	乙组	女子双打	第二名	陈钰璐
第十五届全国大学生羽毛球锦标赛	7月	甲组	男子团体	第一名	袁　亮　孙思远　杨斯森　张昌龙　宋宗耀　颜子又
第十五届全国大学生羽毛球锦标赛	7月	甲组	女子团体	第一名	王文筱　刘芳晓　方思敏　李　智　徐菲聆
第十五届全国大学生羽毛球锦标赛	7月	甲组	男子单打	第一名	宋宗耀
第十五届全国大学生羽毛球锦标赛	7月	甲组	女子单打	第一名	刘芳晓
第十五届全国大学生羽毛球锦标赛	7月	甲组	女子单打	第三名	徐菲聆
第十五届全国大学生羽毛球锦标赛	7月	甲组	男子双打	第一名	袁　亮　颜子又
第十五届全国大学生羽毛球锦标赛	7月	甲组	男子双打	第二名	杨斯森　孙思远
第十五届全国大学生羽毛球锦标赛	7月	甲组	男子双打	第三名	张昌龙　宋宗耀
第十五届全国大学生羽毛球锦标赛	7月	甲组	女子双打	第一名	王文筱　刘芳晓
第十五届全国大学生羽毛球锦标赛	7月	甲组	混合双打	第二名	杨斯森　王文筱
第十五届全国大学生羽毛球锦标赛	7月	甲组	混合双打	第三名	袁　亮　李　智
2011年北京市大学生排球超级联赛	5月		女子排球	第一名	高　雅　刘　瑜　秦　远　赵　莎　高特席　洪　妍　赵　曦　游雅文　马　丹　许嘉雯　许若楚

续表

竞　赛　名　称	时间	组别	项目	名次	获奖队员
2011 年北京市大学生排球超级联赛	5 月		男子排球	第二名	刘　杰　王　明　孙玉博　王又东　尹世民　王　玺　林　博　孟子舒　傅　棣　储博超　孙恭平　王宇帆　王　帆
2010—2011 赛季全国大学生排球超级联赛	6 月		女子排球	第四名	高　雅　刘　瑜　秦　远　赵　莎　高特席　洪　妍　赵　曦　游雅文　马　丹　许嘉雯　许若楚
2010—2011 赛季全国大学生排球超级联赛	6 月		男子排球	第一名	刘　杰　王　明　孙玉博　王又东　尹世民　王　玺　林　博　孟子舒　傅　棣　储博超　孙恭平　王宇帆　王　帆
2011 年北京市大学生排球联赛	5 月		女子排球	第二名	高　雅　刘　瑜　秦　远　赵　莎　高特席　洪　妍　赵　曦　游雅文　马　丹　许嘉雯　许若楚
2011 年北京市大学生排球联赛	5 月		男子排球	第一名	刘　杰　王　明　孙玉博　王又东　尹世民　王　玺　林　博　孟子舒　傅　棣　储博超　孙恭平　王宇帆　王　帆
2011 年北京市大学生篮球联赛	5 月		男子篮球	第二名	田　根　李昂迪　唐玺添　王　政　王　想　邹大龙　魏上淳　高　远　陈赫南　矫天石　刘　威　任　航　董礼涵
2011 年 CUBA 篮球联赛（北京预选赛）	10 月		男子篮球	第二名	田　根　李昂迪　唐玺添　王　政　王　想　邹大龙　魏上淳　高　远　陈赫南　矫天石　刘　威　任　航　董礼涵
2011 年北京市大学生田径运动会	5 月		男子跳高	第三名	赵宽松
第十二届全国大学生田径锦标赛	9 月		男子跳高	第一名	赵宽松
第十二届全国大学生田径锦标赛	9 月		男子铁饼	第三名	董文豪
2011 年北京市大学生田径精英赛	12 月		男子跳高	第一名	吕　政

续表

竞　赛　名　称	时间	组别	项目	名次	获奖队员
2011 年北京市大学生田径精英赛	12 月		男子链球	第二名	沈　锐
第七届全国大学生跆拳道锦标赛	10 月		男子团体	第一名	林炯然　倪铭泽　张　杰
第七届全国大学生跆拳道锦标赛	10 月		男子 54kg	第一名	林炯然
第七届全国大学生跆拳道锦标赛	10 月		男子 67kg	第二名	倪铭泽
第七届全国大学生跆拳道锦标赛	10 月		男子 72kg	第三名	郭　涵
2011 年北京市大学生跆拳道精英赛	5 月		女子 54kg	第三名	谷嘉楠
2011 年北京市大学生跆拳道精英赛	5 月		女子 55kg	第一名	甄心怡
2011 年北京市大学生跆拳道精英赛	5 月		女子 59kg	第一名	韩晶晶
2011 年北京市大学生跆拳道精英赛	5 月		男子 54kg	第三名	吴生健
2011 年北京市大学生跆拳道精英赛	5 月		男子 72kg	第一名	郭　涵
2011 年北京市大学生跆拳道精英赛	5 月		男子 78kg	第一名	史　硕
2011 年北京市大学生跆拳道精英赛	5 月		男子 +84kg	第二名	王　腾
第七届北京市大学生跆拳道锦标赛	12 月		女子 51kg	第三名	谷嘉楠
第七届北京市大学生跆拳道锦标赛	12 月		女子 59kg	第二名	甄心怡
第七届北京市大学生跆拳道锦标赛	12 月		女子 63kg	第二名	任　驰
第七届北京市大学生跆拳道锦标赛	12 月		男子 58kg	第三名	林炯然
第七届北京市大学生跆拳道锦标赛	12 月		男子 62kg	第三名	陈雪驰
第七届北京市大学生跆拳道锦标赛	12 月		男子 67kg	第一名	倪铭泽
第七届北京市大学生跆拳道锦标赛	12 月		男子 72kg	第一名	张　杰
第七届北京市大学生跆拳道锦标赛	12 月		男子 72kg	第二名	郭　涵
第七届北京市大学生跆拳道锦标赛	12 月		男子 78kg	第一名	史　硕
第七届北京市大学生跆拳道锦标赛	12 月		男子 –84kg	第一名	曹全聚
第七届北京市大学生跆拳道锦标赛	12 月		男子 +84kg	第三名	裴晨烨

2011

学科、科研与社会服务

学科建设与“211 工程”建设

【综述】

2011 年是完成“十一五”学科建设任务、制定“十二五”学科建设规划的承上启下之年，也是“211 工程”三期建设的收官之年。在“211 工程”三期建设中进一步强化预算管理和过程管理，做好验收总结的准备工作，确保“211 工程”三期建设任务全面完成，建设目标全面实现。同时，做好“十二五”学科建设规划的组织制定工作，进一步明确学校十二五学科发展的指导思想、建设目标、重点任务和主要措施。

【学科建设】

做好“十二五”学科建设规划的编制和征求意见等相关工作。明确“十二五”期间学科发展的指导思想、建设目标、重点任务和主要措施；结合学科发展规划编制工作，研究制订各学科的“十二五”发展计划。

组织开展对现有国家重点学科的自查工作，促进各学科进一步加强建设；组织对学科现状进行调查研究，对有望入选国家重点学科的学科进行重点跟踪，力争培育建设更多国家重点学科。

做好北京市重点学科共建项目的申报、经费预算编制以及项目管理工作。做好重点学科共建项目成果总结工作。2011 年北京市教委给我校重点学科下拨共建经费 330 万。

根据上级部门要求做好学科点调整工作。根据国务院学位委员会办公室《关于按〈学位授予和人才培养学科目录〉进行学位授权点对应调整的通知》（学位办〔2011〕25 号）文件精神，共调整一级学科博士点 3 个，一级学科硕士点 3 个。调整之后，截至年底，我校拥有 20 个一级博士授权点，34 个一级硕士授权点。

北京交通大学具有一级学科授予权学科一览表详见表 41，截止 2011 年底北京交通大学重点学科列表详见表 42。

表 41　2011 年北京交通大学具有一级学科授予权的学科一览表

序号	门类代码	学科门类	一级学科代码	一级学科名称	授权类型	备注
1	02	经济学	0202	应用经济学	博士	
2	03	法学	0301	法学	硕士	
3	03	法学	0305	马克思主义理论	博士	
4	05	文学	0502	外国语言学	硕士	
5	05	文学	0503	新闻传播学	硕士	
6	07	理学	0701	数学	博士	
7	07	理学	0702	物理学	博士	
8	07	理学	0710	生物学	硕士	
9	07	理学	0711	系统科学	博士	

续表

序号	门类代码	学科门类	一级学科代码	一级学科名称	授权类型	备注
10	07	理学	0714	统计学	博士	目录调整 2011 年新增
11	08	工学	0801	力学	博士	
12	08	工学	0802	机械工程	博士	
13	08	工学	0803	光学工程	博士	
14	08	工学	0805	材料科学与工程	硕士	
15	08	工学	0807	动力工程及工程热物理	硕士	
16	08	工学	0808	电气工程	博士	
17	08	工学	0809	电子科学与技术	博士	
18	08	工学	0810	信息与通信工程	博士	
19	08	工学	0811	控制科学与工程	博士	
20	08	工学	0812	计算机科学与技术	博士	
21	08	工学	0813	建筑学	硕士	
22	08	工学	0814	土木工程	博士	
23	08	工学	0817	化学工程与技术	硕士	
24	08	工学	0818	地质资源与地质工程	硕士	
25	08	工学	0823	交通运输工程	博士	
26	08	工学	0830	环境科学与工程	硕士	
27	08	工学	0833	城乡规划学	硕士	目录调整 2011 年新增
28	08	工学	0835	软件工程	博士	目录调整 2011 年新增
29	08	工学	0837	安全科学与工程	博士	目录调整 2011 年新增
30	08	工学	0831	生物医学工程	硕士	
31	12	管理学	1201	管理科学与工程	博士	
32	12	管理学	1202	工商管理	博士	
33	12	管理学	1204	公共管理	硕士	
34	13	艺术学	1305	设计学	硕士	目录调整 2011 年新增

表 42　北京交通大学重点学科列表

重点学科分类	一级学科名称	二级学科名称
一级学科国家重点学科	交通运输工程	道路与铁道工程
		交通信息工程及控制
		交通运输规划与管理
		载运工具运用工程
	信息与通信工程	通信与信息系统
		信号与信息处理
二级学科国家重点学科		产业经济学
		桥梁与隧道工程

续表

重点学科分类	一级学科名称	二级学科名称
一级学科北京市重点学科	土木工程	岩土工程
		结构工程
		市政工程
		供热、供燃气、通风及空调工程
		防灾减灾工程及防护工程
		桥梁与隧道工程
	管理科学与工程	
	光学工程	
二级学科北京市重点学科		计算机应用技术
		固体力学
		电力电子与电力传动
		系统分析与集成
		思想政治教育
		企业管理
交叉学科北京市重点学科		信息安全学
		信息运筹学
二级学科铁道部重点学科		电力系统及其自动化
		电磁场与微波技术
		车辆工程
		系统工程
校级重点学科		机械设计及理论
		会计学
		计算机软件与理论
		高电压与绝缘技术

【“211 工程”建设】

2011 年是“211 工程”三期的收官之年，继续推进“211 工程”三期建设，进一步强化预算管理和过程管理；做好“211 工程”三期收官建设和总结工作，确保“211 工程”三期建设任务全面完成，建设目标全面实现。“211 工程”三期建设项目包括重点学科建设项目、创新人才培养项目和队伍建设项目。

其中重点学科建设项目有：交通信息及控制应用基础及关键技术；高速、重载铁路与城市轨道工程建设关键技术；复杂条件下桥梁、隧道与地下工程关键技术；现代车辆动力与结构基础理论及关键技术；综合交通运输系统复杂性理论与运营管理关键技术；运输经济与综合物流基础理论与政策；风力发电及动力电池能量高效变换技术；信息安全光路交换网与光波技术应用；未来信息网络体系及关键技术；智能信息处理与计算智能；发光与光信息技术。

自然科学研究

【综述】

2011年，学校科技工作在承担科研项目、科研经费、科研平台建设、创新团队建设、科技成果、军工科研管理、人文社科发展、提高管理服务水平、科技成果推广等方面取得了新的成绩。

【科研基地建设】

学校新增新能源汽车动力总成技术、轨道工程北京市重点实验室、铁路货物装载加固技术研究与咨询中心等3个自然科学研究基地。截至年底，学校拥有省部级及以上自然科学研究基地29个，其中：国家重点实验室1个，国家工程研究中心1个，国家工程实验室2个（其中1个与铁道科学研究院合作），国家认可实验室4个，国家工程技术研究中心（分中心）1个，国家大学科技园1个，教育部重点实验室5个（包括教育部军工重点实验室1个），教育部工程研究中心4个，教育部基础数据平台1个，教育部行业特色研究型大学发展战略研究中心1个，北京市重点实验室5个，北京市高等学校工程研究中心1个，城市交通北京技术转移中心1个，铁路货物装载加固技术研究与咨询中心1个。自然科学研究基地明细见表43。

表43　2011年北京交通大学自然科学研究基地统计表

序号	实验室名称	批准时间	依托单位
1	轨道交通控制与安全国家重点实验室	2006年	国家重点实验室
2	轨道交通运行控制系统国家工程研究中心	2008年	国家工程研究中心
3	下一代互联网互联设备国家工程实验室	2008年	电信学院
4	电磁兼容实验室国家认可实验室	2006年	电信学院
5	结构强度检测实验室国家认可实验室	2006年	机电学院
6	网络管理实验室国家认可实验室	2008年	计算机学院
7	土木工程检测国家认可实验室	2010年	土建学院
8	国家风力发电北京检测站国家工程技术研究中心（分中心）	2006年	电气学院
9	高速铁路系统试验国家工程实验室	2007年	铁科院、北交大
10	国家大学科技园	2006年	校资产经营有限公司
11	全光网络与现代通信网教育部重点实验室	2002年	电信学院
12	发光与光信息技术教育部重点实验室	2005年	理学院
13	城市交通复杂系统理论与技术教育部重点实验室	2008年	运输学院
14	城市地下工程教育部重点实验室	2009年	土建学院
15	载运工具先进制造与测控技术教育部重点实验室（B）	2009年	机电学院
16	隧道及地下工程教育部工程研究中心	2006年	土建学院

续表

序号	实验室名称	批准时间	依托单位
17	电力牵引教育部工程研究中心	2006 年	电气学院
18	高速铁路网络管理教育部工程研究中心	2007 年	计算机学院
19	轨道车辆结构可靠性与运用检测技术教育部工程研究中心	2007 年	机电学院
20	铁路基础数据库教育部铁道部基础数据平台	2007 年	经管学院
21	教育部战略研究培育基地——北京交通大学行业特色研究型大学发展战略研究中心	2009 年	发展战略与规划处
22	城市轨道交通自动化与控制北京市重点实验室	2001 年	电信学院
23	通信与信息系统北京市重点实验室	2001 年	电信学院
24	现代信息科学与网络技术北京市重点实验室	2001 年	计算机学院
25	新能源汽车动力总成技术北京市重点实验室	2011 年	机电学院
26	轨道工程北京市重点实验室	2011 年	土建学院
27	城市轨道交通 CBTC 系统北京市高等学校工程研究中心	2010 年	电信学院
28	城市交通北京技术转移中心	2006 年	校资产经营有限公司
29	铁路货物装载加固技术研究与咨询中心	2011 年	运输学院

国家重点实验室主任唐涛教授负责的“轨道交通控制与安全创新引智基地”获得教育部正式批复立项。

“发光与光信息技术”、“全光网络与现代通讯网”两个教育部重点实验室于 9 月顺利通过教育部组织的评估。

“轨道车辆可靠性与检测技术教育部工程研究中心”于 2011 年 1 月份顺利通过验收。

【科研项目与经费】

学校全年共签订科研合同 2 087 项，总经费 6. 6 亿元，与 2010 年相比增长了 6. 7%。其中纵向科研合同项目 1 237 项，合同经费 3. 21 亿元；横向项目 850 项，合同经费 3. 44 亿元，纵向经费占总经费的 48. 3%。实到经费 6. 24 亿元。100 万元（含 100 万）以上的项目 97 项（见表 44），合同经费 22 561 万元，其中纵向 48 项，经费 11 902 万元，横向 49 项，经费 10 659 万元。

新增国家“973”计划项目各级课题 6 项，经费 625 万元。以张宏科教授为首席科学家的 973 项目“一体化可信网络与普适服务体系基础研究”经评审专家组评议，顺利通过验收，验收结果为优秀。以张顶立教授为首席科学家的“城市地下工程安全性的基础理论研究”进展顺利，并通过科技部组织的中期检查。

新增国家“863”计划项目各级课题 21 项，经费 3 881. 7 万元。学校主持的 6 项课题“轨道交通 CPS 系统的感知、运行和安全技术应用验证”、“列车运行综合优化控制技术”、“车路协同系统仿真、测试与验证关键技术”、“下一代纯电驱动汽车整车电子控制系统研发”、“列车在途隐患挖掘与评估预警技术及系统研制”、“区域交通网络化智能诱导控制技术”正式批复并启动实施。

新增国家科技支撑计划各级课题 20 项，经费 2 140. 67 万元。

新增国家自然科学基金项目 138 项，经费 7 583. 95 万元，立项数和资助经费比上年分别提高 31.4% 和 147.4%，均创历史新高。其中张顶立教授主持的“海底隧道围岩稳定性及其控制机理研究”、谈振辉教授主持的“面向地下轨道交通的无线信道模型构建与应用”、宋永端教授主持的“高速列车主动安全控制的关键基础研究”、余祖俊教授主持的“高速铁路服役状态智能感知与综合监测”、毛保华教授主持的“区域综合交通系统运行管理及建模方法”、徐寿波院士主持的“物流资源整合与调度优化研究”为重点项目共 6 项，侯忠生教授主持“广义迭代学习控制理论及在高速列车运行控制中的应用”重大国际合作项目 1 项，滕枫教授主持“有机聚合物光电子元件”国家杰出青年科学基金项目 1 项。

国家科技重大专项各级课题 20 项，经费 1 279 万元。其中，在新一代宽带无线移动通信网专项中，课题“移动互联网网络与信息安全技术研究”获得立项，主持人为周华春教授。这是自 2006 年国家科技重大专项设立以来，学校首次获得主持课题。

新增铁道部项目 41 项，经费 1 333.78 万元。新增北京市科委科研经费 1 321 万元，项目 20 项。

中央高校基本科研业务费，2010 年度项目在 2010 年底完成评审后，经过学术委员会审议、校长办公会通过后，共批准资助自由申报项目 176 项，研究生创新项目 82 项，专题项目 7 项。另资助红果园团队 108 万元，本科生创新经费 50 万元，人才基金等项目 100 万元。2011 年度项目根据校外专家的评审结果以及学院意见，共批准资助自由申报项目 144 项，研究生项目 92 项，专题项目 15 项。同时安排创新团队经费 150 万，人才基金 50 万，本科生创新经费 50 万。2012 年度项目组织和评审工作基本完成，共申报自由申报项目 171 项，专题项目 25 项，研究生创新项目由研究生院组织。

表 44　2011 年纵横向 100 万元以上项目统计表

序号	项目名称	合同总金额/万元	负责人	主持/参加	项目来源	学院
1	列车运行综合优化控制技术——全自动驾驶系统关键技术研究及系统样机研制	1 255.7	步　兵	主持	科技部“863”	国家重点实验室
2	北京轨道交通核心技术研发	1 137	郜春海	主持	科技部“科技支撑”	国家重点实验室
3	大秦线 4 亿吨 GSM－R 网络补强工程 AN 节点及软件	900	钟章队	主持	大秦铁路股份有限公司	计算机学院
4	大秦线 4 亿吨 GSM－R 网络补强工程	761	钟章队	主持	大秦铁路股份有限公司	电信学院
5	神朔铁路分公司行车固定设备生产管理信息系统项目软件开发	608	刘仍奎	主持	中国神华能源股份有限公司神朔铁路分公司	运输学院
6	区域交通网络化智能诱导控制技术	560	关　伟	主持	科技部“863”	运输学院
7	电动汽车充电设施实验室设计、施工及实验能力建设	512	王占国	主持	华北电网有限公司计量中心	电气学院
8	一体化网络	483.8	张宏科	主持	红果园	电信学院

续表

序号	项目名称	合同总金额/万元	负责人	主持/参加	项目来源	学院
9	轨道交通 CPS 系统的感知、运行和安全技术应用验证（测试案例及序列生成）	422	郑　伟	参加	科技部“863”	电信学院
10	移动互联网网络与信息安全技术研究—1	402	周华春	主持	国家重大专项（民口）——负责	电信学院
11	CRH380AL－6042 列长期跟踪试验	380	王文静	主持	南车青岛四方机车车辆股份有限公司	机电学院
12	SS4B、SS4G 机车辅助电路变流技术应用研究（2011）	369.95	张立伟	主持	中国神华神朔铁路分公司	电气学院
13	机车牵引与控制技术研究	360	王琛琛	主持	中国北车股份有限公司大连电力牵引研发中心	电气学院
14	新头型试验列车系列线路试验（安全评估与载荷谱测试）	323	金新灿	主持	南车青岛四方机车车辆股份有限公司	机电学院
15	300EMU 第一阶段动车组武广线耐久性试验（安全评估与载荷谱测试）	313	邹　骅	主持	南车青岛四方机车车辆股份有限公司	机电学院
16	苏州市轨道交通二号线控制测量及施工测量工程项目（盾构过房屋段）监测	306.823	袁大军	主持	中铁隧道勘测设计院有限公司	土建学院
17	大型复杂特种工件防热层自动喷涂装备关键技术研究	300	房海蓉	主持	红果园	机电学院
18	大学数字图书馆国际合作计划（CADAL）项目二期	300	韩宝明	主持	教育部“规划”	运输学院
19	石墨烯透明导电薄膜及相关器件研发	294.4	何大伟	主持	北京市科委	理学院
20	高速列车主动安全控制的关键基础研究	290	宋永端	主持	国家自然科学基金“重点”	电信学院
21	轨道交通 CPS 系统的感知、运行和安全技术应用验证（通信系统建模方法）	287	艾　渤	主持	科技部“863”	国家重点实验室
22	重载铁路空载车辆脱轨预警系统	280.4	李长春	主持	朔黄铁路发展有限责任公司	机电学院
23	国防基础科研	275	王永生	主持	红果园	理学院
24	车路协同系统仿真、测试与验证关键技术	274	陈后金	主持	科技部“863”	电信学院

续表

序号	项目名称	合同总金额/万元	负责人	主持/参加	项目来源	学院
25	城规交通轨道安全状态移动检测系统研制	270	魏秀琨	参加	科技部“科技支撑”	国家重点实验室
26	广义迭代学习控制理论及在高速列车运行控制中的应用	265	侯忠生	主持	国家自然科学基金“重大”	电信学院
27	石墨烯的可控制备、物性与器件研究	263	王永生	主持	科技部“973”	理学院
28	纯电动汽车充换电站优化设计研究	260	李景新	主持	北京市科委	电气学院
29	CRH2 转向架、车体动应力武广线跟踪试验	260	王斌杰	主持	南车青岛四方机车车辆股份有限公司	机电学院
30	高速列车耦合条件下技术极限速度研究	242	杨中平	主持	科技部“973”	电气学院
31	交大椿树研究所计划项目	240	郑琼林	主持	北京京仪椿树整流器有限责任公司	电气学院
32	试验平台列车安全监控系统	235	蔡国强	参加	科技部“科技支撑”	国家重点实验室
33	高精度大工作空间自动喷涂机器人研究	230	房海蓉	主持	红果园	机电学院
34	6K 型电力机车牵引座补强改造 2011	224.2	韩同样	主持	郑州铁路局（洛阳机务段）	机电学院
35	新一代动车组（16 编组）研究试验——动应力测试	220	李　强	主持	南车青岛四方机车车辆股份有限公司	机械与电子控制工程学院
36	高速动车组车下设备舱疲劳寿命研究	216	李　强	主持	南车青岛四方机车车辆股份有限公司	机电学院
37	新建兰新铁路第二双线（新疆段）水土保持监测	209	刘世海	主持	兰新铁路新疆有限公司	土建学院
38	机车信号远程监控系统集成优化的研究	200	赵林海	主持	北京交大思诺科技有限公司	电信学院
39	城轨列车安全检测传感网接入节点与复合节点研制	200	董宏辉	参加	科技部“863”	国家重点实验室
40	青藏铁路格拉段视频监控系统扩容工程（甲供）物资设备	200	秦　勇	主持	青藏铁路公司建设项目管理所	国家重点实验室
41	世界旅游城市评价体系实施项目	199	陈怡宁	主持	其他部市	经管学院
42	激光六自由度误差同时测量仪的研制	180	冯其波	主持	国家自然科学基金“重点”	理学院
43	时速 350 公里动车组郑西线安全评估与载荷谱测试	174	王斌杰	主持	南车青岛四方机车车辆股份有限公司	机电学院

续表

序号	项目名称	合同总金额/万元	负责人	主持/参加	项目来源	学院
44	大宗物品全程电子商务精准信息服务技术研究开发与示范应用	171	刘志硕	参加	科技部“科技支撑”	运输学院
45	仿真推演评估系统	160	林友芳	主持	红果园	计算机学院
46	特种液晶材料制备	160	何志群	参加	红果园	理学院
47	北京轨道交通减少异常波磨的综合减振技术研究	160	刘维宁	参加	北京市科委	土建学院
48	南京市纬三路过江通道工程盾构隧道合理覆土厚度研究	160	袁大军	主持	中交第二公路勘察设计研究院有限公司	土建学院
49	超高速涡轮发电机试验台	157	李长春	主持	北京精密机电控制设备研究所	机电学院
50	无线数据传输 WTD 装置	156	张　宁	主持	北京华高世纪科技股份有限公司	计算机学院
51	曹妃甸工业区路基工后沉降分析及地基处理优化设计研究	151	沈宇鹏	主持	北京中交工程勘察有限公司	土建学院
52	首都大学生思想政治教育研究中心内涵建设发展项目	150	颜吾佴	主持	北京市教委	校内其他部门
53	既有繁忙干线铁路货运组织及集疏运技术的研究	150	何世伟	主持	铁道部科技司	运输学院
54	动力电池梯次利用技术研究及示范应用	150	王占国	参加	北京市科委	电气学院
55	创尔沃热能技术研究院技术指导	150	贾　力	主持	淄博早春工业园	机电学院
56	钢轨打磨技术研究试验台	150	李建勇	主持	北京二七轨道交通装备有限责任公司	机电学院
57	关角隧道快速施工与地质灾害防治技术研究	150	谭忠盛	主持	铁道部科技司	土建学院
58	动力电池管理系统及成组应用技术研究	150	王占国	主持	惠州市亿能电子有限公司	电气学院
59	电动汽车动力电池测试设备技术研发	150	张维戈	主持	北京优科利尔能源设备有限公司	电气学院
60	机动自组应急部署系统关键技术	150	李　旭	主持	科技部“其他项目”	国家重点实验室
61	镉污染损害人体健康的生物监测与应急处置研究二	146	柯　屾	主持	其他部市	理学院

续表

序号	项目名称	合同总金额/万元	负责人	主持/参加	项目来源	学院
62	下一代纯电驱动汽车整车电子控制系统研发	145	张　欣	主持	科技部“863”	机电学院
63	车下设备及设备舱安装结构疲劳强度研究	140	李　强	主持	南车青岛四方机车车辆股份有限公司	机电学院
64	宽带多媒体集群系统技术验证（超宽带模式）	139	陶　成	参加	国家重大专项（民口）——参加	电信学院
65	西安高新技术产业开发区核心竞争力	138	刘颖琦	主持	其他部市	经管学院
66	攸县南站新区控制性详细规划及修建性详细规划	130	余高红	主持	中铁第五勘察设计院集团有限公司	建筑与艺术系
67	遵化物流产业总体规划与电子商务方案设计	130	刘红璐	主持	其他	运输学院
68	HXD2C 型电力机车辅助控制单元 ACU	130	游小杰	主持	中国北车集团大连机车研究所有限公司	电气学院
69	北京中长期氮氧化物减排和臭氧/颗粒污染控制的交通符合性及保障政策	126.6	于　雷	主持	国际合作	运输学院
70	克拉玛依市综合交通运输体系发展规划	121	孙全欣	主持	新疆维吾尔自治区克拉玛依市交通局	运输学院
71	装配式铺盖法修建地铁车站施工关键技术研究	120	黄明利	主持	北京市政建设集团有限责任公司第三工程处	土建学院
72	列车运行综合优化控制技术——最优化全自动驾驶系统的平行控制与管理技术研究	120	董海荣	参加	科技部“863”	电信学院
73	回转类减速器特性测试试验台	120	延　皓	主持	北京精密机电控制设备研究所	机电学院
74	灵川县“梧桐雨”社会化养老服务创新示范项目可行性研究及资金申请报告	120	王树祥	主持	桂林市袭汇房地产开发有限责任公司	经管学院
75	新一代动车组（16 编组）研究试验——声振关系试验	119.6	宋雷鸣	主持	南车青岛四方机车车辆股份有限公司	机电学院
76	城乡电网单三相混合配电技术研究及应用	119.5	王　玮	主持	内蒙古东部电力有限公司赤峰电业局	电气学院
77	飞行可视化拼接显示系统开发	115.6	方卫宁	主持	红果园	国家重点实验室

续表

序号	项目名称	合同总金额/万元	负责人	主持/参加	项目来源	学院
78	无缝钢管超声波探伤仪（10）	114	滕永平	主持	扬州诚德钢管有限公司	理学院
79	1394 SerDes IP 核研发	110	李力南	主持	北京中微星通电子有限公司	电信学院
80	新型宽带移动 IP 承载网架构研究、关键技术研发与试验验证 -1	110	苏　伟	参加	国家重大专项（民口）——负责	电信学院
81	廊坊市政道路下穿京沪高铁工程对线路安全性影响评估	110	蔡小培	主持	廊坊市城市建设投资开发有限公司	土建学院
82	桂林市琴潭"栖息式"社会养老服务创新示范项目可行性研究报告及资金申请报告	110	邬文兵	主持	桂林市秀峰区经济建设投资有限公司	经管学院
83	新一代动车组郑西/武广试验声振关系试验研究	109	宋雷鸣	主持	南车青岛四方机车车辆股份有限公司	机电学院
84	铁路煤炭货流现状和 2025 年新疆煤炭外运铁路运价和运输能力分析与预测研究	104.84	武剑红	主持	力拓（Rio Tinto）贸易（上海）有限公司	经管学院
85	轨道交通 CPS 系统的感知、运行和安全技术应用验证（安全技术分析平台）	103	赵　林	参加	科技部"863"	国家重点实验室
86	索节点相关构造设计研究	101.8	杨维国	主持	红果园	土建学院
87	移动互联网网络与信息安全技术研究 -3	100.5	刘　颖	参加	国家重大专项（民口）——负责	电信学院
88	移动互联网网络与信息安全技术研究 -2	100.5	郜　帅	参加	国家重大专项（民口）——负责	电信学院
89	山西省洪洞县旅游发展总体规划	100	王衍用	主持	其他部市	经管学院
90	HGIS -126/1600 -31.5 型 126kV 气体绝缘真空组合电器	100	文化宾	主持	中电新源智能电网科技有限公司	电信学院
91	人机交互显控技术研究	100	林友芳	主持	中国船舶工业集团公司船舶系统工程部	计算机学院
92	繁华景区大型地铁车站安全风险分析及控制关键技术研究	100	王永红	主持	中铁二十局集团有限公司青岛市地铁一期工程土建 04 标项目部	土建学院
93	新一代城轨交通列车运行控制系统研制（7 -6）	100	徐洪泽	参加	科技部"科技支撑"	电信学院

续表

序号	项目名称	合同总金额/万元	负责人	主持/参加	项目来源	学院
94	充电设备性能测试与评价	100	张晓冬	参加	科技部“863”	电气学院
95	摆动式伺服机构测试试验台	100	李长春	主持	北京精密机电控制设备研究所	机电学院
96	甲醇制丙烯联产汽、柴油技术的开发	100	刘　博	主持	中能新兴能源投资有限公司	理学院
97	北京城市轨道交通新技术发展市场应用需求分析和预测	100	程晓卿	主持	中国铁道科学研究院科学技术信息研究所	国家重点实验室

【科技成果与奖励】

学校主持或参加完成的自然科学研究成果获得省部级及其以上奖励 30 项。其中，高自友教授主持完成的“基于行为的城市交通流时空分布规律与数值计算”项目获得国家自然科学奖二等奖，是继 1999 年高玉臣院士主持完成的项目获得国家自然科学奖三等奖以来，学校又一次获得该项殊荣；韩冰教授参加完成的“水下无封底混凝土套箱建造技术”项目获得国家技术发明奖二等奖，这也是学校近 20 年后再次获得该奖项。省部级科技奖励 28 项，其中特等奖 1 项，一等奖 8 项，二等奖 13 项，三等奖 6 项（详见表 43）。

学校 11 项主持、参加完成项目通过了省部级科技成果鉴定（详见表 44）。

蔡伯根、邱宽民、张顶立三位教授获得第十届茅以升铁道科学技术奖；闻映红、谭南林两位教授获得了 2011 年度中国铁道学会环境保护奖。

申请专利 539 项，授权专利 255 项，比去年分别增加 25.3% 和 37.8%；获授权计算机软件著作权 152 项（详见表 45）；申请美国专利 7 项，超过以往历年申请量总和；申请 PCT 专利 4 项，与去年持平；获授权美国专利 3 项，实现了学校美国专利授权零的突破。获批准集成电路布图设计两项，实现了学校集成电路布图设计零的突破。“磁性液体密封装置中密封组件的装配方法”发明专利荣获第二届北京市发明专利奖三等奖。

表 45　2011 年度北京交通大学获科学技术奖成果统计一览表

序号	成果名称	奖励名称	奖励等级	颁奖单位名称	学校排序	学校获奖人	获奖时间
1	基于行为的城市交通流时空分布规律与数	国家自然科学奖	二等奖	国务院	1	高自友（1） 毛保华（5）	2011
2	水下无封底混凝土套箱建造技术	国家技术发明奖	二等奖	国务院	6	韩冰（6）	2011
3	基于通信的城轨列车运行控制系统关键技术及其应用	北京市科技奖	一等奖	北京市人民政府	1	宁滨（1）唐涛（2） 郜春海（5）刘波（6） 张建明（7）马连川（9） 王海峰（10）黄友能（11） 步兵（12）马琳（13）	2010

续表

序号	成果名称	奖励名称	奖励等级	颁奖单位名称	学校排序	学校获奖人	获奖时间
4	复杂地质条件下大断面海底隧道施工关键技术研究	北京市科技奖	一等奖	北京市人民政府	2	傅洪贤（7）刘永胜（8）	2010
5	地铁换乘车站新型暗挖建造关键技术研究	北京市科技奖	一等奖	北京市人民政府	3	张顶立（3）房倩（8）	2010
6	蓄热式燃烧冷凝型天燃气锅炉技术	北京市科技奖	二等奖	北京市人民政府	1	贾力（1）张田田（3）杨立新（5）李星（7）管鹏（9）	2010
7	高压富水充填岩溶区隧道施工技术研究	北京市科技奖	二等奖	北京市人民政府	2	谭忠盛（2）	2010
8	电动车辆充电站关键技术及工程化应用	北京市科技奖	二等奖	北京市人民政府	2	姜久春（2）张维戈（4）	2010
9	轨道交通节能方法与关键技术	北京市科技奖	三等奖	北京市人民政府	1	毛保华（1）柏赟（2）丁勇（3）刘海东（4）陈绍宽（5）李克平（6）	2010
10	城市暗挖隧道施工超前地质预报系统研究	北京市科技奖	三等奖	北京市人民政府	2	张成平（4）	2010
11	大型跨海隧道钻爆法修建核心技术	教育部科技进步奖	二等奖	教育部	1	张顶立（1）陈铁林（3）张成平（4）房倩（5）苏洁（7）李鹏飞（8）侯艳娟（9）李兵（10）孙锋（11）骆建军（12）李倩倩（13）黄俊（14）宋瑞刚（15）	2011
12	城轨列车关键设备状态监控、预警与应急技术及系统	教育部科技进步奖	二等奖	教育部	1	贾利民（1）蔡国强（2）秦勇（10）殷洪军（14）	2011
13	无线环境下数字内容保护技术	教育部技术发明奖	二等奖	教育部	2	吴昊（3）	2011
14	宜万铁路高压富水大型充填岩溶及断裂带隧道修建技术	铁道科技奖	特等奖	中国铁道学会	7	谭忠盛（25）	2011
15	高铁信号系统的电磁兼容技术及实验室仿真测试平台的研究	铁道科技奖	一等奖	中国铁道学会	1	闻映红（1）沙斐（2）蔡伯根（3）蒋大明（8）上官伟（9）陈嵩（10）王国栋（11）王凤兰（12）朱云（13）周克生（14）崔勇（15）陈后金（16）王剑（17）曹源（18）刘江（19）王忠立（20）	2011

续表

序号	成果名称	奖励名称	奖励等级	颁奖单位名称	学校排序	学校获奖人	获奖时间
16	编组计划、大编组站作业分工和中远程直达的联合优化技术	铁道科技奖	一等奖	中国铁道学会	1	林柏梁（1）许红（3） 王喜富（4）田亚明（9） 王志美（10）纪丽君（11） 胡吉平（13）张秀媛（16） 乐逸祥（17）武颖（18） 李沛恒（19）纪丰民（20）	2011
17	宜万铁路复杂山区岩溶隧道设计关键技术	铁道科技奖	一等奖	中国铁道学会	4	乔春生（12）	2011
18	高地应力条件下富水炭质页岩、倾斜砂质页岩隧道大变形控制技术	铁道科技奖	一等奖	中国铁道学会	5	张顶立（7）	2011
19	武广高速铁路桥梁关键技术研究	铁道科技奖	一等奖	中国铁道学会	5	雷俊卿（18）	2011
20	GSM－R 网络互联互通关键技术与测试方法研究	铁道科技奖	二等奖	中国铁道学会	1	钟章队（1）杨淼（5） 丁建文（9）蒋文怡（15）	2011
21	电气化铁路牵引网高次谐波谐振抑制技术及装置	铁道科技奖	二等奖	中国铁道学会	1	吴命利（1）杨少兵（2） 张洪和（7）万庆祝（8） 王晖（12）李腾（14）	2011
22	制定铁路旅客运输条例和铁路货物运输条例及相关问题研究	铁道科技奖	二等奖	中国铁道学会	1	张长青（1）郑翔（2） 王霞（6）	2011
23	铁路应急预案管理理论、方法和技术	铁道科技奖	二等奖	中国铁道学会	1	秦勇（1）贾利民（2） 王子洋（3）程晓卿（4） 祝凌曦（7）赵忠信（8） 于格（9）周慧娟（11）	2011
24	高速铁路司机健康指标及劳动强度跟踪分析	铁道科技奖	二等奖	中国铁道学会	1	叶龙（1）刘颖琦（2） 郭名（3）姜文生（5） 李涛（6）蔡芸（7） 沈梅（10）许安国（11） 鲁晓华（12）孙大强（13）	2011
25	襄渝线牛角坪主跨 192m 大跨刚构桥建设技术试验研究	铁道科技奖	二等奖	中国铁道学会	4	朱晞（8）	2011

续表

序号	成果名称	奖励名称	奖励等级	颁奖单位名称	学校排序	学校获奖人	获奖时间
26	铁路机车（轨道车）环保警示系统及管理规范研究	铁道科技奖	三等奖	中国铁道学会	1	谭南林（1）张乐乐（2）张新华（4）宋雷鸣（5）戴明森（6）	2011
27	内燃机车及旅客发电车燃油消耗检测分析系统及计量装置	铁道科技奖	三等奖	中国铁道学会	2	谭南林（2）	2011
28	铁路变配电所异常过电压综合治理装置	铁道科技奖	三等奖	中国铁道学会	2	刘明光（2）	2011
29	电力机车过关节式分相过电压机理分析及防护措施	铁道科技奖	三等奖	中国铁道学会	4	刘明光（5）	2011
30	交通流复杂动态特性的演化机理研究	安徽省科学技术奖	二等奖	安徽省人民政府	2	贾斌（4）	2011

表46　2011年北京交通大学鉴定（评审）成果统计

序号	成果名称	鉴定时间	主持/参加	我校项目负责人	批准并组织鉴定部门	成果评价
1	交通信息系统互操作关键技术及应用	2011	主持	贾利民	教育部成果处	国际先进
2	铁路车载信息高可靠采集和传输技术与应用	2011	主持	张宁	教育部成果处	国际先进
3	城轨列车关键设备状态监控、预警与应急技术与系统	2011	主持	贾利民	教育部成果处	国际领先
4	金山店铁矿采场溜井安全运行机制与矿柱安全开采关键技术研究	2011	主持	王艳辉	中国冶金矿山企业协会	国际领先水平
5	中国铁路既有线200～250km/h高速成套技术及应用	2011	参加（15）		铁道部科学技术司	国际领先
6	在含水地层中不降水穿越高速公路大断面暗挖隧道施工技术	2011	参加（3）	谢楠	北京市住房和城乡建设委员会	国内领先
7	宽工作范围高效单相光伏并网逆变器	2011	参加（2）	郝瑞祥	河北省科技成果转化服务中心	国内领先
8	矿区铁路智能安全运输信息系统建设研究	2011	参加（3）	王喜富	中国煤炭工业协会	国际领先
9	矿区铁路智能运输数字化体系设计与应用研究	2011	参加（2）	王喜富	中国煤炭工业协会	国际先进

续表

序号	成果名称	鉴定时间	主持/参加	我校项目负责人	批准并组织鉴定部门	成果评价
10	隧道施工地质灾害预测预报与施工对策专家系统开发	2011	参加（5、7）	田盛丰、尹传环	中国冶金科工集团有限公司	国际先进
11	铜及铜合金接触线、承力索工艺研究	2011	参加（2）	曹福强	山东省科技厅	国内先进水平

表 47　2011 年北京交通大学申请专利、授权专利和计算机软件著作权登记统计

序号	单位	申请专利				授权专利				软件登记
		发明	实用新型	外观设计	总数	发明	实用新型	外观设计	总数	
1	电信学院	142	28	0	170	81	15	0	96	39
2	理学院	21	2	0	23	28	4	0	32	0
3	经管学院	1	0	0	1	0	0	0	0	10
4	机电学院	191	7	0	198	22	7	0	29	5
5	电气学院	29	2	0	31	20	5	0	25	5
6	计算机学院	21	2	0	23	17	4	1	22	20
7	土建学院	46	4	0	50	19	5	0	24	14
8	运输学院	8	1	0	9	15	1	0	16	42
9	国家重点实验室	31	3	0	34	11	0	0	11	16
10	其他									1
合计	490	49	0	539	213	41	1	255	152	

【科研论文】

2011 年公布的 2010 年科技论文统计数据中，学校被国际三大检索系统收录论文中，SCI 检索系统收录论文 420 篇，比 2009 年增加 33 篇，全国高校排名 65 位；EI 检索论文 813 篇，比 2009 年增加了 179 篇，全国高校排名 36 位；ISTP 检索论文 1 314 篇，比 2009 年增加了 649 篇，全国高校排名 3 位。科学引文索引（SCI）被引 334 篇、592 次，比 2009 年被引用 152 篇、324 次分别增加了 182 篇、268 次，全国高校排名 73 位。表现不俗论文 75 篇，全国高校排名 64 位。

全年学校教师、研究生共发表学术论文 1 835 篇，出版著作 121 部，见表 48。

表 48　2011 年教师、研究生发表科技论文著作情况

年　份	国内/篇	国际/篇	合计/篇	著作/部
2011 年	634	1 201	1 835	121

2011 年公布 2010 年国内检索系统收录学校论文 1 351 篇，比 2009 年国内检索论文 1 144 篇增加 207 篇，全国高校排名第 64 位，见表 49。

表 49　2010 年学校被国际三大检索/国内检索系统收录论文数、SCI 引用情况及全国高校排名

年　份	SCIE/排名	EI/排名	ISTP/排名	国内检索/排名	SCI 被引篇数/次数/排名
2010 年	420/65	813/36	1 314/3	1 351/64	334/592/73

【学术交流】

举办了形式多样、主题突出的“交大大讲堂”系列活动，围绕励志、创新、北京文化等主题，定期邀请有关部门的专家、学者来校讲座，为学校师生搭建了良好的学术交流平台。全年共举办学术活动 159 次。

【学术会议】

共举办大型国际、国内学术会议共 17 次，其中大型国际学术会议 9 次。成功举办“第七届中国交通高层论坛”、“2011 中国自动化大会”、“IEEE 2011 智能轨道交通国际会议”等高层次系列学术会议，不断扩大学校学术影响力。作为教育部科技委能源与土木建筑水利学部办公室挂靠单位，举办了 2011 年学部工作会议，邀请了知名院士、学者和教育部、国家自然科学基金委有关领导等 30 余人参加会议

1. 主办（承办）国际性学术会议（见表 50）

表 50　2011 年主办（承办）国际学术会议明细表

序号	会　议　名　称	举办时间	举办地点
1	群、图与网络	2011. 4	北京
2	物流信息化与服务科学国际学术年会	2011. 6	北京
3	第十三届企业信息系统国际学术年会	2011. 6	北京
4	2011 中韩就业与劳动关系国际学术研讨会	2011. 6	北京
5	ENASE 软件工程新方法的评估国际学术年会	2011. 6	北京
6	IEEE 2011 智能轨道交通国际会议	2011. 7	北京
7	IEEE 2011 无线通信领域的微波、天线、传播和电磁兼容技术国际会议	2011. 11	北京
8	2011 中国自动化大会	2011. 11	北京
9	第七届中国交通高层论坛	2011. 12	北京

2. 主办（承办）全国性学术会议（见表 51）

表 51　2011 年主办（承办）全国性学术会议明细表

序号	会议名称	时间	地点	会议性质	参会主要人员	主办单位
1	《物品标识术语》国家标准研讨会	2011. 11	北京交通大学	国内会议	经管学院及领域内相关专家	经管学院
2	综合交通与现代物流展 EMBA 高端论坛	2011. 7	北京交通大学	国内会议	领域内相关领导、专家	北京交通大学
3	全日制 MPAcc 实践教学经验交流会	2011. 4	北京交通大学	国内会议	领域内相关领导、专家	经管学院

续表

序号	会议名称	时间	地点	会议性质	参会主要人员	主办单位
4	直线电机轨道交通技术交流研讨会	2011.7	重庆	国内会议	领域内相关领导、专家	北京交通大学、重庆轨道交通有限公司
5	中国科协第235次青年科学家论坛	2011.5	北京交通大学	国内会议	领域内相关领导、专家	土建学院
6	北京交通大学—东芝轨道交通电力传动新技术交流会	2011.5	北京交通大学	国内会议	该领域内国内和日本相关领导、专家	北京交通大学、日本东芝株式会社交通事业部
7	第十届海峡两岸隧道与地下工程学术及技术研讨会	2011.8	新疆	国内会议	相关领域专家	土建学院
8	2011年中国力学大会	2011.8	哈尔滨	国内会议	领域内相关领导、专家	土建学院

人文社会科学研究

【综述】

2011 年学校人文社会科学新增科研项目 473 项。北京市哲学社会科学“北京产业安全与发展研究基地”揭牌。组织撰写的专家建议得到中央领导同志及北京市领导同志的批示。

【科研项目】

人文社会科学项目数量及经费比上年同期大幅提升。人文社会科学新增科研项目 473 项，其中纵向项目 294 项，横向项目 143 项，人文社会科学项目合同经费 6 906. 18 万元，其中纵向合同经费 3 655. 19 万元，横向合同经费 3 250. 99 万元。获批国家社会科学基金项目 4 项、教育部人文社科项目 10 项，其中规划项目 6 项、马克思主义大众化专项任务项目 3 项、高校辅导员专项任务项目 1 项；获得北京市哲学社会科学规划重大项目 1 项、规划项目获批 10 项。

北京市教委发布 2009 年《北京地区高等学校科学技术发展报告》，学校在 2009 年度全国高校人文社科研究经费投入排名第 21 位、2009 年度北京地区高校人文社科研究经费投入排名第 6 位。

经管学院刘延平教授为首席专家申报的项目“北京城市交通可持续发展研究”，中标北京市哲学社会科学规划重大项目，资助经费 30 万元，这是学校首次获批此类重大项目。课题以科学发展观为指导，分析城市交通可持续发展和城市综合交通系统的本质、目标和原则，通过构建高效率、高可达性的综合交通体系，提出北京城市交通可持续发展的思路。主要从经济（财务）的可持续、环境的可持续，以及城市发展的可持续三个方面对北京城市交通的可持续性进行研究。从环境友好、能源节约的可持续发展的更高角度出发，提倡城市交通的绿色发展和低碳发展，提出新的城市交通可持续发展思路和战略。

【科研成果】

组织相关学院申报或征集了国家哲学社会科学优秀成果文库、高校德育创新发展研究成果、高校社科文库、教育部人文社科研究项目成果摘报、国家社科基金成果要报、教育部专家建议等。经管学院赵坚教授撰写的研究成果《高速公路收费面临的“两难困境”及解决思路》入选国家社科基金《成果要报》，文中提出的重要观点和对策建议受到中央领导同志的重视；经管学院张明玉教授撰写的研究成果《加快构建现代农产品流通体系，控制流通环节农产品价格上涨》得到国务院总理及副总理的审阅，并由主管副总理作出批示；人文学院韩振峰教授承担的北京市哲学社会科学规划项目《北京精神与社会主义核心价值体系研究》的阶段性研究成果——《建议设立北京精神研究中心、建设北京精神展示与交流中心》，被市社科规划办《成果要报》刊发，其提出的建议得到中共中央政治局委员、中共北京市委刘淇等领导的批示。

组织社科办与学工部、研工部、人文学院、校团委、宣传部共同编写《高校德育创新与发展成果选编》（北京交通大学卷）。

依据《北京交通大学论文分类办法》（校科发［2010］33 号），对原《北京交通大学人文社会科学高水平学术论文奖励办法》（校科发［2008］5 号）进行了修订，于 12 月 1 日发布实施《北京交通大学人文社会科学高水平学术论文奖励与支持办法》（校科发［2011］51 号）。

【科研基地建设】

进一步加强“物流管理与技术”北京市重点实验室和北京哲学社会科学“北京交通发展研究基地”、“首都大学生思想政治教育研究基地”、“北京产业安全发展与研究基地”建设，规范和完善相应的运行机制。

12 月 20 日，学校举行北京市哲学社会科学“北京产业安全与发展研究基地”揭牌仪式，市社科规划办主任王祥武与副校长孙守光共同为“北京产业安全与发展研究基地”揭牌。

全面启动教育部人文社会科学重点研究基地的前期申报筹备工作。

学校物流研究院成为国家物联网基础标准工作组成员，参与国家物联网基础标准制定工作。

【理论阵地】

《北京交通大学学报》（社科版）“物流研究”栏目入选了教育部高校哲学社会科学学报名栏。期刊影响因子由上年的 0. 626 上升为 0. 854，在全国大学人文社科学报中排第 9 位，在全国理工类院校社科学报中排第 5 位。多篇文章被《新华文摘》、《人大复印报刊资料》等全文转载。

科技平台建设

【综述】

新增新能源汽车动力总成技术、轨道工程北京市重点实验室、铁路货物装载加固技术研究与咨询中心等3个省部级及以上科研平台。截至年底，学校拥有省部级及以上科研平台34个，其中：国家重点实验室1个，国家工程研究中心1个，国家工程实验室2个（其中1个与铁道科学研究院合作），国家认可实验室4个，国家工程技术研究中心（分中心）1个，国家大学科技园1个，教育部重点实验室5个（包括教育部军工重点实验室1个），教育部工程研究中心4个，教育部基础数据平台1个，教育部行业特色研究型大学发展战略研究中心1个，北京市重点实验室6个，北京市高等学校工程研究中心1个，北京市人文社科基地4个，城市交通北京技术转移中心1个，铁路货物装载加固技术研究与咨询中心1个。2011年新增教育部创新团队1个，学校共拥有4个教育部创新团队和3个校级红果园创新团队。

国家重点实验室主任唐涛教授负责的“轨道交通控制与安全创新引智基地”获得教育部正式批复立项。

【轨道交通控制与安全国家重点实验室】

4月，实验室召开了学术委员会会议，实验室主任唐涛教授总结2010年度工作、汇报了2011年工作计划以及实验室“十二五”人才规划，委员们从实验室建设的总体目标、发展方向、研究重点、人才队伍等方面提出了针对性的意见和建议。

实验室学术委员会常务副主任高自友教授主持完成的“基于行为的城市交通流时空分布规律与数值计算”项目通过了2011年度国家自然科学奖二等奖评审；实验室杨立兴老师入选2010年教育部新世纪优秀人才支持计划；实验室承担的国家科技支撑计划项目“城轨列车关键设备状态监控—预警与应急技术及系统”及科技部“863”项目“分布式交通系统信息互操作技术—开放式互操作模型及平台构建技术”通过教育部鉴定。

完成了中兴通讯GSM－R实验室建设，该实验室采用中兴通讯设备初步建成了包括核心网交换机、BSC、BTS在内实验室网，可以承载软交换、语音、数据等铁路GSM－R各种业务；实现了与实验室原有的诺基亚西门子GSM－R网络的互联互通。

完成了800M数字集群实验室建设，该实验室包括Motorola公司的交换机、基站、网管、调度台、车载台、手持台及其他配套设备在内的较为完备的数字集群实验室网。

【下一代互联网互连设备国家工程实验室】

实验室主持新一代宽带无线移动通信网科技重大专项课题“移动互联网网络与信息安全技术研究”；获得“机会传感器网络感知路由关键技术”、“支持多形态移动的多维可扩展路由理论及关键技术研究”、“面向服务的未来互联网智慧路由机理研究”3个国家自然科学基金项目；11月17日国家973项目“一体化可信网络与普适服务体系基础研究”项目结题，成绩为“优秀”。2011年实验室出版著作2部，在本领域IEEE系列期刊等发表论文10余篇，获授权专利12项。

3月15日，中国科协名誉主席、著名科学家周光召院士，中国工程院邬贺铨院士、胡启恒院士，中国科学院周炳琨院士，国家973计划专家顾问组副组长林泉，科技部基础司副司长彭以祺及随行人员来到国家工程实验室考察973项目“一体化可信网络与普适服务体系基础研究”的进展工作。宁滨校长、李学伟副校长及工程实验室主任张宏科教授向周光召院士一行汇报了工作，专家们就实验室建设的发展方向、研究重点、人才队伍等方面提出了针对性的意见。

【轨道交通运行控制系统国家工程研究中心】

中心按照第一届技术委员会第一次会议确定的建设任务对部分子平台进行了先期建设，完成所有15个子平台的技术方案详细设计，7个子平台初具规模，为高速铁路和城市轨道交通运行控制系统提供了很好的现场和实验室测试手段，并发挥了一定作用。中心参与编制了高速铁路CTCS-3级列控系统标准规范30多项；编制了验证CTCS-3级列控系统不同车载设备技术平台之间的互联互通的60多条测试序列；牵头建立了高速铁路6大动车组维修基地、1个培训中心的C3列控系统仿真平台。同时通过自主创新，研制了国内首套、具有完全自主知识产权的实现移动闭塞的CBTC系统。

工程中心于3月份召开了第一届董事会、股东会、监事会，会议主要讨论了项目建设情况，审议了《公司2010年度财务决算和2011年度财务预算报告》、《项目建设计划报告》、《项目建设招标计划》、《董事会议事规则》。会议批准了《关于推荐北京电铁通信信号勘测设计院有限公司和北京筑通建筑勘察设计院有限公司联合作为设计单位的请示》、《关于推荐中招国际招标有限公司为项目招标代理机构的建议》。

【部、市级重点实验室建设】

1. 新增新能源汽车动力总成技术北京市重点实验室

新能源汽车动力总成技术北京市重点实验室正式成立，主要研究方向是电动汽车动力总成系统控制技术、车用动力总成高效低排放技术、动力电池及充电技术等。实验室主任张欣教授，博士生导师，现任“十一五”节能新能源汽车咨询组专家和北京市新能源汽车技术专家组专家。实验室拥有合理的学术研究梯队和管理团队（共34人），其中教授13名，高工2名，副教授9名，新世纪优秀人才2人。目前实验室已高质量地完成了一系列国家级、省部级科研项目，其中包括“客车混合动力专用柴油机研发”等“863”项目在内的科研项目总数为412项，科研总经费4 887万元，获28项国家专利，获国家奖项4项，省部级奖5项。实验室已拥有的研究单元包括：新能源汽车整车性能仿真分析平台、动力电池性能测试研究平台、混合动力总成控制技术研究平台、电动车整车动力系统模块化设计平台、电动汽车动力总成性能测试分析平台。

2. 新增轨道工程北京市重点实验室

轨道工程北京市重点实验室围绕国家和北京市经济、社会和科技发展战略，结合北京市学科发展优势，开展基础研究；针对行业重大技术问题，开展前沿技术、共性关键技术的应用基础研究，获取原始创新成果，增加科技成果的有效供给。实验室主要建设内容包括新型轨道工程建设关键技术，高速、重载与复杂条件下路基工程，轨道工程建设环境影响与控制。实验室主任为高亮教授（博士生导师）。实验室依托道路与铁道工程国家重点学科，在铁道工程科研领域取得较为丰富的成果。近5年，获省部级科技进步特等奖1项、一等奖3项、二等奖3项、三等奖2项。承担科研项目350项，经费总额6 879.998万元。其中，

"863"计划、国家自然科学基金重点项目、"面上"项目等国家级科研项目13项，省部级项目69项，纵向项目总经费用2 581.94万元。在此期间，本学科共发表论文600篇，其中，SCI检索11篇，EI检索79篇，ISTP检索42篇，国内检索499篇，出版著作9部。获得省部级科技进步一等奖3项，二等奖2项，三等奖2项；北京市优秀教学成果一、二等奖3项。

3. 2个教育部重点实验室通过教育部组织的评估

"发光与光信息技术"、"全光网络与现代通讯网"两个教育部重点实验室9月顺利通过教育部组织的评估。

【部、市级研究中心建设】

1. 新增铁路货物装载加固技术研究与咨询中心

北京交通大学铁路货物装载加固技术研究与咨询中心是受铁道部运输局委托成立的从事货物装载加固相关理论与实践研究的机构，为首批公布的具有A类资质的铁路货物装载加固技术咨询和培训专业技术机构。中心的主要任务根据铁道部关于具有A类资质的铁路货物装载加固技术咨询和培训专业技术机构的可从事工作的范围界定。截至目前中心完成了铁道部委托的相关基础理论研究工作，为企业提供了优质的装载加固技术服务工作，承担了铁道部、铁路局组织的装在加固技术培训，作为主要成员单位参加了相关铁道部规章的修订。2011年完成和研究多项与北京铁路局、陕西汉中钢铁集团有限公司、包头钢铁集团公司、武汉钢铁集团公司的项目。

2. 1个教育部工程研究中心通过验收

"轨道车辆可靠性与检测技术教育部工程研究中心"于2012年1月份顺利通过验收。

【创新团队建设】

截至2011年年底，学校拥有4个教育部创新团队，分别是以高自友教授为负责人的"列车运行组织及控制的基础理论与方法"、以张宏科教授为负责人的"未来互联网络体系研究"、以钟章队教授为负责人的"面向高速铁路控制的无线移动通信系统研究"和以张顶立教授为负责人的"隧道及地下工程安全性控制"教育部创新团队。还拥有3个校级红果园创新团队，分别是以李强教授、侯延冰教授、姜久春教授为负责人在轨道车辆结构安全可靠性研究方向、光电材料和器件研究方向、新能源发电技术研究方向的红果园创新团队。

新增的"隧道及地下工程安全性控制"教育部创新团队，3月18日获得了教育部正式批复立项建设。团队以隧道及地下工程的安全性控制为核心，重点开展隧道围岩稳定性控制理论、"支护—围岩"作用机理及其应用、地下工程建设与服役期的环境影响控制等方面的研究，并以学科发展和行业的技术需求为导向，同时注重研究工作的前沿性、研究成果的先进性和工程的实际应用价值。在隧道及地下工程安全性控制理论和应用技术方面形成的主要研究方向为：复杂条件下山岭隧道安全建造技术；越江跨海隧道安全建造技术研究；城市地下工程安全性控制理论与应用技术。

"未来互联网络体系研究"教育部创新团队于3月份顺利通过教育部组织的专家验收。

科技产业

【综述】

2011 年，北京交大资产经营有限公司（以下简称交大资产公司）直接投资企业 17 家，北京交通大学投资并委托交大资产公司管理的企业（含资产公司）12 家，共计 29 家，注册资本金 24 660 万元。截止 2011 年年底，29 家企业资产总额 144 211.34 万元，净资产 84 270.20 万元，年产值 97 299.96 万元，税后净利润 11 025.55 万元，实际缴纳各项税金 11 006.41 万元，资产公司上缴学校 1 004.64 万元，国家扶持高新技术产业及软件产业，获得减税 2 180.76 万元，免税 925.44 万元。

29 家企业就业人员 1 129 人，其中：学校事业编制人员 96 人，学校非事业编制外聘人员 2 人，学校返聘退休人员 1 人，部门返聘退休人员 1 人，企业编制人员 1 029 人。学校事业编制人员中：正高职称 1 人，副高职称 28 人、中级职称 37 人，初级职称 11 人、高级工 15 人、中级工 4 人。

【产业规范化建设】

根据教育部科技发展中心《关于统计汇总高校所投资企业 2007—2009 年度已交纳国家税收情况的通知》精神，上报了《北京交通大学控股企业明细表》、《北京交通大学所投资企业 2007—2009 年度已纳税金、缴纳企业所得税、上交学校利润情况明细表》。

学校 2011 年度干部换届调整工作结束后，产业管理机构人员进行了相应调整。根据 2011 年 9 月 23 日《中共北京交通大学委员会常务委员会会议纪要［2011］21 号》精神，组成了北京交通大学第二届资产管理委员会：关忠良任主任，孙守光任副主任，张真继、孙蓝烽、张家栋、赵鹏、徐劲松任委员会委员。

根据学校党委常委会议决议和《公司章程》组建了北京交大资产经营有限公司第二届董事会、第二届监事会，并完成了工商登记变更手续，将变更情况上报教育部科技发展中心及中国高校校办产业协会备案。交大资产公司第二届董事会：关忠良任董事长兼法人代表，孙守光、张真继、张家栋、赵鹏任董事。第二届监事会：孙蓝烽任主席，王宏军、王予新任监事。

交大资产公司向投资和管理企业提名，变更派出董事，经企业股东会讨论通过，形成股东会决议，企业完成了工商登记变更手续。交大资产公司相应变更各投资和管理企业股东代表。

中国高校校办产业协会于 11 月 24 日至 25 日召开年会，会议表决通过，交大资产公司总经理赵鹏为理事。北京市高校科技产业协会于 7 月 21 日召开换届会议，北京交大资产公司为常务理事单位，总经理赵鹏为常务理事。

经学校党委常委会研究批准，上报教育部科技发展中心备案批复同意后，交大资产公司严格按照学校党委常委会决议，由北京交大资产经营有限公司、上海麦迪儿投资管理公司、北京六捷科技有限公司三方出资组建北京北交恒通技术有限公司。注册资金 1 000 万元，其股权结构为：北京交大资产经营有限公司 10%，出资 100 万元；上海麦迪儿投资管理公司 60%，出资 600 万元；北京六捷科技有限公司 30%，出资 300 万元。

【产业结构及经营】

2011 年，共有校办企业 29 家，其中，一级企业（学校直接投资的企业）12 家：

（1）北京交大资产经营有限公司；

（2）北京交大科技发展中心；

（3）北京交大创新科技中心；

（4）北京交大印刷厂；

（5）北京交大天佑科技集团；

（6）北京交大天则科技发展公司；

（7）北京交大铁科科技园有限公司；

（8）北京中北通信息技术有限公司；

（9）北京北交物业管理有限公司商泰葩分公司；

（10）北京交大网通信息技术有限公司；

（11）北京华电宇科技有限公司；

（12）北京交大讯通科技发展有限公司；

二级企业（由交大资产公司直接投资的企业）17 家；

（1）北京交通大学出版社有限责任公司；

（2）北京方达工程管理有限公司；

（3）北京交大科技孵化器有限公司；

（4）北京《都市快轨交通》杂志社有限公司；

（5）北京北交信通科技有限公司；

（6）北京交大微联科技有限公司；

（7）北京筑通建筑勘察设计院有限公司；

（8）北京中铁益安科技有限公司；

（9）北京交大思诺科技有限公司；

（10）北京交大思源科技有限公司；

（11）北京新远环球通信技术有限公司；

（12）北京北交致远发展有限公司；

（13）北京国铁源通科技有限公司；

（14）北京平和源机电设备有限公司；

（15）北京紫海投资咨询有限公司；

（16）中基兰德（北京）投资管理有限公司；

（17）北京北交恒通技术有限公司。

交大资产公司 2011 年投资企业规模表具体见表 52。

表 52　交大资产公司 2011 年投资企业规模表

投资状况	资产公司	控股企业 占股份 50% 及以上	参股企业 占股份 50% 以下	
经营领域		图书、杂志出版、工程设计、工程监理、孵化科技企业	铁路通信信号、铁路通讯控制、军事通讯控制	投资管理、咨询
企业数量	17	5	10	2
企业简称及资产公司所占股份		出版社 100% 杂志社 50% 方达监理 78.87% 设计院 76% 孵化器 75%	北交信通 44.30% 益安 21.34% 微联 10% 思诺 10% 思源 10% 新远环球 10% 平和源 10% 北交致远 10% 国铁源通 10% 北交恒通 10%	紫海 10% 中基兰德 10%
资产总额/万元	122 818.23	9 857.44	110 861.20	2 099.59
各类行业占资产总额/%	100%	8.03%	90.26%	1.71%
年产值/万元	76 552.26	13 499.11	62 899.34	153.81
各类行业占年产值/%	100%	17.63%	82.17%	0.20%
企业注册资金/万元	18 388	1 030	16 358	1 000
各类行业占企业注册资金/%	100%	5.60%	88.96%	5.44%

2011 年度，交大资产公司重视自主知识产权工作，企业投资开展科研项目 10 项、登记专利 14 项、取得软件著作权证书 15 项，突出了学科优势，促进了企业可持续发展。本年度思诺公司为加强公司品牌的管理，分别申请了中文文字、英文字母及图形三类商标，共 6 件商标申请，对公司品牌进行全方位的保护。

【国家大学科技园建设】

顺利通过教育部、科技部联合组织的国家大学科技园评价，并获得 B 级评价（良好）。

与北京市科学技术委员会签订协议，共同建设首都科技条件平台北京交通大学研发实验服务基地。

大学生创业园建设效果显著。截至 2011 年底，共有 15 家大学生企业入驻创业园，其中中关村高新技术企业 1 家，“双软”认证企业 1 家。创业团队中，有博士生团队 2 个，硕士生团队 8 个，本科生团队 5 个。大学生创业企业注册资本总计达到 289 万元（其中北京嘉博铁科技术有限公司成功吸引社会资本投资，注册资本金由 3 万元增加至 52 万元），产值 514 万元，上缴利税近 15 万元，解决就业 58 人，为大学生提供实习岗位 300 余个。拥有自主知识产权 4 项，承接省部级以上课题 1 项。

留学人员创业园建设稳步推进。截至 2011 年底，共有 8 家入驻企业，注册资金累计达到人民币 420 万元。入园的 8 家企业共有员工 53 人，其中包括 13 名博士，占全部在职人员的 24.5%，14 名硕士，占全部在职人员的 26.4%，其余 26 人均为大专以上学历。拥有自主知识产权 4 项，其中发明专利 1 项。

2011

教职工队伍建设与管理

队伍建设

【综述】

2011 年，学校出台了《北京交通大学完善教师专业技术职务晋升申报条件的暂行办法》、《关于 2011 年专业技术职务晋升评聘工作的通知》、《北京交通大学关于试点“人才特区”的实施意见》等文件，不断推进制度规范与创新；推荐入选“千人计划”短期项目 1 人、“青年千人计划”项目 1 人；引进双聘院士 1 人，引进教授 7 人；顺利完成了专业技术职务晋升晋级工作，继续实施了“红果园创新人才培育计划”。

【教职工队伍概况】

截至年底，教职工总数 2 825 人。专任教师总数 1 691 人，正高级 350 人，副高级 671 人，中级及以下 670 人；教辅人员及行政人员 643 人；工勤人员及其他人员 491 人。

人员流动情况：本年度全校增员 82 人，减员 100 人。

增员情况：增员 82 人，其中新进一线教师 73 人，非一线教师 9 人。新进教师 73 人，按人才结构划分：教授 11 人，副教授 5 人、讲师及以下 57 人；按学历结构划分：博士后 46 人、博士 24 人、硕士 3 人。非教师人员 9 人，按学历结构划分：博士后 2 人、博士 3 人、硕士 2 人、本科 2 人；按从事岗位划分：管理人员 3 人、其他专业技术人员 6 人。

减员情况：减员 100 人，其中调出 23 人（含保留学籍期满调出 9 人），退休 71 人，在职去世 1 人，自动离职 1 人，辞退 4 人。调出 23 人按职称结构划分：正高级 2 人、副高级 3 人、中级 8 人、初级 10 人（保留学籍期满调出 9 人全部为初级职称）。调出人员中教师 6 人，包括副教授 3 人、讲师 3 人。退休 71 人按职称结构划分：正高级 8 人、副高级 20 人、中级及以下 19 人、工人 24 人。

截至年底，专任教师中具有博士学位人员 1 057 人，占专任教师总人数 62.5%；具有硕士以上学位人员 1 523 人，占专任教师总人数 90.0%；40 岁以下专任教师共 903 人，占专任教师总数的 53.4%；具有副高及以上高级职称的教师 1 021 人，占专任教师总数 60.37%。

【人才培养与引进】

学校稳步推进和巩固人才队伍建设相关举措，不断拓宽思路，探索和完善人才引进机制体制，在充分分析学校“十一五”人才队伍建设的成效和挑战的基础上，根据《国家中长期科学和技术发展规划纲要（2006—2020 年）》、《国家中长期人才发展规划纲要（2010—2020 年）》、《首都中长期人才发展规划纲要（2010 - 2020 年）》等规划，结合队伍现状和学校实际，制定了学校“十二五”人才队伍建设规划，明确了人才队伍建设的总体目标、主要指标、重要任务和战略举措，为全面实现学校“十二五”发展目标提供了坚强有力的人才保障。在学校办学资源有限、人才竞争激烈的情况下，创新人才工作体制机制，充分利用海内外人才资源，引进多名学术大师、学科带头人和青年英才，“大师 + 团队”的人才引进模式取得新成效。同时积极采取措施，着力构建优秀教师可持续发展的培养支持体系，完善晋升晋级制度，大大提高了师资队伍的总体水平。

1. 继续加强创新人才培养和引进力度，取得显著成效

依托国家高层次人才工程，加大高层次人才引进力度，同时探索“大师+团队”的人才引进模式，取得显著成效：2011 年，引进双聘院士 1 名，引进“千人计划”短期项目入选者 1 名，“青年千人计划”项目入选者 1 名，教授二级岗 1 名，教授四级岗 6 名。另达成协议尚未报到的教授三级岗 1 名、教授四级岗 1 名。

1 名海外知名学者成为学校名誉教授，4 名海外知名学者受聘学校顾问教授，2 名海外知名学者受聘学校讲座教授，8 名海外知名学者受聘学校客座教授，82 名国内知名学者及社会知名人士受聘学校兼职教授。

全年共批准师资补充（不含去海外做师资博士后人员）共 70 人，其中本校生源 13 人，严格掌握了“三分之一原则”；引进具有一年以上海外留学经历人员 33 人（海外博士后 11 人、海外博士 16 人、其他 6 人），占师资补充总量的 47%。

2. 在加大引进人才力度的同时，学校注重对现有教师的培养，通过多种手段和途径，全面提升教师队伍素质（见表 53）

继续实施“红果园创新人才培育计划”，加强青年骨干教师培养。第三批人选遴选工作于 3 月启动，遴选出 B 类人选 1 名，C 类人选 4 名，D 类人选 39 名。

鼓励学校教师在职攻读博士、硕士学位。2011 年学校共批准 79 人在职攻读学位，其中 62 人攻读博士学位，17 人进修硕士。2011 年在职考取博士学位的人员共 19 人（校外 2 人）。2011 年取得博士学位 24 人（3 人取得外校博士学位），取得硕士学位 11 人。

学校三个月及以上公派教师出国研修项目共录取 91 人，其中获国家留学基金资助 23 人，获学校与国家留学基金委共同资助 26 人，获学校资助 30 人，获外方资助 12 人。共派出 67 名中青年骨干教师赴国外一流高校或研修机构。学校选派的 64 名中青年骨干教师学成回校服务。

表 53　2011 年选派出国研修人员名单（三个月及以上）

序号	单位	姓名	性别	派出渠道	国别	出国日期	出国期限	出国任务
1	电信学院	王海峰	男	国家公派	英国	20111219	12	访问学者
2	电信学院	李赵红	女	学校公派	美国	20110928	12	访问学者
3	电信学院	李　勇	男	学校公派	美国	20110628	12	访问学者
4	电信学院	周永华	男	学校公派	美国	20110329	12	访问学者
5	电信学院	张三同	男	学校公派	美国	20110730	12	访问学者
6	电信学院	王　剑	男	学校公派	美国	20110227	6	访问学者
7	电信学院	赵永祥	男	学校公派	美国	20110426	6	访问学者
8	电信学院	尹逊和	男	学校公派	澳大利亚	20110228	12	访问学者
9	计算机学院	袁中兰	女	学校公派	美国	20111206	12	访问学者
10	计算机学院	黄雅平	女	国家公派	美国	20111126	9	访问学者
11	计算机学院	田丽霞	女	学校公派	英国	20110406	6	访问学者
12	计算机学院	赵守国	男	学校公派	美国	20110822	12	访问学者
13	计算机学院	周雪忠	男	学校公派	美国	20110131	12	访问学者
14	经管学院	张　弼	女	自费公派	加拿大	20110830	22	访问学者
15	经管学院	徐丽娟	女	学校公派	波兰	20111218	12	访问学者

续表

序号	单位	姓名	性别	派出渠道	国别	出国日期	出国期限	出国任务
16	经管学院	丁静之	女	学校公派	比利时	20110915	12	访问学者
17	经管学院	王　英	女	国家公派	比利时	20111106	10	访问学者
18	经管学院	高　莹	女	学校公派	瑞典	20110417	6	访问学者
19	经管学院	高红岩	女	学校公派	瑞典	20110417	6	访问学者
20	经管学院	任　旭	男	学校公派	美国	20110119	6	访问学者
21	经管学院	唐方成	男	国家公派	美国	20110828	12	访问学者
22	经管学院	裘晓东	男	国家公派	美国	20110419	12	访问学者
23	运输学院	张秀媛	女	自费公派	美国	20111112	6	访问学者
24	运输学院	杜　鹏	男	学校公派	美国	20110820	12	访问学者
25	运输学院	高　亮	男	学校公派	美国	20110331	12	访问学者
26	运输学院	刘智丽	女	学校公派	美国	20111103	12	访问学者
27	运输学院	韩　梅	女	学校公派	美国	20110106	6	访问学者
28	运输学院	陈旭梅	女	国家公派	加拿大	20110116	12	访问学者
29	土建学院	黄明利	男	学校公派	俄罗斯	20111228	12	访问学者
30	土建学院	李　旭	男	自费公派	澳大利亚	20110529	12	访问学者
31	土建学院	谭忠盛	男	自费公派	美国	20110529	6	访问学者
32	土建学院	时　瑾	男	学校公派	英国	20111003	12	访问学者
33	土建学院	贾英杰	男	学校公派	美国	20110828	12	访问学者
34	土建学院	陈　蕊	女	学校公派	美国	20110509	12	访问学者
35	土建学院	周长东	男	国家公派	美国	20110823	12	访问学者
36	土建学院	刘建坤	男	国家公派	美国	20110915	6	访问学者
37	土建学院	郭雅芳	女	学校公派	美国	20110228	6	访问学者
38	土建学院	徐龙河	男	学校公派	美国	20110331	6	访问学者
39	土建学院	邢佶慧	女	国家公派	英国	20110205	12	访问学者
40	机电学院	郭林福	男	学校公派	美国	20111212	12	访问学者
41	机电学院	金新灿	男	学校公派	美国	20110827	6	访问学者
42	机电学院	张冬泉	男	学校公派	美国	20110725	6	访问学者
43	机电学院	黄振莺	女	学校公派	法国	20110122	12	访问学者
44	电气学院	卢艳霞	女	学校公派	美国	20110225	12	访问学者
45	电气学院	梁　晖	女	学校公派	美国	20110425	6	访问学者
46	电气学院	吴振升	男	学校公派	美国	20110225	6	访问学者
47	电气学院	董　春	男	学校公派	美国	20110131	12	访问学者
48	理学院	刘小君	女	国家公派	德国	20111028	12	访问学者
49	理学院	郑神州	男	国家公派	美国	20110901	12	访问学者
50	理学院	曹鸿钧	男	国家公派	美国	20111218	6	访问学者
51	理学院	汪维家	男	学校公派	美国	20110305	6	访问学者

续表

序号	单位	姓名	性别	派出渠道	国别	出国日期	出国期限	出国任务
52	人文学院	吴　琼	女	学校公派	美国	20110823	12	访问学者
53	人文学院	何玉芳	女	自费公派	俄罗斯	20110306	3	访问学者
54	人文学院	朱本欣	女	学校公派	美国	20110725	6	访问学者
55	语言学院	王珍娜	女	学校公派	西班牙	201109	12	访问学者
56	语言学院	李　莉	女	学校公派	印度	20110906	12	汉语教师
57	语言学院	陈　岩	女	学校公派	美国	20110218	12	访问学者
58	语言学院	莫永谊	女	学校公派	美国	20110817	12	访问学者
59	语言学院	郭　佳	女	学校公派	美国	20110205	12	访问学者
60	语言学院	戴江雯	女	学校公派	美国	20111206	12	访问学者
61	语言学院	白延雷	男	国家公派	比利时	20110228	24	行政人员
62	建筑艺术系	薛林平	男	学校公派	英国	20110130	12	访问学者
63	软件学院	邢薇薇	女	学校公派	美国	20110209	12	访问学者
64	国家重点实验室	唐　涛	男	学校公派	英国	20110907	4	访问学者
65	国家重点实验室	步　兵	男	学校公派	加拿大	20111004	12	访问学者
66	国家重点实验室	陈　霞	女	学校公派	加拿大	20111004	12	访问学者
67	国家重点实验室	杨立兴	男	学校公派	美国	20110126	12	访问学者

3. 组织青年教师岗前培训，加强入职培训工作

2011 年学校组织新入职青年教师 85 人参加岗前培训。培训内容包括教学名师介绍教学经验，校史介绍和人事、科技、教务、财务、学校办、图书馆等职能部处讲座，以及心理素质中心的拓展训练等，着重提高青年教师的教书育人水平、加强其教学和科研能力的培养，使青年教师尽快熟悉学校各项政策，顺利开展教学科研工作。

根据北京市统一部署，组织教师资格认定工作，新认定高等学校教师资格 76 人。

4. 国内访问学者工作

全年共接受各类国内访问学者 16 人，其中接受“西部之光”访问学者 1 人；接受教育部骨干国内访问学者 9 人；一般国内访问学者 6 人。学校派 1 名教师作为教育部骨干国内访问学者到校外访学 1 年。16 名教授、博导拟接受教育部 2012 年度高等学校接受青年骨干教师国内访问学者计划。

【岗位设置与聘用】

2011 年，专业技术职务岗位评聘晋升工作中，为适应不同学科特点，鼓励教师发挥自身特长，强调水平和人才培养导向，合理处理好教学与科研的平衡关系，按工学类、理学类、经济/管理/人文类、语言/艺术类、体育类，修订教师系列职务晋升申报条件，改进校外同行评议送审程序，进一步完善了有利于优秀人才脱颖而出的破格晋升机制；校评聘委员会下，设理工类、人文社科类、其他专技分委会，分别对相应学科申报人学术水平把关，并设置了其他专技类 3 个学科评议组。职务晋升最终申报人数 223 人，其中申报正常晋升 192 人（正高 50 人，副高 118 人，中级 24 人），申报破格 31 人（正高 18 人，副高 13 人）。

2011 年专业技术职务岗位评聘结果如下。

晋升教授四级岗26人，其他专技正高四级岗3人；副教授66人，其他专技副高三级岗12人；讲师三级岗11人，其他专技中级三级岗13人；共计131人。委托代评研究员四级岗1人。具体见表54。

表54　2011年专业技术职务晋升人员名单

序号	单位	姓名	任职资格	系列	所聘岗位	聘用时间
1	电信学院	罗洪斌	教授	教师	教授四级岗	2011.11
2		黄琳琳	教授	教师	教授四级岗	2011.11
3	计算机学院	刘渭滨	教授	教师	教授四级岗	2011.11
4		许宏丽	教授	教师	教授四级岗	2011.11
5	运输学院	孙会君	教授	教师	教授四级岗	2011.11
6		韩　梅	教授	教师	教授四级岗	2011.11
7	土建学院	黄海明	教授	教师	教授四级岗	2011.11
8		王　锦	教授	教师	教授四级岗	2011.11
9		田玉基	教授	教师	教授四级岗	2011.11
10		刘保东	教授	教师	教授四级岗	2011.11
11		李兆平	教授	教师	教授四级岗	2011.11
12		刘　颖	教授	教师	教授四级岗	2011.11
13		侯永峰	教授	教师	教授四级岗	2011.11
14	机电学院	房海蓉	教授	教师	教授四级岗	2011.11
15		张勤俭	教授	教师	教授四级岗	2011.11
16	理学院	赵谡玲	教授	教师	教授四级岗	2011.11
17		廉巧芳	教授	教师	教授四级岗	2011.11
18		由芳田	教授	教师	教授四级岗	2011.11
19	软件学院	王方石	教授	教师	教授四级岗	2011.11
20	国家重点实验室	陈德旺	教授	教师	教授四级岗	2011.11
21	经管学院	艾　渤	教授	教师	教授四级岗	2011.11
22		卜　伟	教授	教师	教授四级岗	2011.11
23		崔永梅	教授	教师	教授四级岗	2011.11
24		刘颖琦	教授	教师	教授四级岗	2011.11
25	人文学院	何玉芳	教授	教师	教授四级岗	2011.11
26		南玉霞	教授	教师	教授四级岗	2011.11
27	电信学院	上官伟	副教授	教师	副教授三级	2011.11
28		田　慧	副教授	教师	副教授三级	2011.11
29		刘中田	副教授	教师	副教授三级	2011.11
30		刘　峰	副教授	教师	副教授三级	2011.11
31		李纯喜	副教授	教师	副教授三级	2011.11
32		李赵红	副教授	教师	副教授三级	2011.11
33		苏　伟	副教授	教师	副教授三级	2011.11

续表

序号	单位	姓名	任职资格	系列	所聘岗位	聘用时间
34	电信学院	苏晓星	副教授	教师	副教授三级	2011. 11
35		郜 帅	副教授	教师	副教授三级	2011. 11
36	计算机学院	白慧慧	副教授	教师	副教授三级	2011. 11
37		杨唐文	副教授	教师	副教授三级	2011. 11
38		刘建刚	副教授	教师	副教授三级	2011. 11
39		刘 真	副教授	教师	副教授三级	2011. 11
40		贾彩燕	副教授	教师	副教授三级	2011. 11
41		鲁凌云	副教授	教师	副教授三级	2011. 11
42	运输学院	丁 勇	副教授	教师	副教授三级	2011. 11
43		谷远利	副教授	教师	副教授三级	2011. 11
44		许 红	副教授	教师	副教授三级	2011. 11
45		李春艳	副教授	教师	副教授三级	2011. 11
46		杨小宝	副教授	教师	副教授三级	2011. 11
47		宋国华	副教授	教师	副教授三级	2011. 11
48	土建学院	时 瑾	副教授	教师	副教授三级	2011. 11
49		陈阿丽	副教授	教师	副教授三级	2011. 11
50		李 波	副教授	教师	副教授三级	2011. 11
51		王爱民	副教授	教师	副教授三级	2011. 11
52		刘开云	副教授	教师	副教授三级	2011. 11
53		赵冠远	副教授	教师	副教授三级	2011. 11
54		闫志刚	副教授	教师	副教授三级	2011. 11
55		徐龙河	副教授	教师	副教授三级	2011. 11
56	机电学院	岳建海	副教授	教师	副教授三级	2011. 11
57		宋泾舸	副教授	教师	副教授三级	2011. 11
58		宋志坤	副教授	教师	副教授三级	2011. 11
59	电气学院	杨少兵	副教授	教师	副教授三级	2011. 11
60		徐春梅	副教授	教师	副教授三级	2011. 11
61		贺明智	副教授	教师	副教授三级	2011. 11
62	理学院	范秉理	副教授	教师	副教授三级	2011. 11
63		徐 青	副教授	教师	副教授三级	2011. 11
64		张丽姝	副教授	教师	副教授三级	2011. 11
65		张 超	副教授	教师	副教授三级	2011. 11
66		周进鑫	副教授	教师	副教授三级	2011. 11
67		刘 斌	副教授	教师	副教授三级	2011. 11
68		李政勇	副教授	教师	副教授三级	2011. 11

续表

序号	单位	姓名	任职资格	系列	所聘岗位	聘用时间
69	建筑艺术系	易　中	副教授	教师	副教授三级	2011. 11
70		高　巍	副教授	教师	副教授三级	2011. 11
71		赵湘伟	副教授	教师	副教授三级	2011. 11
72		李旭佳	副教授	教师	副教授三级	2011. 11
73	软件学院	刘　铎	副教授	教师	副教授三级	2011. 11
74	国家重点实验室	吴建军	副教授	教师	副教授三级	2011. 11
75		董宏辉	副教授	教师	副教授三级	2011. 11
76		李得伟	副教授	教师	副教授三级	2011. 11
77	国家工程中心	燕　飞	副教授	教师	副教授三级	2011. 11
78	经管学院	陈佩虹	副教授	教师	副教授三级	2011. 11
79		何晓明	副教授	教师	副教授三级	2011. 11
80		何　琳	副教授	教师	副教授三级	2011. 11
81		霍翠凤	副教授	教师	副教授三级	2011. 11
82		杜　晖	副教授	教师	副教授三级	2011. 11
83		华国伟	副教授	教师	副教授三级	2011. 11
84		姚立杰	副教授	教师	副教授三级	2011. 11
85		邢怿君	副教授	教师	副教授三级	2011. 11
86	人文学院	李文华	副教授	教师	副教授三级	2011. 11
87		童晓峰	副教授	教师	副教授三级	2011. 11
88		吴　琼	副教授	教师	副教授三级	2011. 11
89	语言学院	张　杰	副教授	教师	副教授三级	2011. 11
90		刘小燕	副教授	教师	副教授三级	2011. 11
91		张日美	副教授	教师	副教授三级	2011. 11
92		姚亚芝	副教授	教师	副教授三级	2011. 11
93	电信学院	武贵君	讲师	教师	讲师三级	2011. 11
94	语言学院	张博明	讲师	教师	讲师三级	2011. 11
95	体育部	太　玉	讲师	教师	讲师三级	2011. 11
96	团委	赵亚宁	讲师	教师	讲师三级	2011. 11
97	语言学院	卢　强	讲师	大学生思想政治教育	讲师三级	2011. 11
98	机电学院	祁国梁	讲师	大学生思想政治教育	讲师三级	2011. 11
99	运输学院	陈　磊	讲师	大学生思想政治教育	讲师三级	2011. 11
100	土建学院	徐　俊	讲师	大学生思想政治教育	讲师三级	2011. 11
101	电信学院	贾宏树	讲师	大学生思想政治教育	讲师三级	2011. 11
102	校医院	李海红	主任医师	卫生技术	正高四级	2011. 11
103	国家重点实验室	郜春海	研究员	专职研究	正高四级	2011. 11
104	电信学院	蒋文怡	副研究员	专职研究	副高三级	2011. 11

续表

序号	单位	姓名	任职资格	系列	所聘岗位	聘用时间
105	信息中心	王　芳	高级工程师	工程技术	副高三级	2011.11
106	电气学院	孙　湖	高级工程师	工程技术	副高三级	2011.11
107	资产公司	吴江娇	高级工程师	工程技术	副高三级	2011.11
108	基建处	宋晓宇	高级工程师	工程技术	副高三级	2011.11
109	资产经营公司	黄翌虹	高级工程师	工程技术	副高三级	2011.11
110	建筑艺术系艺术系	马　强	高级工程师	工程技术	副高三级	2011.11
111	校医院	黄业姣	副主任药师	卫生技术	副高三级	2011.11
112	出版社	段连平	副编审	新闻出版	副高三级	2011.11
113	出版社	高振宇	副编审	新闻出版	副高三级	2011.11
114	国家工程中心	刘　雨	助理研究员	专职研究	中级三级	2011.11
115	国家工程中心	刘宏杰	助理研究员	专职研究	中级三级	2011.11
116	国家工程中心	陆启进	助理研究员	专职研究	中级三级	2011.11
117	国家工程中心	刘　朔	助理研究员	专职研究	中级三级	2011.11
118	国家工程中心	刘　超	助理研究员	专职研究	中级三级	2011.11
119	国家工程中心	杨旭文	助理研究员	专职研究	中级三级	2011.11
120	国家工程中心	袁彬彬	助理研究员	专职研究	中级三级	2011.11
121	国家工程中心	黄　勍	助理研究员	专职研究	中级三级	2011.11
122	国家工程中心	张　强	助理研究员	专职研究	中级三级	2011.11
123	思政中心	段海超	助理研究员	教育管理研究	中级三级	2011.11
124	电信学院	朱明强	工程师	工程技术	中级三级	2011.11
125	宣传部	李世珍	编辑	新闻出版	中级三级	2011.11
126	学校办公室	吴　萱	研究员	教育管理研究	—	—
127	科技处	吴　静	副研究员	教育管理研究	—	—
128	电信学院	董丽敏		教育管理研究	—	—
129	学生工作处	魏　炜	讲师	大学生思想政治教育	—	—
130	团委	安志强	讲师	大学生思想政治教育	—	—
131	计财处	范　磊	工程师	工程技术	—	—

【职员职级晋升】

2011 年继续开展七级以下职员职级晋升工作。通过单位推荐与学校审批等环节，最终 29 人获职级晋升，其中事业编制人员 19 人（1 人晋升八级职员，18 人晋升七级职员），并从 10 月开始兑现新岗级待遇；非事业编制人员 10 人（均为八级职员）。具体见表 55。

表 55　2011 年职员职级晋升名单

序号	姓名	工作单位	原岗位职级	新聘岗位职级	定级时间
1	陈　磊	交通运输学院	八级职员	七级职员	2011.9
2	刘　静	交通运输学院	八级职员	七级职员	2011.9

续表

序号	姓名	工作单位	原岗位职级	新聘岗位职级	定级时间
3	徐　俊	土木建筑工程学院	八级职员	七级职员	2011.9
4	由凤玲	理学院	八级职员	七级职员	2011.9
5	尚　颖	理学院	八级职员	七级职员	2011.9
6	方宇鹏	语言与传播学院	八级职员	七级职员	2011.9
7	卢　强	语言与传播学院	八级职员	七级职员	2011.9
8	梁凤波	体育部	八级职员	七级职员	2011.9
9	刘　寞	学校办公室	八级职员	七级职员	2011.9
10	翁良殊	纪委监察处	八级职员	七级职员	2011.9
11	安志强	团委	八级职员	七级职员	2011.9
12	李晓争	科学技术处	八级职员	七级职员	2011.9
13	王　皓	招生与就业工作处	八级职员	七级职员	2011.9
14	蓝　宏	对外联络合作处	八级职员	七级职员	2011.9
15	毕　斐	对外联络合作处	八级职员	七级职员	2011.9
16	邱　丹	图书馆	八级职员	七级职员	2011.9
17	孟　盟	资产经营有限公司	八级职员	七级职员	2011.9
18	梅　迪	远程与继续教育学院	八级职员	七级职员	2011.9
19	刘　扬	国际合作交流处	九级职员	八级职员	2011.9
20	韩柏涛	电信学院	非事业编制聘用人员	八级职员	2011.9
21	雷　凯	运输学院		八级职员	2011.9
22	李香山	学生资助管理中心		八级职员	2011.9
23	郭　锴	招生与就业工作处		八级职员	2011.9
24	吕艳娜	后勤服务产业集团	后勤集团人员	八级职员	2011.9
25	赵　兴	后勤服务产业集团		八级职员	2011.9
26	祝晓文	后勤服务产业集团		八级职员	2011.9
27	初汉明	后勤服务产业集团		八级职员	2011.9
28	曲永政	后勤服务产业集团		八级职员	2011.9
29	李凌宇	后勤服务产业集团		八级职员	2011.9

【博士后工作】

出台《关于加强博士后工作的几点实施意见》，进一步完善博士后管理体制，健全博士后基本保障制度，提高博士后待遇，加强博士后研究人员在站期间日程考勤管理，规范中期和出站考核程序及标准。组织 2007 年设立的系统科学、计算机科学与技术、工商管理等 3 个流动站参加博士后新设流动站评估。继续加大博士后招收力度，严格控制超龄博士后进站及在职从事博士后研究工作人员数量。新入站博士后 41 人，其中师资博士后 14 人，学科博士后 18 人，企业博士后 9 人；博士后出站（含退站）59 人；在站 132 人，超龄比例控制在

10% 以下，在职学科博士后所占比例为 15.6%。先后与 3 家企业博士后工作站建立合作关系；在站博士后 17 人次获中国博士后科学基金资助，其中 15 人次获面上资助，2 人获特别资助。见表 56。

表 56　2011 年获博士后基金资助人员名单

序号	类别	资助编号	姓名	学科	资助等级	资助金额	备注
1	面上	20110490008	王广民	系统科学	一等	5 万	
2	面上	20110490282	方维维	计算机科学与技术	二等	3 万	
3	面上	20110490283	景　云	交通运输工程	二等	3 万	
4	面上	20110490284	王佳妮	交通运输工程	二等	3 万	
5	面上	20110490285	罗自炎	系统科学	二等	3 万	
6	面上	20110490286	姚　畅	信息与通信工程	二等	3 万	
7	面上	20110490287	李叶飞	应用经济学	二等	3 万	工作站
8	面上	20110490288	刘劲松	应用经济学	二等	3 万	工作站
9	面上	20110490290	张继袖	应用经济学	二等	3 万	工作站
10	特别	201104050	杜英歌	工商管理	特别	10 万	
11	特别	201104051	卜　伟	应用经济学	特别	10 万	工作站
12	特别	2011M500229	张　磊	计算机科学与技术	二等	3 万	
13	特别	2011M500230	周　珍	管理科学与工程	二等	3 万	
14	面上	2011M500228	孟令云	系统科学	二等	3 万	
15	面上	2011M500227	井国庆	交通运输工程	二等	3 万	
16	面上	2011M500226	王尚广	信息与通信工程	二等	3 万	
17	面上	2011M500225	李　艳	电气工程	二等	3 万	

教职工服务与管理

【综述】

2011 年，学校根据国家文件精神规范退休人员补贴、调整离退休人员补贴标准；完善非事业编制聘用人员的招聘方式、薪酬体系、职业发展通道以及转事业编制等制度；完善教职工履职考核系统，使之更加人性化；出台《北京交通大学岗位聘期考核实施办法》，首次启动聘期考核工作。

【薪酬工作】

全年共发放在职职工工资 30 312 万元，其中基本工资及政策性补贴 5 795 万元，基础绩效 8 672 万元，其他绩效（含 2010 年年终绩效 2 730 万元）8 130 万元，住房补贴 1 321 万元，非事业编制人员工资 4 010 万元。

1 月，核拨 2010 年年终绩效 2 966 万元。其中弹性绩效 2 155 万元，弹性绩效浮动部分 54 万元，上水平项目奖励 33. 8 万元（其中奖金 25. 3 万元，项目建设费 8. 5 万元），校机关平均奖励绩效 450 万元，检索论文集专利资助现金 180 万元，单位考核及处级考核奖励 102 万元。

1 月 1 日，共为 2 528 名教职工正常增加薪级工资，人均月增资 30 元。10 月，为 18 名职员晋级人员兑现工资，人均月增国拨工资 76 元。12 月，为 127 名专业技术职务晋升晋级人员兑现工资，人均月增国拨工资 226 元。

全年学校公积金支出 2 672 万元，住房公积金人均月增加额为 88 元。

6 月，共为 4 090 人发放防暑降温费，总金额为 318 880 元。9 月，发放国庆慰问金（含离退休人员）218 万元。春节为生活困难的遗属及部分生病职工共 24 人开展送温暖活动，金额 20 600 元。

2011 年，根据教人司［2011］38 号《关于调整在京中央事业单位离休人员补贴标准的通知》及教人司［2011］12 号《关于转发人力资源和社会保障部、财政部《关于规范在京中央事业单位退休人员津贴补贴的通知》文件精神，自 2010 年 1 月 1 日起，规范退休人员补贴，同时调整离休人员补贴标准。此次离休人员调整补贴标准人均月增资 550 元，共 98 人，学校每年新增投入 64. 7 万元。退休人员规范补贴人均月增资 864 元，共 1 512 人，学校每年新增投入 1 567. 6 万元。全年共发放离休人员工资 771 万元（含 2010. 1. 1—2010. 12. 31 调整离休人员补贴标准补发金额），退休人员工资 8 515 万元（含 2010. 1. 1—2010. 12. 31 补发退休人员规范补贴补发金额）。

全年共为 22 名遗属发放补助 4. 7 万元，为 24 人发放抚恤金 76. 55 万元、丧葬补助费 12 万元。

全年为教职工缴纳保险情况见表 57。

表 57　教职工缴纳保险情况表

保险种类	单位缴费比例	个人缴费比例	缴费金额（单位 + 个人）（单位：万元）		备注
			事业编制职工	非事业编制职工	
医疗保险	10%	农业户口：不缴纳 非农业户口：2% +3 元	不缴纳	163.6	
养老保险	20%	8%	57.3	557.8	事业编制职工中只有 31 名合同制工人缴纳养老保险
失业保险	1%	农业户口：不缴纳 非农业户口：0.2%	243.9	22.7	
工伤保险	0.4%	不缴纳	82.6	9.8	
总计	31.4%	事业编制人员：8.2%； 非事业编制人员： 农业 8% 或非农业 10.2% +3 元	383.8	753.9	

为 4 人成功申报工伤认定。

【合同管理及考核】

2011 年与新入校的 79 人签订了聘用合同：其中签订 A 类合同 71 人（实行人事代理制度）；签订 B 类合同 8 人，为学校高层次引进人才。另与郭斯彦、翁宇庆、白秉哲 3 人签订了工作合同。根据职员职级晋升和专业技术职务晋升晋级情况，完成合同变更 150 份。

全年共解除或终止聘用合同 24 份（不含王永生、李学伟副校长，含 9 名保留两年学籍人员）；为 70 位内部调动教师、19 位借调教职工办理相关手续。为 71 人办理了退休手续、为 6 人办理了延聘手续。

教职工年度考核：全校纳入考核范围总数 2 652 人（含处职考核人员 210 人），其中实际参加考核人员 2 600 人，因劳保、公派出国、待岗等原因未参加考核人员 52 人。另有 19 人因提前退休、长期出国、协议工作制等原因未纳入本次考核。2 600 名实际参加考核人员中，优秀 402（含处职领导）人，占 15.46%；合格 2 163（含处职领导）人，占 83.19%，暂定合格 32 人，基本合格 2 人，不合格 1 人。

教职工聘期考核：2011 年首次启动聘期考核工作。

【服务教职工工作】

本年度向教育部申报京外调干 3 人，补充了 2 人引进人才的落户材料，已审核通过这 3 名引进人才及家属的进京户口落户事宜。全年共计受理 18 位教职工的个人申请和资料审核，经教育部同意上报申请材料 10 份，已获批解决 8 位教职工两地分居的申请。顺利完成 40 名应届毕业生、38 名科研助理的北京市落户工作。

为配合教育部留学服务中心新的管理系统，学校办理了 CA 数字证书认证，通过系统对留学回国人员进行预约和管理。全年受理 3 名老师的个人申请并均获审批。

落实 10 位引进人才入校相关待遇。办理教职工探亲票报销 24 人，办理各种收入证明 127 份，为教职工开具出生公证、亲属关系公证、未受刑事制裁公证、在职证明等等各种证明 500 余份。

为符合 102 医疗照顾条件的 1 人办理医疗证，组织安排专人陪同 47 人参加了 102 体检，落实接送 4 位院士体检的车辆及安排专人全程陪同。组织在校院士及二、三级教授近 30 人赴秦皇岛疗养。

【非事业编制岗位聘用人员管理】

为进一步合理配置和有效开发人力资源，完善非事业编制岗位管理体系，2011 年上半年完成《非事业编制聘用人员的调研报告》，同时在调研的基础上出台了《非事业编制岗位人员聘用管理办法的补充规定》、逐步完善《用人单位聘用非事业编制聘用人员招聘流程》、《非事业编制聘用人员报到流程》、《用人单位解聘（终止）非事业聘用人员合同流程》、设计了《非事业编制人员续签合同审批表》、《返聘人员续签合同审批表》等，加强合同签订前的审批，降低用工风险。

统一组织招聘，选拔优秀人才补充非事业编制队伍。2011 年学校管理岗位和其他专技岗位面向社会在职人员和应届毕业生统一招聘。学校共投放 62 个岗位（其中辅导员岗位 18 个，管理岗位 27 个，专技岗位 11 个，后勤集团岗位 6 个），岗位分布在 11 个学院（系）和 16 个职能部处。管理岗位和其他专技岗位共收到应聘简历 2 400 余份，经过笔试、心理测试和面试三轮筛选（其中 202 人参加笔试和心理测试，129 人参加面试），学校提出推荐人选 84 人（其中辅导员岗位 15 人，管理岗位 50 人，其他专技岗位 19 人）。推荐人选填报岗位志愿，与用人单位双向选择，试岗合格后，正式聘用。

学校启动非事业编制人员参加管理岗位职员职级评定工作，首次允许来校工作满一年的受聘重要岗位且表现优秀的学校统筹的非事业编制人员和后勤集团自筹的非事业编制人员参加职员职级评定。同时，首次启动选拔非事业编制人员补充事业编制岗位工作。根据申请转事业编制基本条件共组织 11 人参加了笔试、民主测评和校内外专家评议等环节，选拔 8 人自 2012 年 1 月 1 日起补充事业编制岗位。

按照“规范管理、提高待遇、关注发展、搞活机制”的原则，6 月学校对所有聘任非事业编制人员的单位进行了逐一调研走访，充分了解用人单位的意见和每一位学校统筹人员的岗位情况、工作状况及表现，根据调研结果调整工资。对于表现优秀重要岗位的聘用人员增大增资力度，其中重要岗位增资 500 ～ 600 元，其它岗位表现优秀人员增资 100 ～ 400 元不等，同时年终奖改为随工资条发放，7 月开始执行。

全年完成新签订劳动合同 59 人的审批和入校报到程序、29 人的合同续签、33 人返聘人员的审批和协议签订，同时为 89 名外聘人员（含科研助理 33 人）办理了解聘手续，保证了人员的流动有序。按照国家科研助理政策，办理了 10 名硕士研究生科研助理和 6 名本科生科研助理入校工作流程。完成了 2010 年聘用的 18 名科研助理中期考核工作。完成了 2009 年度 33 名科研助理终止协议、5 名续签合同的工作。

截至年底，全校非事业编制岗位聘用人员共 1 497 名，按照人员类型分类，其中签订劳动合同人员 1 167 人，返聘人员 239 人，其它从业人员 91 人，按照资金来源分类，其中学校统筹资金岗位 216 人，单位自筹资金岗位 1 281 人。

【表彰与获奖】

阮秋琦获全国高等学校教学名师奖，朱晓宁、张真继、李京平获北京市高等学校教学名师奖，陈后金获宝钢优秀教师奖特等奖，张真继、朱晓宁获宝钢优秀教师奖，7 人获北京交通大学优秀教师，3 人获北京交通大学优秀教育工作者。

【附件5】

北京交通大学2010—2011年度获奖奖项及名单

2011年教师节表彰名单

一、综合类奖励

2010年度“千人计划”重点学科平台引进人才 沈 鸿
2010年国家杰出青年科学基金获得者 赵 耀
2010年宝钢优秀教师奖特等奖 陈后金
2010年宝钢优秀教师奖 张真继 朱晓宁
第十届詹天佑铁道科学技术奖——詹天佑成就奖
孙守光 钟章队
2010年享受政府特殊津贴专家
冯衍全 邵春福 唐 涛 魏庆朝
2011年北京交通大学优秀教师
付 俐 冯凤娟 白 冰 孙会君 张 宁 赵 坚 陶 成
2011年北京交通大学优秀教育工作者
王雪松 陈中伟 屈晓婷
2011年北京交通大学智瑾奖教金“优秀青年教师奖”
于永光 王文静 刘 伟 刘 艳 吴建军 张成平 唐方成 黄 华 魏丽英
2011年北京交通大学智瑾奖教金“优秀青年教育工作者奖”
孙军昌
2011年北京交通大学“三育人”先进集体
机电学院国际化创业型工程与管理复合型人才培养教学团队
研究生工作部 语言学院英语系
2011年北京交通大学“三育人”“教书育人”先进个人
太 玉 王方石 王志海 白 雁 刘伊生 刘 博 刘智丽 张 欣 张 星
张新华 陈士谦 周瑜慧 侯亚欣 姚亚芝 赵林海 栾志红 贾俊芳 高晓莹
常 工
2011年北京交通大学“三育人”“管理育人”先进个人
王 刚 王 勐 王 浩 王 烜 刘 萍 曲立忠 张 丹 周铁峰 周 航
信 心 耿梅芳 贾宏树 郭祎华 高桂莲
2011年北京交通大学“三育人”“服务育人”先进个人
吕艳娜 李 菊 邱永忠 赵旭日 袁 芳

二、人才培养类奖励

第七届全国高等学校教学名师奖 阮秋琦

2011 年国家级卓越工程师教育培养计划

软件工程卓越工程师教育培养计划　负责人：卢　苇

2010 年全国优秀博士学位论文 1 篇

运输学院　学生：吴建军　指导教师：高自友

第七届北京市高等学校教学名师奖

朱晓宁　张真继　李京平

2010 年北京交通大学课堂教学教风标兵

于桂兰　宁　智　刘爱红　孙　贺

第二届“外教社杯”全国大学英语教学大赛北京赛区听说课组二等奖

安　娜

第二届“外教社杯”全国大学英语教学大赛北京赛区综合课组三等奖

朱　静

第七届北京青年教师教学基本功比赛（高校）文史类 A 组二等奖

唐学华

第七届北京青年教师教学基本功比赛（高校）理工类 A 组三等奖

叶晶晶　刘　铎

北京交通大学第八届青年教师教学基本功比赛一等奖

叶晶晶　刘　铎　孙　贺　唐学华

北京交通大学第八届青年教师教学基本功比赛二等奖

田　媚　朱本欣　邢　颖　杜　鹏　杨　光　唐　宇

彭继迎　温伟刚

北京交通大学第八届青年教师教学基本功比赛优秀指导教师奖

王移芝　刘　伟　张晓冬　蒋学清

第 35 届 ACM－ICPC 国际大学生程序设计竞赛全球总决赛并列第 42 名

指导教师：李清勇　黄　华

2011 年全国大学生英语竞赛特等奖 8 项，一等奖 17 项，二等奖 62 项，三等奖 124 项

指导教师：大学英语教学团队

2011 年美国大学生数学建模竞赛一等奖 2 项，二等奖 15 项

指导教师：王兵团　刘迎东　范秉理　赵　平

2010 年第五届全国大学生交通科技大赛二等奖 1 项，三等奖 2 项

指导教师：刘志硕　李海鹰　马继辉

2011 年第六届全国大学生交通科技大赛一等奖 1 项，三等奖 1 项

指导教师：毛保华　刘智丽　李海鹰

2010 年全国大学生数学建模竞赛二等奖 3 项

指导教师：王兵团　刘迎东　赵　平

2010 年第五届全国大学生智能车竞赛全国总决赛二等奖 2 项

指导教师：马庆龙　朱明强

2010 年全国大学生电子设计竞赛信息安全技术专题邀请赛一等奖 1 项，二等奖 1 项，三等奖 1 项

指导教师：王升辉　张　凯　丁晓明　熊　轲　张大伟

2010 年第四届全国大学生机械创新设计大赛二等奖 1 项

指导教师：洪建平　王青温

2010 年首届全国大学生基础力学实验竞赛二等奖 1 项

指导教师：祝　瑛　康爱健

2010 年第四届全国大学生结构设计竞赛一等奖 1 项

指导教师：余自若　刘　林

2010 年第二届全国高校"创意创新创业"电子商务挑战赛一等奖 1 项，二等奖 2 项，三等奖 1 项

指导教师：祝凌曦　王艳辉　刘仍奎　王福田　孙熙安

2010 年"外研社杯"全国大学生英语演讲赛二等奖 1 项

指导教师：王般若

2010 年第三届全国大学生节能减排社会实践与科技竞赛二等奖 2 项

指导教师：申　萍　陈旭东

2010 年"江苏软件杯"首届全国大学生软件设计大赛三等奖 1 项

指导教师：冯凤娟

2010 年首届中国大学生服务外包创新应用大赛一等奖 1 项

指导教师：袁　岗

2011 年第六届"挑战杯"首都大学生课外学术科技作品竞赛特等奖 3 项，一等奖 3 项，二等奖 3 项，三等奖 4 项

指导教师：

陈旭梅　程小可　王艳辉　祝凌曦　鞠颂东　卞文良　冯国臣　刘　伟　高　日

陈绍宽　邬文兵　张明玉　戴胜华　张秀丽　姚燕安　沈　梅

三、科学研究类奖励

（注：标注"★"的科研项目主持单位为北京交通大学）

2010 年国家科技进步奖一等奖

项目名称：遂渝线无砟轨道关键技术研究与应用

获奖单位：电子信息工程学院

2009 年北京市科学技术奖一等奖 2 项

项目名称：结合视觉特性的图像视频编码★

获奖人：赵　耀　白慧慧　朱振峰　袁保宗

项目名称：磁性液体密封设计及应用★

获奖人：李德才　张志力　兰惠清

2010 年北京市第十一届哲学社会科学优秀成果奖一等奖

项目名称：《物流网络：物流资源的整合与共享》★

获奖人：鞠颂东

2010 年高等学校科学研究优秀成果奖（科学技术）科技进步奖一等奖 2 项

项目名称：高速铁路轨道设计理论体系及在关键结构技术中的应用

获奖人：高　亮　蔡小培　肖　宏

项目名称：基于虚拟化技术的可信网络终端系统

获奖人：韩　臻　刘吉强　常晓林

2010 年宁夏回族自治区科学技术进步奖一等奖

项目名称：轻钢结构抗震节能体系的关键技术及其在“塞上农民新居”中的应用研究

获奖人：杨维国

2010 年国家旅游局优秀旅游学术成果奖一等奖

项目名称：《旅游经济学原理》教材编著★

获奖人：张　辉

2011 年中国物流与采购联合会科学技术奖一等奖

项目名称：铁路直达集结成本与压缩物流中转时间的联合优化技术★

获奖人：林柏梁　王喜富　纪寿文　许　红　杨月芳

2010 年高等学校科学研究优秀成果奖（科学技术）自然科学奖二等奖

项目名称：图的对称性★

获奖人：冯衍全

2010 年高等学校科学研究优秀成果奖（科学技术）科技进步奖二等奖

项目名称：特大城市交通移动资源监控与智能调度关键技术及系统★

获奖人：贾利民　秦　勇　董宏辉　廖涌泉　孙　昕

王艳辉　蔡国强　承向军

2009 年北京市科学技术奖二等奖 2 项

项目名称：北京奥运交通规划与运营保障系统

获奖单位：交通运输学院

项目名称：隧道开挖诱发工程灾害预防与治理关键技术研究及工程应用

获奖人：王艳辉

2010 年北京市第十一届哲学社会科学优秀成果奖二等奖

项目名称：《北京交通史》★

获奖人：颜吾佴　颜吾芟　许　勇　刘天善

2010 年黑龙江省科学技术奖二等奖

项目名称：70 吨级铁路通用敞车关键技术研发与应用

获奖人：孙守光

2009 年科技兴检奖二等奖

项目名称：工业射线数字成像管道缺陷检测技术研究与设备研制

获奖人：冯其波

2011 年第二届北京市发明专利奖三等奖
项目名称：磁性液体密封装置中密封组件的装配方法★
获奖人：李德才
2009 年北京市科学技术奖三等奖 2 项
项目名称：砂卵石地层浅埋暗挖地铁隧道关键施工技术研究
获奖人：黄明利
项目名称：北京地铁施工对桥基、建筑和管线的影响及控制研究
获奖人：项彦勇
2010 年国家电网公司科学技术进步奖三等奖
项目名称：电铁供电关键技术研究
获奖人：郑琼林
2010 年新增 1 个国家认可实验室
土木工程检测国家认可实验室
2010 年新增 4 个省部级平台
面向高速铁路控制的无线移动通信系统研究教育部创新团队
城市轨道交通 CBTC 系统北京市高等学校工程研究中心
首都大学生思想政治教育研究基地
北京产业安全与发展研究基地
2011 年新增 3 个省部级平台
隧道及地下安全性控制教育部创新团队
新能源汽车动力总成技术北京市重点实验室
轨道工程北京市重点实验室
2010 年度茅以升科学技术奖——铁道科学技术奖
获奖人：张顶立　邱宽民　蔡伯根
第十届詹天佑铁道科学技术奖——詹天佑青年奖
获奖人：王　剑　张　楠　杨中平
第十届詹天佑铁道科学技术奖——詹天佑专项基金奖
获奖人：任尊松　刘　颖　何大伟　何玉芳　张　宁
杨　娜　杨培飞　陈　莹　和敬涵　欧国立
唐方成　裴　丽
教育部“新世纪优秀人才支持计划”2010 年度入选人员名单
张　楠　杨立兴　赵谡玲　董海荣　韩林飞
2010 年北京市新世纪社科理论人才百人工程入选人员（第二批）
张　力
2010 年度北京市科技新星计划入选人员　陈德旺

四、党建及其他奖励

（一）党建类

北京高校优秀党建工作创新项目

成果名称：干部考核信息化建设

获奖单位：北京交通大学党委组织部

北京高校入党积极分子“精品一课”

成果名称：《党的组织原则与组织纪律》

获奖人：颜吾佴

成果名称：《中国共产党的指导思想》

获奖人：韩振峰

成果名称：《党的宗旨和党的作风》

获奖人：刘　峰

学校获得北京高校入党积极分子“精品一课”优秀组织奖

学校被评为北京高校党建研究会2008—2010年度学会工作先进单位

（二）其他奖励

集体奖：

学校被评为全国工程硕士研究生教育创新院校

学校电子与通信工程领域、建筑与土木工程领域、交通运输工程领域被评为全国工程硕士研究生教育特色工程领域

学校被评为2010年度国家安全工作先进集体

学校被评为2010年首都文明单位标兵

学校被评为2010年度北京市交通安全工作先进单位

学校被评为2010年首都大学生暑期社会实践先进单位

学校获2010年关爱女孩青年志愿者行动组织奖

学校获第三届北京大学生艺术展演最佳组织奖

学校被评为2010年全国高等学校学生资助工作先进单位

学校被评为2010年北京市无偿献血工作先进单位

学校被评为2010年首都高校应急献血先进单位

学校被评为2011年北京高校后勤社会化改革先进院校

学校被评为2010年度全国高校节能管理先进院校

学校被评为北京高校2010年度伙食联合采购工作先进学校

学校党委宣传部获高校校园文化建设优秀成果三等奖

学校校园新闻网被评为2010年“全国百佳网站”

学校统战部被评为2010年度北京高校统一战线创新工作先进单位

2010年学校科学技术处被教育部评为“在科技奖励和知识产权管理工作中作出突出贡献的单位”

2011年学校科学技术处被教育部科学技术司评为高等学校科技管理优秀团队

2011年学校党委学生工作部被评为北京市第十届思想政治工作优秀单位

2010年学校工会被北京市市教育工会评为工会工作先进单位

2011年学校工会被北京市总工会评为规范化建设先进单位

学生心理素质教育中心被评为2011年北京市教育工会教育先锋先进集体

学校学生艺术团在第三届北京大学生艺术展演活动中

器乐组一等奖：交响乐团　管乐团

器乐组二等奖：民乐团　声乐组一等奖：合唱团

舞蹈组二等奖：舞蹈团　戏剧组一等奖：话剧团

学校后勤集团被评为2010年中国高教学会后勤管理分会物业专业部常委单位

学校后勤集团红果园宾馆被评为2010全国高校旅行接待服务先进单位

学校后勤集团被评为北京市2010年度交通安全先进单位

学校后勤集团饮食服务中心被评为中国高校伙专会2009—2010年度通讯宣传工作先进集体

学校红十字会被评为2010年高校红十字会系统先进集体

学校红十字会获2010年红十字青少年活动特别奖

学校社区卫生服务中心获2011年健康科普写作、创作、创意大赛优秀组织奖

学校家委会被评为2010年北京市先进社区居民委员会

个人奖：

北京交通大学第二届优秀女教职工评选活动"交大巾帼十杰"：

王翠肖　王雪松　刘红军　郭雪萌　付　俐　杨晓晖　闫　立　陈树文　娄淑琴　和敬涵

2011年北京市教育工会教育先锋教书育人先进个人：刘　杰

2011年北京市教育工会教育先锋管理育人先进个人：谷季春

2011年北京市教育工会教育先锋服务育人先进个人：王　欣

IBM2010年度中国优秀教师奖教金：张红延

2010年度新联铁奖教金获得者：

宋志坤　张　华　张竹茜　赵建东　郭　盛　温志超　蔡永林　霍　凯

2010年度握奇奖教金获得者：

马晓贤　王学峰　王瑞平　左　莉　田　源　刘　真　刘玉明　孙永奇　邢　颖　杜　晖　周雪忠　胡雅梅　倪蓉蓉　常宏达　黄　华　魏慧琴

2008—2009年度北京市保密工作系统先进个人：殷晓彤

2010年度北京市无偿献血工作突出贡献奖：高　艳

2010年度北京教育年鉴先进个人：高　杰

2010年度北京共青团信息工作先进个人：秦思阳

2010年教育部"在科技奖励和知识产权管理工作中作出突出贡献的个人"：马　跃　王　欣

高等学校科技管理优秀个人：马　跃

2010年全国高校电视专业委员会专题奖一等奖：刘　琳

2010年全国高校电视专业委员会专题奖三等奖：郎　军

"北京高校好新闻奖"：

版面类（新闻版）一等奖：宫　宇

标题类一等奖：李世珍　图片类一等奖：张先睿

通讯类二等奖：袁　芳　图片类二等奖：沈　岩

2010年"百佳新闻编辑"：薛　刚

第三届北京大学生艺术展演优秀指导教师奖：

赵亚宁　何　洁　郑　彬　关英馨　敖　丽　刘景杨

第三届北京大学生艺术展演优秀创作奖：刘　珊

2010 年度教育部人防工作目标管理先进工作者：杨培飞

广州亚运会、亚残运会先进个人：韩　松

2010—2011 中国大学生排球超级联赛最佳教练员：陈星飚

2010 年度教育部报送信息先进个人：赵冬玲

2010 年度国家安全工作先进个人：裴劲松

2010 年北京市公安局个人三等功：王会剑

2010 年北京市公安局个人嘉奖：王振峰　宋开太

2010 年北京市公安外国留学生管理先进个人：邝京晶

2011 年对台工作特别奉献奖：陈保利

2010 年高校红十字会系统先进个人：张锦莉

2010 年全国高校后勤系统信息与宣传工作先进个人：章卫红

九三社中央 2010 年全国参政议政工作先进个人：李克平

从事护理工作三十年荣誉证书：侯　立

2010 年度北京市临床血液学检验间质量评价活动优秀质量管理员：崔惠景

2010 年度北京市临床生化检验室间质量评价活动优秀质量管理员：南树娴

北京市万名“孝星”：杨翠萍　高全增

五、从事教育工作三十年表彰人员名单

（按姓氏笔划排序）

丁晓明	马　玲	孔繁征	尹相勇	尹　激	方跃法	毛宗林	王化深	王　玮
王衍用	王根英	王爱国	王益青	王　超	王　毅	邓振波	冯继欣	史广生
宁　滨	邝　明	任　希	关　宇	刘之汀	刘长江	刘作义	刘迎春	刘宝刚
刘建国	刘明光	刘春鹏	刘　晓	刘爱红	刘策时	孙全欣	孙宏琳	孙　强
朱卫东	朱　刚	何忠诚	何金惠	宋永增	张小青	张长青	张　乔	张　伟
张军学	张后扬	张秀媛	张家栋	张振林	张晓鸽	张　莉	张鸿儒	张　辉
张新华	时芝平	李　卫	李文兴	李　平	李兆华	李　进	李继娟	杨　飞
杨松林	杨　甦	杨翠兰	沈　梅	肖长林	谷钧宏	邵丽萍	邹　枚	陆建初
陈志南	陈连坤	陈国兰	陈　庚	陈常嘉	陈淑玲	周万英	周柯京	孟嗣仪
屈群英	林建成	欧阳林	武京生	侯惠昌	姚家奕	娄晓玲	查建中	赵　坚
郝宇欣	钟舒乐	夏　阳	徐双满	徐宇工	徐建胜	徐维祥	袁绿夏	郭九峰
顾　捷	高建华	高桂莲	高福廷	崔衍清	梁　琦	章宇舟	隆　青	黄　红
黄　梅	葛东方	董河屏	蒋大明	韩振峰	韩　雷	漆明英	樊京津	滕小瑛
颜吾佴								

2011

国际交流合作及港澳台工作

国际交流与合作

【综述】

2011年，学校各项国际交流工作任务得以较好地完成，共计接待了国（境）外短期访问团组和个人1 586人次。其中包括澳大利亚前总理霍克、乌干达交通部部长Chebrot Stephen Chemoiko等政要；开拓了与印度理工大学（IIT）的实质性合作；2011年新增校际合作协议49份；主办大型国际学术会议7次。留学生规模较2010年增长32%，总数达到784人，其中学历生达到67%，研究生达到29%；各类赴海外长短期学习的本科生、研究生人数稳步增长，达到614人次，超额完成学校折子工程所规定的400人的年度目标任务，其中本科生462人，研究生152人（其中通过国家“高水平大学公派研究生项目”派出博士生58人，首次超额完成50人的计划指标）；2011年度学校共邀请了355名海外专家学者来校进行学术交流；新增“111引智计划”项目（轨道交通控制与安全创新引智基地）一项；国家外国专家局拨付的外专经费和北京市政府拨付的外国留学生奖学金数额均有较大幅度增长。

【国际交流合作】

2011年，共有6个校级代表团出访国外，情况如下。

2月18日至3月2日，党委副书记高艳率艺术团师生26人赴利比里亚、多哥执行孔子学院巡演任务。

3月21日至30日，校长宁滨等6人访问印度理工大学、泰国皇家理工大学。

7月6日至17日，党委书记曹国永率团一行5人访问葡萄牙、西班牙、比利时高校，讨论校际合作事宜。

9月18日至28日，党委副书记高福廷率大学生羽毛球代表团10人赴丹麦进行访问交流。

10月22日至30日，副校长陈峰率团赴法国、意大利参加中非大学校长研讨会，访问米兰理工大学。

10月22日至30日，副校长张星臣率团赴德国参加中欧区域发展规划教育与研究中心会议。

【港澳台工作】

2011年，共有1个校级代表团出访港澳台地区，情况如下。

7月22日至8月1日，关忠良副校长等师生14人赴台参加“2011年两岸大学生研习营暨青年论坛”。

全校共计536人次赴国（境）外进行访问、学习交流及科研合作等活动，其中赴港澳台地区127人次。成功举办了2011两岸大学生研习营暨青年论坛活动。7名港澳台侨学生获得奖学金。

【引智工作】

2011年，学校获国家外专局“引进海外高层次文教专家重点支持计划”2项，资助金额 54 万元；教育部“海外名师项目”2 项，项目周期 2 年，每年资助金额 40 万元；教育部“聘请外国文教专家特色项目”2 项，项目周期 3 年，每年资助金额 40 万元；“信息科学与技术创新引智基地”（“111 引智计划”）继续得到支持，年资助金额 90 万元；轨道交通控制与安全创新引智基地获准立项；学校常规聘请外籍教师及外籍专家项目，资助金额 118 万元；外专经费总计 342 万元，比 2010 年增长 54 万元。此外，组织相关学院申报国家外专局首次设立的“高端外国专家项目”，积极参加国家外专局和中组部第一批“外专千人计划”申报工作。人民日报（海外版）记者专访了来校工作的西班牙胡安·卡洛斯大学物理系系主任米盖尔教授（“引进海外高层次文教专家重点支持计划”专家），1 月 25 日在人民日报（海外版）发表《教学相长术更精》专题文章。2011 年，学校共聘请长期外籍教师 21 人，其中语言外籍教师 10 人，专业外籍教师 9 人，外籍行政人员 2 人；共邀请来自美国、加拿大、德国、英国、法国、澳大利亚等 20 个国家和港澳台地区 355 名海外专家学者来校进行学术交流，专业领域涉及信息科学、理学、人文社科、机械工程、交通工程等学校重点学科和特色学科，其中院士 2 人，教授 201 人，副教授 44 人；讲学 153 人，出席学术会议 71 人，科研合作 30 人，专业教学 42 人。

【留学生教育与管理】

2011 年，学校以《留学中国计划》为指导，以“扩大规模，优化结构，规范管理，保证质量”为工作方针，留学生事业进一步发展。

全年留学生人数累计达 784 名，比 2010 年增长 32%，其中学历生 527 人，研究生 230 人，分别比 2010 年增长 39% 和 100.1%。生源国由 2010 年的 85 个增加到 91 个。10 人获优秀外国留学生奖学金，占全国总名额的 5%。学校留学生规模保持了较好的增长势头，2011 年净增 190 人。法国、哈萨克斯坦、沙特阿拉伯、印度尼西亚留学生依然是稳定的主要增长点，形成了多生源的良性发展势态。见表 58 和表 59。

表 58　2010 年与 2011 年学生数量对比

年度	留学生总数	非学历生	学历生	博士生	硕士生	本科生
2011	784	257	527	22	208	297
2010	594	215	379	21	88	270

表 59　秋季在校留学生人数前 10 位分布情况

序号	国　别	人数	序号	国　别	人数
1	法国	111	6	印度尼西亚	29
2	哈萨克斯坦	69	7	韩国	27
3	沙特阿拉伯	55	8	俄罗斯	21
4	蒙古	47	9	泰国	17
5	越南	35	10	乌干达	17

学校加大对留学生事业的投入，成立专门的留学生教育、管理机构：国际教育交流中心。改造 4 号楼为第 4 栋留学生公寓，美化汉语培训专用教室，配置多媒体教学设施，改善汉语教学环境。开通留学生在线申请网站，启动留学生管理信息系统，满足留学生在线申请，实现留学生信息的管理与统计。

10月15日，第四届国际文化节开幕，以“思源致远，继往开来”为主题。主要有开幕式、文化表演、文化展览等内容。学校对文化节形式进行了创新，将25个表演节目穿插于开幕式和整个文化展览。搭建了60个国家的特色展位，在历届文化节中参加国最多。10多位上级单位领导、20多位驻华使节、近万名中外师生参加了文化节。组织中外学生参加中宣部、教育部主办的《悦读中国》活动。为参与读书活动的100多位留学生配备了12位指导教师，安排了5场讲座，3次实践考察活动，留学生提交中外文论文60余篇。学校留学生在第三届“汉语之星”中进入了十二选十决赛；在北京留学生器乐大赛中获三等奖；越南留学生阮重谈获“大学生电子设计竞赛”校一等奖，“全国大学生电子设计竞赛”北京市赛区一等奖、全国二等奖，“卡尔”杯智能汽车竞赛华北赛区一等奖。

【附件6】

2011年国（境）外交流情况

表60　学校短期临时因公出国（出境）情况一览表

出访地	参加会议	考察访问	合作交流	总计
阿联酋	3	—	—	3
埃及	2	1	1	4
奥地利	2	1	1	4
澳大利亚	7	6	4	17
比利时	10	4	5	19
波兰	—	1	—	1
丹麦	3	10	1	14
德国	5	2	11	18
多哥	—	26	—	26
俄罗斯	—	3	2	5
法国	3	8	2	13
芬兰	5	—	—	5
韩国	19	5	1	25
荷兰	8	1	10	19
加拿大	13	4	13	30
捷克	5	—	5	10
克罗地亚	1	—	—	1
肯尼亚	—	—	1	1
利比里亚	—	26	—	26
马来西亚	2	1	—	3
美国	46	25	42	113
蒙古	1	—	—	1
南非	1	1	—	2
挪威	—	—	2	2
葡萄牙	2	—	9	11
日本	15	1	7	23
瑞典	6		2	8
瑞士	2	5	—	7
斯洛伐克	—	—	1	1

续表

出访地	参加会议	考察访问	合作交流	总计
泰国	1	21	—	22
土耳其	1	1	—	2
乌克兰	—	1	—	1
西班牙	3	5	9	17
希腊	1	—	—	1
新加坡	2	19	6	27
新西兰	2	—	—	2
匈牙利	—	1	—	1
意大利	5	6	6	17
印度	—	—	6	6
印度尼西亚	6	—	—	6
英国	7	8	22	37
越南	1	—	5	6
中国澳门	1	1	9	11
中国台湾	31	2	70	103
中国香港	12	7	41	60
总　计	234	203	294	731

表 61　在校学习留学生分类情况

	年初数	本年增加	本年减少	年末数	年平均数
外国留学生	456	369	220	605	530.5
自费生	341	321	175	487	414
国家奖学金生	115	48	45	118	116.5

表 62　在校工作的外籍教师和外国专家名单

序号	姓名	国籍	性别	职称/职务	工作学院
1	Matthew William Deal	美国	男	外籍教师	人文学院
2	Reid Evan Thompson	美国	男	外籍教师	语言学院
3	Dr Henn Marc Ivo	德国	男	外籍教师	语言学院
4	Joseph Tyrale Kappel	美国	男	外籍教师	语言学院
5	Elizabeth Dean Luther	美国	女	外籍教师	语言学院
6	Jin Ho Kwak	韩国	男	教授，重点引进专家	理学院
7	Manish Kumar Parmar	印度	男	外籍教师	机电学院
8	Donald Lefferts Taber	美国	男	外籍教师	语言学院
9	Seth Michael Bauer	美国	男	外籍教师	语言学院
10	Miguel Angel Fernandez Sanjuan	西班牙	男	教授，重点引进专家	理学院

续表

序号	姓名	国籍	性别	职称/职务	工作学院
11	Miao Zhenjiang	加拿大	男	教授，外籍教师	计算机学院
12	Sara Estevez	西班牙	女	合作伙伴派入教师	语言学院
13	Eliza Dhasaiyan	印度	男	外籍教师	软件学院
14	Eliza Nahomi	印度	女	外籍教师	软件学院
15	Anthony Ang	菲律宾	男	外籍教师	软件学院
16	Rene Oertenblad	丹麦	男	外籍教师	软件学院
17	Sharkun Yuliya	乌克兰	女	外籍教师	软件学院
18	Li Haikuan	荷兰	男	外籍教师	软件学院
19	Zhao Yanping	加拿大	女	外籍教师	软件学院
20	Kourosh	澳大利亚	男	外籍教师	软件学院
21	刘曙光	中国（香港）	男	外籍教师	软件学院
22	Song Yongduan	美国	男	教授，国家千人计划人选	电信学院
23	Satoru Sone 曾根悟	日本	男	教授，海外名师	电气学院
24	杨连祥	美国	男	外籍教师	理学院

表 63　2011 年度聘请的境外名誉教授、兼职教授一览表

序号	姓名	聘职名称	聘任单位	单位及职称或职务	研究领域
1	T. C. Edwin cheng 郑大昭	讲座教授	经管学院	香港理工大学工商管理学院讲座教授	电子商务、供应链管理、海事物流、低碳供应链与低碳物流
2	张少华	兼职教授	运输学院	香港铁路有限公司车务营运总管	铁路运营管理等
3	苗凯翔	客座教授	计算机学院	英特尔公司中国研究院首席工程师	云计算、客户端虚拟计算、分布式移动计算等
4	David Stephen Writer	客座教授	电气学院	阿尔斯通电网公司全球研发总监	变电站保护、测量与控制；RTDS（实时数字仿真）、机电设计应用等
5	谢汉萍	讲座教授	电信学院	台湾新竹交通大学	显示技术、微光机电系统、纳米光学元件、薄膜太阳能技术
6	张　涛	客座教授	国家重点实验室	美国 Telcordia Technologies 公司	汽车无限通信网、智能交通系统、无线移动网
7	沈卫明	客座教授	机电学院	加拿大 National Reserch Council of Canada	机电
8	颜鸿森	顾问教授	机电学院	台湾成功大学	机械设计

续表

序号	姓名	聘职名称	聘任单位	单位及职称或职务	研究领域
9	Florentin Smarandache	客座教授	理学院	University of New Mexico	数学、计算机科学、物理、哲学、工程
10	刘晨光	客座教授	机电学院	德国采埃孚集团 ZF Friedrchshafen AG，Germany	计算机辅助制造、机械系统设计理论与方法学、特种变速器专利审查评价
11	Dieter Weichert	顾问教授	机电学院	德国亚琛工业大学	力学、生物力学、材料力学
12	Yukio Tamura	名誉教授	土建学院	日本东京工艺大学	结构风工程、结构动力学
13	Schnieder Eckehard	客座教授	国家重点实验室	布伦瑞克工业大学交通安全与自动化工程研究所	控制与自动化、偏重轨道交通运输、公路与铁路系统的安全运输
14	Yuemin Zhu（朱跃敏）	兼职教授	计算机学院	法国里昂国立应用科学研究院（INSALyon）	磁共振成像
15	mikhail krakov	客座教授	机电学院	belarussian national technical university professer	流体学、热转换、计算机模拟
16	成秀珍	兼职教授	电子学院	The George Washington University	无线认知网、无线和移动安全、无线传感器网络、无线 mesh 网
17	张彦春	兼职教授	计算机学院	澳大利亚维多利亚大学工程与科学学院/教授	数据库系统和信息系统、电子健康、健康信息学、网络挖掘、网络数据管理
18	何天健	兼职教授	运输学院	澳大利亚昆士兰理工大学	运输
19	邹经宇	兼职教授	建筑艺术系	香港中文大学建筑学院	城市规划和建筑设计、设计计算学/计算机辅助设计、建筑性能模拟、环境设计等
20	王小璘	兼职教授	建筑艺术系	（台湾）朝阳科技大学景观及都市设计系	景观与游憩规划设计、景观生态与工程、城市规划与都市设计、休闲农业、研究方法

表 64　北京交通大学国际合作与交流专项基金资助项目名单

序号	学院	申请人	执行项目时间	项目内容	审批金额/万元
1	理学院	冯衍全	2011. 4. 10—2011. 4. 14	承办国际会议	4. 80
2	电信学院	张建勇	2010. 3. 6—2011. 3. 10	教师出国参加国际会议	1. 60
3	土建学院	石志飞	2011. 6. 28—2011. 7. 12	聘请国际知名专家学者	4. 29
4	机电学院	贾　力	2011. 6. 22—2011. 6. 22	承办国际会议	0. 40

续表

序号	学院	申请人	执行项目时间	项目内容	审批金额/万元
5	运输学院	高　健	2011. 7. 27—2011. 8. 10	学生派出	1. 85
6	计算机学院	刘　杰	2011. 11. 1—2011. 11. 10	聘请国际知名专家学者	3. 00
7	经管学院	李卫东	2011. 9. 17—2011. 9. 23	聘请国际知名专家学者	2. 35
8	电信学院	戴胜华	2011. 11. 18—2011. 11. 26	聘请国际知名专家学者	4. 00
9	电信学院	李润梅	2011. 12. 08—2011. 12. 17	聘请国际知名专家学者	0. 90
10	运输学院	汪国俊	2012. 1. 20—2012. 1. 26	学生派出	1. 50

2011

国有资产管理

财务工作

【综述】

2011年，学校财务工作确立了“围绕一个目标、突出七大重点、采取若干措施”的总体工作思路，围绕“落实规划、推进改革、争取资源、加强管理、改善服务、构建和谐”的工作目标，密切跟踪国家和上级部门的政策法规变化，严格执行国家财经法规和学校规章制度，多渠道为学校争取资金和资源，继续健全和完善科学有效的财务管理制度体系和内部控制体系。努力加强财务管理和会计核算工作，稳健应对国家财政政策法规的快速变化，不断提高学校财经系统的适应性，持续提升部门管理能力和服务能力，不断提高学校财务会计人员队伍的综合素质与服务水平，合法、安全、高效地管理学校资源和运作学校资金，提高资金使用效益，促进和保障学校各项事业的高速发展，为广大师生员工提供满意的服务。

【财务收支状况】

1. 综合财务收入：2011年学校收入总额157 926万元，比上年（146 639万元）增收11 287万元，增长率7.7%。其中，财政拨款74 608万元，上级补助收入19万元，事业收入53 042万元，经营收入1 261万元，其他收入28 996万元。2011年财政拨款中，教育经费拨款68 132万元，教育部科研经费拨款1 425万元，其他经费拨款5 051万元。财政拨款占总收入47.24%，是办学经费的主要渠道。2011年事业收入和其他收入，分别占总收入的33.59%和18.36%，是学校经费来源的重要组成部分。

2. 综合财务支出：2011年学校支出总额146 058万元，比上年（134 563万元）增加11 495万元，增长率8.54%。其中，工资福利支出26 294万元，商品和服务支出70 747万元，对个人和家庭的补助支出22 856万元，其他资本性支出20 803万元，基本建设支出4 338万元，经营支出1 020万元。商品和服务支出占总支出的比例为48.44%，主要是学校教学科研中发生的日常公用支出；其次是工资福利支出，占总支出的18.00%。

3. 年末财务状况：2011年末，学校资产总额413 063万元，比上年末（384 809万元）增加28 254万元。负债总额37 178万元，比上年末（40 142万元）减少2 964万元。净资产375 885万元，比上年末（344 667万元）增加31 218万元。

【财务管理】

1. 理顺管理体制，将财务内控体系建设推向深入，继续健全和完善财务管理运行机制，不断提升学校财务风险防控能力

2011年，学校理顺管理体制，调整财务管理职责，延伸财务工作内容，继续加强财务内部控制体系建设。根据年内国家财经政策法规的变化，处内岗位、人员的变化，不断调整和修订有关规章制度、工作流程和岗位职责等内部控制具体规定。

2011年，学校按照高校财务监察工作有关规定和要求，对学校财务工作的整体流程和各个环节进行监督检查，审视财务制度规定中的缺陷和财务工作流程中的漏洞，针对高校财经工作中面对的新形势、出现的新问题、产生的新需求，每月提出财务监察意见和建议，对

学校整体财务运行情况提出监察报告。财务监察有效地建设和完善了学校的财务内控体系，防控学校财务风险，为学校各项财经活动正常有序合法的进行提供了更加充分的保障。

2011 年，学校起草《北京交通大学计财处内部控制制度（试行）》，涉及货币资金、收费项目、经费支出和固定资产核算等主要业务，使学校财务工作的内部控制更加系统化和制度化。起草《科研项目预决算审核的流程和规范》文件，提高教师对各种科研管理规定的认识，协助教师进行科研项目经费的合理有效管理。为增强学院对院属资金的掌控能力，全面推进学院预算改革，编写《北京交通大学学院经费预算管理暂行办法》。根据近年国家财经政策的变化和学校科研经费管理中产生的新情况，研究编制科研决算报表项目与会计核算科目的对接表，规范科研项目的入账、执行、决算等工作流程，有效提高科研项目决算报表数据的准确性。设计制定新的出国差旅费报销管理办法和申报表格，规范出国差旅费报销制度和流程，指导师生合理安排国际合作交流经费的预算和支出。不断加强会计基础工作，规范会计核算流程，进一步完善会计工作规范和各个岗位职责，修订《POS 机报销业务规范》等财务文件。

2. 加强预算管理，优化支出结构，保障学校各项事业全面协调可持续发展

2011 年，学校进一步严格财务预算和管理，努力增收节支，强调量入为出，有效平衡收支，集中并盘活校内存量资金，突出重点安排，提高资金使用效率和效益，达到“保人员、保运转、保重点、保安全”的预期目标。重点加强专项资金的管理和服务工作，定期通报财政拨款专项预算执行情况，督促预算执行的进度和效率，提高财政资金使用效益。

加强财政结余资金的管理，每季度将项目执行进度及资金使用情况通知项目负责人，深入各学院督促检查基本科研业务费的执行情况，加强财政拨款项目管理，努力降低财政资金结余，提高财政资金的使用效益。

2011 年学校进一步强化预算管控，对所有部处的业务费实行零基预算。为贯彻勤俭节约的预算宗旨，将 2011 年预算额度的 90% 下拨学院和部处，鼓励校内各单位在预算框架下厉行节约、提高效益，取得良好的经费节约效果。全年学校行政事业费压缩 10%，节省资金约 2 000 万元。

在 2009—2010 年试点学院推行“二级管理、集中核算”财务管理模式的基础上，2011 年学校在全校推广学院预算管理机制改革，增强学院对院属资金的掌控能力。

严格执行国家的外汇管理制度，根据教育部下达的限额预算，合理安排出国用汇的支出，保证重点科研项目和重要出访任务的用汇需要。

3. 多渠道争取资金，为学校改革发展提供充足的资金保障

为保证学校改革、发展和稳定的大局，不断提升整体实力，学校积极争取政府部门和社会各界对学校办学资源的支持，多方面培植财源。

争取国家财政支持。经过多方努力，学校 2011 年获教育部拨款 7.4 亿元，获其他部门科研经费拨款 2.1 亿元。

提高资金使用效益。学校科学合理、基础扎实的财务管理工作，使财务管理在学校资源配置中的作用能够得到充分的发挥。结合学校财力情况和资金流状况，在确保安全的前提下，向管理要效益，全年为学校获取利息收入 2 000 余万元。

加大学费收缴力度。不断提高学生交费的便利程度，通过新生批量开卡和学费统一划扣，大幅降低现场缴费比例。继续加强欠费催缴，将本科生交费情况纳入学生信息系统，方

便学生查询缴费信息以及学院监控学生交费情况。同时，将学费收缴情况与学生选课和毕业答辩流程挂钩，欠费催缴力度不断增强。

4. 以管理创新和科技创新提升学校财经系统管理服务能力和工作效率

学校不断扩大与在京高校和外省市高校的交流和沟通，多次派出相应岗位工作人员赴北京邮电大学、清华大学、中国人民大学、东北大学等兄弟院校调研学习，就组织机构及岗位设置、网上报销运行模式、出国经费报销管理办法、银行支票、银行汇入款入账流程、会计业务和服务工作的流程优化等财务管理工作，学习借鉴兄弟高校的先进经验、交换工作心得、探讨工作方法。

为提高学校科研经费财务管理系统的工作效率，提高管理服务能力和反应能力，加速推进“学校科研管理信息系统”之“科研经费财务管理信息子系统”的设计和研发，多次召开研发方案研讨会，综合考虑国家财经政策法规新变化、学校和教师科研工作中产生的新需求，从科研经费预算、到款、通知、认款、入账、执行、决算等各个环节进行优化设计。新系统将使学校科研经费管理和使用全流程实现高度信息化，科研教师将能够在网上办理大部分科研经费业务、管理部门将具备对科研经费进行实时管理与控制的能力。这一科技创新成果将极大提高学校科研经费财务管理系统的管理服务能力，极大提高系统的反应速度和工作效率。

5. 继续加强学校财务人员的教育和管理，培育学校财经人才队伍

学校创造性地将学校财务管理制度体系建设、国家财经法规学习和研究与财经人才队伍的培养和管理相结合。在日常工作中，结合国家政策变化和学校发展需求等实际问题，建立学习和研究团队，对财务人员的学习能力、思考能力、组织管理能力、团队合作意识等各方面综合素质进行全方位的培养和锻炼。通过个人自学、科室研讨、全处学习、与兄弟院校交流沟通等多种方式，努力提高财务管理人员的职业道德、法律观念、风险意识和业务技能。坚持在财务工作实践中发现和培养人才，科学合理使用人才。在人才培养过程中，既注重对具体财务规定的熟悉和把握，又注重创新思路、拓展视野，努力提高财经工作人员的职业道德和业务技能。这些教育和培养工作为学校初步培育出一支素质过硬、业务精通、作风优良、清正廉洁的财经人才队伍，为推动学校事业持续健康发展打下良好的财经人才资源基础。

9—11 月，组织全校会计人员进行继续教育培训，按照上级部门的要求，在中华会计网远程教育平台进行继续教育。

6. 按照上级部门要求，接受各类审计检查并推动整改

2011 年，4 月、10 月接待教育部修购评估小组，组织有关单位进行项目申报并参加评估，为检查组提供各项数据，顺利完成 2012—2015 年修购计划的申报及增报任务；进行“十一五”修购总结和并提出“十二五”的展望报告。

随着学校科研事业尤其是纵向课题数量、金额的大幅增长和国家对科研经费管理与审计力度的不断增强，学校接待的课题经费使用与结题审计次数日益增加。截止 2011 年 12 月底，接待来自科技部、铁道部等各部委和有关部门的科研课题经费审计近 130 次，涉及课题 200 余项，接待校内科研项目查账、对账教师千余人次。受理科研课题经费中期、决算财务报表审核 484 次。同时，指导教师进行预决算的编制和执行，引导经费负责人合理安排课题经费支出进度和比例，顺利通过课题结题过程中的经费报表审核。协助课题组人员查找、准

备和提交各类审计、检查所需账务资料，为学校科研工作顺利开展提供了有力支持。

2011 年，配合完成 25 位处级领导干部的离任和在任审计工作。对于新上任的部门财务主要负责人，计财处与主管领导保持密切沟通，传达宣传财经政策和财经纪律，使学校改革发展各项工作在新旧领导转换期内继续顺利推进。

7. 转变工作作风，提高财务工作服务水平和工作效率，努力为学校改革发展稳定工作和师生员工提供优质便利的服务

3 月 1 日，取消每日报销限号制度，采取每工作日不限量接收报销单据的模式，极大地缓解了师生早起排队领取报销号码的紧张状况。变更研究生业务费的报销付款方式，采用学生中国银行卡打卡方式，方便研究生同学的报销和收款。简化大宗结算业务的工作流程，大幅节省办理领支票业务师生的排队等候时间。加快异地汇款业务的办理时间，保证两个工作日内完成电汇手续，提高学校资金整体运行效率。提高各类往来款统计和发布的频率，方便教师了解财务信息，确保学校资金安全。

2011 年，开发银行汇入款网上发布和认领系统，即时更新汇入款信息，方便教师查询和办理网上认款。定期发送银行汇入款信息的邮件，提高银行汇入款认领效率，提高学校资金运行效率。设计新的数据库管理系统，指导信息中心开发工资及代发业务的网上查询系统，满足广大教师的查询需求。首次实行通过网上银行收取会议注册费、研究生报名费、自主招生报名费、研究生复试报名费等，减轻学校相关部门收费工作压力，避免现场集中排队交费，提高工作效率。

9 月 1 日起，国内个税免征额调至 3 500 元，学校及时完成个人所得税起征点调高的相关配套工作。

经多方争取和协调，校园内增设 6 台中行自助机器，满足师生取款需要。积极推进学生活动中心一站式服务大厅的 ATM 机安装计划的落实。

根据国家规范退休人员工资的有关规定，4 月起，学校对退休人员工资结构进行了调整，工资项目变化较大。学校设计了新的数据库管理系统，除为每位离退休教工提供纸质工资条外，还开发了网上查询系统，满足了家住校外的离退休老同志的查询需求。2011 年起新增为外聘人员提供制作公积金联名卡的业务。

审计工作

【综述】

2011年，学校审计工作坚持“围绕中心，服务大局，突出重点，依法审计”的方针，以“为规范财务会计工作服务、为提高学校资金使用效益服务、为学校改革和发展服务”为工作目标，努力发挥内部审计“免疫系统”功能，为防范学校经济活动风险服务，努力为学校节约资金。全年共开展各类审计项目99项，审计资金总额达31.18亿元，提出审计整改建议20余条，咨询意见134份，取得了较好的经济效益。

【工程审计】

1. 全过程工程审计

2011年组织实施科创大厦暨CBTC研发中心工程和住宅一期改造工程全过程。

审计单位的招标工作，招标前走访多所高校和造价咨询单位，充分做好招标前的调研准备工作，招标结果做到了审计队伍质量和经济性兼顾。

学生活动服务中心主体工程项目全过程审计：该工程于2009年8月开工，2011年11月15日交付使用，室外工程没有完工，该工程在施工过程中，审计项目组遇有工程造价控制事项及时发表意见；每月召开一次审计例会，通报、商定工程中涉及造价控制事项，工程全过程审计工作是在保证工期的前提下实施的。2011年出具咨询意见107份（其中建筑21份，安装86份）；参加了基建处、施工总承包单位组织的30项二次招标的资格预审、开标评标工作。

供热工程项目全过程审计：2011年是供热工程二期建设（学生活动中心热力管线铺设、设备安装）全过程审计（该工程已交付使用），以及供热工程一期（2009年完成）部分工程项目结算审计，该工程项目2011年出具全过程审计咨询意见11份，完成供热一期工程结算审计5项，审计金额475.15万元。

科创大厦暨CBTC研发中心工程：此工程全过程审计工作从施工单位招标开始介入，工程量清单由全过程审计单位与招标代理公司分别编制、相互核对，同时两家背靠背编制标底再由学校定标小组确定标底。这一系列的措施达到了中标价经济性的预期，工程于10月奠基施工，2011年出具审计咨询意见16份。

2. 工程结算（预算）审计、工程验收

2011年完成工程项目结算（预算）审计74项，审计金额1.39亿元。2011年参加学校组织的工程验收42项。

【经济责任审计】

2011年，学校进行领导干部换届，经学校经济责任审计联席会议讨论决定，对25位处级领导干部（15位离任领导，10位届满领导）任期内经济责任履职情况进行审计，同时决定，借助社会审计力量一年内完成此次经济责任审计工作。审计处与会计师事务所共同组成审计小组开展审计工作，在审计过程中，注重与被审计领导和其所在单位的沟通与交流，对审计事项逐项落实，确保对每一位领导干部的评价客观公正。

【财经审计】

按照审计年度工作计划，完成对学校2010年度预算执行与决算审计、2010年基建财务决算审计工作，完成国家自然科学基金资助项目结题经费审签74项、高校博士学科点项目结题经费审签16项，完成教育部委托的军工项目经费审计1项，以及学校银行对账单审核工作。2011年预算执行与决算审计重点对试点学院财务预算执行情况进行跟踪审计，连续2年对试点学院的统拨事业经费预算执行情况进行全口径的分类、汇总统计，为学校进一步完善试点学院预算的编制、调整、执行提供较为翔实的基础信息；并对学校“事业基金”中的“一般基金”（即学校非限定用途的净资产）的核算管理情况进行梳理，明晰学校事业基金中真正的非限定用途的净资产状况。

房地产管理

【综述】

2011年，房地产管理工作根据学校工作要点和折子工程的安排，结合工作实际内容和特点，关注热点，办好实事，抓住难点，解决疑难问题，加强规范管理，提高服务水平，做好学校教学、科研和产业发展的用房保障工作，为全校师生员工提供了良好的工作、学习和生活环境。

【房产管理】

1. 进一步推进学校公用房屋使用机制改革

按照《北京交通大学公用房屋使用机制改革方案（试行）》（校发［2010］14号）文件精神，对各个学院（系）和机关单位的公用房屋，继续进行核算、测定、调整，进一步完善公用房屋的管理模式，建立公用房屋管理、使用过程中的自我约束机制，及时更新公用房屋信息数据库。加强科研周转房的规范管理，实现了此类用房进入与退出的良性循环。

2. 优化资源配置，实现高效、合理地使用公用房屋

根据公用房屋使用规划，遵循公用房屋使用机制改革的具体方案和操作思路，继续做好公用房屋规划布局范围内的相关公用房屋调整工作。2011年公用房屋调整共涉及十多个单位，包括：人事处、宣传部、学校办公室、新校区筹建办公室、发展规划处、计财处、图书馆、后勤服务产业集团等。对住宅项目建设范围内的房屋情况进行了全面现场摸底、分类，并对涉及的相关单位下达预计房屋搬迁、拆除时间通知单，同时做好后勤集团务工人员居住用房的搬迁方案。

3. 完成学生活动服务中心、外接待中心竣工使用规划、分配及相关工作

3月，做好了学生活动服务中心、对外接待中心两个大楼的整体使用规划，根据不同的使用要求，分步实施。确定对外接待中心楼宇使用方案，7月完成对外招租工作。其中1～3层为餐饮和银行用房，4层为学校科研周转房，5～11层为公司用房。经学校研究决定，委托给后勤集团经营管理。学生活动中心1～3层（含部分地下空间）的学生食堂、学生浴室、小剧场、多功能厅及学生服务一站式大厅等用房于11月15日按时交付使用。其余用房组织验收并整改后交付使用。

4. 为保证学校教职工住宅建设，积极推进建设用地上的房屋建筑及锅炉等相关配套设备的资产报废销账工作

学校利用自用土地建设学生活动服务中心以及教职工住宅，需要拆除一批房屋建筑及锅炉等有关配套设备。房屋建筑及锅炉等有关配套设备账面原值共计约5 346万元，建筑总面积共计15 407.33平方米，包括学生浴室改扩建工程、电力增容、食堂（新）、锅炉房燃气工程、集中供暖锅炉房、2号筒子楼（东11楼）、幼儿园等房屋建筑。学校根据《中央级事业单位国有资产处置管理暂行办法》的有关规定和教育部财务司的相关规定，准备相关申报资料上报教育部审核后报财政部审批。

5. 积极推进2001价房屋产权证办理工作

政府限购令出台使学校2001价房屋产权证的办理必须按照新的规范要求进行，增加了手续，延后了时间。所需的材料上报后，待房管局办下新的大产权证后先进行建立楼盘工作，楼盘建立完成，每户进行网签，并从网上打印房屋转移申请书和产权证办理授权委托书，由职工签字后，再次上报材料，等待办证。

6. 完成居住西三旗、六道口部分职工在房屋计价中学龄计算工龄的退款工作

通过查阅了大部分住房档案，又查阅北京市高校房地产公司99年的计价单后，经过认真核算，确定学校应退居住西三旗、六道口部分职工学龄计算工龄优惠部分的房价款数额。11月完成近40名职工的房价优惠款的打款和认款工作。至此，个别老职工反映十多年的历史遗留问题终于得到解决，化解了矛盾，维护了学校稳定。

7. 教职工住宅项目建设与配售工作

目前，教职工住宅建设工作正在稳步推进，家属住宅区教职工住宅建设范围内的各类房屋搬迁工作正在全力推进。选址在东校区的新建幼儿园工程已竣工验收，需配备的家具、设施也已到位。努力推进东11楼的搬迁工作，与东11楼部分被搬迁人签订《〈房屋搬迁协议书〉的意向书》，为东11楼住户签订《房屋搬迁协议书》、腾退交房、摇号、选房做好前期准备。

8. 完善公有住房的管理工作

进一步加强信息化建设和管理，对学校公有住房资料进行全面收集、整理，及时更新完善学校公有住房管理信息系统。实现对学校公有住房信息的实时动态管理，极大提高管理工作效率。充分发挥房地产工作在学校教学、科研、管理方面的保障和支撑作用。

继续做好2011—2012年度供暖费的核定与支付工作：做好供暖住户的基础档案整理，严格审核自供暖人员房产证。继续实行供暖管理办法改革工作，大大节省广大职工的时间，共计审核、支付508笔105.6万元。完成6个小区（包括产权、使用权房屋）供暖费、物业费的审核、支付工作，支付金额80余万元。

9. 清理住房补贴遗留问题，完善住房补贴建档、调查、发放程序，做好广大教职工的住房补贴工作

2011年为全校无房教职工574人发放无房按月住房补贴，全年累计发放7 206 726元；发放差额补贴25人，2 369 918元；发放级差补贴27人，982 256元；发放无房老职工补贴1人，64 932元；共计10 623 832元。将师资博士后纳入住房补贴发放范围，共调查师资博士后住房状况40人，并启动师资博士后无房月补。

10. 塔五楼通气及善后工作

1月，6号管道通过挂压、测试后，开通天然气，同时实现了塔五楼全面通气的目标。3月，为保证塔五楼住户的用气安全，对塔五楼住户原使用的液化罐进行全面清收，消除安全隐患。12月，为解决塔五楼住户购置、安装燃气热水器问题，学校为塔五楼每套住房补助800元。

11. 推进交大附小的迁建工作

2011年，经过学校努力，海淀区已批准“交大附小”迁建项目的有关方案。根据《关于印发〈北京交通大学附属小学迁建项目集体土地房屋拆迁实施方案〉的通知》要求，拆迁公告、拆迁通知书和拆迁许可证10月30日张贴，正式启动了交大附小迁建项目拆迁补偿

安置工作。

12. 人防工程管理工作

进一步加强完善和规范人防设施的使用和管理，整顿和消除各类人防设施安全隐患，同时做好人防工程的日常维护。学校与教育部签订《2011 年教育部人民防空工作责任书》，并与各使用单位签订《人民防空安全责任书》和《安全使用责任书》。国务院机关事务管理局、教育部、北下关街道办等部门对学校人防工作进行多次检查，共上报相关数据 6 次，其中国管局 3 次，教育部 2 次，北下关街道办 1 次。按照国务院机关事务管理局中央国家机关人防办要求改造 12 楼人防工程示范点，作为人防工程使用的样板，已验收合格，中央国家机关人防办支助学校人防专项经费 9 万元。

13. 其他工作

全年收取科研周转房及周转房（床）房租费共计 70 余万元。

塔 7 楼办理房产证工作有序进行，已完成人防归属认证。

田园公寓 344 间租用公寓合同洽谈基本达成，将签订续约合同。田园公寓人防出口经多方协调已顺利交接。

【地产管理】

完成学校黄骅市综合写字楼及土地转让的前期调研、招投标和签约。

【附件 7】

学校房产统计数据

表 65　学校房产数据统计表

房　产　类　型	建筑面积/平方米
一、教学及辅助用房	225 638
其中：教室	54 255
图书馆	16 357
实验室	139 005
体育馆	6 161
会堂	9 860
二、行政办公用房	37 658
三、生活用房	305 678
其中：学生宿舍	211 080
学生食堂	11 446
教工单身宿舍	14 944
教工食堂	0
生活福利及其他	68 208
四、教工住宅	211 171
总　　计	780 145

实验室与设备管理

【综述】

2011 年，学校实验室与设备管理工作继续强化制度建设，加强服务职能，推行规范管理，提高工作水平。学校出台《北京交通大学实验室工作管理办法》等 3 个实验室管理文件，《北京交通大学仪器设备管理办法》等 6 个仪器设备管理文件，《北京交通大学仪器设备采购管理办法》等 3 个仪器设备招标采购管理文件，规范学校实验室管理、设备管理、招标采购管理等各项工作。通过深入调研，认真梳理，探索实验技术队伍建设机制，强化实验室安全管理；狠抓设备管理基础工作，定期核查每月新增设备，并积极探索贵重仪器设备开放共享工作；仪器设备招标采购倡导公开、公平、公正的阳光政策，扎实推进政府采购。

【实验室建设与管理】

2011 年，实验室建设与管理的工作重点是：探索实验技术队伍建设机制，以实验室安全检查为切入点，强化实验室日常管理。

1. 深入调研，探讨激励机制，加强实验技术队伍建设

进一步推进学校实验室建设与管理，研究和探讨加强实验技术队伍建设，深入学院调研，围绕实验技术队伍晋升通道、评聘条件、岗位职责、实验室人员工作质量及水平的评价、优秀实验人员的激励机制，以及实验室工作如何开展课题研究、建立评优机制促进实验室工作提高水平等议题展开研究和探讨。

探讨实验技术队伍激励机制，拟定在全校开展优秀实验室及优秀实验人员评选办法初稿，为“十二五”实验技术队伍建设打好基础。

2. 多措并举，进一步强化实验室安全管理

强化实验室安全日常管理与监督，做好敏感时期、节假日期间、重要活动前期及重大安全事故后期的实验室安全督促与检查，形成常态化管理，有效拉动实验室卫生、环保及相关制度的落实与管理。

落实实验室安全责任制，对各实验室安全情况进行了全面摸底及汇总，要求各实验室安全责任与所属学院之间签订相关安全责任书，明确具体的安全责任，履行或承担相应的安全义务。6 月，全校 49 个实验室均确认了安全责任区及相应的安全责任人。

筹划实验室安全分级管理，对全校 49 个实验室实行安全分级管理，起草《实验室安全分级管理指导性意见》，并对存放和使用易燃、易爆危险物品的实验室，对存放、使用和排放危险生化物品的实验室，对存放和使用辐射及放射性物品的实验室的备案情况进行复核，进一步强化实验室安全管理。

【设备管理】

1. 继续构建贵重仪器设备开放共享平台

2011 年，学校继续推进开放共享试点设备——电镜的各项落实工作：完成电镜的验收、安装及业务培训工作；完善《北京交通大学贵重仪器设备共享平台管理办法》、《北京交通

大学贵重仪器设备共享基金使用管理办法》；落实贵重仪器设备共享基金使用范围及管理办法。

2. 加强设备和家具的日常管理

结合信息化管理，以《北京交通大学仪器设备管理WEB系统》软件为平台，进行数据上报和设备审核上账等工作。2011年共审核新增仪器设备金额9 800多万元、打印固定资产卡片、设备条形码4 725条，报废仪器设备2 261台件、金额1 500万元，校内调转仪器设备288台件；2011年新增家具金额550万元、打印固定资产卡片、家具条形码7 741条，报废家具7 852件、金额420万元。

3. 教学科研仪器设备情况

2011年，学校实有教学科研仪器设备49 687台件、金额78 617.9万元；其中当年新增教学科研仪器设备5 062台件、金额11 820.5万元；10万元以上贵重仪器设备1 313台件、金额46 257万元；40万元以上的贵重仪器设备共291台件、金额25 971.5万元。

【设备采购】

1. 年度采购任务执行情况如下

2011年共完成设备采购数量8 714台件，金额6 000余万元，政府采购率97 %，节约资金400多万元，其中进口免税业务办理13项，合同金额796余万元，节约资金160万元。

2. 随着国家教育投入的不断提高，高校仪器设备采购量也不断增加。为扎实推进政府采购，针对高校招标采购工作政策性强、专业程度高、牵涉面广的特点，重点开展了以下工作

严格执行招标采购程序，成立招标采购工作领导小组，坚持从匿名专家库中邀请专家，依靠专家对项目进行论证、审核和评标；实验与设备处、纪检、审计、财务、用户单位等部门全程监督招标工作；严格合同管理和验收程序，形成了完善的监督制约机制。

建立代理机构比选机制。为加强学校对设备招标代理机构和外贸代理机构的监督与管理，鼓励代理机构间的竞争，提高代理质量与水平，实验与设备处、纪委、审计、计财、教务、科技、研究生院7部门组成评审小组，对学校的设备招标代理机构和外贸代理机构进行比选，取得良好效果。

加强进口设备免税工作。配合外贸代理商、海关及商检等部门，按照国家有关免税政策，办理进口仪器设备免税手续，参与管理仪器从签订合同到验收全部环节，节省资金160万元。

进一步推进信息化建设。自主开发的“北京交通大学招标采购管理信息系统”已开始试运行，提高了设备申购、审批和采购执行的透明度，随时掌握项目进展情况，提高工作效率，提高管理的科学性和合理性，更好地为学校教学、科研等各项工作服务。

2011

办学条件保障

图书馆工作

【综述】

2011 年，图书馆秉承“以服务求创新，以特色求发展”的理念，从抓好基础建设、做好专项工作、开展创新服务等方面奋发进取，圆满地完成了学校下达的各项任务，达到了图书馆的预定工作目标。

【机构人员】

图书馆现有办公室、采编部、流通部、阅览部、技术部、咨询部、东校区分馆、数字资源部等 8 个部（室）；在编人员共计 78 人，其中事业编 62 人，非事业编 8 人，退休返聘 8 人。事业编中，具有正高级专业技术职称 3 人，副高级专业技术职称 14 人，中级专业技术职称 29 人；学历为博士学位 2 人，硕士学位 17 人，大学本科学历 19 人，大学专科学历 20 人。

【经费及馆藏】

1. 馆藏文献统计

2011 年共完成了 841 万元图书经费的文献采购量，三个学年资源建设情况见表 66。

表 66 图书馆馆藏文献统计表（按学年统计）/万册

		2008. 9—2009. 8	2009. 9—2010. 8	2010. 9—2011. 8
文献总量	总量	397. 804 9	419. 374 1	451. 338 4
	当年新增	18. 173 1	21. 569 2	31. 964 3
印本文献量	总量	138. 60	153. 39	162. 49
	当年新增	9. 064 6	14. 787 5	9. 099 5
电子图书	总量	32. 705 3	33. 554 8	35. 858 2
	当年新增	3. 246 7	0. 849 5	2. 303 4
音像资料（含随书光盘）	总量	2. 476 9	2. 883 5	3. 666 8
	当年新增	0. 288 3	0. 406 6	0. 783 3
网络资源	总量	200. 015 2	229. 540 8	249. 318 9
	当年新增	5. 573 5	29. 525 6	19. 778 1

2. 馆藏特色文献资源建设

着重加强高速铁路、青藏铁路、城市轨道交通、磁悬浮等交通方面的报纸资料搜集，积极充实图书馆的交通论文特色库。共剪裁、录入 2011 年信息 398 条。

交通史料期刊目次库的制作方面。已完成编目 4 010 条；

民国铁路史料数字化工作方面。已扫描图书 1 279 册，共计 183 690 页；

已完成 7 083 片随书光盘、701 片视频光盘技术加工。随书光盘发布 3 470 种、4

900 GB，视频发布 1 525 种、847 GB，上传保存电子图书 400 GB。

学校学位论文的转换、摄取 4 670 篇。

收存纸版研究生学位论文 2 688 册；收存工程硕士论文 183 册。收存办理本科生毕业论文 2 428 份，其中收存纸版 2 428 份（优秀 350 份），收存电子版学士论文 2 427 份（优秀 350 份），办理保密论文 60 份，收存授权书 242 份。

主持制定元数据标准规范和著录规则，协调参与目次著录工作，修改校对本馆数据。启动基于 Digitool 平台的全文数据库（试验库）建设工作。基本完成了满铁资料全文数字化数据加工查重工作，满铁全文数据库项目原始数据人工干预查重 36 872 条，查重通过 12 427 条，制定了日文资料元数据著录标准。

已完成了 2 727 册资料的电子化扫描工作，现正在进行目次录入及元数据制作工作。

【读者服务】

1. 借阅、文献传递服务

2011 年，图书馆共接待读者 1 439 000 人次（不含图书馆自习室），外借图书 391 047 册，其中网上续借 75 414 册；还书 314 363 册，预约借书 4 091 册，馆际借阅证出借 100 人次；文献传递 666 人次/1 058 篇；查收、查引完成 439 人次/6 192 篇，解答咨询、回复邮件 2 500 人次。

2. 增加阅览时间，实现各阅览室图书、期刊短期外借

自 2011 年 3 月，阅览部实现了各个阅览室周六、周日连馆开放。2011 年 4 月起，在各阅览室开展图书、期刊短期外借服务。

3. 调整馆藏布局，解决馆舍不足的困难

大幅调整馆藏布局，将 40 余万册的图书搬到远程密集书库，缓解了新书上架的问题。

扩大东校区图书馆的馆藏资源，增加东校区图书特别是新书的馆藏数量，建立主校区和东校区的通借通还机制，缓解主校区读者的压力。

加大馆际互借和文献传递的职能，解决了拒借率高的问题，满足读者的借阅需求。

4. 查新、查引，文检课教学和读者培训工作

2011 年，图书馆共完成查新课题 197 项，比 2010 年增加了 45 项。查收、查引 439 人次/6 192 篇，见表 67。

表 67　查新数量统计

年代	2007 年	2008 年	2009 年	2010 年	2011 年
查新数量/件	73	86	107	105	197

2011 年度完成科技文献检索教学 640 学时，约 3 195 人次的教学量。

全年读者培训的次数达 32 次，累计人数 856 人次。新生入馆教育 3 000 多人次。

5. 充分发挥电子阅览室服务与教学功能

本年度承接了学校的英语及科技文献检索上机课程。

2011 年，图书馆共接待读者上机 156 823 人次，252 657 小时。

6. 多渠道征求服务对象意见

2011 年文化周期间，图书馆一改以往面对面征求意见为背对背征求意见，设立了读者“建议箱”，以背对背的形式，让读者把真实的建议和意见留下来。

图书馆联合校学生会多次在“知行”网和校园发问卷调查学生对自习室管理的意见和建议，并邀请教务处、后勤集团、校团委、学生工作处、研究生工作部、校学生会等单位为学生组织的相关负责人，参加了图书馆和学生会主办各学院学生代表参加的座谈会，共同商谈解决实际问题。

7. 做好勤工助学学生的管理和培养工作

为了培养学生的认知和工作能力，图书馆从人员录用、业务培训、能力培养、工作指导方面都指派了专门的人员负责，在2011年勤工助学学生表彰会上，图书馆有1名学生获得“勤工助学服务标兵”称号，6名学生获“先进个人”表彰。

【文化活动】

1. 开展“书香杯”征文活动和“读者奖”评选活动

图书馆与校党委宣传部、学生工作处、团委、离退休工作处、国际交流合作处和人文学院联合主办的“第九届书香杯”读书征文活动，共收稿115篇，中国学生提交作品47篇、留学生提交作品68篇，其中中文作品81篇、英文作品31篇、中英文对照作品3篇。

本次征文分别评选出中国学生中文作品组、外国学生中文作品组和英文作品组三个系列获奖作品共计37篇，占征文总数的32%，其中一等奖3篇、二等奖6篇、三等奖9篇、优秀奖19篇。此次书香杯获奖作品代表学校参与了2011年首届大学生读书节的读书征文评选。

本次征文活动还特别设置了团体赛“悦读中国、交流无限——中外学生读书队队碰”活动，由中国学生和外国留学生结伴“悦读”共同感兴趣的一本书、交流心得体会后共同制作展览。

今年文化周恰逢抗战胜利66周年和九·一八事变80周年，北京交通大学图书馆以“勿忘国耻，以史鉴今”为主题，举办实物展，反响热烈，同时文化周还举办了书展和多个讲座。

2. 完成满铁分会秘书处日常工作，召开了满铁分会学术年会

12月9日，在中央编译局召开了满铁资料研究分会2011年学术年会，目前分会已成为联系国内众多满铁及日伪文献收藏单位的重要纽带。

3. 对外交流活动

2011年9月27日，第二届内地四所交大图书馆学术文化交流活动在学校成功举办。本次联谊活动由北京交通大学图书馆主办，来自上海交通大学图书馆、西安交通大学图书馆、西南交通大学图书馆的23位领导和老师参加了此次活动。活动以“饮水思源 畅想未来——图书馆服务与创新”为主题，为期两天，包含“交大图书馆论坛”和文化联谊活动等内容。

【党建和工会工作】

坚持党政联席会议制度，将党的工作与图书馆的中心工作紧密结合起来，与行政共同决策，并发挥支部的保证监督和党员的模范带头作用。

1. 召开了图书馆党员大会

2011年11月21日，图书馆直属党支部召开了党员大会，会上选举了新一届图书馆直属党支部委员，裴劲松同志作了“开拓创新锐意进取为推动图书馆科学和谐发展努力奋斗”的报告。

2. 开展“为民服务创先争优”活动

根据学校党委的总体部署，紧密围绕提高办学质量、服务人民群众的工作重点，促进教育事业科学发展，为全校师生员工解决实际问题，安排开展五项活动：一是优化文献服务布局，开展图书馆馆藏布局调整工作，二是增强图书馆凝聚力，推进图书馆文化建设，三是联合相关部处，调研解决自习室占座问题，四是主动加强沟通，进一步抓好勤工助学工作，五是开展馆藏布局调整工作二期工程的党员义务劳动。

3. 组织开展纪念建党 90 周年主题活动

开展“学习党史、坚定信念”主题教育活动，安排全体党员参观了在国家图书馆举办的“艰难与辉煌——纪念中国共产党成立九十周年馆藏珍贵历史文献展”、北京市举办的中华世纪坛“中国共产党建党 90 周年展览”和“光辉的历程——北京交通大学纪念中国共产党成立 90 周年大型展览”。加强党的历史、传统和知识教育，利用暑假，组织延安行，瞻仰中国革命的摇篮，缅怀英烈们的丰功伟绩，增强党员爱党意识。

4. 做好区人大代表选举图书馆选举小组的工作

根据学校党委的总体部署，组织图书馆进行海淀区第十五次人大代表的选举工作，投票率 100%，圆满地完成了选举工作。

5. 图书馆职代会和工会工作

加强组织建设，党、政、工共建教职工之家。关注职工生活，及时调解职工各类问题。

积极开展各种文体活动，丰富职工业余生活。积极参加学校组织的各项活动，健身舞比赛一等奖、红歌比赛获学校组织奖和最佳风貌奖，积极筹办每年的图书馆新春团拜会，活跃馆内的文化氛围。

出版社工作

【综述】

北京交通大学出版社（包括北京交通大学电子音像出版社）是教育部主管的中央级出版社，它于2010年底前完成转企改制的清产核资、资产评估和工商登记注册工作，改制后名称变更为“北京交通大学出版社有限责任公司”。依托学校学科和学术优势，出版各级各类教材、教学工具书、教学参考书、通俗政治理论读物等，及时反映国内外教学科研的新水平、新成果，交流学术经验，促进文化和科研事业的发展。

【主要出版物】

按新闻出版总署的文件规定，北京交大出版社主要出版与北京交通大学所设专业方向一致的学术专著、译著；适合高等学校教学需要的政治理论读物；根据学校主管部门确定的分工安排，为尚未成立出版社的高校出版同一专业系统的高校教材。现阶段的主要方向是出版电子信息、计算机、经济管理、交通运输、土木工程、电气、机械、物理、数学、社科、人文、外语等学科领域的教材和教学参考书。同时，可配合本版图书出版音像和电子制品。

【生产经营】

2011年北京交大出版社继续保持稳步增长态势，共出版图书1 228种，其中：新书为447种，重印书为781种。生产码洋为1.33亿元，销售码洋为7 376.50万元，销售实洋为3 893.74万元，回款为3 380.52万元。

2011年，北京交大出版社《中国新农村建设100佳系列丛书》、《中国桥梁技术史》、《城市交通系列教材》、《铁路重载运输》、《中华诗歌手语经典诵系列》等5套丛书被列为“新闻出版总署‘十二五’期间国家重点图书、电子音像出版物”。

2011年7月，在教育部图书质量检查中，北京交大出版社以平均差错率万分之0.22的成绩位列第一名，受到教育部的表彰。

2011年12月，北京交大出版社出版的《经济法（修订本）》和《手绘效果图表现技法（第2版）》被中国书刊发行业协会评为“2011年度全行业优秀畅销品种”。

2011年11月，北京交大出版社出版的图书《应用文写作》被教育部评为“2011年普通高等教育精品教材”。

【主要工作】

不断完善法人治理结构，促进北京交大出版社实现更好更快发展。

（1）顺利完成领导换届工作交接。根据学校安排，2011年3月北京交大出版社领导换届工作顺利完成。出版社设直属党支部。

（2）完成了“十一五”期间的工作总结，“十二五”规划已制订完成，明确了出版社“十二五”期间的发展方向，为出版社的专业化、特色化建设奠定了基础。

（3）继续与清华大学出版社签订合作协议，为双方进一步的战略合作奠定了基础。

（4）2011年5月18日，顺利完成出版社建社十周年庆典活动。这次庆典活动总结了过去十年的经验，明确了今后的发展方向，获得了很好的社会效益。

（5）成立独版图书策划营销部。为了有效规避风险、提高利润水平，在保持和清华大学出版社良好合作关系的基础上，着力推进本社独立出版图书的建设与发展。经过多次调研和论证，制定了《北京交通大学出版社关于鼓励发展本社独立出版图书的相关政策》并颁布实施，成立“独版图书策划营销部”并完成队伍组建，标志着出版社的“二次创业”正式拉开帷幕。

信息管理与网络建设

【综述】

2011 年，信息中心、信息化办公室把全面提升学校信息化管理水平和服务水平放在首位，在全面推进下一代校园网络建设，不断丰富网上应用系统的同时，着重对信息安全防护体系、办公自动化、数字化校园标准与信息共享平台进行了建设。

【校园网建设】

校园无线网二期建设全部完成并举行了开通典礼。与中国电信、中国移动两大运营商进行了校企合作，两集团共为学校无线网二期投入设备总资产 425 万元，部署无线控制器 3 个，部署无线接入点 1 022 个。在 9 月 16 号交大 115 周年校庆之际，举行了交大无线网二期竣工开通典礼。

完成了校园网出口的安全设备升级改造。共部署链路负载均衡设备 1 台，IPv6 防火墙 1 台，网络审计系统 1 台，计费网关 2 台，流量控制设备 1 台，综合网管系统 1 套。

全部开通大一学生宿舍区校园网。学校决定于 2011 级新生起，允许大一学生带电脑并开通宿舍网。为此信息中心分别对大一新生入住的东校区东 1 ～东 5 宿舍楼、主校区 2 号学生公寓楼、学苑 7 号楼 1 ～ 12 层网络进行了部署和开通。

学生活动中心网络和一卡通系统全部开通。学生活动中心校园网与一卡通系统于 10 月 15 日前顺利开通，并保持稳定运行。共开通校园网和一卡通网络节点 593 个，安装网络交换机 36 台，安装淋浴水控器 383 个，安装售饭窗口和小卖部 POS 机共 83 台。

【信息系统建设】

数字化校园信息标准建设：向全校推出了并试行了《北京交通大学教育管理信息化标准》（草稿），内容包括公共代码标准、学校自定义的编码规范以及学校数据集，其中包含涉及学校教学、科研和管理的 11 个数据子集。

数据同步平台建设：整合了包括一卡通系统、科研系统、教务系统、财务系统、人事系统、研究生系统、医疗系统等基础数据，统一编码，统一管理。

科研管理信息系统建设：由信息中心自主开发的科研管理信息系统自 2011 年 1 月 1 日起正式开通使用。

校园一卡通三期项目建设：由中国银行投资 505 万元的学校一卡通三期项目正式启动。截至年底，所有终端设备升级工作已经全部完成。

内容发布平台建设：购买并使用内容发布平台对 10 个二级单位的主页进行了迁移，制作完成了符合学校特色的 20 个网站模板。

校园管理信息系统升级：更新完善了教师管理信息系统认证模块；升级完善了研究生和本科生管理信息系统，升级后的系统可支持全校研究生的个人信息更新，支持个人奖学金、个人荣誉称号申报、评审等研究生管理工作；升级完善了财务信息查询系统。

电子邮件系统升级：10 月底，邮件系统完成了重大升级，实现了群发邮件单副本，可以有效节省群发邮件占用的存储空间。系统升级完成后，群发邮件上限增大到 70 MB；提供了手机版、IPAD 版邮件服务；将教师的邮箱和网络存储都扩容为 10 GB。

校园网信息系统等级保护工作通过了市公安局 2011 年年检：2011 年，先后两次对研究生和本科生教务两个三级系统分别进行了 290 个指标点的检查，累计检查指标点 1 160 项。初次检查中，除全部符合项外，共有 135 个部分符合项和 203 个不符合项，经过后期改进，12 月初的第二次检查结果显示，部分符合项减少为 88 项，不符合项减少为 95 项，全部符合和部分符合率占比提高到 84% 。

【其他】

全年为 2. 9 万校园网用户、5. 8 万一卡通用户提供各类业务技术支持和咨询服务。运行维护 4. 2 万个网络信息点、2 123 台网络设备、132 台各类服务器和应用系统、22 个一卡通应用系统及 1 457 台一卡通硬件设备的维护。全年新增网络设备 171 台，新增服务器 29 台，新增数据存储 110 TB，新增出口带宽 200 M，新办校园一卡通及校友卡 9 354 张。全年分三次对校园卡进行了清理，共清理及停用校园卡 5 485 张，有效地保障了食堂的就餐秩序，维护了学生的利益。通过一卡通电子注销平台，办理毕业生离校 5 753 人，通过电子迎新系统，完成网上招生录取及数字迎新工作。

档案工作

【综述】

2011年学校档案馆深入贯彻落实《高等学校档案管理办法》和《北京交通大学档案管理办法》，紧紧围绕学校的中心工作，自觉服务大局，加强档案工作基础、推进档案管理创新、强化档案编研与利用，努力为学校改革与发展服好务，全面高质量完成了各项工作任务，档案馆在建设学习型、服务型、数字型、和谐型档案馆方面取得了明显成效。

【综合档案】

按照《北京交通大学档案管理办法》，档案馆综合档案室在6月底前，完成了对2009年会计档案、2010年文书档案、2010年研究生科技档案的归档工作；全年接收来自全校46个单位，包括文书、教学、科技、基建、财会、照片、出版物等7类综合档案共计4 400余卷，完成了相应的整理、编目、排列、上架工作，并编制了案卷目录、卷内文件目录等多种档案检索工具。

全年为学校教学、科研、基建、财务审计、编史修志，为学生求职、求学、出国、落户、政策房申请等提供档案证明材料约4 100余卷，利用人次约1 940余人。为教育部认证中心、教育部就业指导中心及社会机关、团体及国外大学进行学历认证共计约105人次、200余项。为500余出国学生提供成绩和证书的英文翻译工作。

【人事档案】

按照《北京交通大学档案管理办法》，人事档案室完成了2011年全校人事档案的接收及转递工作。全年接收本科生及研究生6 000余人，教师考核表2 500多份，在职及离退休工资审批表4 100多份。本年度学校的毕业生人事档案已全部转出，共计3 100余件。

积极为学校各部门及学生、用人单位提供档案利用服务。配合学校中层干部换届，为组织部提供考察人选查阅档案57人次，为换届工作顺利进行提供了详实、准确的信息服务。配合学校的工资改革制度，为人事处提供人事档案查阅335人次，为人事处工资调整提供依据。为教师提供社会关系、职称、派遣证、成绩单等各类材料复印和利用217人次。为学生提供成绩单复印、出生证明、亲属关系证明及其他有关人事档案的证明共200多人次。为用人单位及学生查询或办理有关人事档案事宜约2 500多人次。

继续开发和完善人事档案管理系统，人事档案管理的信息化建设及应用进一步得到加强。通过系统生成转递单和机要单，快速、准确地转递了毕业本科、研究生人事档案材料4 704人次。

【档案管理信息化】

试运行图片档案动态发布管理系统，解决了大量数字化图片不能及时归档难的历史问题，实现了全校图片资源网上归档和资源信息共享。

2011年档案馆档案信息化建设项目在充分调研论证的基础上，制定了详细的项目设计方案，申报了中央高校修购专项资金项目，目前已通过教育部审计评估，成功立项。

【校史博物馆建设】

圆满完成了中共中央政治局委员、国务委员刘延东到校史博物馆视察的有关接待工作和校史馆各项准备工作，全面展示了交大发展的奋斗历程。

接待了上级领导、航天英雄、校友师生、兄弟院校、外宾等来校史馆参观交流活动。今年共接待参观人数 8 000 余人次，发挥了校史馆对外宣传和对外交流的重要作用。

充分发挥校史博物馆爱校荣校教育基地作用，暑假期间选拔和培训了校史讲解员志愿者 40 多人，完成了 2011 年新生包括本科生、研究生共 5 000 多人参观校史馆工作，对学生进行校史传统教育。同时还与校团委联合举办了校史知识竞赛活动；与人事处为新入职的 85 名青年教工举办校史讲座等。

【修志工作】

2011 年全校 46 个参加修志单位全部完成了资料长篇的编写工作，共计文字近千万。档案馆史志办对资料长篇进行了反复修改。

2011 年 5 月 18 日史志办召开了资料长篇组稿工作布置会，在总结了前期修志工作的进展情况的同时，布置了校志第二轮修志资料长篇组稿工作分工与安排，各篇执笔人，按照修志大纲框架和志书体例要求，对现有资料长篇进行合成组稿工作。现已完成了《北京交通大学志》书中的十四篇 99 章资料的编写合成组稿工作，约 200 万字。

2011 年 12 月 9 日召开了修志工作总结暨入志稿撰写培训会议，按分工对所负责的篇章开始进入编写入志稿阶段，在资料长篇汇编上已开始完善内容、规范体例、规范行文。这些工作为下阶段的入志稿的编写工作打下较好的基础

【文化建设】

为迎接建校 115 周年，编辑出版大型文化书刊—《北京交通大学百年图鉴》，于 10 月 14 日下午参加了庆祝北京交通大学建校 115 周年系列文化产品发布仪式。全书共分沐浴阳光、源远流长、流金岁月、激流勇进四个部分，选用历史图照逾千张，图文并茂地诠释了学校百年发展史。具体见表 68 和表 69。

表 68　2011 年度档案统计一览表（一）

类别＼年限		本年归档数	其中			本年续卷数	其中		
			永久	长期	短期		永久	长期	短期
文书档案		1 147	197	921	29	146	121	25	
财会档案		1 347	13		1 334	304	2		302
科研档案		239		239					
基建档案	项目卷	28	7	21					
	蓝图								
	底图								
	设备								
照片	卷数	132	132			77	77		
	（照片：2 333 张 = 纸质 46 张 + 电子 2 287 张）								
	（底片：张）								

续表

类别＼年限	本年归档数	其中：永久	其中：长期	其中：短期	本年续卷数	其中：永久	其中：长期	其中：短期
研究生档案	3 406		3 406					
本科生论文								
出版物	27		27					
教材								
合计	6 326	349	4 614	1 363	527	200	25	302
人事档案	2011 年馆藏 31 546 卷							
死亡档案	2011 年馆藏 594 卷							

备注：永久卷 = 349 + 200 = 549

长期卷 = 4 614 + 25 = 4 639

短期卷 = 1 363 + 302 = 1 665

本年接收 6 882 卷 = 6 326（归档卷数） + 527（续卷数） + 29（死亡增加）

人事档案增加 2 260 卷

表 69　2011 年度档案统计一览表（二）

类别＼年限		历年总卷数	其中：永久	其中：长期	其中：短期	累计	其中：永久	其中：长期	其中：短期
文书档案		22 345	4 059	15 531	2 755	23 638	4 377	16 477	2 784
财会档案		13 986	87	12	13 887	15 637	102	12	15 523
科研档案		2 319		2 310	9	2 558		2 549	9
基建	项目	1 761	934	327	500	1 789	941	348	500
基建		（蓝图：8 107 张）				（蓝图：8 107 张）			
基建		（底图：4 497 张）				（底图：4 497 张）			
基建	设备	1 546	（部门存放，总数不计）			1 546	（部门存放，总数不计）		
照片	卷数	144	67	68	9	353	276	68	9
照片		（照片：7 529 张）				（照片：9 862 张）			
照片		（底片：3 095 张）				（底片：3 095 张）			
研究生档案		20 803		20 803		24 209		24 209	
本科生论文		755		755		755		755	
出版物		234	99	78	57	261	99	105	57
教材		114		114		114		114	
北京电力高等专科学校移交档案									
文书档案		4 911	1 719	1 596	1 596	4 911	1 719	1 596	1 596
财会档案		1 247	368	692	187	1 247	368	692	187
照片档案		72	72	（照片：1 761 张）		72	72	（照片：1 761 张）	
合计		68 691	7 405	42 286	19 000	75 544	7 954	46 925	20 665

续表

<table>
<tr><td rowspan="2">年限
类别</td><td rowspan="2">历年总卷数</td><td colspan="3">其中</td><td rowspan="2">累计</td><td colspan="3">其中</td></tr>
<tr><td>永久</td><td>长期</td><td>短期</td><td>永久</td><td>长期</td><td>短期</td></tr>
<tr><td>人事档案</td><td colspan="4">2010 年馆藏 29 286 卷</td><td colspan="4">2011 年馆藏 31 546 卷</td></tr>
<tr><td>死亡档案</td><td colspan="4">2010 年馆藏 565 卷</td><td colspan="4">2011 年馆藏 594 卷</td></tr>
<tr><td>备注</td><td colspan="8">1. 表中数据 75 544（截至 2011 年）=7 954（永久）+46 925（长期）+20 665（短期）此数据不包括设备档案、人事档案、死亡档案；
2. 截至 2011 年馆藏总数 109 230 卷 =75 544 +1 546（设备）+31 546（人事）+594（死亡）
另有照片 11 623 张，底片 3 095 张，蓝图 8 107 张，底图 4 497 张。</td></tr>
</table>

后勤管理与服务

【综述】

2011 年，在学校党政的领导下，后勤集团坚持以科学发展观为指导，围绕“三服务、两育人”的宗旨和建设“服务型、知识型、效益型、和谐型”的目标，推动后勤社会化改革进一步深化，各方面工作都取得了长足进步。后勤集团树立大局观，继续推进“大服务育人”体系建设，克服食品原材料涨价、创收来源减少、用工成本上升等困难，圆满完成了学校布置的各项任务，服务保障能力进一步提升。后勤集团被评为“全国高校后勤十年社会化改革先进院校”等全国先进集体 2 项，市级先进集体荣誉 2 项，学校先进集体荣誉 12 项。截至 2011 年 12 月 31 日，共有事业编制职工 235 人，非事业编制职工 884 人。

【深化后勤改革】

后勤集团按照学校部署，在 4 月份开始调研并制定深化后勤改革的方案。在征求学校相关职能部门意见和后勤集团职工代表大会讨论通过的基础上，确定了《后勤服务产业集团深化改革方案》，并经学校党委常委会讨论通过。一是统一撤销董事会，成立后勤工作委员会；二是继续推进并完善甲乙方管理模式，并继续实行“小机关大实体”的运行方式；三是在后勤集团内部确定“一体两翼”的发展模式，即在新型后勤保障体系这一主体下，分为后勤服务保障系统和后勤服务产业系统两翼；四是后勤集团在后勤工作委员会领导下，在学校职能部门的业务指导下，坚持“自主经营、自负盈亏、自我约束、自我发展”的运行方针。后勤集团按照“一体两翼”的模式对内部机构设置进行全面调整，撤销东校区后勤服务中心、接待服务中心、水电管理中心、建设工程中心、公共服务中心 5 个二级单位，成立人力资源部、经营开发部、修缮服务中心、热力保障中心、水电保障中心、楼宇服务管理中心、校园服务管理中心、留学生生活服务中心、汽车队、经营用房管理部 10 个二级单位。新的机构确定后，后勤集团按“公开、公正、公平”的原则，制定并严格执行竞聘程序，于 12 月底完成了全员竞聘。

【节约型校园建设】

7 月 18 日，学校节约型校园建筑节能监管平台示范项目顺利通过住房城乡建设部建筑节能与科技司和教育部发展规划司的验收。学校是住建部与教育部“节约型校园建筑节能监管平台示范项目”第二批示范试点单位中第一个通过验收的学校，也是北京通过验收的第一家高校。该项目的顺利验收，标志着学校节约型校园建设工作步入了科学化、规范化管理轨道，也确立了学校在北京高校节能工作中的领先地位。此次验收为下一步争取节能工作的资金支持奠定了基础。

【规范化管理】

顺利完成郑广天校长助理的离任审计工作；申请注销万功公司并获得学校批准，理顺兆通公司股权关系；顺利通过 ISO9000 国际质量体系复审。

【安全工作】

1. 健全安全制度，落实安全责任

进一步推进后勤集团安全防控体系建设，加强了人防、物防、技防，完善安全管理制度和应急预案。后勤集团和学校签订了安全责任书。集团根据以往工作的经验总结，对安全责任书进行修改，并与下属各中心签订安全责任书。

2. 设立安全奖励基金，加大安全检查力度

后勤集团设立安全奖励基金，根据安全检查情况对各部门安全工作实行绩效考核。加强安全检查。后勤集团每月进行一次安全卫生检查，根据检查结果下发落实整改通知。9 月，根据北京市委教育工委《关于深入开展影响校园安全稳定问题隐患排查整治专项行动的通知》要求，对校内后勤管辖范围内的安全隐患进行全面梳理，汇总 21 项问题并报学校。

3. 做好夏季防汛工作

健全防汛组织机构，成立防汛领导小组、防汛工作办公室及通讯保障、水电保障、维修抢险、善后处理等 4 个工作组，明确各组职责及应急措施，将防汛重点区域、重点部位责任落实到人；积极进行防汛前期准备，购买防汛物资共计 12 类，600 余件。防汛工作经受住了“6.23”、“7.26”特大暴雨的考验。

4. 进行安全培训

大力开展安全宣传教育，增强做好安全工作的自觉性和主动性；加强安全技能培训和演习，全年共举行安全培训 30 余次，约 6 000 人次参加。

【党建工作】

1. 圆满完成纪念建党 90 周年系列活动

下发《中共北京交通大学后勤服务产业集团委员会关于开展纪念中国共产党成立 90 周年系列活动的通知》。结合后勤实际工作，组织开展纪念活动。共进行主题研讨 11 次，召开专题组织生活会 11 次，组织党史知识竞赛 1 次，开展党日活动 12 次。将纪念活动与创先争优活动紧密结合，为全校师生办实事 20 余项，得到了师生的广泛好评。

2. 保障职工民主权益，工会工作深入人心

坚持、健全和发展以职工代表大会、集团政务公开等为主要形式的民主管理机制。后勤集团 2010 年工作报告、财务收支情况和凝聚工程款使用情况以及《后勤集团深化改革方案》等重要工作均经职工（代表）大会讨论审议通过。做好困难职工的帮扶工作，为过生日的职工发放慰问金，组织外来务工人员外出参观，春节慰问在岗职工，中秋为集团退休老职工发放月饼。开展丰富多彩的文化娱乐活动，在 2011 年校运动会上取得三项团体总分第一。

3. 充分发动青年职工，共青团工作蓬勃开展

后勤集团团总支积极配合党政工作，开展各类活动。举办“迎七一——和谐后勤安全先行”安全知识竞赛，40 名后勤青年职工参加。同电气工程学院青年志愿者服务团组织感恩月系列活动和后勤工作展，同理学院青年志愿者服务团开展“爱心满校园”活动，增进了学生和后勤职工的相互理解。

【理论研究和宣传工作】

1. 理论工作

2011 年，北京交通大学后勤集团主持开展 7 项课题，其中《北京高校后勤队伍建设研

究》为北京市教委后勤处委托课题，于2011年4月结题，研究成果得到了市教委领导的高度好评；《基于质量提升战略的高校后勤组织架构模式研究》等4项北京高教学会后勤管理研究会课题正在进行当中；其他2项为校级课题。通过课题研究，后勤集团将管理理论与后勤工作实际相结合，总结出了一系列适合高校后勤发展的战略、思路和方法，为高校后勤工作提供了有力的支持。

2. 宣传工作

2011年，后勤集团在各类媒体上发表稿件120余篇。领导班子成员多次受邀代表北京市在各类会议上发言，形成了良好的反响。先后到清华大学、中国人民大学等二十几所院校学习交流，并接待西南交通大学、河北大学、华南理工大学等十几所院校来学校调研，与兄弟院校形成了信息共享、交流互助的和谐关系。

【校内外市场开拓】

完成对外接待中心招租工作。严格执行招聘程序，通过竞标和谈判，最终确定5家单位中标。东校区积极承揽校外工程，实现了创收新高。红果园宾馆、飞力烤鸭店根据现代酒店经济运营的需要着力解决观念更新，全面提高管理水平和服务质量。车队在确保学校教学及重大活动用车的前提下，多方开拓服务市场，挖掘创收潜力。劳动服务管理中心下属水站和招待所的收入保持稳定。兆通公司等独立法人实体均完成了原定的经济任务。

【后勤服务保障工作】

2011年，后勤集团积极创新服务形式，进一步提高主动服务意识，坚持为师生做实事，做好事，得到了认可，学生网络投诉率比往年下降了25%。

1. 饮食服务工作

严格执行教育部等五部委的要求，在食品原材料价格上涨的情况下，保证了学生食堂饭菜价格和质量。9月，学校学生食堂工作被教育部简报单篇报道。制定食堂饭菜统一标准，严格按谱制售，保证每餐供应的菜品符合市教委规定的高、中、低比例（3∶5∶2）。严格控制采购成本，推行阳光采购，调研市场价格。加强食品加工制售环节管理，出入库检验质，通过分析就餐规律及时调整加工制售计划。清理整顿临时就餐卡，严格控制外来人员就餐。强化食品卫生安全管理，严把采购关，加大安全检查力度，严格进行食品化验，在食堂后厨安装门禁系统，严禁无关人员进入。提高学生食堂管理的科技水平，采用电脑监控系统和物流管理系统，在新食堂引进新的米饭生产线，进一步提高米饭制作的质量和效率。确保新食堂按期启用，进一步改善了学生就餐环境。原二食堂按期拆除。

2. 学生公寓管理工作

为了保证2011年迎新工作能够顺利进行，后勤集团提前准备，对2010级本科生宿舍进行调整，7月，顺利完成了3 500名2010级本科生的宿舍调整工作。后勤集团认真统计和整理2011年毕业生基础数据，根据学校的日程安排，制定《毕业生离校退宿工作方案》，编制《毕业生离校须知》。多次召开楼管员会议，要求细化工作，责任到人，了解毕业生的思想动态和实际需要，积极主动排忧解难，热情周到地帮助他们做好离校前的各项工作。2011届本科毕业生的离校退宿工作于7月初圆满完成。

3. 幼儿教育工作

幼儿园积极培养青年教师，提高教师素质；通过家长委员会等多种渠道增进同家长的沟通交流，充分体现民主办园特色；坚持假期正常开园，为家长解除后顾之忧；9月，正式授牌海淀区示范园。

4. 日常维修工作

提高日常维修服务水平，保质保量完成大修工程。建立巡检、回访制度，主动上门服务，全年共处理各类报修任务 1 万多项；加强对教室设备的日常维护，对数万套教室桌椅进行了 4 次检修；购置高压清洗车，提高后勤维修工作的机械化、自动化水平；组织和实施大小工程 300 余项，包括东教三楼装修改造工程、全校屋面防水工程、活动中心装修工程、全校宿舍调锁工程等。

5. 接待服务工作

做好 32 个会议室的管理工作，年接待各类会议 2 300 多次，圆满完成了澳大利亚前总理霍克参加的中澳双边贸易投资论坛、与德国交通部合作组织的中国交通高层论坛、第 13 届企业信息系统国际会议（ICEIS'2011）等重要会议的接待任务，积极配合相关部门开展高雅艺术进校园、名人大讲堂、交大大讲堂，"红果园有约"等大型活动。

6. 家属区物业管理工作

全年进行小型维修 7 500 余次；全面清理家属区公共区域的杂物；对家属区消防管线进行测试，开展"燃气安全进我家"主题宣传活动；开展家属区垃圾分类专项工作；加入"北下关一刻钟便民服务圈"，为居民提供更多便利；物业管理中心被评为 2011 年度"北京市敬老爱老为老服务示范单位"。配合学校完成锅炉房、垃圾站的搬迁和拆除工作。

7. 绿化与美化工作

全年完成绿化工程 4 项，新建校园吸烟区 9 个，修剪校内草坪 10 万多平方米，更新绿篱 2 万多平方米；进行校园 13 万平方米和 20 座教学楼 9.2 万平方米环境卫生清扫保洁；完成了在重大活动和节假日摆放盆花、布置会场和校园景观的任务。

8. 水电保障工作

全年安全供电 3 350 万度，安全供水 147 万立方米，全年水电费以收抵支 1 170 万元；保证 84 部电梯的安全运行和达标取证工作；完成明湖喷泉水泵大修工作，更换水泵 8 台；完成科创大楼施工电源铺设工作，铺设电缆 300 米。

9. 供暖工作

在圆满结束 2011 年春季供暖后，后勤集团抓紧时间，对全校主要楼宇的供暖管道进行大修，对网一公寓、西 11、12 楼等楼宇进行暖气改造。按时进行冬季供暖上水，共处理电话报修 900 多项（与去年相比降低 20%），抢修暖气管道漏水 100 多次，目前全校冬季供暖运行良好。

10. 浴室服务工作

提高浴室服务质量。每周对喷淋系统进行全面检查，发现情况及时处理。设置了体重秤、电吹风、休息椅等物品，为学生提供便利服务。11 月 15 日，学生活动服务中心新浴室开放，配备近喷头 400 多个，进一步改善了洗浴条件。

11. 多媒体管理工作

9 月，学校将现代教学技术管理中心所负责的多媒体工作及其 9 名事业编制职工、3 名非事业编制职工划归后勤集团管理。

基本建设

【综述】

2011年，学校继续加快建设步伐，学生活动服务中心项目投入使用，幼儿园迁建工程项目竣工验收，供热工程基本完工，科技创业大厦暨北京CBTC研发中心项目开工，住宅区改造一期工程项目完成规划立项，取得了规划项目设计方案审查意见复函，10 KV外电源工程（校内部分）完工。基建规划管理工作有序进行，改善了办学条件和育人环境。

【基建投资完成情况】

学生活动服务中心项目投入使用，建筑面积58 000平方米，其中地下2层18 000平方米，地上11层40 000平方米，建筑总高度44.90米。计划总投资24 961万元，2011年底累计完成投资16 379万元。

幼儿园迁建工程，于2011年4月2日开工，11月18日完成竣工验收，建筑面积4 275平方米，其中地下1层1 355平方米，地上3层2 920平方米，建筑总高度12.5米。计划总投资1 762万元，2011年底累计完成投资1 536万元。

供热工程项目基本完成施工收尾工程，计划总投资5 654万元，2011年底累计完成投资3 906万元。

科技创业大厦暨北京CBTC研发中心项目，建筑面积61 800平方米，其中地下3层11 800平方米，地上16层50 000平方米，建筑总高度65米，于2011年11月9日举行开工典礼，北京市委常委赵凤桐、副市长苟仲文以及各相关委办局负责人参加了开工典礼。该项目计划总投资32 112万元，2011年底累计完成投资3 810万元。

住宅区改造一期工程项目，已经取得人防建设规划审查意见、古树保护审查意见及园林审查意见、完成了岩土工程初勘阶段勘察、取得了规划项目设计方案复函，现正在进行规划许可证所需材料准备。该项目建筑面积为122 127 m^2（其中住宅84 526 m^2，配套公建5 210 m^2，地下32 391 m^2），计划总投资55 800万元，2011年底累计完成投资321万元。

10 KV外电源工程项目，计划总投资1 145万元，2011年累计完成投资368万元。

2011年建设项目明细见表70。

表70　2011年建设项目明细表

序号	项目名称	2011年竣工、施工、立项		
		竣工规模/m^2		
1	学生活动服务中心	58 000	1	学生活动服务中心
2	幼儿园迁建工程	4 275	2	幼儿园迁建工程
3	供热工程		3	供热工程
4	科技创业大厦暨北京CBTC研发中心		4	科技创业大厦暨北京CBTC研发中心
5	住宅区改造一期工程		5	住宅区改造一期工程

【基建管理】

注重建设项目技术管理和质量监督，贯彻管理育人、服务育人的高校管理工作宗旨。首先，要求年轻技术人员从项目立项、设计、施工、竣工验收、交付使用等全过程介入，使他们结合实际工程项目从办事能力、管理知识、技术水平和协调方法等方面得到全面锻炼。其次，要求深入实际，设计阶段就使用功能和平面布局与相关部门进行充分沟通与交流，好的建议和意见在设计方案中得到落实；施工阶段，注重建设项目技术管理和质量监督，认真协调各参建单位关系，严把建筑材料质量关和施工质量关，严格各分部分项工程验收和各专项工程的检查验收，认真组织工程预验收和工程竣工验收，确保工程整体质量。

医疗保健与卫生工作

【综述】

北京交通大学校医院现有事业编制职工48人，各类非事业编制职工39人，卫生技术人员68人，高级职称24人，中级及上职称48人，全科医师24人、社区护士17人、社区防保医师6人。2011年全年获得集体市级奖励4次、区（校）级奖励4次；个人获得市级奖励1人次、区（校）级奖励5人次。

【预防保健】

全年针对新疆和田地区出现的脊髓灰质炎疫情，对新疆籍学生522人，教职工7人、餐厅及校医院工作人员进行两轮应急服用糖丸，共服用2 071丸。新生白破和麻风腮疫苗共接种8 980人次。

全年结核防控共筛查3 467名新生，其中233例强阳性感染者，针对这些强阳性感染者开展了拍片、讲课、抽血、免费投药、复查等一系列工作。

共上报传染病病例165例，指导消毒流调131人次，应急处理传染病疫情9起，48次阻断传染病的爆发流行。全年发放各种传染病宣传单4.8万余张。

完成职工、家属体检4 791人次，其中教职工3 616人，家属1 175人。完成本科生体检3 643人，研究生2 947人。

表71　2011年教职工体检中，患病率较高的前十位疾病或健康问题与2010年对比分析表

序号	疾病名称	2011年/%	2010年/%	增减情况/%
1	女性乳腺增生	63.08	63.80	下降0.72
2	血脂异常	46.42	55.06	下降8.64
3	高血压	35.62	37.92	下降2.30
4	心电图异常	28.66	37.63	下降9.03
5	脂肪肝	27.80	26.62	上升1.18
6	尿酸增高	20.41	24.47	下降4.06
7	空腹血糖受损	8.54	5.25	上升3.29
8	肝功异常	8.1	4.44	上升3.66
9	肥胖	7.56	7.93	下降0.37
10	高血压高危人群	7.43	10.03	下降2.60

【基本医疗工作】

2011年门急诊基本医疗服务量为138 484人次，其中急诊为16 000余人次，各种上门服务221人次。

开展各种慢病管理、家庭医生式服务、急诊急救、传染病防控等培训36次；年内新增医疗业务5项，扩充社区需要的基本药物9种。重视医院网站建设，年内校内外访问量已突破23万人次。人民医院网上预约挂号服务惠及近400名师生。

为计划外招收的354名研究生办理了北京市基本医疗保险，与学生处和研究生院配合为2 532名学生办理商业补充保险，使报销范围内个人负担达到零负担。2011年学校公费医疗费总支出为2 404.53万元，与2010年支出基本持平。家属医疗费报销与北京市基本医疗保险并轨。

【健康促进】

组建家庭医生式服务团队5个，每个团队负责3～5个学院或机关部处，完成相应的健康促进和上门服务。在深入了解需求的基础上与学院集体签约，2011年签约的学院有机电学院、理学院、经管学院、土建学院和计算机学院。

规范建立健康档案，其中纸质档案1 200余户，已输机家庭档案687户、个人档案31 806份（包括学生健康档案），建档率超过75%，达到85%。电子化率达到100%。

加强慢病管理，管理高血压患者1 411人，血压控制达标人数880人；糖尿病患者394人，血糖控制达标220人，管理率100%；控制率均达到80%以上。

2011年面向全校教职工及居民举办12次专题讲座，其中知行健康大讲堂5次，卫生日宣传及咨询7次，网络健康教育7期，音像资料10种，校园健康天使培养256学时受众1 600余人。编制医疗健康教育处方西医20余种，中医17种。

组织全校师生无偿献血836人次，造血干细胞血样捐献79人次，医院3位职工带头献血。利用八个周六、周日，组织1 166位师生应急救护培训取证，开展首届知识技能竞赛和实践演练。成立交大“青春健康同伴社”，开展5期同伴教育，培训近百人。加强计生目标责任管理和在校生计生管理服务，晚婚晚育、计划生育率保持双百分百。

安全保卫

【综述】

2011年是“十二五”开局之年，也是全面落实教育规划纲要的关键一年。安全保卫工作根据学校工作总体要求和整体部署，以“平安校园”创建为抓手，围绕学校2011年折子工程第19条任务“加强维稳工作体系与责任落实，切实维护校园稳定。推进平安校园建设，建设应急指挥中心”和第20条任务“坚持安全培训教育与宿舍安全卫生检查，加大安全隐患排查力度与整改力度”展开工作。理顺体制机制，夯实基层基础，完善工作体系，提升安全保卫工作实效和安全服务质量，全面推动学校安全稳定工作科学发展。

【平安校园】

组织起草了《北京交通大学2011年安全稳定工作要点》和《北京交通大学“平安校园”创建工作方案》。

继续坚持校园“110”报警服务指挥中心在突发事件应急指挥中的主体地位，完善了24小时值班队伍和工作职责，强化应急处置突发事件总体协调和信息报送工作。

安防五期工程于9月13日开始施工，12月5日进行测试和重点调试，完成学生活动中心技防立项、招投标及建设等工作。

审批各类学生活动615次，组织安保服务80次。圆满完成中共中央政治局委员、国务委员刘延东、中国关工委主任顾秀莲、科技部副部长陈小娅、商务部产业损害调查局顾春芳局长、国防科工局副局长虞列贵来校视察、新生入校、毕业生供需见面会、115周年校庆、交通论坛、澳大利亚前总理霍克参加的中澳经贸论坛等大型活动安保任务。

【社会治安综合治理】

6月2日，学校召开了2011年安全稳定暨综合治理工作会议。校党委书记曹国永在会上做重要讲话，并与宁滨校长代表学校与各二级单位签订了2011年学校安全稳定工作任务书共54份，推动各二级单位层层落实安全稳定工作责任。

对校内打字复印等营业摊点进行了摸底排查，重新核实校内营业网点43家，对营业执照、场所安全进行严格的安全检查并登记备案；对各施工单位进行动态监管并签订了《综合治理责任书》。

【治安管理】

接待师生挂失和报案600余人次、困难求助56件，接待回放录像500余人次；收集学生思想动态27次、网络热点焦点信息35起、信息零报告31次，配合调查12起，为在校学生提供政审310人次；捡拾物品60余件次，发还物品45件。

全年刑事案件发案75起，治安案件发案54起，其中盗窃案件为114起，诈骗案件11起，涉骗金额15 540元，流氓滋扰案件3起，打架案件1起；自行车盗窃案153起；破获各类案件16起，查获不法人员和违纪人员20名，其中学生7人，职工1人，校内临时工、民工9人，校外人员2人；通过回放监控录像、调查工作为失主挽回损失15起，调解纠纷化解矛盾 30 余起。

针对侵财案件发案突出的特点，成立了专门防盗小组防范自行车被盗和公共场所被盗案件的发生。

【消防管理】

组织全校性消防安全大检查 6 次，发放隐患整改通知书 4 份；组织消防知识培训 7 次 5 100 人次，更换灭火器 8 400 具，安全出口指示牌 200 块，应急灯 260 个，检查室内外消火栓 210 个，对重点部位消检、电检 2 处，新安装消防应急设施 1 台，检测并维修消防中控报警系统 4 个，清洗烟感探头 311 个；邀请专家进校对中层以上领导干部进行专题培训一次，安排 4 人参加消防专项培训。

11 月 10 日，在学苑公寓 7 号楼举行了 2011 年秋季高层学生公寓消防疏散演习，500 余人参加了演习，现场观摩的师生有 400 余人。

【交通管理】

组织交通划线 7 200 余米，维修路桩 112 个，新增加机动车位 49 个、非机动车停放区 1 个；统计在册机动车 2 202 辆，其中公车 71 辆、私车 2 131 辆，比去年同期增加 170 余辆。为职工办理通行证 1 744 车次、车证 480 车次，与驾驶员签订《北京交通大学 2011 年驾驶员交通安全责任书》2 131 份；发放校园违规停车通知单 1 500 余份，全年无道路交通安全责任事故。

通过签订《2011 年海淀区高等院校交通安全委员会与院、校安委会承包责任书》，明确了学校领导对交通安全工作的领导责任；与基建处、后勤管理处及校内其他施工单位签订《交通安全协议书》，对施工车辆进入校园做出了规定并进行交通安全教育。

根据《关于调整本市非居住区停车场白天收费标准函》（京发改［2010］2222 号）和学校《机动车管理收费细则（试行）》（校发［2009］38 号）文件精神，自 4 月 25 日起，对校外人员机动车进入学校教学区实行新的收费标准。

为持有合法证件的教职工免费办理《摩托车准入证》，规定上班期间可凭《摩托车准入证》进入校园，其他摩托车一律禁止入校，减少了摩托车在校园内穿行。

【户证管理】

全年管理集体户口 18 994 人，其中教工 1 466 人，学生 17 528 人；新迁入户口 6 780 人，其中本科生 3 469 人，硕士生 2 896 人，博士生 268 人，教工 147 人；迁出 5 138 人，其中学生 5 046 人，教工 92 人；全年为师生办理身份证 2 677 人。

为加强集体户口管理、完善户籍管理制度并增强同兄弟学校工作交流，4 月 28 日，赴清华大学和北京大学进行户籍工作调研，根据北京市公安局户籍管理相关政策规范了日常户籍办理流程；配备了二代身份证人像采集设备，使集体户口的师生在学校就能办理二代身份证手续。

【安全教育】

严格安全教育选修课考勤和考核，将灭火器的使用等实际操作能力列入课程考核内容。开设《大学生安全素质教育概述》选修课 2 个学期 32 个课时，1 000 余学生接受了安全知识教育。

发放安全教育教材 1 200 本、安全自护自救知识手册 5 900 本，发放、张贴安全宣传材料 19 次 13 900 余份，发布警情通报 19 次；利用军训和安全教育选修课为 4 500 余学生进行了消防安全知识培训；为接待中心、科技处、电气学院、远程学院、机电学院及理学院师生员工 600 余人进行了消防知识和灭火器使用培训。

新校区建设项目

【综述】

现代轨道交通创新基地暨新校区项目（以下简称“项目”）是学校第二个百年发展的奠基工程。自2009年初项目启动筹建以来，在中央领导和教育部、铁道部、北京市及相关部门领导的关心支持下，学校经过方案比选，最终确定选址在北京市平谷区马昌营镇，并于2010年与平谷区签订项目合作意向书。2011年6月10日，项目获得教育部立项批复，随后学校与平谷区签订土地供应协议，项目取得了实质性进展。

项目未来定位为国际知名的轨道交通科技创新中心，面向国际、辐射全国的交通专门人才培养培训中心，全国最高水平的综合交通研究平台，优势突出、特色鲜明的新兴学科和产业创新中心，示范全国的低碳高教园区。初步规划包括现代轨道交通产学研创新基地、战略性新兴产业科教基地和新校区三大组团。项目计划于“十二五”期间先期动工建设20万 m^2 的校舍和12万 m^2 的创新基地。

学校于2010年10月22日成立了项目建设委员会，下设项目建设办公室（以下简称“新校区建设办”），围绕项目的立项、土地供应、规划定位和机构健全等开展工作。

【项目进展】

自项目启动筹建后，学校全力推进项目建设。中共中央政治局委员、国务委员刘延东同志和中共中央政治局常委、国务院副总理李克强同志先后做出重要批示，支持项目相关建设。教育部袁贵仁部长、陈希副部长、杜玉波副部长、鲁昕副部长、刘利民副部长，副市长黄卫、副市长陈刚，北京市委副书记、教工委书记王安顺，北京市委常委、教工委书记赵凤桐等领导均听取了学校项目相关工作汇报，明确表示支持项目建设。

为争取项目立项，新校区建设办牵头修改完善了4万5千字的《北京交通大学关于建设现代轨道交通创新基地暨新校区的请示》主副报告上报教育部，还圆满完成了迎接教育部发展规划司关于学校“十二五”事业发展规划和基本建设规划的专题调研和实地考察任务，完成《北京交通大学“十二五”基建规划事业发展论证报告》。

为加快项目落地，学校与平谷区深入洽谈，多次沟通，双方共同起草了关于调整控制性规划和增加教育用地规划指标的请示上报市规划委，并联合向北京市进行专题汇报。新校区建设办牵头组织相关专家完成了“项目对平谷区经济社会发展的贡献分析”专题研究报告，并主动与北京市政府、北京市规划委、北京市国土局协调，积极促成并参与了多次与项目相关的专题会议。

2011年11月4日，学校与平谷区人民政府签订了项目用地土地供应协议，明确了项目用地范围、土地价格及双方权责等重要内容，取得了项目建设的实质性进展。

同时，新校区建设办牵头组织开展项目调研，探索研究项目功能定位和管理模式，完成了三轮概念性规划。

【组织管理】

2011 年 4 月 12 日，新校区建设办正式成立。通过招聘和选拔，至 2011 年底，已确定主任 1 名，副主任 1 名，工作人员 3 名。新校区建设办计划在项目前期设综合行政部、合同造价部、规划部和设计管理部四个部门，探索了项目实施阶段以项目部制为核心的项目管理模式，并将采用专兼职人员相结合的聘任方式，根据项目进展适时对机构、人员做出调整，逐步打造一支高素质、高效率、专业化的骨干队伍。

校友会　基金会　董事会　校企合作

【综述】

2011年，学校校友会、基金会、董事会，勇于开拓、积极创新，取得了丰硕的成果。教育基金会捐赠收入首次超过6 000万元，获捐赠收入财政配比资金5 028万，年内实现各类社会资金收入1.15亿元。学校成立北京、河南2个地方校友会，举办交通大学校友总会第十一届理事会暨交通大学校长论坛，举行115周年校庆暨1991、2001届校友毕业值年返校活动。举行董事会第八次全体会议，吸纳董事会新成员单位5家，单位总数达75家。首次召开全校筹资工作会议。举行学校长三角研究院落成典礼。协助校领导开展调研40余次，与11家地方政府、院校、企事业单位签订战略合作协议。

【校友会工作】

校友会坚持“以信息整合为基础，感情联络为纽带，活动开展为载体，服务校友为宗旨，共同发展为目标”的指导思想，不断创新工作思路方法，积极利用校友资源服务学校育人工作，在开展校友活动、完善校友网络、搜集校友信息、挖掘校友资源、联络服务校友等工作中取得了显著成效。

1. 组织举办“‘思源致远 继往开来’——北京交通大学115周年校庆暨1991、2001届校友毕业值年返校活动”

10月15日，举办“‘思源致远 继往开来’——北京交通大学115周年校庆庆典大会暨1991、2001届校友毕业值年返校活动”。校领导、65家学校董事单位及22家校企合作单位代表、各届校友代表、值年校友及各院系领导和师生代表近1 500人参加大会。

在总结以往校庆活动经验的基础上，115周年校庆在活动组织形式和内容上进行了5项新的尝试：第一，广泛发动全校各部处开展校庆系列活动，进一步丰富校庆活动内容；第二，发动各地校友会共贺母校诞辰，并联合宣传部制作了“桃李芬芳 丰收共享——各地校友会共庆母校115华诞视频”；第三，组织学生艺术团参与校庆演出，烘托活动气氛；第四，采用微博直播的方式，和未能与会的校友和网友开展互动；第五，推出“我爱母校”认捐项目——“银杏树认捐项目”和“学生活动中心座椅认捐项目”，弘扬校友捐赠文化。

作为115周年校庆的系列活动内容，计算机学院和经管学院先后举行了院友会成立大会，其他学院也举行了校友座谈会、文艺汇演等丰富多彩的联欢活动。

2. 作为轮值学校，组织召开交通大学校友总会第十一届理事会暨交通大学校长论坛

7月9日，组织召开交通大学校友总会第十一届理事会暨交通大学校长论坛。上海交通大学校长张杰、西安交通大学校长郑南宁、西南交通大学校长陈春阳、北京交通大学校长宁滨出席会议。来自4所交通大学的理事和校友代表150余人参加了会议。本次理事会开展了换届工作，审议通过了经各地校友会、各母校和校友代表根据总会章程推举的第十一届理事会理事组成成员名单，表彰了各地校友中涌现的热心校友工作的校友工作者。

在本届理事会上，四所交大共同签署北京宣言——《绿色约定》人才培养框架协议书。

《绿色约定》是由四所交通大学共同约定的联合公约，其主要内容是：四校同心、合力共举、绿色发展、共创一流。四所交大首先就绿色约定中的人才培养领域达成共识，根据《绿色约定》人才培养框架协议书，四所交大将以新能源和绿色交通等专业为主，建立校际间硕士、博士研究生免试推荐制度，每校每年将向另外三所交通大学推免 15 名硕士、博士研究生，以打破四所交大人才培养壁垒，开辟绿色通道，为四所交大的学生提供更广泛的深造机会，打造具有交通大学优秀血统的综合型人才。

本届理事会设交通大学校长论坛，四所交大校长围绕“展望未来 争创一流——办学理念与十二五规划”的主题，结合各自的办学实践和特色进行深入阐述和交流。

3. 校友信息量不断攀升，校友信息库日益完善

加大校友信息收集力度，多管齐下，以点带面。在开展毕业值年活动收集毕业值年校友信息的基础上，利用寻访校友、校友返校聚会、各地校友会换届等渠道，更新和完善校友信息；同时继续加强新毕业生校友联络员队伍建设，建立校友信息收集规范化渠道。

6 月 15 日，举行北京交通大学 2011 届毕业生校友联络员聘任仪式，共聘任 207 名毕业生校友联络员。11 月，收集 2011 届校友信息约 500 条。加强与往届校友联络员联系，收集 2010 届校友信息 661 条。

进一步加强校友信息库建设。制作《校友信息库规范录入说明》，规范信息录入工作。改版升级原有数据库，提高校友信息的完整度和精确度，更好地实现各类信息检索功能，为后期校友信息搜集打下基础。同时，加强与院系共建校友信息库，提高校友信息的共享和维护能力。

截至年底，库中信息总量 80 995 条，新增 7 095 条，同比增长 9. 6%；其中，有效信息数量 36 264 条，新增 7 034 条，同比增长 24%。

4. 加强地方校友会建设，完善校友工作网络

6 月 26 日，召开北京交通大学河南校友会成立大会暨第二届地方校友会秘书长联席会。

9 月 24 日，举行北京交通大学北京校友会成立大会，为北京地区校友搭建联络平台。大会专设“北京校友会专项基金”，截至北京校友会成立当日，已收到北京校友捐赠 49 万元。11 月 12 日，北京校友会举行教育系统校友联谊会。12 月 3 日，北京校友会举行 77 级—07 级校学生会主席联谊活动。

积极推动广西、乌鲁木齐、青岛、海南等地校友会筹备工作，协助组织召开筹备会议。

5. 挖掘校友资源，助推学校人才培养工作

7 月，以“知行合一 传承交大百年文化”为行动指南，组织暑期学生社会实践团赴各地开展“寻访校友”活动。共寻访湖南、山东、辽宁等地的几十余名校友，了解他们的奋斗历程与人生体验，在寻访中见证校友不懈拼搏赢得的辉煌成就，在实践中感悟校友饮水思源爱国荣校的崇高情怀。

4 月 15 日，开展第二届“校友企业进校园招聘活动”，共有 14 家校友企业参会，提供 40 余类专业 800 多个工作岗位，专业对口比例达 90%。

举办“红果园名人讲堂之校友心声活动”（第六期至第八期），分别邀请 2001 届产业经济学博士、中国水电建设集团路桥工程公司总经理汤明，2001 届校友魏道平博士，著名华裔电视主持、99 届经管学院校友荆莉返校为学生做讲座，利用校友资源助推学校人才培养工作。

6. 强化服务意识，加强与校友的沟通联络，积极关注校友发展

协助组织机电学院热力机车专业61届校友毕业50周年聚会活动、84届机车电传动校友聚会活动、铁道部第八期清华班校友返校座谈。走访并联系校友百余人次，走访单位10余家。

加强“一网一刊”校友服务窗口建设。完成校友会新网站（http：//alumni. bjtu. edu. cn）的升级改版及上线工作。

积极学习其他高校办刊经验，不断提高办刊质量。完成2011年4期《校友通讯》季刊的编辑及发行工作，向校友及校内师生发放2万余册。

为2011届本硕博毕业生办理校友卡5 618张，为已毕业校友办理校友卡24张，累计校友卡办理近5 700张。

利用群发邮件系统和短信平台功能，在各类节日期间向校友发送问候短信及祝福邮件，定期向校友发送生日贺卡8 699封。年累计发送信息13. 97万条，累计发送邮件约16万封。

成功开通新浪微博（http：//weibo. com/bjtuxyh），利用新的传播手段加强与校友的互动交流。

关注校友发展，先后撰写10余篇校友动态新闻，宣传校友成绩。

7. 加强与其他几所交大间的联系，完成交通大学校友总会相关工作

4月23日，组织召开交通大学校友总会第十届理事会第三次总干事会，和其他三所交大总干事讨论交通大学校友总会第十一届理事会暨校长论坛活动方案、第十一期交大校友编辑策划方案，向与会干事通报2010年度校友总会财务收入情况及财务收支情况。

5月16日至17日，组织参加第六届交通大学全球商界领袖峰会。校党委书记曹国永代表团一行30余人出席会议。会后，组织23名参会校友企业家赴镇江参观考察学校长三角研究院，并与镇江科技新区领导座谈，开展学校校友企业家与镇江科技新区项目对接系列活动。

【教育基金会工作】

2011年，教育基金会围绕学校中心工作，将筹资工作与学校建设和发展紧密结合，积极完善各项工作制度、努力提高筹资工作水平；加强校院两级筹资工作体系建设、大力健全校内筹资激励机制；广泛联络社会各界，拓展筹资资源；积极尝试资金运作，推动教育基金会工作迈上新台阶。

全年累计接受社会各界捐赠6 481. 73万元，获中央财政配比5 028万元，为学校争取资金共计1. 15亿元。新增基金项目27项，基金项目总数126项，新增奖助项目12项，奖助项目总数69项。

1. 顺利完成理事会相关工作

7月26日，召开教育基金会第二届理事会第一次理事长办公会议，审定通过《北京交通大学教育基金会关于参与山东中凯风电设备制造有限公司股权投资的决定》、《北京交通大学教育基金会关于参与优科利尔部分股权投资的决定》；听取秘书处关于理事名单变更征求意见的相关工作汇报。因校内工作调整，增补钟章队、姜久春、张顶立为基金会理事；增补孙长索为基金会副秘书长；审定并通过《北京交通大学教育基金会奖励基金管理办法（试行）》；审议并通过《关于聘请王永刚校友和董方军校友为基金会投资顾问的决定》。

8月31日，基金会采用理事会通信会议形式，召开教育基金会第二届理事会第二次会

议，就基金会部分理事调整以及副秘书长变更名单、第二届理事会工作报告、基金会下一步工作征求理事书面意见。

11 月 10 日，召开第二届理事会第三次会议（通信），会议决定将教育基金会财务负责人变更为对外联络合作处副处长兼教育基金会副秘书长徐劲松。

变更后第二届理事会名单

理事长：曹国永

常务副理事长：陈峰

副理事长：关忠良

理事（按姓氏笔画排序）：

王化深、王幼君、王金源、刘军、刘延平、刘志刚、刘辉、邬永刚、张顶立、李建勇、陈后金、武克钢、姜久春、赵吉斌、钟章队、康维韬、薛继连

监事：孙蓝烽

秘书长：尹激

副秘书长：徐劲松、孙长索

2. 召开系列基金工作会议

5 月 26 日，召开首次教育基金工作研讨会议。特邀清华大学教育基金会理事长、原党委书记贺美英来校做报告，对学校社会化筹资工作及基金会相关工作进行全方位的指导。学校全体校领导及基金会理事参会，对学校的筹资方向、筹资对象、筹资方法以及基金会资金运作等工作进行了探讨。

9 月 15 日，召开全校首次筹资工作会议。会议成立学校筹资工作领导小组，出台相关管理及奖励办法，规范和鼓励各院系筹资工作，表彰 2008—2010 年 8 个社会筹资工作先进部门，总结筹资工作经验，明确“十二五”筹资目标。

12 月 2 日，召开全校首次教育基金工作培训会议。会议从基金会创建、资金筹资工作机制和基金会管理运行三方面向与会人员介绍基金会的发展情况及下一步工作重点，并介绍了国家及学校捐赠的有关政策、基金会具体办事流程。此次研讨会增进了学校各学院部处对基金工作的了解，激发了各学院部处的筹资热情，规范了基金项目的立项与使用。

3. 校内筹资激励机制正式建立

修改《北京交通大学捐赠项目配比资金管理办法》，将配比比例从 10% 提高至 20%，对 2010 年 35 个捐赠项目实施 308. 29 万元的资金配比。出台《北京交通大学教育基金会奖励基金管理办法》，奖励为北京交通大学教育事业发展积极募款的教职员工、校友和社会热心人士。

4. 积极参与对外交流活动

11 月 2 日，教育基金会出席中国高教基金研究会第 13 次年会，并作题为《机制为先，服务为本，四位一体开创筹资工作新局面》主题演讲。报告分机制及服务两部分阐述了学校筹资工作中的一些经验和体会，指出学校在筹资过程中积极搭建有效平台，从机制上保障筹资工作的顺利进行；以及在拓展筹资渠道的过程中，力求在服务中实现合作与共赢，进一步打开筹资工作新局面。

5. 努力实现捐赠信息公开化、透明化

制作各项目捐赠人汇报册，将基金使用情况及时通报，完善捐赠者服务体系建设。本年

度共为29个项目编撰汇报册191本。编撰北京交通大学教育基金会高校捐赠信息动态，面向全校发布。全年累计发放4期，旨在进一步贯彻筹资工作会议精神、推进筹资工作，更好地协助各学院创新筹资形式、开拓筹资途径。

6. 积极开展各类资助活动

全年通过奖学金奖励学生585人，共170.6万元，通过助学金资助323名贫困学生，共70.98万元。资助“最美交大”活动，激发学生的创作热情和爱校意识，宣传交大精神，培育捐赠文化。资助学生暑期社会实践，走访内蒙古、云南、太原、大连等9地校友，从更深的意义上帮助学生领悟交大“知行”校训的真正内涵，感受校友对母校师生的深切关怀。

7. 尝试资金运作活动

制定了资金运作方案及工作流程，开始沉淀资金运作的尝试，对2个校友企业股权投资共计1 710万元，购买银行理财产品6 000万元。

北京交通大学教育基金会全年收入70 089 125.71元，其中捐赠收入64 817 298.28元（见表72），其他收入5 271 827.43元。

表72　北京交通大学教育基金会捐赠收入表

捐款单位或个人	捐赠项目	捐赠金额/万元
镇江新区高新技术产业投资有限公司	镇江新区专项基金	1 500
铜陵华源金昌印染有限责任公司	华源教育基金	1 500
祥兴（福建）箱包集团有限公司	祥兴教育基金	1 500
北京和泰基业科技发展有限公司	和泰基业教育基金	200
北京北交物业管理有限公司商泰葩分公司	北交物业基金	150
兰州铁路局	校庆捐赠	100
北京佳讯飞鸿电气股份有限公司	佳讯飞鸿教育基金	100
北京金陵华新投资管理公司等	后勤发展基金	90
资产经营有限公司	捐赠款	60
中铁建工集团有限公司北京分公司	校庆捐赠	60
北京汇博京瑞酒店等	后勤服务基金	53
呼和浩特铁路局	校庆捐赠	50
天易投资有限公司	天易教育基金	50
太原铁路局	董事会基金	50
中国铁道科学研究院	校庆捐赠	50
郑州铁路局	校庆捐赠	50
赤峰铁发商贸集团有限公司	校庆捐赠	50
陕西澳通运输贸易集团有限公司	董事会基金	50
中国扶贫基金会	中国扶贫基金会新长城助学金	35.01
汉能控股有限公司	汉能李嘉宁奖助学金	34.2
海淀区时进培训学校	时进教育基金	30
朔黄铁路发展有限责任公司	校庆捐赠	30
中国神华神朔铁路分公司	校庆捐赠	30

续表

捐款单位或个人	捐赠项目	捐赠金额/万元
上海铁路局	校庆捐赠	30
乌鲁木齐铁路局	校庆捐赠	30
南昌铁路多元投资有限公司	校庆捐赠	30
北京新联铁科技公司	新联铁教育基金/北京校友会基金	30
美国英特尔半导体有限公司	软件学院院长论坛	26.02
北京辐轮广告公司	辐轮教育基金	24.3
智瑾基金会	智瑾奖	22.84
兴业银行西直门支行	兴业银行教育基金	20
九阳股份有限公司	九阳奖助学金	20
北京中立鸿会计师事务所有限责任公司	杨爱芬奖学金	20
昆明铁路局	校庆捐赠	20
机电学院 91 届校友	机电学院 91 届科研基金	15
中铁快运股份有限公司	校庆捐赠	15
中国北方机车车辆工业集团公司	校庆捐赠	15
中国宋庆龄基金会	宋庆龄基金会中海油	13.45
全校教职员工	爱心帮困基金	13.03
交大江西校友会	江西校友会助学金	12.1
通控 87 级校友	通控 87 级教育基金	12
全校师生	思源助学金	10.94
经管 87 级校友	经管 87 校友基金	10.1
潍坊东航印刷科技股份有限公司	经管学院基金	10
中国北车唐山轨道客车有限责任公司	校庆捐赠	10
中国华瑞投资控股有限公司	北京校友会基金	10
北京竞业达数码科技有限公司	北京校友会基金	10
中铁三局集团有限公司	校庆捐赠	10
国家电光源质量监督检查中心	NLTC 绿色照明奖学金	10
新誉集团有限公司	常牵教育基金	10
中国港湾工程有限责任公司	中国港湾奖助学金	10
北京交大微联科技有限公司	微联素质教育奖助金	10
中国南车股份有限公司	校庆捐赠	10
陈后金	电工电子基础课程教学团队建设基金	10
铁道第三勘察设计院集团有限公司	校庆捐赠	10
北京思诺信安科技公司	北京校友会基金/思诺教育基金	10
中国宋庆龄基金会	宋庆龄基金会德利多福奖学金	9.75
宝钢教育基金会	宝钢教育奖	8.46
京东方科技集团股份有限公司	京东方奖学（教）金	7.2

续表

捐款单位或个人	捐赠项目	捐赠金额/万元
福建新华都慈善基金会	新华都奖学金	6.9
西门子公司	全国博士生学术论坛	6.25
滕永平、吴迪	波易达奖助学金	5.11
华为技术有限公司	华为奖学金	5.5
中国土木工程集团有限公司	校庆捐赠	5
北京尖峰计算机系统有限公司	尖峰奖学金	5
高平唐一新能源科技有限公司	唐一新能源奖学基金	5
光宝科技股份有限公司	光宝助研奖学金	5
富士施乐高科技（深圳）有限公司	富士施乐奖学金	5
陈锡明	曦明助学金	5
北京方达工程管理公司	土建学院基金	5
青少年发展基金会	青少年发展基金会——阳光学子助学金	4.9
中华儿童慈善基金会	奋进助学金	4
中国妇女发展基金会	纪惠/慧贤腾飞计划奖学金	4
株式会社丸和运输机关	丸和运输机关留学、助学金	3.73
王玉凤	理学院创新基金	3.5
北京利德华福电气技术有限公司	利德华福电气奖学金	3
韩淑芳、钱铭今等	钱仲侯奖助学金	2.5
计算机学院87级校友	计算机与信息技术学院教育基金	2.3
土建学院2001届毕业生	土建01届爱心基金	2.01
内蒙古翁牛特旗人民政府	校庆捐赠	2
沈铁锦州教育印刷厂	薛宝田德育基金	2
彭志忠	经管学院基金	2
建行信用卡消费返款	捐赠款	1.93
张夕勇	张夕勇助学金	1.6
国家留学基金管理委员会	IBM中国优秀学生奖学金	1.6
横山明聪	横山明聪奖学金	1.58
赵鹏、周黎	钱仲侯奖助学金	1.5
中兴通讯股份有限公司	“中兴杯”面试模拟大赛	1.3
路通世纪（中国）科技有限公司	汤森路透奖学金	1.2
王金源	北京校友会基金	1
陈志方	钱仲侯奖助学金	1
来小会	校友企业家协会	1
北京交控科技有限公司	北京校友会基金	1
北京国富纵横管理咨询有限公司	国富纵横专业奖学金	1
深圳研究院校友	深圳校友基金	0.7

续表

捐款单位或个人	捐赠项目	捐赠金额/万元
刑飞	北京校友会基金	0.5
焦迪	电气学院基金	0.5
王道远	北京校友会基金	0.5
红十字会	红十字会资助款	0.5
刘江涛	高富浪基金	0.3
申林、姜芳易	校友基金	0.3
盖根路、刘威、陈有思	经管学院基金	0.22
马卫国、廖树华	校庆捐赠	0.15
高向阳	经管学院基金	0.1
陈鑫	北京校友会基金	0.05
鲁敏夫	校友基金	0.04
王飞	校友基金	0.02
孙永源	校友基金	0.01
李双伟	校友基金	0.01
陈智斌	校友基金	0.01
其他	捐赠款	0.007 3

校庆期间，共有二十五家单位以各种形式对学校进行赞助或支持（见表73）。

表73　校庆赞助单位名单

赞　助　单　位	赞助金额（物）
中铁十六局集团有限公司	10 万元
中国铁路物资 北京有限公司	10 万元
中铁第四勘察设计院	10 万元
中铁建电气化局集团有限公司	10 万元
中铁十七局集团有限公司	10 万元
中铁第一勘察设计院集团有限公司	10 万元
武汉铁路局	10 万元
中铁电气化局集团有限公司	5 万元
中铁电气化局集团西安通信信号工程处	5 万元
中铁一局集团有限公司	5 万元
南车眉山车辆有限公司	3 万元
中国铁路物资天津有限公司	3 万元
济南铁路局	3 万元
中国铁路物资成都有限公司	2 万元
中国铁路物资西安有限公司	2 万元
南车成都机车车辆有限公司	2 万元

续表

赞　助　单　位	赞助金额（物）
广州铁路（集团）公司党校	0.5万元
中铁二院工程集团有限责任公司	索尼液晶电视机
中铁工程设计咨询集团有限公司	LG液晶电视机
郑州轨道交通有限公司	钧瓷花瓶一对
北京军区政治部	航空母舰模型
北京校友会	玉石砚台
江西校友会	山水花瓶一对
湖南校友会	湘绣
北京二七轨道交通装备有限责任公司	铜鼎

北京交通大学教育基金会全年支出24 822 503.5元（见表74），其中业务活动成本24 485 300.06元，管理费用337 203.44元。

表74　北京交通大学教育基金会公益事业支出情况表

支　出　项　目	支出金额/万元
镇江新区专项基金	2 000
中国扶贫基金会新长城助学金	42.74
天易教育基金	24.51
软件学院院长论坛	23.10
智瑾奖	22
董事会基金	19.72
宝钢教育奖	18.33
汉能李嘉宁奖助学金	16
握奇奖教基金	16
新联铁教育基金	15
九阳奖助学金	14.8
金源教育基金	14.39
思诺教育基金	11.98
宋庆龄基金会中海油	11.95
后勤发展基金	9.36
北京校友会基金	7.63
NLTC绿色照明奖学金	7.2
交大泰信企业信息化联合实验室基金	7.20
常牵教育基金	6.29
全国博士生学术论坛	6.25
京东方奖学（教）金	6
爱心帮困基金	5.8

续表

支 出 项 目	支出金额/万元
富士施乐奖学金	5
中国港湾奖助学金	5
理学院创新基金	4.95
青少年发展基金会—学子阳光助学金	4.9
北京公交人才基金	4.8
微联教育基金	4.67
“钱仲侯”奖助学金	4.5
光宝助研奖学金	4.4
电工电子基础课程教学团队建设基金	4.1
纪惠/慧贤腾飞计划奖学金	4
丸和运输机关留学、助学金	3.7
轨道交通状况调研	3.52
江西校友会助学金	3.3
思源助学金	3.11
京仪椿树电力电子奖学金	2.5
唐一新能源奖学基金	2.5
万桥兴业奖学金	2.23
波易达奖助学基金	2.2
东江昊天教育基金	2
佳讯飞鸿教育基金	2
利德华福电气奖学金	1.7
IBM 中国优秀学生奖学金	1.6
“中兴杯”面试模拟大赛	1.3
汤森路透奖学金	1.2
经管学院基金	1.1
国富纵横专业奖学金	1
杨爱芬奖学金	1
学生艺术团交响乐团专场演出	0.95
计算机学院计算机课程团队建设基金	0.8
高富浪基金	0.5
红十字会资助款	0.5
微联素质教育奖助金	0.47
张夕勇助学金	0.4
机电学院 91 届科研基金	0.33
校友基金	0.3

【董事会工作】

10 月 15 日，学校召开董事会第八次全体会议，65 家董事单位代表及学校相关人员共 130 余人与会。会上吸纳董事会新成员单位 5 家，分别是：太原铁路局、西安铁路局、北京竞业达数码科技有限公司、北京佳讯飞鸿电气股份有限公司、中国水电建设集团路桥工程有限公司，董事单位达 75 个。董事会基金较董事会第七次全体会议新增 820 余万元，达 3 400 万元。校董事会专题网站正式上线。

董事会成员单位名单：

1. 教育部直属高校工作司
2. 铁道部人事司
3. 中国中铁股份有限公司
4. 中国铁建股份有限公司
5. 中国北车股份有限公司
6. 中国南车股份有限公司
7. 中国铁通集团有限公司
8. 中国铁路物资总公司
9. 中国铁路通信信号集团公司
10. 哈尔滨铁路局
11. 沈阳铁路局
12. 北京铁路局
13. 呼和浩特铁路局
14. 郑州铁路局
15. 济南铁路局
16. 上海铁路局
17. 南昌铁路局
18. 广铁（集团）公司
19. 南宁铁路局
20. 成都铁路局
21. 昆明铁路局
22. 兰州铁路局
23. 乌鲁木齐铁路局
24. 中铁快运股份有限公司
25. 中铁特货运输有限责任公司
26. 中国铁道科学研究院
27. 铁道第三勘察设计院集团有限公司
28. 中铁一局集团有限公司
29. 中铁二局集团有限公司
30. 中铁三局集团有限公司
31. 中铁五局（集团）有限公司
32. 中铁大桥局集团有限公司

33. 中铁建工集团有限公司
34. 中铁电气化局集团有限公司
35. 中铁二院工程集团有限责任公司
36. 中铁工程设计咨询集团有限公司
37. 中国土木工程集团有限公司
38. 中铁十六局集团有限公司
39. 中铁十七局集团有限公司
39. 中铁第一勘察设计院集团有限公司
41. 中铁第四勘察设计院集团有限公司
42. 中铁第五勘察设计院集团有限公司
43. 齐齐哈尔轨道交通装备有限责任公司
44. 长春轨道客车装备有限责任公司
45. 长春轨道客车股份有限公司
46. 北京二七轨道交通装备有限责任公司
47. 大同电力机车有限责任公司
48. 永济新时速电机电器有限责任公司
49. 西安轨道交通装备有限责任公司
50. 株洲电力机车有限公司
51. 南车四方车辆有限公司
52. 中国南车集团眉山车辆有限公司
53. 南车成都机车车辆有限公司
54. 石家庄车辆有限公司
55. 吉林化工集团
56. 北京军区政治部干部部
57. 北京公共交通控股（集团）有限公司
58. 北京市轨道交通建设管理有限公司
59. 北京城建设计研究总院有限责任公司
60. 翁牛特旗人民政府
61. 朔黄铁路发展有限责任公司
62. 沁和能源有限公司
63. 通鼎集团有限公司
64. 北京万桥兴业机械有限公司
65. 耀华电器集团温州前龙轨道交通装备有限公司
66. 山东中凯风电设备制造有限公司
67. 中铁电气化局集团有限公司
68. 河南辉煌科技股份有限公司
69. 镇江新区管委会
70. 无锡轨道交通装备产业园
71. 太原铁路局

72. 西安铁路局
73. 北京竞业达数码科技有限公司
74. 北京佳讯飞鸿电气股份有限公司
75. 中国水电建设集团路桥工程有限公司

【校企合作】

2011 年，学校长三角研究院举行落成典礼，学校与太原铁路局等 11 家单位签署了战略合作协议，分别是：《北京交通大学加入煤炭开发利用技术创新战略联盟补充协议书》，《北京交通大学与太原铁路局战略合作协议》，《北京交通大学与西安铁路局战略合作协议》《北京交通大学与北京竞业达数码科技有限公司战略合作协议》，《北京交通大学与北京佳讯飞鸿电气股份有限公司战略合作协议》，《北京交通大学与中国水电建设集团路桥工程有限公司战略合作协议》，《北京交通大学与大连交通大学战略合作协议》，《北京交通大学与北京中关村发展集团股份有限公司战略合作协议》，《北京交通大学与呼和浩特铁路局战略合作协议》，《北京交通大学与中国包装总公司战略合作协议》，《北京交通大学与北京印刷学院战略合作协议》；校领导开展调研 40 余次，组织校地、校企互访 70 次，落实和丰富了校企合作协议内容。

2011

学院工作

电子信息工程学院

【综述】

电子信息工程学院下设信息与通信工程系、自动控制工程系、电子科学与技术系、光波技术研究所、国家电工电子教学基地。2011 年，在全院师生员工的共同努力下，学院在师资队伍建设、教学工作、科学研究、人才培养、国际交流、党建和思想政治工作等方面取得了突出成绩。

【队伍建设】

截至年底，学院拥有教职工 241 人（含国家重点实验室），专职教师 198 人，教授 48 人（含研究员），副教授 89 人，高工 15 人，具有博士学位的教师占教师总数的比例由 2010 年的 73% 提高到 2011 年的 77%。

教职工在学院系、所、中心、机关分布见表 75。

表 75　教职工在学院系、所、中心、机关分布表

职称 / 单位	教授	副教授	讲师	助教	高工	工程师	工人	合计
信息与通信工程系	18	31	20		4	2		75
自动控制工程系	13	28	29		1	2		73
电子科学与技术系	2	7						9
光波技术研究所	8	7	6		1			22
国家电工电子教学基地	2	15	11		4	7		39
学院机关	5	1	2	1	5	8	1	23
合　计	48	89	68	1	15	19	1	241

新增博导 5 人（蔡伯根、董海荣、李旭、孙昕、陶成），新增硕导 11 人。晋升教授 4 人：罗洪斌、黄琳琳、艾渤、陈德旺。晋升研究员 1 人：郜春海。晋升副教授 10 人：上官伟、田慧、刘中田、刘峰、李纯喜、李赵红、苏伟、苏晓星、郜帅、燕飞。晋升副研究员 2 人：蒋文怡、董丽敏。2011 年入选第三批“红果园”计划 C 类 3 人（赵友平、董海荣、任国斌），D 类 5 人（宋宇、田慧、蔡文川、王春灿、上官伟）。新引进教师 15 人，其中教授 1 人（任国斌），副教授 1 人（雷蕾），讲师 13 人，师资博士后 3 人。选派骨干教师出国研修 11 人，青年教师在职取得博士学位 5 人。

师生获得的标志性成果：电子科学与技术、控制科学与工程两个一级学科获得博士学位授予权；科研经费突破 1.68 亿；侯忠生教授主持了学校第一个重大国际（地区）合作研究项目“广义迭代学习控制理论及在高速列车运行控制中的应用”。张宏科教授团队主持了学校第一个国家科技重大专项课题“移动互联网网络与信息安全技术研究”。宁滨教授主持完成的“基于通信的城轨列车运行控制系统关键技术及其应用”获 2011 年度北京市科学技术奖一等奖。闻映红教授主持完成的“高铁信号系统的电磁兼容技术及实验室仿真测试平台的研究”获得 2011 年度中国铁道学会科学技术奖一等奖。钟章队教授主持完成的“GSM－R 网络互联互通关键技术与测试方法研究”获得 2011 年度中国铁道学会科学技术奖二等奖；唐涛教授获得 2012 年度高等学校“轨道交通控制与安全创新引智基地”立项项目；引进短期“千人计划”台湾大学郭斯彦教授来校工作；简水生院士指导的博士生许欧的博士学位论文获得全国百篇优秀博士论文提名；简水生院士指导的博士生冯素春的博士学位论文获得北京市优秀博士论文；通信工程与自动化两个专业通过国际 IEEE 专业认证专家现场评估；2011 届本科毕业生的就业率为 98.4%，其中深造率为 58.28%，全校第一。

【党建和思想政治工作】

截至 2012 年 11 月 30 日，学院共有党员 934 人，其中教职工党员 136 人。本年共发展党员 120 人。目前博士生党员 127 人，硕士生党员 513 人，本科生党员 158 人。在学校庆祝建党九十周年表彰大会上，学院党委和学院 2007 级本科生第二党支部获得 2011 年北京交通大学先进基层党组织，陈后金同志被评为校级“优秀共产党员标兵”，李志斌、田永静 2 名同志被评为校级“优秀党务工作者”，评选出 10 名校级“优秀共产党员”，学院党员情况统计表见表 76。

表 76　学院党员情况统计表

类　别	教职工	研究生	本科生	小计
党支部个数	8	36	8	52
在册党员人数	136	640	158	934
全年发展党员人数	1	60	59	120

1. 教职工党建和思想政治工作

学院党委“围绕中心抓党建、抓好党建保中心”，不断加强党建和思想政治工作，促进学院各项事业快速和谐发展。

胜利召开第二次党员代表大会，成功组织召开中共北京交通大学电子信息工程学院第二次党员代表大会。大会听取、审议和通过了学院党委工作报告，选举产生了中共北京交通大学电子信息工程学院第二届委员会和新一届领导班子。会议总结了第一次党代会以来的工作，明确了今后的发展目标和指导思想，提出了 5 大战略任务和加强党建工作的 8 项重点工作。

不断加强学院领导班子建设和后备干部培养，2011 年干部换届中，学院 2 名副处级干部竞聘为正处，5 名同志竞聘为副处级干部。同时选拔 3 名青年教师分别作为学院教学、科研、研究生思政院长助理专项工作。

开展创先争优，加强基层党组织建设，学院党委根据学校创先争优文件精神，结合学院实际，制订了《电子信息工程学院深入开展“提高办学质量促发展、服务人民群众树形象”创先争优活动实施方案》，开展了系列活动。在“庆祝建党 90 周年”系列活动中，各支部组织党员结合“主题党日活动”组织参观爱国主义教育基地 3 次，创新党建工作方式，开展支部优秀党日活动评选并通过座谈会、研讨会等方式开展学习胡锦涛建党 90 周年重要讲话等主题活动。召开“提高办学质量促发展、服务人民群众树形象”主题实践活动动员会。

学院党委重点开展“内聚力量，外树形象”主题活动，教职工党员开展“提升师德，改进教风”主题活动，形成全员育人新局面。赵林海、张星、周航老师被推选为北京交通大学“三育人”先进个人。以师德师风建设为核心，加强教职工思想教育，从政治思想、爱岗敬业、教书育人、为人师表四个方面内容建立相对完备的师德评价体系。在职称申报过程中实行师德有问题一票否决制，在评议委员会评议过程中，也重点参考申报人员任职以来的课程评价情况。

2. 本科生党建和思想政治工作

2011 年，学院按照新形势下的新要求，结合学院实际情况，紧紧围绕学校人才培养目标，坚持以精细化为指导思想，专业化为保障，深度化为导向，提高针对性为重点，实现全覆盖为目标，继续深入开展学风建设，切实做好心理、就业、资助、军训等专项工作，努力提升学生的学习创新能力、自我教育能力和综合竞争能力，全面引导学生成长成才。

学院党委本年度，举办了第 20 届党校培训班，共有 153 名本科生入党积极分子参加了培训和考核；全年发展党员 51 人，预备期满转正党员 49 人；资助工作方面，457 人获得各类助学金，其中获得学校专项助学金 102 人，获得国家助学金 325 人，获得其他专项助学金有 30 人，资助金额合计 1 183 680 元；组织安排 136 人参加了勤工助学，发放勤工助学补助 93 788 元；科技创新方面开展各类学科竞赛，覆盖全院 72% 本科生，96% 大一新生，保研同学参与率达到 95%，直博同学参与率 100%；志愿服务方面，开展各类志愿服务 102 次，服务时长达 2 767 小时，直接参与人数达 2 300 余人次，覆盖全院近 90% 本科生，以主办“心中有爱 · 手舞天籁”八大高校手语晚会为契机不断深化志愿者团在首都高校中的影响力和感召力；社会实践方面，我院利用暑期组织 16 支社会实践团奔赴全国各地，直接参与人数达 173 人。16 支社会实践团队共开展各类活动 80 余次，最终形成调研报告 19 份；服务就业方面，开展就业动员会 2 次，就业技能培训 2 次，经验交流会 2 次，发布就业信息 235 次，推荐毕业生 71 人次，各类针对性服务活动覆盖全体毕业生。2011 届毕业生深造率 58.28%，居全校第一，毕业生就业率 98.4%，2011 届毕业生工作获得“提升深造率”、“提高签约率”、“完成就业目标”等表彰；心理关爱方面，共进行心理排查 8 次，排查出存在不同心理问题的学生 79 人，对每位排查出来的同学均安排一位关注人，密切跟踪，及时反馈。具体见表 77 和表 78。

表 77　本科生个人 2010—2011 年度各类奖学金及获奖统计表

奖学金名称	获奖人（班、组）次
国家奖学金	20 人
国家励志奖学金	55 人
全国大学生英语竞赛	特等奖：3 人 一等奖：2 人 二等奖 4 人
美国大学生数学建模竞赛	二等奖：1 人
全国大学生电子设计竞赛	二等奖：12 人
第六届全国大学生智能汽车赛（华北赛区）	一等奖：3 人 二等奖：10 人

续表

奖学金名称	获奖人（班、组）次
北京市大学生物理竞赛	一等奖：2 人 二等奖：6 人
北京市电子设计大赛	一等奖：2 人 二等奖：8 人 三等奖：26 人
第六届“挑战杯”首都大学生课外学术科技作品竞赛	三等奖：5 人
北京市优秀学生干部	1 人
北京市三好学生	3 人
北京市优秀毕业生	29 人
茅以升铁道教育希望之星奖	1 人
詹天佑奖学金	2 人
智谨奖学金	4 人
高富浪“甘于奉献”奖	1 人
西门子奖学金	3 人
新华都奖学金	3 人
富士施乐（深圳）奖学金	3 人
“理学院学生创新奖”	二等奖：2 人
华为奖学金	3 人
佳讯飞鸿奖学金	4 人
“纪惠/惠贤腾飞计划”奖学金	3 人
微联励志奖学金	20 人
交大思诺奖学金	26 人
校级一等学习优秀奖学金	47 人
校级二等学习优秀奖学金	104 人
校级三等学习优秀奖学金	210 人
校级一等社会工作优秀奖学金	18 人
校级二等社会工作优秀奖学金	40 人
校级三等社会工作优秀奖学金	87 人
奋进奖学金	30 人
学习进步奖	15 人
一类一等体育活动优秀奖学金	2 人
一类二等体育活动优秀奖学金	2 人
二类体育活动优秀奖学金	30 人
一类一等文艺活动优秀奖学金	15 人
一类二等文艺活动优秀奖学金	2 人
二类文艺活动优秀奖学金	18 人

续表

奖学金名称	获奖人（班、组）次
社会实践优秀奖学金	17 人
校级先进班集体	5 个
校级优良学风班	8 个
校级三好学生	97 人
校级优秀团干部	49 人
校级优秀团员	67 人
校级优秀学生干部	178 人
校级优秀毕业生干部	12 人
校级优秀毕业生	41 人
校级军训优秀学员	59 人
校级军训优秀学生干部	16 人
校级优秀国防生	7 人
校级优秀国防生干部	3 人

表 78　本科生集体 2010—2011 年度各类奖励统计表

北京市先进班集体	1 个
首都高校“先锋杯”优秀团支部	1 个
“首都大学生 5.25 心理健康节”校园心理情景剧汇演	一等奖：1 个
北京高校红色“1 + 1”示范活动	一等奖：1 个
校级社会实践优秀团队	二等奖：1 个 三等奖：2 个
校级“团结杯”拔河比赛	第一名
“一二·九”长跑接力比赛	第一名
校级优秀党组织	1 个
院级先进班集体	8 个
院级优良学风班	17 个
院级良好班集体	3 个
院级最佳进步班集体	1 个

3. 研究生党建和思想政治工作

2011 年，继续做好入党积极分子和预备党员的选拔和转正，其中，共有 64 名学生成为积极分子，通过考核的 42 名同学被发展为预备党员，23 名同学预备党员考察期合格，光荣转为中国共产党正式党员。11 月，共有 64 名研究生参加了党课培训。3 月组织参加了“慧光杯”学术论文活动，共收到论文 30 余篇，其中一等奖 3 篇、二等奖 5 篇、三等奖 8 篇。学院积极为同学申请贷款，2009 级和 2010 级国家助学贷款成功签约 21 人。举办了就业工作说明会，形势分析会，政策传达会，支教、村官、支援西部动员会等，向毕业生宣传国家就业鼓励政策，全方位、多渠道鼓励毕业生向祖国需要的地方就业。积极鼓励同学参加文体活动，学院研究生足球队再次获得“知行杯”冠军。学院1支队伍参加了学校社会实践活动，其中“学习公安先进事迹，促进企业低碳发展”的暑期社会实践团获校级二等奖。学院招录2011级全日制研究生共495人，其中硕士438人，博士57人，硕士班11个，博士班1个。418名应届研究生就业率达到98.05%。具体见表79～表82。

表79　电子信息工程学院2011届研究生就业情况统计表

毕业生情况	已　就　业				未就业
	签就业协议	单位用人证明	已出国	博士后	
硕士毕业生	322	27	14		8
博士毕业生	24	2		3	
合　　计	346	29	14	3	8

表80　电子信息工程学院2011届各专业研究生就业人数统计表

专　　业	博士/人	硕士/人
交通信息工程及控制	5	76
电子与通信工程		22
控制工程		19
电磁场与微波技术	1	11
控制理论与控制工程		20
光通信与移动通信		13
通信与信息系统	14	136
电路与系统		24
环境工程		5
微电子学与固体电子学		32
信息网络与安全		18
智能交通工程	2	20
合　　计	22	396

表81　2011年研究生获得贷款和资助统计表

资　助　名　称	获得人数	资助金额
国家助学贷款	21	12.7万
曦明助学金	1	2 500

表82　研究生2010—2011年度各类奖学金及获奖统计表

奖学金名称	获奖人（班、组）次
校先进集体	7
校级研究生暑期社会实践	二等奖1项
校运动会	团体乙组总分第一名、男子乙组总分第四名、女子乙组总分第一名

续表

奖学金名称	获奖人（班、组）次
优秀研究生	9
北京市三好学生	1
智瑾奖学金	5
西门子奖学金	1
道德建设先进个人	1
华为奖学金	4
京东方奖学金	5
社会实践优秀个人	2
三好研究生	147
优秀奖学金	3
优秀研究生干部	98
优秀团员	9
优秀团干	4
第八届全国研究生 EDA 设计大赛北京赛区团体三等奖题体三等奖	3
首都大学、中专院校“先锋杯”优秀基层团干部	1
国家数学建模竞赛三等奖	3
中国移动第二届大学生创新大赛	一等奖，4 人
北京市首届高校舞蹈大赛	2
第六届“挑战杯”首都大学生创业计划大赛金奖	1
北京市“先锋杯”优秀团员	1

【教学工作】

2011 年学院招生、在校、毕业学生人数如表 83 所示。

表 83　2011 年招生、在校、毕业学生人数

类别	博士			硕士			在职工程硕士			本科		
年份	招生	在校	毕 业	招生	在校	毕业	招生	在校	毕业	招生	在校	毕业
2011 年	57	271	31	430	1 286	406	127	419	137	437	2 027	525

1. 本科教学

截至年底，在校生总人数为 2 046 人（含留学生 23 人），2011 届应届毕业生 528 人，2011 级新生总人数 441 人（含留学生 5 人）；大学生创新实验项目立项 68 项，其中 12 项被评为国家级，12 项被评为北京市级；学生参加并获得各类省部级以上学科竞赛奖 104 人次，在 2011 年全国大学生电子设计竞赛中，获得全国二等奖 5 支队，北京市一等奖 6 支队，北京市二等奖 5 支队，北京市三等奖 12 支队；学生发表科研论文 8 篇；109 人获得保研（直博）资格，其中校外 20 人、校内直博 14 人；34 人参加中外国际交流项目。毕业生深造率平均为 58.3%，创历史最高。

重点及特色工作："通信工程"和"自动化"专业顺利通过 IEEE 专业认证专家评估；成立了"通信工程专业国际化人才培养试点班"，制定了《国际交流本科生学籍管理办法规定》；积极探索从本科到博士生无缝对接的连续培养模式，选拔成立了"通信工程本硕博连读实验班"，制订了相应的培养方案和计划；制订了自动化（铁道信号）专业卓越工程师的培养计划；成立了新一届教学指导委员会，组织修订 2012 年本科培养计划。

教学获奖与表彰：郑州铁路局校外人才培养实践教学示范基地被评为"北京市级的实践教学示范基地"。沈阳铁路局长春电务段生产实习基地被评为"北京交通大学校外人才培养示范基地"；2011 年度共开出课程 144 门，459 个课堂，全年教授上课率 84%，优秀主讲教师上课率 100%，主干课程教授上课率 81%，开设双语课程 21 门；成功申请校级教改立项 7 项，其中重点项目 2 项、面上项目 5 项；发表教学论文 11 篇，出版教材 9 本，路勇老师编写的《模拟集成电路基础》被评为北京市精品教材；蒋大明、张有根被评为北京交通大学课堂教学教风标兵，黄亮被评为学校优秀主讲教师；获校优秀研究性教学训练载体 2 个，优秀研究性教学学生作品 3 个。

人才培养方面，截至年底，在校生总人数为 2 046 人（含留学生 23 人），2011 届应届毕业生 528 人，2011 级新生总人数 441 人（含留学生 5 人）；大学生创新实验项目立项 68 项，其中 12 项被评为国家级，12 项被评为北京市级；学生参加并获得各类省部级以上学科竞赛奖 104 人次，在 2011 年全国大学生电子设计竞赛中，获得全国二等奖 5 支队，北京市一等奖 6 支队，北京市二等奖 5 支队，北京市三等奖 12 支队；学生发表科研论文 8 篇；109 人获得保研（直博）资格，其中校外 20 人、校内直博 14 人；34 人参加中外国际交流项目。毕业生深造率平均为 58.3%，创历史最高。

2. 研究生教学

加强研究生培养工作制度化和规范化工作，全面修订了 5 个二级学科博士培养方案（电磁场与微波技术、通信与信息系统、信息网络与安全、交通信息工程及控制、智能交通工程），8 个二级学科硕士培养方案（电路与系统、微电子学与固体电子学、电磁场与微波技术、通信与信息系统、信息网络与安全、控制理论与控制工程、交通信息工程及控制、智能交通工程）、3 个专业硕士工程领域培养方案，制定了 2 个二级学科博士培养方案（电路与系统、控制理论与控制工程），2 个硕博连读试点班培养方案，并建立了硕士研究生培养质量监控机制。

全面推行了研究生培养机制改革，建立了以导师为主导的导师资助制和以激励为主的创新人才培养机制。成立硕博连读试点班，从培养方案上加强数理基础、拓宽专业领域与数学建模思想的横向联系，建立以年轻博导、学科上有造诣的年轻副教授组成的导师指导团队，加强科学素养锻炼。简水生院士的博士生许欧获得全国百篇优秀博士论文提名；简水生院士的博士生冯素春获得北京市优秀博士论文。

组织 2009 级专业硕士工程实践训练考核；制定了专业硕士学位论文标准，组织 2009 级专业硕士学位全部匿名评审、公开答辩，并聘请基地导师参加公开答辩；完成了第一届专业硕士研究生质量监控工作。加强课堂教学质量监控，促进学风教风建设。

开展了全日制工程硕士培养质量研究项目建设工作，立项全日制工程硕士培养质量研究项目3项。积极推进产学研联合研究生培养基地的建设，学院出台奖励政策，发挥教师的积极性，主动与学科方向相关的行业内知名企业加强联系，选择符合条件的企业建立研究生联合培养基地。在培养基地研究生的组织形式、导师遴选、培养模式及管理方式等方面制定了系列政策。2011年共建联合培养基地12个，2010级专业硕士到培养基地实习的研究生有13名。大大完善了工程硕士的教学实践环境。

硕士学位授权点8个、博士学位授权点8个。新增了2个一级学科博士点（电子科学与技术、控制科学与工程）。2011年1月授予博士学位的17名博士在读期间发表论文SCI 20篇，EI 57篇，ISTP 32篇；2011年6月授予博士学位的13名博士在读期间发表论文SCI 20篇，EI 57篇，ISTP 32篇。

【科研工作】

全年新增科研项目数240项（不含国家重点实验室）、合同经费数9 212.54万元。SCI检索77篇、EI检索46篇；出版教材及著作6本；软件著作权登记39项，专利授权96项，其中发明专利81项。

1. 2011年新增国家自然科学基金项目，负责人如下：

尹逊和、刘云、赵军辉、霍炎、刘颖、闻映红、谭中伟、宁提纲、娄淑琴、张建勇、陈佳、刘留、徐少毅、张令文、张展、陈美娥、董平、田慧、郜帅、上官伟、冯素春、谈振辉、宋永端、侯忠生

2. 2011年新增国家“863”计划课题，负责人如下：

陈后金、董海荣、郑伟、刘云、步兵、徐田华、赵林、艾渤

3. 2011年新增国家科技支撑计划课题，负责人如下：

徐洪泽、陈后金、杨光、岳强、张文静、仲维锋、李开成、郜春海

4. 国家科技重大专项“新一代宽带无线移动通信网”2011年度课题“移动互联网网络与信息安全技术研究”获得立项，主持人为周华春教授，此为自2006年国家科技重大专项设立以来，学校首次获得主持课题。

5. 科研获奖：闻映红教授主持的“高铁信号系统的电磁兼容技术及实验室仿真测试平台的研究”获中国铁道学会铁道科技奖一等奖（2011年）。钟章队教授主持的“GSM－R网络互联互通关键技术与测试方法研究”获中国铁道学会铁道科技奖二等奖。吴昊副教授参加的项目“无线环境下数字内容保护技术”获教育部颁发的教育部技术发明奖二等奖。

6. 陈德旺教授入选北京市科技新星。

7. 宁滨教授获聘“第二届北京市公安局公安交通管理局科技顾问”。

【学科与平台建设】

教育部重点实验室“全光网络与现代通信网”于2011年9月顺利通过教育部组织的评估；张宏科教授主持的教育部创新团队项目“未来互联网络体系研究”于3月通过了教育部组织的验收；下一代互联网互联设备国家工程实验室建设项目12月通过教育部组织的验收；张宏科教授主持的国家“973”项目“一体化可信网络与普适服务体系基础研究”11月通过科技部组织的验收，结题评价为“优秀”。

【对外交流与合作】

2011年，学院积极拓宽与海外院校的联系，大力推进国际交流与合作。在教师出访及海外学者来访等国际学术交流、项目合作等方面都取得较好成绩。

接待和参与接待国外访问团数 4 批次，出国访问团数 2 批次；与英国雷丁大学签订了本科生 2 +2 联合培养合作协议，与美国密苏里大学签订了本科生 2 +2 联合培养合作协议，本硕连读 3 +2 联合培养合作协议；接待国外专家、学者来访 63 人次，邀请国外专家举办短期讲学 2 人次；成功组织国际信息科学领域的学者和专家做学术报告讲座共 33 人次；派出长期交流教师 9 人次，短期交流访学 35 人次；聘请多位国际知名专家为学校兼职教授；派出长期交流博士生、硕士生及本科生 58 人次，短期交流学生约 15 人次。

成功承办和协办了 3 次国际国内大型学术会议：2011 IEEE International Conference on Intelligent Rail Transportation /IEEE International Conference on Service Operations and Logistics, and Informatics（IEEE ICIRT 2011/SOLI 2011）、第四届国际微波会议 MAPE2011（Microwave, Antenna, Propagation and EMC Technologies for Wireless Communications）、2011 中国自动化大会暨钱学森诞辰一百周年及学会成立五十周年庆纪念大会。

2011 年，唐涛教授领衔的“轨道交通控制与安全创新引智基地”获得教育部和国家外国专家局联合启动了“十二五”首批“111 计划”新建引智基地立项；国际科研合作项目获得重大突破，侯忠生教授申请的“广义迭代学习控制理论及在高速列车运行控制中的应用”项目获国家自然基金国际重大合作项目立项；学校与韩国电子通信研究院、天津聚联科技公司签署合作备忘录。

计算机与信息技术学院

【综述】

2011 年计算机与信息技术学院下设二级机构：计算机科学系、计算机工程系、生物医学工程系、信息安全系、计算机基础教学基地、信息科学研究所、先进计算研究所、网络管理研究中心、计算机综合教学实验室。2011 年在全院师生员工的共同努力下，学院各项事业取得了显著成绩。

【队伍建设】

截至年底，学院有教职工 189 人（其中含非事业编 10 人，退休返聘 6 人），其中专职教师 132 人，博士生导师 33 人（其中兼职博士生导师 14 人，本校 19 人），硕士生导师 123 人（其中基地兼职硕士生导师 34 人，本校 89 人），具有博士学位的教师 93 人，占专任教师的 70. 5% 。2011 年全年引进人才 7 人，其中 6 人直接从海外引进。见表 84。

表 84　计算机学院教职工统计表

	教授	副教授	讲师	助教	副研究员	高工	工程师	助工	工人	见习生	合计
计算机科学系	4	14	9	1		1					29
计算机工程系	1	12	9								22
生物医学工程系	1	6	3						1		11
信息科学研究所	11	9	7			1	1	1			30
计算机基础教学基地	2	5	5			1	6	3	2		24
网络管理研究中心	1	2	4		1	5	3	3	1		20
信息安全系		3	9			1	1				14
先进计算研究所	1	1	2								4
综合实验室		3	2			1	3	1			10
党政人员	3	3	5	3			9		1	1	25
合计	24	58	55	4	1	10	23	8	5	1	189

2011 年学院全面贯彻落实学校《红果园创新人才培育计划》以及学校《人才引进与师资补充管理办法》等文件精神。在人才培育方面红果园创新人才培育计划 B 类获得批准 1 人，D 类 3 人。积极开展师资博士后和科研博士后的进站选拔工作，选拔师资博士后 3 人，进站学科博士后 3 人。

积极选拔并鼓励中青年教师出国访问和进修，半年以上境外进修的有 4 人，在符合条件的情况下给予延期经费资助。在学校及有关部门的支持下，设立“握奇”青年教师奖教金，继 2009 年、2010 年后，2011 年评选 8 人，发放奖金 4 万元。

【党建和思想政治工作】

1. 党员基本情况

2011 年底学院共有党支部 39 个，其中教工党支部 9 个，学生党支部 30 个。学院共有党员 558 人，其中教工党员 109 人，学生党员 449 人。全年新发展党员 116 人，其中新发展教工 6 人，研究生党员 51 人，本科生党员 59 人。2011 年底，教工党员比例为 60%，研究生党员比例为 50.9%，本科生党员比例为 10.4%。

2. 教职工党建和思想政治工作

2011 年上半年在学校党委的领导下，顺利地完成了学院班子的新、老交替工作，新班子更换了 4 名成员。学院老师积极参与学校岗位竞聘活动，今年学院成功向学校输送了 5 名处级干部。

圆满地完成了学院学术机构、行政管理机构、党政机构三支干部队伍的换届工作。出台了《计算机与信息技术学院系、所、中心党政干部选拔任用考核管理办法》、《计算机与信息技术学院系、所、中心党政干部选拔任用工作流程》等管理文件，为干部队伍的成长提供了良好的机制，整个换届过程规范、民主、有序。学院对新上任的党政干部进行了岗位培训。

成立了以涵括科研拓展与服务、校企合作、创收等职能的“科研与服务中心”，积极为学院的发展争取更多的办学资源。今年与多家企业（如百度、呼和浩特铁路局等）建立了实质性的合作关系。

成功召开了学院党员大会，选举出了新一届党委委员。主持完成了海淀区人大代表计算机与信息技术学院选区的各项工作，在精心策划及认真组织下，学院选区的投票率达到 99.7%。

以创先争优为契机，发挥基层党组织和党员的先锋模范作用，各教工党支部举办了各种党日活动，组织教工党支部书记、支委赴井岗山革命根据地参观学习，体验井冈山精神的内涵。

工会、青年教师联谊会组织了各种活动。在增加学院凝聚力等方面发挥了积极的作用。参加了北京市模范小家的申报工作，在各类校级比赛中均取得好成绩：教职工运动会上获得教工女子团体第三名、教工男子团体第五名、教工总分第五名的好成绩，继续保持名列各学院的前茅的优异成绩，在 2011 年“爱我中华 爱我交大”教职工文艺汇演中获得最佳“人气”奖和最佳组织奖。青年联谊会完成了换届工作。

完成了学院大厅的改造及文化建设工作，使学院的面貌有所改观。组织了 87 级、97 级两个年级的校友返校暨学院院友会成立活动。在学校党委的统一部署下做好学院的安全稳定、保密检查等工作，及时排查化解各种矛盾。

3. 本科生党建和思想政治工作

（1）荣誉和成绩

生医 0902 班获 2009—2010 年度北京市先进班集体，2011 年度学院有 5 个班级获校级先进班集体，5 个班级获校级优良学风班，生医 1001 班获 2010 级校级军训先进班集体，11 个班级获院级优良学风班，2 人获北京市三好学生荣誉称号，1 人获北京交通大学三好学生标兵称号，35 人被评为校级 2010 级军训先进个人，302 人次获各类单项奖学金，61 人获各类专项奖学金，49 人获校级三好学生荣誉称号，24 人获校级优秀学生干部荣誉称号，奖学金获奖面为 40.4%；共计 8 人次获北京市级文体竞赛十佳表演奖；共计 516 人次参加各类学生科技活动，获校级以上奖励（不含校级）85 人次，国家级以上奖励 44 人次。

（2）就业情况

2011 届本科毕业生共计 199 人，就业率 99.5%，完成本科生就业率既定目标，在引导本科生面向基层就业方面成绩突出。其中 16 人出国，73 人读研，深造率 44.72%。

（3）综合素质教育

2011 年学院有 1 个支部荣获首都高校“先锋杯”优秀团支部，1 名团员荣获首都高校“先锋杯”优秀团员。4 个支部荣获学校甲级团支部，9 个支部荣获学校乙级团支部，1 次团日活动被评为校十佳团日活动；1 名学生获校“五四奖章”，1 名学生获校“英才奖”，1 名学生荣获校优秀团支部书记，25 名学生获校优秀共青团干部，55 名学生获校优秀共青团员，2 支社会实践团荣获学校一、三等奖。同时，其中 1 支社会实践团队荣获首都大学生暑期社会实践优秀团队，2 项荣获首都大学生暑期社会实践优秀成果，2 名教师获校本科生暑期社会实践优秀带队教师，17 人获校本科生社会实践优秀个人。2011 年共资助学生 281 人，资助金额 874 380 元，为 42 名学生办理了国家助学贷款，新增贷款金额共计 230 700 元，提供勤工助学岗位种类 28 类，为 170 名学生提供勤工助学岗位，全年累计发放勤工助学经费 79 004 元；为 72 名学生购买了生活用品和学习用品。

4. 研究生党建和思想政治工作

（1）荣誉和成绩

2011 年度研究生获得校优秀班集体 3 个，智谨奖学金 1 人，道德先进个人 1 人，华为专项奖学金 2 人，尖峰专项奖学金 3 人，曦明奖学金 1 人，校三好研究生 50 人，优秀奖学金 1 人，优秀研究生干部 34 人。在校园红歌会中获得二等奖，在校田径运动会中获男子团体第三名，在“知行杯”研究生足球比赛中获季军，在“知行杯”篮球比赛中获亚军。博士姚超同学获得北京市三好学生，硕士戴硕毕设项目入选美国斯坦福大学、英国剑桥大学、美国 Xilinx 公司联合组织的 NetFPGA10GAlpha Program（合作计划），并获得了 Xilinx 公司 NetFPGA10G 研发平台的捐赠，硕士张玉洁和蒋俊杰的机器翻译小组首次参加了第七届全国机器翻译研讨会（CWMT2011）并获得专家一致好评，苗振江教授课题组在 TRECVID 2011 视频行为检测国际比赛中取得最好成绩，硕士于宝龙、刘新明、苏晨在 2011 年 altera 亚洲创新设计大赛中获得了全国三等奖。

（2）就业情况

2011 届研究生毕业生共计 223 人，其中博士毕业生 20 人，硕士毕业生 203 人（学术型—183，专业学位—20），男生 137 人，女生 86 人，就业率 98.5%，签约率 83.3%，签约率较去年提高 12 个百分点。

（3）综合素质教育

计算机学院研究生工作组以建党 90 周年、学院党员大会的召开为契机，开展了党员培训、党史学习、红歌比赛、专题党日等一系列活动，增强了研究生党员的党员意识、组织观念及政治素养。2011 年共组织名师讲坛活动 22 次、博士生论坛 1 次、就业交流 5 次，开展了心理健康讲座、研究生篮球赛、班级风采大赛、研究生羽毛球活动等课余活动；办理研究生贷款 10 人。

【教学工作】

1. 本科教学工作

2011 年学院在校本科生 1 024 人，下设 5 个本科专业，即计算机科学与技术专业、计算机科学与技术（铁路信息技术）专业、生物医学工程专业、信息安全专业、信息安全（保密技术）专业。

学院现有国家级特色专业建设点 1 个：计算机科学与技术；北京市特色专业建设点 1 个；北京市实验教学示范中心 1 个：计算机实验中心；国家级精品课程 2 门：《数字图像处理》、《大学计算机基础》；网络教育类国家精品课程 3 门：《计算机应用基础》、《计算机安全》、《多媒体技术应用》；“教育部—英特尔精品课程”建设项目 2 门：《计算机体系结构》、《操作系统》；北京市精品课程 3 门：《数字图像处理》、《大学计算机基础》、《计算机硬件技术基础》；校级精品课程 11 门；国家级精品教材 1 本：《数字图像处理学（第 2 版）》；北京市精品教材 5 本；国家“十一五”规划教材 7 本；北京市精品教材立项支持项目 7 本；国家级教学团队 1 个：（计算机基础系列课程教学团队），北京市教学团队 1 个；国家级教学名师 2011 年新增 1 人，共计 2 人：王移芝、阮秋琦；北京市教学名师 2 人；校级教学名师 3 人；学校优秀主讲教师 20 人。2011 年出版教材 3 本。

物联网工程专业已通过教育部审批，将于 2012 年开始招生。

联合中铁信息工程集团以及 Intel 公司，成功申报了“铁路信息技术工程实践教育中心”、“轨道交通信息技术工程实践教育中心”2 个教育部工程教育实践中心。

与南阳医疗仪器公司签署了实习基地和联合实验室共建生物医学工程实验室协议；与 IBM、久其软件等公司开设“教学—竞赛对接、教学—实习对接、教学—就业对接”三类实习实训类课程。

成立 2010 级计算机科学试验班，48 名学生参加，课程设置突出算法分析与设计及计算理论特色；推进与经管学院合作成立的创新创业试验班工作，特别聘请已经创业的校友担任创新项目的指导教师，促进成果的转化与推广；在 2011 级学生中选拔 ACM 集训队预备队，开展程序设计与算法设计方面的集中学习和训练。

获校级及校级以上学科竞赛奖励 85 人次，获国家级以上奖励 44 人次。学校学生代表队在第三十五届 ACM－ICP 国际大学生程序设计竞赛中获全球第 42 名，连续四次在 ACM 全球总决赛中获得名次；第 36 届 ACM－ICPC 亚洲区预选赛，获得金牌 2 枚、银牌 3 枚、铜牌 7 枚；承办北京交通大学第五届 ACM 大学生程序设计大赛，全校共有 178 名学生参加，68 人获奖。在第四届全国大学生信息安全竞赛中，学院学生代表队获全国二等奖 1 项；学院教师指导的建筑与艺术系同学获第四届中国大学生（文科）计算机设计大赛全国三等奖 1 项；在北京交通大学 2011 年度“挑战杯”课外学术科技作品大赛中，获科技发明制作一等奖 1 项、三等奖 3 项；获北京交通大学 2011 年大学生创业设计竞赛三等奖 2 项；进入 2011 年北京交通大学大学生“挑战杯”创业计划大赛复赛 2 项。

2010 年大学生创新实验项目结题 25 项，其中国家级项目 8 项，北京市级 3 项，校级项目 14 项。申请 PCT 国际专利 3 项，申请国家发明专利 1 项。2011 年大学生创新实验项目 39 项，拟推荐为国家级项目 6 项，市级 6 项，校级 27 项，参与学生 120 人。

国家级教学团队计算机基础教学团队深化教学体系改革，开发了网上教学平台并投入使用；与高等教育出版社共同承办了“以计算思维为导向的计算机基础课程建设”研讨会。

获北京交通大学优秀实验项目 2 项，优秀研究性教学学生作品 1 项；学院课程所选教材 5 种获学生最满意教材，其中 1 种教材为学院教师编写。

推荐免试攻读硕士学位研究生 45 名，其中校内产学联合培养（即卓越保研）4 名，校内辅导员 1 名，校内轨道交通试验班（即“轨道交通复合型工程拔尖人才培养模式创新试验区”）4 名，校内普通 24 名，校内支教 2 名，校内专长 1 名，校外 9 名（清华大学 2 名，北京大学 3 名，北京航空航天大学 3 名，北京科技大学 1 名）。直接攻读学校博士学位研究生 4 名。

《北京交通大学 2011 年教学研究与改革论文集汇》，共投稿 31 篇，全部通过评审。教师发表教改论文 15 篇。

2. 研究生教学工作

2011 年招生录取硕士生 223 人，其中学术型硕士生 179 人，推荐免试学术研究生 17 人，专业学位硕士生 44 人，推荐免试专业研究生 23 人，录取博士生 40 人，其中硕博连读 6 人，直博生 5 人，委培生 23 人。截至 2011 年 12 月 31 日，在校硕士总数 505 人。其中留学生 8 人，同等学力 1 人，高校教师 9 人，进修生 11 人。在校博士 209 人。其中留学生 5 人。

2011 年授予硕士学位 11 人，博士学位 32 人；2011 年毕业硕士生 206 人，毕业博士研究生 27 人。

赵耀教授指导的博士生韦世奎获得 2011 年北京市计算机学会优秀博士论文奖。

2011 年校级优秀博士论文获得者名单见表 85。

表 85　2011 年校级优秀博士论文获得者名单

姓名	导师	专　业	论　文　题　目
林春雨	赵耀	信号与信息处理	图像/视频的多描述编码及传输
支瑞聪	阮秋琦	信号与信息处理	基于谱图理论的人脸表情识别算法研究

2011 年校级优秀硕士论文获奖名单见表 86。

表 86　2011 年校级优秀硕士论文获奖名单

学号	姓名	导师	专　业	论　文　题　目
09120434	王铮	赵耀	信号与信息处理	自由视点视频的数字水印技术研究
09120478	段红帅	朱振峰	模式识别与控制系统	基于机器学习的人脸美感分析研究
09120465	邓海峰	苗振江	人机交互工程	行人检测与跟踪算法关键技术研究
09120517	王斌	刘吉强	计算机科学与技术	上网行为审计系统的研究与实现
09120565	何威	于剑	计算机科学与技术	一种新的自适应数据密度估计在聚类和离群点检测中的应用
09120402	张凯	丁晓明	信号与信息处理	手指静脉特征认证算法的研究与纯硬件实现
09120488	冯知非	高金山	计算机科学与技术	嵌入式超音速子弹声源定向技术研究
09120448	左向晖	何永忠	信息安全	可信信道协议的设计与形式化验证
09120508	商源纯	林友芳	计算机科学与技术	复杂网络中的重叠社区发现研究
09120525	刘四平	宋晓虹	计算机科学与技术	面向铁路危险品运输的无线传感器网络的节能设计与实现

根据学校研究生工作会议精神，重新修订了学院研究生培养计划，进一步规范了学术型与专业学位的培养目标，明确和细化各专业的要求；对硕士研究生招生方案进行了修订，制定了《研究生导师招生指标暂行规定》，确定了导师招收研究生的名额与科学研究紧密结合的导向。

对学院全日制专业学位研究生实践情况进行摸底统计，今年，首批全日制专业学位学生已进入毕业学位论文答辩阶段，摸底工作的开展有利于今后专业学位研究生的培养和实习基地的建设的改进。

为加强对研究生拔尖人才的培养，学院首次实行了“硕博连读”招生政策，首批进入“硕博连读试点班”的研究生共8人。

学院共有3名博士研究生与国家留学基金委签约，出国联合培养，2名硕士研究生获得瑞典中部大学硕士学位。今年申报学校博士研究生的创新科技基金1类3人，2类2人，3类1人。

学院共有研究生联合培养基地7个。

【科研工作】

全年新增科研项目数136项、合同经费数4 200余万元，比去年增长15%；发表论文250篇，其中SCI检索论文53篇，EI检索论文83篇；新增出版著作3项；软件著作权和专利各14项。

赵耀教授成功申报2012年度973课题一项；网管中心申报2012年度科技部863重大项目课题一项，已经出库；积极筹划2012年度的973项目申报工作。

科学研究取得了丰硕成果。赵耀教授的“结合视觉特性的图像视频编码”获“北京市科学技术奖一等奖”；韩臻教授的“基于虚拟化技术的可信网络终端系统”获2010年高等学校科学研究优秀成果奖（科学技术）科技进步奖一等奖；张宁老师获第十届詹天佑铁道科学技术奖——詹天佑专项基金奖 。

【学科与平台建设】

学院现有“信号与信息处理”国家重点学科，“计算机应用技术”北京市重点学科和“信息安全”北京市重点交叉学科，拥有“现代信息科学与网络技术”北京市重点实验室、“铁路信息科学与工程”铁道部重点实验室实验室、“高速铁路网络管理”教育部工程研究中心（筹）、“计算机实验中心”北京市实验教学示范中心等平台。

在研究生院的领导下，软件学院、交通运输学院、经管学院的支持下，成功获得软件工程一级学科博士授权点；梳理了现有二级学科的责任教授，为即将进行的一级学科评估做准备工作；调研了计算机科学与技术一级学科排名前20名的部分高校情况并进行了汇总比较，查找差距，为学院下一步学科建设的发展方向提供支撑。

继续组织申报北京市重点实验室，做好申报验收答辩及实验室检查的各种准备工作。组织了“高速铁路网络管理教育部工程中心”的学术委员会专家实地考察及验收工作会；推进与校医院的全方位合作关系的建立，推进双方科研合作平台建设。

【对外交流与工作】

2011年共接待外国专家、访问团30人次，举办研究生学术讲座23次。先后派出11名学生赴美国、法国、以及我国台湾地区访学或交流。根据2010年与台湾淡江大学签署的双边合作协议，接待来自台湾淡江大学的20名教师及研究生来学院作了为期两周的学习交流并派出9名研究生、博士生赴台湾淡江大学进行交流学习两周。全年新接收外国留学生4名。由学院主导的与美国密苏里大学2+2及3+2的项目在全校范围内共派出学生11名。聘请了明尼苏达大学的汤金鹏教授为兼职教授；与英国雷丁大学已达成2+2联合培养意向。

主办了2011 IET ICWMMN国际学术会议，参会国内外专家约100人；协办了2011海峡两岸信息科学与信息技术学术会议，共派出 14 名师生赴淡江大学参会。

推进双语教学进程，聘请美国克拉克大学张晶副教授讲授《IT 职业英语》，聘请美国俄勒冈州立大学刘杰教授讲授《并行编程》；与美国密苏里大学签订 3 +2 项目，完成了美国密苏里大学课程对接方案。本年度共派出交流学生 4 名：1 名学生于 2010 年 8 月～2011 年 8 月在美国奥克兰大学交流，1 名学生于 2011 年 8 月～2012 年 2 月在法国里昂大学交流。

【保密学院工作】

在国家保密局和北京市保密局的指导和支持下，2011 年 5 月 31 日，北京交通大学国家保密学院暨国家保密教育培训基地北京分基地正式挂牌成立。保密学院作为一个新兴交叉学科平台，重点培养信息安全与保密领域的专业人才，同时承担保密工作相关部门和人员的保密教育和培训工作。

北京交通大学国家保密学院由中共中央保密办主任、国家保密局局长夏勇同志任名誉院长，北京市委常委、秘书长、市委保密委员会主任李士祥同志任院务委员会名誉主任，宁滨校长任院长和院务委员会主任。韩臻担任常务副院长，毕颖、张真继任副院长，国家保密教育培训基地北京分基地由韩臻任主任，刘吉强任副主任。

保密学院的建设是在“依托计算机学院，并由经管学院和人文学院（法学院）共同建设”的大方针下进行，保密学院下设保密技术教研部（计算机学院信息安全系）、保密管理教研部（经管学院信管系）、保密法学教研部（人文学院法律系）、保密综合实验室、资料室、保密室和办公室等部门。

保密学院建设场地一期（机械楼东配楼三层，约 400 平米）建设方案已经基本完成。保密综合实验室由保密检查与保密管理实验室、网络安全与保密技术实验室、介质防护与信号处理实验室、取证与攻防实验室、以及实训中心实验室组成。保密学院 2011 年招收“信息安全（保密技术）”专业 27 人、“信息管理与信息系统（保密管理）”专业 21 人。

经济管理学院

【综述】

2011年，经济管理学院结合引进人才、境外学习推动师资队伍建设，结合教材建设、学生创新能力培养推动教学与人才培养质量的提高，学科建设取得显著成绩，新增两个一级学科博士点（其中一个与其他学院合作）和一个专业学位授权，先后组织了8次大型国际、国内学术论坛与研讨会，取得了一批高水平科研成果。文化建设稳步发展，国际交流深度和广度进一步向前推进，学生思想政治工作活动丰富，毕业生就业状况良好。成功举办115周年校庆暨91届、01届校友毕业值年返校活动，成立经济管理学院友会，校友捐赠取得历史性突破。

【队伍建设】

截至年底，经管学院教职工在编205人，其中专职教师180人，占教职工总数88%。院士1人。国务院参事1人。博士生导师68人，硕士生导师138人。引进人才：教授2人，石培华、武剑红。博士6人：陈芬菲、谢祥、王超、陆超、杜英歌、赵扬。博士后进站7人，博士后出站22人。调出6人：李刚、商立媛、何永淼、叶龙、王德瑜、张真继。退休3人：张延平、佘江东、王耀球。

学院非事业编25人，退休返聘4人。具体见表87。

表87　2011年教职工基本情况

单位	教授	副教授	讲师	高工	工程师	会计师	馆员	见习	中技工	博士学位	博士学位增长比例
经济系	13	14	9							29	
金融系	1	6	7							7	
公共管理系	2	3	3							7	
会计系	9	12	10							17	
企业管理系	6	19	4							25	
工程管理系	1	6	1							5	
信息管理系	3	13	4							9	
物流管理系	8	12	5							17	
旅游管理系	4	1	4							3	
机关			3	7	6	1	1	4	1	1	
合计	47	86	50	7	6	1	1	4	1	120	%

【党建和思想政治工作】

党建和思想政治工作见表88。

表 88 党建和思想政治工作

类　别	教职工	研究生	本科生	小计
党支部个数	7	30	8	45
在册党员人数	160	671	255	1 086
全年发展党员人数	1	14	105	120
党员比例	75.6%	32.8%	15.2%	

2011 年 12 月 1 日召开中共北京交通大学经济管理学院第二次代表大会和第二届委员会第一次全体会议。选举结果：党委书记张明玉，党委副书记郭雪萌、文映春，委员刘延平、施先亮、张力、荣朝和、马忠、李义明。

经管学院党委深入开展“提高办学质量促发展、服务广大师生树形象”创先争优活动，全体党员参加了群众评议活动。

学生工作坚持以人才培养为中心，注重建设三种环境，为学生搭建五个平台，力求工作的实效和创新，着力培养“在校成才、出校有用、全面发展”的合格人才。以德育为先，夯实育人根基。紧密把握关键时点，展开层级式主题教育，陈战光、李娇两名同学光荣成为进藏兵、女兵，实现经管学院征兵工作的突破；紧抓理论和实践两条学习主线，推进学生党建网络化进程，依托“红色 1 + 1”活动组织学生党员开展实践活动。以学生为本，精心培育学生成长氛围。打造关爱援助环境，今年经管学院引入了日本丸和运输机关助学金等四项奖助学金共计 13 万元；打造教育管理环境，加强辅导员职业能力培养，重视发挥老教授、任课教师、班主任的作用；打造自主学习环境，为学生组建学习团队，2011 年共计开展 40 余期工作访问，覆盖人数达 700 余人次。有 612 人次荣获各类奖学金，136 人次获各类荣誉称号，8 个班被评为校级优良学风班、6 个班被评为校级先进班集体。

以能力为重，全力推进学生全面发展。注重文化传承，倡导个性发展，致力于打造校园文化精品，获得了学生体育“学院杯”第一名；引导学生立足校园，服务社会，为学生搭建实践服务平台，学生累计提供志愿服务 30 余次，参与服务志愿者达 500 余人次，共组建 9 支社会实践团队，获学校二等奖一项、三等奖两项，首都大学生优秀社会实践成果一项，一名教师获评首都大学生社会实践优秀指导教师；继续完善学科竞赛体系，为学生搭建科技创新平台，本科学生开发表专业论文 138 篇，在各类学科竞赛中，获得国家级一等奖 1 项、二等奖 22 项、三等奖 22 项，省部级特等奖 2 项、一等奖 7 项、二等奖 4 项，三等奖 6 项，在校级及以上科技竞赛中累计 660 人次获奖；结合专业特色，为学生搭建国际化平台，共推送学生 32 名同学前往国外交流学习；深入挖掘校友资源，推进创业就业平台建设，2011 届毕业生共 416 人，就业率达到 98.95%，深造率达到 43.19%，在 2010 年的基础上均有显著提高。

研究生方面，2011 年共评出 1 个北京市先进集体，4 个校级优良学风班，1 名北京市三好学生，2 名北京市优秀学生干部，4 名智谨奖学金获得者，3 名京东方奖学金获得者，1 名曦明助学金获得者，3 名中立鸿 · 杨爱芬奖学金获得者，93 名校级三好研究生，93 名校级优秀研究生干部，3 个暑期社会实践团队分获优秀一、二、三等奖，1 名社会实践优秀带队教师，11 名社会实践优秀个人。有 3 名同学获得第八届全国研究生数学建模竞赛二等奖，7 名同学获得三等奖。

为提高研究生就业率和就业质量，多次举办就业指导与培训课，广泛联系和拓展就业渠道，并邀请就业指导专家和职业规划师为研究生做讲座，努力提升研究生的就业能力。2011年共有539名毕业生参加就业（博士24人，硕士515人），截至2011年8月31日，其中533人就业，就业率达到98.89%，因在就业工作方面有创新、成绩突出受到学校表彰。

承办了京津冀地区25所MBA高校足球联赛，北京电视台两次播报。在做好研究生日常管理和服务的同时，通过举办创业就业论坛、学术讲座、党日活动、演讲比赛、文体活动、班级风采展示等，丰富了研究生的业余生活，全面提高了研究生的培养质量和综合素质。

【教学工作】

1. 本科生教学

2011年经管学院有本科生1 813人，开设有经济学、金融学、工商管理、市场营销、会计学、财务管理、信息管理与信息系统、物流管理、工程管理、旅游管理10个专业。有国家级精品课程5门，分别是：物流学、电子商务、运输经济学、ERP理论与实践、企业物流管理（网络教育类）；有北京市精品课9门，分别是：物流学、电子商务、运输经济学、供应链与物流管理、管理学、劳动经济学、基础会计学、采购学、ERP理论与实践；有校级精品课15门；有国家级精品教材2本，《西方运输经济学（第二版）》、《物流学》；有北京市精品教材34本，分别是：《电子商务概论》、《电子商务下的物流管理》、《物流学》、《网络支付与结算》、《电子商务技术基础》、《物流成本管理》、《供应链管理》、《配送管理》、《采购管理》、《劳动经济学》、《西方运输经济学》、《现代生产运作管理》、《管理学》、《企业物流管理》、《网站编程技术实用教程》、《ERP原理与实践》、《建设工程监理案例分析》（第2版修订本）、《经济法教程（修订本）》、《多维审视下的组织理论》、《工程管理实践教程》、《人力资源开发与管理》、《商品学概论》、《财务管理：分析、规划与评估》、《供应链管理原理及应用》、《市场营销》、《物流信息管理》、《管理信息系统》、《商用ERP实训教程》、《国际贸易》、《服务科学概论》《公司财务管理：理论与案例》《轨道交通运输经济》《基础会计学》《产业经济学》；有北京市精品教材立项项目12个，分别是《技术经济学》、《国际贸易》、《物流系统方法论》、《管理研究方法论》、《电子商务管理》、《服务科学概论》、《公司财务管理：理论与案例》、《国际商务谈判》、《经济模型与应用》、《经济学原理（双语）》、《税收理论与实务（第二版）》、《信息管理与信息系统研究方法论》；有26本教材列入国家“十一五”规划教材；荣朝和教授荣获第四届高等学校教学名师奖；有北京市教学名师4人，分别是荣朝和教授、张明玉教授、汝宜红教授和张真继教授；有校级优秀主讲42人；2011年本科教学参加各类竞赛获奖138项，其中获国家级奖励6项，省部级奖项7项。

2011年本科教学重点开展以下工作：围绕学校与经济管理学院“十二五”规划要求，全面启动2012培养方案修订工作，制定了按照经济管理大类招生和自主选拔录取实施方案；推进“新书院制”培养模式改革，在11级经济学类专业率先开展全程双导师制试点工作；启动了12个本科专业自评估工作；积极搭建实践与科研训练平台，新增2家实习基地；激励学生参加实践与科技竞赛；探索创新创业人才培养模式。

2. 研究生培养

2011年学术型硕士招生专业有17个，全日制专业学位硕士专业有10个。2012年硕士招生简章，学术型硕士招生专业仍为17个，全日制专业学位硕士专业为11个，其中新增专业为1个，具体是：审计硕士。

2011年博士招生专业有9个。2012年博士招生简章产业经济学专业改为应用经济学一级学科招生，同时增加了安全科学与工程专业。应用经济学、物流管理与工程、会计学三个专业含硕博连读试点班。

2011年7月举办了“北京交通大学首届全国优秀大学生夏令营”。夏令营为期4天，共选拔了来自全国80所高校的139名优秀大学生参加，多家新闻媒体进行了报道。

招生、在校、毕业学生人数见表89。

表89　2011年招生、在校、毕业学生人数

类别 年份	博士			学术型硕士		
	招生	在校	毕业	招生	在校	毕业
表90	104	567	63	329	675	372

【科研工作】

1. 科研情况

2011年经济管理学院新增科研项目239项，合同经费4 673.55万元。纵向项目160项，其中，国家级项目19项；横向项目79项。详细情况见表90。

表90　2011年科研项目和经费情况

项目类别	数量	合同经费/万元
纵向项目	160	2 449.91
国家级项目	19	331
横向项目	79	2 223.64
总计	239	4 673.55

2. 论文及著作

2011年经管学院教师在期刊上共发表论文123篇，发表会议论文105篇。SCI\SCIE检索论文6篇、EI检索论文14篇。出版著作25部。详细情况见表91。

表91　2011年发表论文及出版著作情况

分类	类别		数量(本/篇)
论文统计（篇）	会议论文		105
	期刊论文		123
	检索论文	SCI\SCIE	6
		EI	14
	合计		248
著作（部）	专著、教材及译著		25

3. 学术成果及学术交流

（1）获得中国铁道学会科学技术奖二等奖1项，获得国家安全生产监督管理总局安全生产科技成果二等奖1项；1人入选教育部新世纪优秀人才支持计划；

（2）组织了8次国际、国内学术论坛与研讨会，17场次“交大大讲堂”；

（3）编辑《运输经济与物流评论》第二辑。

【学科与平台建设】

1. 学科建设

（1）获得审计硕士专业学位授权；

（2）依托产业经济学国家重点学科，管理科学与工程、企业管理2个北京市重点学科，开展以运输经济为特色和重点的产业经济学以及综合物流的基础理论、体制与政策等重大问题展开基础性与原创性研究，为国家在交通运输及物流产业的体制、政策改革提供理论支撑。

2. 平台建设

（1）2个北京市哲学社会科学研究基地（“北京交通发展研究基地”和“北京产业安全与发展研究基地”）以综合交通运输、交通运输信息化与安全、现代物流与旅游服务等为研究方向和重点开展建设工作；

（2）北京市重点实验室“物流管理与技术”继续按照“重数字化，强化资源建设；重定量仿真，强化工具建设；重集成共享、强化学科交融”的指导思想，开展实验室建设。在总体规划的指导下，进一步完善3D虚拟现实硬件环境、S型桌物流追踪仿真平台、物流实验软件和数据库、基于GIS的经管科研管理平台、覆盖全院的视频监控系统，以及项目管理过程模拟软件等科研实验平台建设。

【对外交流与合作】

先后与美国、加拿大、瑞典等高校及组织签订合作意向书，开展合作交流项目。接收来自美国德克萨斯农工大学、美国杜肯大学、美国迈阿密大学、美国辛辛那提大学、美国犹他州立大学、美国霍华德大学、台湾大叶大学等高校的短期交换生290人，美国迈阿密大学的交换生6人，台湾科技大学的访问学生5人。派出赴瑞典达拉那大学短期交流学生12人，赴美国德克萨斯农工大学交换生7人，赴美国杜肯大学交换生6人，赴美国犹他州立大学交换生2人，赴台湾义守大学交换生2人，参加SAF项目的交换生1人，赴美国辛辛那提大学联合培养生6人，赴加拿大滑铁卢大学联合培养生3人，赴美国密苏里州立大学联合培养生4人，赴纽约大学理工分校联合培养生2人，参加中美1+2+1项目的联合培养生2人。

2011年接待国外专家、学者来访76人次。

2011年，学院派出教师短期（6个月以下）赴境外学习交流1人次，派出教师长期（6个月及以上）赴境外学习交流8人次，聘请境外顾问教授1人。

土木建筑工程学院

【综述】

土木建筑工程学院下设桥梁工程系、隧道与地下工程系、建筑工程系、岩土工程系、道路与铁道工程系、市政与环境工程系、力学系、隧道与地下工程教育部工程研究中心、城市轨道研究中心、土木工程实验中心、勘察设计研究院、学院办公室等12个机构。2011年，经过全院师生员工的共同努力和辛勤工作，学院队伍建设、党建和思想政治工作、人才培养、科学研究、学科与平台建设、社会服务等方面成绩显著。

【队伍建设】

截至2011年年底，学院在册教职工214人（含非事业编制人员），专职教师172人，占教职工总数的80%，其中院士2人（施仲衡、王梦恕）、长江学者特聘教授和国家杰出青年基金获得者2人（汪越胜、杨庆山）、973首席科学家1人（张顶立）、具有博士学位的教师148人，占全体教师总数的86%。全年引进人才、补充教师6名，其中引进教授1名（徐丰）。调出及退休人员7名。晋升教授6人（刘保东、李兆平、黄海明、田玉基、王锦、刘颖），晋升副教授8人（时瑾、陈阿丽、刘开云、赵冠远、李波、王爱民、徐龙河、闫志刚），晋升讲师1人（徐俊）。在国外留学或出访6个月及以上的教师共有17人。全年新增5名红果园“双百”人才培育计划D类人选（闫志刚、陈阿丽、李伟华、陈波、郭璇）。新增博士生导师3名（李德生、黄海明、杨广庆），新增硕士生导师2名（姜兰潮、石磊）。学院共有7名青年教师挂职锻炼或借调。

教职工在学院系、所、中心、机关分布表见表92。

表92　教职工在学院系、所、中心、机关分布表

单位＼职称	教授（正高）	副教授（副高）	讲师（中级）	助工技术员	职员非事业编	工人	合计
桥梁工程系	9	10	6	0	0	0	25
隧道与地下工程系	5	2	3	0	0	0	10
建筑工程系	5	15	10	0	0	0	30
岩土工程系	6	7					13
道路与铁道工程系	4	17	7	0	0	0	28
市政与环境工程系	3	10	3	0	0	0	16
力学系	8	9	1	0	0	0	18
隧道与地下工程研究中心	7	7	2	0	0	1	17
城市轨道工程研究中心	3	2	3	0	0	0	8
实验中心	1	7	7	0	1	2	18
勘察设计院		5	3	0	1	1	10
学院办公室	5	3	8	1	4	0	21
合　计	56	94	53	1	6	4	2 144

【党建和思想政治工作】

学院党员情况见表93。

表93 学院党员情况统计表

	教职工	研究生	本科生	其他	小计
党支部个数	11	32	10		53
在册党员数	146	542	245	10	943
全年发展党员数		16	166		182
党员比例	68.2%	34.9%	15.9%		

1. 教职工党建和思想政治工作

2011年学院党委按照校院重点工作的要求，在不断提高党员干部整体素质的同时，圆满完成了年度工作任务。

学院深入开展评比表彰活动，号召全体师生党员向受到表彰的先进党员学习；组织学院各支部开展主题党日活动；走访慰问生活困难党员、学生和群众。圆满完成海淀区人大代表换届选举和二级党组织换届专项工作。深入开展创先争优活动，加强基层组织建设和党员队伍建设，继续贯彻落实上级党组织精神，努力提高党建的科学化水平。始终保持对党员发展工作的严格把关，坚持对发展对象的入党动机、对党认识水平、理论修养等条件进行严格审查，进一步提高了学院新发展党员的素质。深入学习贯彻落实《关于实行党风廉政建设责任制的规定》和《中国共产党党员领导干部廉洁从政若干准则》促进党风廉政建设，学院领导先后签署了承诺书和自查报告。加强领导班子和干部队伍建设，有效地形成党政相互配合、协调运转的工作机制，确保学院的科学决策和民主管理，努力提高领导班子抓执行、促落实的责任和能力。2011年各种热点问题频频出现，学院党委结合社会上的新情况、新问题，及时组织师生党员学习讨论，通过深入的分析和广泛的交流，使得广大党员对于新情况和新任务有了科学、理性的认识，提高了思想政治工作的实效性，达到了提高思想政治素质、统一科学认识和防止错误思想的目的，从而激励广大师生员工，将个人的发展与学校及学院的发展有机地结合起来。加强凝聚力工程建设，营造民主、开放、和谐的学院氛围，依靠广大党员和群众，调动教职工的积极性，加强沟通，形成合力，共谋发展。及时关注教职工的思想动态和热点、难点问题，理顺情绪，化解矛盾。关心青年教师的生活及成长，鼓励支持青年教师挂职锻炼。支持院系工会组织以及女教授协会、青年教师联谊会、学生社团等群众团体的工作，通过丰富多彩的活动，凝聚了人心，加强了团结，深受广大教职工欢迎。

2. 本科生党建和思想政治工作

学院以纪念建党90周年和辛亥革命100周年等系列活动为契机，进一步加强学生党建工作，充分发挥党支部的战斗堡垒作用。通过先进典型教育、党员“一帮一”、党员宿舍挂牌、党员理论考试、半月谈、党员风采大赛等活动提高学生党员素质；完善了“积极分子培养卡”制度以及以述职答辩为主要形式的综合考察体系；加强新生党员、党支委和党支部书记的“三级培训”及工作规范建设；进一步修订《土建学院发展学生党员工作指导手册》，编制了《土建学院预备党员培养和考察资料汇编》；完善“五有”学习型党支部；完善“支部互动，党员互助”活动，面向学生党员组织开展“科学引导，优化学风”主题活动；进一步落实党员发展“全程票决制”，扩大党内基层民主。

积极开展思想政治教育工作，引导学生健康成才。继续开展“春之韵”、知识竞赛、辩论赛等体现土建学生特色的主题活动，创新开展了“社团春声”社团展示活动，完善“优秀是土建人的习惯”的学生文化建设。通过创先争优和纪念建党90周年等活动，对学生进行科学发展观和社会主义核心价值体系等主旋律教育。深入开展学风建设，以“提高自习质量和作业质量”为切入点，在突出实效上下功夫；结合学风建设和创先争优活动，促进良好学风的形成，提升学生的专业兴趣。认真做好毕业生就业指导和就业服务，开展了“似水流年·毕业季”毕业生教育系列活动，通过承办近20场土建、环境类招聘会，开辟毕业生实习基地，发布265条就业信息等措施，多渠道提高就业率，2011届应就业本科生384人，签约率94.59%、就业率97.72%、深造率43.02%。

在科技创新、社会实践、文体活动等方面都取得了优异成绩：获得首都“先锋杯”优秀基层干部、基层优秀团员各1人；土木0801班获北京市“十佳示范班集体”及学校第十二届周恩来班；共有6个班级获校级先进班集体荣誉称号；8个班级获校级优良学风班荣誉称号；获2010级集中军训先进学院；在暑期社会实践中，3个社会实践团分获校级一等奖、二等奖和三等奖，其中“探索道铁通途，追寻红色记忆”赴辽宁暑期社会实践团，获得首都大学生暑期社会实践优秀团队称号；1人获首都大学生暑期社会实践先进个人。学院本科生获奖及家庭经济困难学生资助情况见表94、表95。

表94　本科生2011年度各类奖学金统计表

奖学金	思源	国家	励志	茅以升	智瑾	汉能	中国港湾	学习	新华都	“理学院学生创新奖”二等奖	纪惠	高富浪甘于奉献奖	高富浪乐于助人奖	社会工作	奋进	体育	文艺	社会实践
人次	1	15	50	1	3	3	8	255	2	1	3	1	1	107	23	24	25	12

表95　学院家庭经济困难学生资助情况

项目	名　称	奖励人次	总金额/元
奖	国家励志奖学金	50	250 000
助	名　称	受助人次	总金额/元
	国家助学金	344	1 032 000
	北京交通大学助学金	108	162 000
	中海油助学金	2	6 000
	新长城助学金	2	3 680
	UPS助学金	1	4 700
	汉能李嘉宁助学金	7	18 000
	共计	464	1 226 380
勤	名　称	参加人次	发放金额/元
	学院内勤工岗位	321	173 268
贷	名　称	贷款人数	贷款金额/元
	国家贷款	63	346 500

续表

项目	名　　称	奖励人次	总金额/元
补	名　　称	受助人数	总金额/元
	困难学生临时电话费补助	377	32 745
	家庭经济困难学生临时伙食补贴	454	93 000
	临时困难补助	9	6 500
	共计	840	132 245
减	名　　称	受助人数	总金额/元
	西部开发助学工程减免学费	1	5 500

3. 研究生党建和思想政治工作

研究生党建工作以“育优良学风，促综合发展”为目标，着重加强研究生日常思想政治教育、学风建设、社会实践、综合素质培养与就业工作等。

在全面推进研究生党支部工作的同时，重点加强了党支部书记培训工作，提高了支部书记工作效率；开展学风建设和党性修养的学习讨论活动，深刻领会学风建设和党性修养的内涵。

重视做好经济困难学生的帮扶工作，帮助 34 名学生顺利申请到助学贷款，为学生提供勤工助学岗位，积极向学校推荐学院学生，为经济困难的 70 名研究生免费发放了手机，为 1 名经济困难的研究生申请了“曦明”助学金资助，为 119 名研究生办理了“一老一小”保险。同时做好新生的入校教育，开展心理普查工作，组织了心理培训与教育，举办丰富多采的文体活动，充实研究生的业余生活。对全体新生集中进行安全教育讲座，各宿舍楼进行了消防疏散演习，组织研究生参加了全校的消防安全演习。

积极支持研究生参加学术活动和国内外学术交流，全年开展了 69 次“名师讲坛”活动；11 名研究生参加了 2011 年全国博士生学术论坛（交通运输工程）；100 多名研究生参加了中国交通高层论坛；在第 21 届“慧光杯”研究生学术文化节上，获得一等奖和三等奖论文各 1 篇。共有 16 名博士生获得“优秀博士生科技创新基金”资助，资助金额共 28 万元；在西门子交通集团“2030 全面、绿色交通解决方案”校园创意大赛中学生李圣获得一等奖并到西门子德国总部参观学习；在由中国建筑学会抗震防灾分会组织的钢筋混凝土框架柱试验数值模拟竞赛中，获得鼓励奖；在第八届全国研究生数学建模竞赛中，学院 1 个代表队获得二等奖、2 个代表队获得三等奖。举办了学院运动会、迎新晚会等；校运动会上，学院研究生获得了男子团体第一，女子团体第三的成绩；校“知行杯”篮球赛中，学院男篮代表队和女篮代表队双双夺冠。

注重落实就业工作“一把手”工程，多次在党政联席会上研究就业工作，积极做好研究生就业指导、服务、管理工作。2011 届研究生就业总数 296 人，其中博士生 29 人，硕士生 267 人，研究生就业率为 100%，签约率达到 95.76%。学院获得北京交通大学就业工作先进单位“综合奖”。

在 2010—2011 学年评优评先中，博士 2009 班、硕士 1001、硕士 1005、硕士 1010 班等 4 个班级被评为优良学风班，82 名研究生获得了三好研究生荣誉称号，58 名研究生被评为优秀研究生干部。博士生蔡国庆同学获得 2010 年中国大学生年度人物评选提名奖，博士生刘晓峰被评为北京市三好学生，硕士生李青云被评为北京市优秀学生干部，郗艳红获得了2011年宝钢优秀学生奖。1人获得优秀研究生，2人获得智瑾奖学金，1人获得万桥奖学金。

【教学工作】

2011年学院招生、在校、毕业学生人数见表96。

表96 2011年学院招生、在校、毕业学生人数

年份\类别	博士			硕士			工程硕士			本科		
	招生	在校	毕业	招生	在校	毕业	招生	在校	毕业	招生	在校	毕业
2011	67	397	53	354	838	314	173	384	38	385	1 939	384

1. 本科教学

学院本科教学重点工作包括：探索产学联合培养人才模式与机制、探索拔尖创新人才培养模式、推进人才培养的国际化进程以及加强高水平教学平台建设。根据学校的总体安排，学院成立了校企联合培养工作组，制定了产学研联合培养5年工作计划。为了加强校企联合培养卓越工程人才，2011年新建校企联合人才培养基地5个，并依据学校相关政策，采取学院推荐、企业面试的选拔方式确定“3+1+2”校企联合培养的人选，4名同学获得“校企联合培养模式”全日制专业硕士的免试推荐资格。为深化改革，学院组织申请教改项目《研究型行业大学轨道交通土建工程人才校企联合培养体系和模式的探索与实践》，获得学校重点项目立项。为了推进拔尖创新人才的培养，对“茅以升班”的建设和管理进行了改革，取得了较好成绩。学院代表参加了茅以升基金会举办的茅以升班建设研讨会，并交流了建设经验。于桂兰老师负责的《拔尖创新人才试点班“茅以升班”的培养模式和培养体系探索与实践》项目获得学校重点教改项目立项。为增强学生的国际交流能力，自2010年开始对所有主干课程进行双语教学课程建设立项，并请国家级双语教学示范课程负责人担任指导进行建设，目前已完成基本建设任务，已开设的双语教学示范课程1门，全引文课程3门（含暑期英文主干课2门）。

出版土木工程系列实验教材2本、铁路特色教材4本；完成了系列结构实验模型的制作，为学生开展结构模型实验提供了有利条件；新开设了土木工程数值模拟实验课程，并陆续增加实验项目；利用研制科研设备开设本科生的实验项目，包括风洞试验、冻土桩的性能实验等综合实验和大学生创新训练实验项目；本科生已发表和待发表的学术论文16篇，并鼓励学生将大学生创新实验计划项目的成果以论文发表；第五届全国大学生结构设计竞赛获得一等奖；第十届北京高校建筑结构设计联赛，学院2件作品获得二等奖，并包揽2项最佳建筑设计奖；全国周培源力学竞赛，获得三等奖2项，8人获得优秀奖；在第三届北京市测绘实践技能大赛获得一等奖和二等奖各一项；全年共组织立项大学生创新性实验项目31项，其中国家级项目6项，北京市级项目4项。

制订2012年培养计划，组织相关教师对国内外20余所高等学校和全国专业指导委员会的培养计划进行调研，走访清华大学、北京工业大学等高校，就培养计划进行了广泛的交流，征求部分用人单位和毕业班学生对培养计划的意见，为2012年培养计划的制订，积累了较充分的资料。

2. 研究生教学

2011年学院计划招生325人，报考学生1 350名，最终录取354名，生源整体素质较

好，入学成绩较高，其中“211”学校生源167名，占46.8%。工程硕士招生人数也达到历史最高水平，其中近一半是联合培养进修生。在执行国家工程硕士培养政策的同时，学院把保障工程硕士培养质量和扩大联合培养企业范围作为今年重点工作，充分发挥重点专业、特色专业的优势，打破行业禁锢，积极走出去，以科研合作带动人才培养，扩大合约企业的合作范围。研究生联合培养基地的建设，为学院研究生尤其是全日制专业硕士研究生的培养提供了多样性的实践平台。

根据《研究生院关于修订培养方案的通知》，学院组织各系召开研讨会，修订完善了各学科专业的培养方案。学院重视研究生的培养质量，开启优秀博士生培育摇篮计划，推行《硕博连读试点班》；推进研究生教育创新工程建设，对研究生发表高水平文章、撰写优秀毕业论文资助3万元；严格审核制度，保障“博士生创新研究基金”项目健康发展，推荐近30个创新项目；向学校推荐4篇博士论文参加选评，经学校推荐汪越胜教授指导的学生吴文平参加百篇优秀博士论文评选。进一步完善各项管理制度，对制度的贯彻执行情况进行抽查，完成了《土建学院教师教学质量管理人员评估统计报告》。进一步修订博士生导师招生名额分配原则，明确硕博连读学生招生资格，各类博士招生人数趋于合理化。目前学院有博士生导师61名，硕士生导师147名。青年导师比例超过60%，其中50岁以下的博士生导师比例超过50%；博士师生比为1：6.5，硕士师生比为1：5.6。

【科研工作】

学院新增科研项目339项，比去年增加22%，新增合同经费9 368.7万元。获批国家自然基金项目34项，总经费1 875万元，获批项目比去年增加9项，批准经费较去年增加1 031万元，占全校获批项目的27.8%。全年共发表论文288篇，主编及参与出版科技专著19部，获发明专利授权24项、实用新型专利授权7项、软件著作权22项。2011年统计的2010年论文检索中，SCIE检索论文48篇、EI检索论文195篇、ISTP检索论文304篇。学院共组织学术报告76场。

3位博士生导师获批博士点基金，2人获批新教师基金，全年学院共获得省部级及以上科技奖励15项。其中，韩冰副教授参与完成的“水下无封底混凝土套箱建造技术”获国家技术发明奖二等奖；高亮教授参加的“高速铁路轨道设计理论体系及在关键结构技术中的应用”获2010年高等学校科学研究优秀成果奖（科学技术）科技进步奖一等奖，北京交通大学为第二获奖单位；张顶立教授主持的“大型跨海隧道钻爆法修建核心技术研究”项目获2011年高等学校科学研究优秀成果奖（科学技术）科技进步奖二等奖。

【学科与平台建设】

2011年张顶立教授负责的“隧道及地下工程安全性控制”创新团队通过了教育部科技司组织的专家组的实地考察，正式立项建设；“轨道工程”被认定为2010年北京市重点实验室；土木工程检测实验室正式通过了铁道部工程质量安全监督总站的审查，成为“2011年度铁路工程质量监督检测机构”；杨庆山教授负责的风洞实验室正式揭牌，目前已经开展多项科研试验工作。“211”三期经费主要用于道铁专业的“高速重载铁路与城市轨道工程建设关键技术”项目和桥隧专业的“复杂条件下桥梁、隧道与地下工程关键技术”项目。购置铁道工程专用检测设备和专业分析软件，包括光纤光栅解调仪、舒适性及间隙专用测试系统、Vissim仿真软件等，构建两个大的隧道与地下工程实验平台“注浆模拟系统”和“隧道多功能实验模拟系统”，以及桥梁和隧道振动测试平台，自筹经费建设了轨道减振实验平台，购置了专业的波磨测试小车。教学基础建设经费主要用于实验教学示范中心设备的更新和台套数量的补足，同时考虑双语教学的需求，购置了一批全英文界面的测量仪器。投入20万进行实验中心的信息化建设，定制了实验室管理系统、教学资源管理系统、更新了中心网站。

【对外交流与合作】

继续加强与国（境）外高水平大学的交流与合作，共接待外宾来访80余人次。接收来华留学生10人；接待西班牙马德里大学访问博士生1名。学院教师分别出访了泰国理工大学、印度理工学院的孟买分校及马德拉斯分校、意大利米兰理工大学和法国国立应用科学学院。与意大利米兰理工大学的姊妹关系得到了进一步巩固和加强，2011年先后有17位学生赴该校进行访学或攻读硕士学位；赴台湾研究生实习团项目已经进行了两期，共有7个学生赴台进行实习；与美国内华达大学里诺分校的交流项目已经启动，1名硕士生和1名本科生赴该校进行交流；3名学生参加3+2项目，赴美国密苏里哥伦比亚大学攻读学士学位。1名学生赴比利时鲁汶大学攻读硕士学位；9名硕士学生参加国家留学基金委“高水平大学公派研究生项目”，其中6人赴澳大利亚、德国、荷兰、英国、西班牙等国家的大学进行联合培养，3名学生赴意大利和荷兰攻读博士学位。

与泰国理工大学、美国内华达大学里诺分校、美国佛罗里达国际大学、以色列理工大学等签署合作备忘录或合作协议。分别邀请内华达大学土木工程系的 Nader Ghafoori 教授和香港理工大学建设及地政学院土木及结构工程学系的 Law Siu Seong 教授为本科生教授了工程力学—静力学及结构分析课程。外籍教师授课200学时。聘请访问学者讲学30人次。

积极筹备2012年国际工程夏令营，已向意大利米兰理工大学、美国内华达大学里诺分校、以色列理工大学、台湾科技大学等发出了邀请，邀请该院校的学生来学校进行访问，目前已有多个学校积极回应。

对学院英文网站进行内容更新，将国际交流板块进行了重新设计，以留学项目为单位，设立了项目介绍、项目申请、已经取得的成果、交流动态等板块，大大地方便了学生的出国留学及访问交流申请。

专业硕士（工程硕士）联合培养建设进展顺利。分别与沪昆铁路客运专线浙江有限责任公司、中国建筑设计研究院、中铁三局集团公司、中铁十七局集团有限公司等签订了产学研联合培养研究生基地合作协议书。

教师在国际上的学术影响力不断增强：由力学系承办的中国科协第235次青年科学家论坛于2011年5月在学校胜利召开。论坛主题为“极端复杂测试环境下实验力学的挑战与应对”。本次论坛的执行主席是力学系王正道教授，孙守光副校长应邀参加本次论坛的开幕式并致开幕词。高亮教授应邀出席西班牙 INTERNATIONAL CONFERENCE“ENGINEERING FOR HIGH SPEED”，并与西班牙铁路工程技术研究基金会 FCH 签订了合作框架协议，就培训项目合作、互派青年专家、参与双方联合项目、承担技术咨询、共同举办铁道工程领域的国际会议等达成共识。雷俊卿教授在美国科拉罗多州参加了 JRC2011 国际铁路学术会议。并在分会场做了学术报告。梁青槐教授出席世界工程师大会，应邀作了“中国城市化快速发展时期的城市轨道交通规划”的报告，并同与会专家学者就城市轨道交通规划与设计技术进行了交流。刘维宁教授主要负责的“货运列车有碴梯式轨道减振性能研究”于2011年5月被正式通知批准加入欧盟第七次框架计划资助的交通领域重点研究项目，标志着学校在轨道减振方面的研究成果和水平得到了欧盟国家的认可。

交通运输学院

【综述】

交通运输学院下设运输管理工程系、交通工程系、交通信息管理工程系、城市轨道交通系及系统工程与控制研究所、系统科学研究所。在提升学术实力，发挥“产学研”合作优势中，学院通过积极努力先后组建了北京交通大学综合交通研究中心、北京交通大学铁路危险货物运输研究实验室、交通运输国家级教学示范中心、“城市交通复杂系统理论与技术”教育部重点实验室；作为学校重点教学科研试验基地“轨道交通控制与安全”国家级重点实验室的主要团队均为学院的骨干力量；另外学院还设有交通运输智能技术与系统实验室、电子商务实验室等教学科研实践基地。

【队伍建设】

目前学院在聘教职员工为148人，其中专兼职管理岗位人员为21人、教学科研岗位教职员工为124人，交通运输实验中心3人。随着学科建设的发展，学院不断充实教师队伍，2011年学院师资博士后张琦、张进川、岳昊、王伶俐、陈军华、王莹、刘爽、柏赟、孟令云相继入职，为学院教学科研队伍注入了年轻的力量。

教职工在学院系、所、机关分布表见表97。

表97　教职工在学院系、所、机关分布表

单位＼职称	教授	副教授	讲师	助教	高工	工程师	助工	工人	见习生	合计
运输管理工程系	8	12	12		2	1		1		36
交通工程系	4	8	8							20
交通信息管理工程系	4	8	8							20
城市轨道交通系	2	5	6							13
系统工程研究所	6	8	9		1		1			25
系统科学研究所	3	6	3		1					13
学院机关	5		4	5	1	3	3			21
合计	32	47	50	5	5	4	4	1		148
业务关系在学院的校双肩挑人员	5									5
长江学者特聘教授	2									2
长江学者讲座教授	1									1

【党建和思想政治工作】

中共北京交通大学交通运输学院委员会截至2011年12月31日拥有党员842人，其中教职工党员106名（含在读博士后5名）、研究生党员526名（含博士生党员）、本科生党员210名；党支部33个，其中教职工党支部7个，学生党支部26个；2011年度新发展党员145名，其中研究生党员62名，本科生党员83名；教职工党员比例70%，研究生党员比例57%，本科生党员比例15%。见表98。

表98　学院党员情况统计表

类　　别	教职工	研究生	本科生	小 计
党支部个数	7	16	10	33
在册党员人数	106	526	210	842
全年发展党员人数	0	62	83	145
党员比例	70%	57%	15%	34%

1. 教职工党建和思想政治工作

一年来，学院党委围绕校院中心工作，坚持“围绕中心抓党建，抓好党建保中心”的工作思路，充分发挥党委的政治核心作用和党支部的战斗堡垒作用，在教职工思想政治工作和党支部建设中坚持学习落实科学发展观，坚持将党建工作与教学科研管理实际相结合。党支部书记作为系所主要领导将党务工作、党员责任与教学科研管理实际工作的具体任务落到实处，切实发挥党支部和党员的积极作用，使党建工作为学院发展保驾护航。学院党委会与院领导班子团结一致，学习实践科学发展观，紧紧围绕师德建设、教风建设、学风建设等环节，贯彻创先争优活动精神，切实有效地开展党建工作，加强基层组织建设，全面推进党建和思想政治工作。

2. 本科生党建和思想政治工作

学院将思想政治教育工作贯穿于日常生活中，本科生学生工作组进一步深入贯彻落实十七大精神，以科学发展观为指导，以庆祝中国共产党成立90周年为契机，以学生健康成长成才为中心，加强学风建设、推动创先争优，在本科生党建和思想政治工作方面取得了良好效果。

全年，本科生有534人次获得各项奖学金；64人被评为校级三好学生；24人被评为校级优秀学生干部。第五届“詹天佑”班运输0802班被评为北京市先进班集体，4个班被评为校级先进班集体，6个班被评为校优良学风班，12个班被评为院级优良学风班。1个团支部被评为首都“先锋杯”优秀团支部，4个团支部获甲级团支部称号，11个团支部获乙级团支部称号，1个团支部获得校“十佳团日活动”。1人获校“五四奖章”，1人获校“十佳团支部书记”，146人获校优秀团员、团干部荣誉称号。

共有本科毕业生310人，截至12月，本科生就业率达98.1%，其中深造率（含出国深造）为46.8%。2011届毕业生中交通运输大类毕业生中33.34%签约交通运输行业，其中签约各铁路局的比例为20.31%，占参加就业学生的41.4%，高于全校平均水平。

本科生各类专业科技竞赛获奖85项，其中国家级奖项10项、北京市级奖项20项、校级奖项55项，2008级中5名学生科技专长生保研；截至2011年，学院大钟寺义务讲解已坚持15年，大钟寺古钟博物馆、校史馆的志愿讲解服务项目获“北京交通大学五星级志愿服务项目”；在校运动会中分获甲组男子、女子总分第三名、团体总分第二名，取得校体育文化节团体总分第一；连续4年获得校健美操大赛一等奖；取得新生运动会团体总分第三名；院际杯棋类比赛团体第一、百队杯足球比赛冠军、校跳长绳比赛团体总分第一名、校踢毽子比赛团体总分第一名、校体育舞蹈大赛总分第一名、院际杯羽毛球比赛团体第三、院际杯慢垒比赛第五；连续 3 年获校史知识竞赛冠军；建党 90 周年党史知识竞赛冠军。学院本科生科研获奖情况、各类奖学金统计情况、家庭经济困难学生资助情况分别见表 99、表 100 和表 101。

表 99　2009—2011 年学院本科生科研获奖情况统计表

序号	项　　目	2009 年	2010 年	2011 年
1	大学生创新性实验计划课题申报数	69 项	93 项	87 项
2	参与各类专业科技竞赛获奖总数	22 项	35 项	84 项
2.1	国家级	7 项	10 项	11 项
2.2	北京市级	3 项	11 项	18 项
2.3	校级	12 项	14 项	55 项
3	公开发表学术论文	52 篇	47 篇	15 篇
4	本科生参与科研人数	229 人	368 人	390 人
5	我院教师指导学生科研人数	44 人	55 人	60 人

表 100　本科生 2010—2011 年度各类奖学金统计表

奖学金	思源	国家	励志	新华都	宝钢	西门子	汉能	公交	茅以升	钱仲侯	智瑾	詹天佑	高富浪	理学创新	学习进步	纪惠慧贤	学习	社会工作	奋进	体育	文艺	社会实践
人次	1	14	38	2	1	2	2	3	1	2	3	3	1	3	10	2	246	113	21	25	29	12

表 101　2011 年学院家庭经济困难学生资助情况汇总表

项目	名　　称	奖励人次	总金额/元
奖	国家励志奖学金	38	190 000
	共计	38 人次	190 000 元
助	名　　称	受助人次	总金额/元
	国家助学金	239	717 000
	北京交通大学专项助学金	68	111 000
	中海油助学金	2	6 000
	新长城助学金	2	3 680
	钱仲侯助学金	7	21 000
	北京公交助学金	3	9 000
	汉能李嘉宁助学金	6	16 000
	恒大助学金	13	39 000
	曦明助学金	1	2 500
	江西校友会助学金	1	3 000
	新华都	2	6 000
	共计	344 人次	934 180 元

续表

项目	名　称	奖励人次	总金额/元
勤	名　称	参加人次	发放金额/元
	学院内勤工岗位	196	392 000
	共计	196 人次	392 000 元

3. 研究生党建和思想政治工作

学院研究生工作组深入贯彻落实科学发展观精神，在研究生德育工作中，以培养研究生思想品德、敬业精神、创新能力、团队精神、身心素质为重点，促进研究生全面发展和健康成长方面做了一系列的工作。

学院进一步修订《交通运输学院研究生党支部工作细则》和《研究生党支部工作考核细则》。组织研究生党员进一步深入学习科学发展观，开展纪念建党 90 周年党日活动，学习教育规划纲要，为学校“十二五”规划的制定献言献策活动，以党支部牵头开展加强学风建设研讨活动。在党员发展工作中坚持标准，严格按照党章规定的条件，切实保证新党员质量，新发展新党员 62 人，党课培训 70 余人。

进一步推进《北京交通大学交通运输研究生学术道德规范管理条例》，成立学院学术监察小组，监督相关工作的实施，杜绝学术虚假现象，弘扬严谨求实的学术风气。积极配合学校心理素质教育中心开展 2011 级研究生心理普查。进一步加强研究生就业工作和毕业生教育工作，顺利完成研究生就业工作。加强对研究生的纪律教育、安全教育，强化研究生的组织纪律意识，做好安全教育及检查工作。

进一步规范研究生的评优评先工作，体现评优评先工作的“公正、公平、公开”，2010 级硕士研究生获评一等奖学金 44 人，二等奖学金 87 人，三等奖学金 58 人，四等奖学金 58 人。顺利完成研究生评优评先工作，共评出三好研究生 69 名，优秀研究生干部 51 名，社会实践先进个人 7 个，智瑾奖学金 1 名，西门子奖学金 1 名，道德建设先进个人 1 名，曦明助学金 1 名，优良学风班 2 个，各类奖项共计 133 个。

严格选聘兼职辅导员，加强对研究生兼职辅导员管理工作，专兼职辅导员深入宿舍了解情况，定期召开工作会议。加强班主任的选聘工作，对新生班主任进行统一培训，对毕业生班主任进行重点工作督导。同时，采取有效形式积极推进研究生深度辅导工作的开展。

积极推进研究生综合素质教育工作，开展学院“知行”学术文化节，积极组织学生参加包括交通高层论坛，全国博士生学术论坛（交通工程学科），校际辩论赛、“慧光杯”学术文化节、英语文化夜等各种学术及文体类活动。组织研究生积极开展暑期社会实践活动，社会实践调研团队被评为“校暑期研究生社会实践优秀团队”一等奖，有 7 人被评为“社会实践先进个人”。学院研究生荣获校研究生羽毛球赛团体冠军、新生运动会团体第 3 名、校运会团体第 3 名、男子团体第 3 名、女子团体第 5 名。

【教学工作】

2011 年学院在招生、在校、毕业学生人数如表 102 所示。

表 102　2011 年学院招生、在校、毕业学生人数

类别/年份	博士			硕士			工程硕士			本科		
	招生	在校	毕业	招生	在校	毕业	招生	在校	毕业	招生	在校	毕业
2011	53	320	43	305	607	292	145	445	35	324	1 426	310

1. 本科教学

深化卓越工程师教育培养计划，响应教育部“卓越工程师教育培养计划”，完成了教育部组织的对交通运输类的铁道运输、城市轨道交通、智能运输工程三个专业方向“卓越工程师教育培养计划”的年度检查工作，制定了三个专业方向的理论和实践课程教学大纲。完成2012年培养方案修订的前期调研工作和专业课程方案的初步方案。

积极推动教育教学改革立项工作，重点在国际化人才培养、新专业方向建设以及“卓越工程师培养计划”的落实，支持教改立项投入经费24万元。2011年获得校级教改立项7项，其中重点项目2项，面上项目5项。

积极推动质量工程项目实施，在特色专业、教学团队、精品课程、精品教材、教学名师的建设及人才培养模式创新实验区建设中取得多项成绩。新增2本国家精品教材，分别是刘军和刘震宇主编的《电子商务系统建设与管理》及朱晓宁主编的《集装箱运输与多式联运（第二版）》。“十一五”国家级规划教材立项17本，已出版14本；北京市精品教材立项的教材14本，已出版10本；铁路特色教材立项14本，已出版12本。朱晓宁教授被评为北京市教学名师，魏玉光、张兴强、许红3位教师获优秀主讲教师称号；参与组建2008级轨道交通复合型拔尖人才培养模式创新试验区试点班的工作，负责日常运行组织。在此基础上，学院初步完成轨道交通试点班建设草案；2本教材获北京交通大学出版资金资助（蒋熙等编著的《列车运行控制系统》和尹相勇等编著的《C与C++程序设计》）。

进一步加强课堂教学研究，完成教务处组织的研究性教学载体和优秀学生作品评优材料、优秀实验项目的上报工作。1门主干课程被评为优秀研究性教学训练载体，2门课程的学生作品被评为优秀研究性教学学生作品。由李菊、江喻、韩雷完成的“基于CTC的大秦线接发列车”综合设计性试验项目被评为北京交通大学优秀实验项目。

以大学生创新性实验计划、学院学生科研立项为平台，培养学生科研精神和科研素养，共立项87项，其中国家级项目10项，北京市级项目11项。在第九届“金士宣”杯创新能力竞赛中，81项作品参加初赛，25组作品进入决赛答辩，其中一等奖3项、二等奖8项、三等奖14项。2011年我院在“挑战杯”系列赛事、全国大学生交通科技大赛、“e路通”杯全国大学生网络商务创新应用大赛、全国高校“创意创新创业”电子商务挑战赛等高水平学科竞赛中获得国家级一等奖3项、二等奖1项、三等奖7项，省部级特等奖3项、一等奖7项、二等奖6项、三等奖2项。学院承办首届北京市大学生交通科技大赛，共有北京7所学校的16项作品进入决赛，共决出一等奖3项，二等奖5项，三等奖8项。其中，学校4个参赛队荣获一等奖2项，二等奖1项，三等奖1项。2011年我院本科生共发表学术论文15篇，其中国际会议论文3篇。

2. 研究生教学

共招收博士研究生53人，招收学术型硕士研究生246人，招收全日制专业学位硕士研究生59人。学院2006级博士生李新刚（专业：交通运输规划与管理；导师：高自友）的博士学位论文《基于元胞自动机模型的交通系统微观建模与特性研究》入选2011年北京交通大学校级优秀博士学位论文。11名硕士论文被评为2011届北京交通大学优秀硕士学位论文。启动研究生教育经费资助项目申报工作，共有13个项目获得学院资助，学院共资助11万元。完成“优秀博士生创新基金”资助计划的申报、评审工作。共评出一类13名，二类6名，推荐三类3名。启动“硕博连读”试点班，共10人（其中直博生3人），推动拔尖人才培养模式的改革，探索和实践提高研究生培养质量的途径。按照一级学科招生、培养的要求，调整招生目录，启动研究生培养计划的修订工作，加强课程教学方式方法的改进。

4名博士生参加TRB会议。先后有9名研究生由国家留学基金委、学校派遣，到美国、日本、西班牙、比利时等国，进行访学或参加学术交流活动。通过参与国际合作交流，扩大国际视野。承办全国博士生学术论坛（交通运输工程），在来自23所大学的120多位博士研究生中进行了广泛的学术讨论，为全国交通运输工程方向的博士研究生之间的思想、思路、智慧的交流做出了贡献。

【科研工作】

科研工作取得了新的突破，新增科研项目227项，合同经费6 083万元，实到经费6 066万元。其中“863”项目7项，合同金额810万；国家科技支撑计划1项，合同金额171万；国家自然科学基金项目15项，合同金额592.5万；省部级项目42项，合同金额1 354万；横向项目96项，合同金额2 611.3万；国际合作5项，合同金额238.6万。见表103。

发表期刊论文179篇，会议论文82篇，出版科技著作16部，发表三大检索论文158篇，其中SCI 28篇，EI 55篇，ISTP 75篇。见表104。

获专利16项，其中技术发明15项，实用新型1项，获得软件著作权42项。

在科技成果方面取得了历史性突破，高自友教授的“基于行为的城市交通流时空分布规律与数值计算”获国家自然科学二等奖。

省部级奖励再创佳绩，获北京市科学技术奖2项，其中二等奖1项，三等奖1项，中国铁道学会一等奖1项，中国公路学会科学一等奖1项。

表103 科研项目及经费表

类　别	项目数	合同经费/万元
“863”	7	810
国家科技支撑计划	1	171
国家自然科学基金	15	592.5
省部级	42	1 354
国际合作	5	238.59
横向项目	96	2 611.3

表104 发表科技论文及著作表

分类	类　别	数量(本/篇)
三大检索	SCI	28
	EI	55
	ISTP	75
论文	期刊论文	179
	会议论文	82
科技著作	著作	16

【学科与平台建设】

学院拥有交通运输工程、系统科学、控制科学与工程、安全科学与工程4个一级学科博士点；交通运输规划与管理、系统工程、系统分析与集成、运输与物流、城市交通工程、智能交通工程、安全技术及工程、交通安全工程 8 个二级学科博士点；交通运输规划与管理、系统工程、系统分析与集成、安全技术及工程、环境工程、运输与物流、城市交通工程、智能交通工程、电子商务、交通安全工程 10 个二级学科硕士点；交通运输工程、物流工程 2 个全日制专业硕士专业；交通运输工程、控制科学与工程、物流工程、安全工程 4 个工程硕士专业；另外，设有交通运输、交通工程、电子商务、物流工程 4 个本科专业。

【对外交流与合作】

2011 年，学院着力将“提高教育的国际化水平”和“注重国际化人才培养”贯彻在学院工作的各个主要方面，学院国际合作与交流工作再上新台阶。“111 轨道交通控制与安全创新引智基地”获国家外专局批准；城市交通复杂系统理论与技术教育部重点实验室聘请多名国际知名学者担任实验室学术顾问或带头人；依托学科优势和“国际班”项目，积极推动国际实质性合作；继续开办“港铁公司运营人员专业培训班”，与美国中佛罗里达大学探讨了国际班学生海外学习、师生互访、科研合作等合作事宜，并签署了共建国际驾驶模拟器联合实验室协议；与泰国皇家理工大学签署了援建“铁路运输”专业合作协议；与田纳西大学交通研究中心联合创办了《Journal of Transportation Safety & Security》国际期刊，已成功出版 13 期；田纳西大学交通研究中心、美国东南交通研究中心和学校轨道交通控制与安全国家重点实验室、城市交通复杂系统理论与技术教育部重点实验室共同签署了四方合作协议，就开展实质性的学生交换、教师互访和科研合作达成共识；城市交通复杂系统理论与技术教育部重点实验室的 10 余名中方学者与外方合作研究人员在学校组织召开了 CSCE and UT-MOELAB International Workshop for Urban Transportation Research 国际研讨会；成功主办中国交通高层论坛等国际会议。据不完全统计，2011 年我院全年教师、学生累计出访进修、交流 40 余人次；参观来访与学习 100 多人次，开设英文讲座 20 余次、对外英文授课 4 门。

机械与电子控制工程学院

【综述】

机械与电子控制工程学院由机械工程系、检测与控制工程系、动力与能源工程系、轨道车辆工程系、材料科学与工程研究中心、机械工程实验中心、工程训练中心及院机关八个机构组成。院机关包括院长办公室、本科教学科、研究生培养科、行政综合科、国际班办公室和团委。学院党委被评为“北京高校先进基层党组织”。学院第五次荣获学校“思源杯”。

【队伍建设】

学院有教职工 179 人（含师资博士后杨广雪、宁项辉）、专职教师 123 人、双跨院士 2 人、博士生导师 40 名、硕士生导师 95 名，具有博士学位的教师比例为 77. 5% 。具体分布见表 105 所示。

表 105　教职工在学院系、中心、机关分布表

单位＼职称	教授	副教授	讲师	助教	高工	工程师	助工	工人	见习生	其他	合计
机械工程系	7	22	10	0	1	0	0	0	0	0	40
检测与控制工程系	4	10	9	0	1	0	0	0	0	0	24
动力与能源工程系	5	6	12	0	0	0	0	0	0	0	23
轨道车辆工程系	3	6	6	0	2	1	0	0	0	0	18
材料科学与工程研究中心	6	7	3	0	0	0	0	0	0	0	16
机械工程实验中心	0	0	0	0	8	5	0	0	0	0	13
工程训练中心	0	3	1	0	0	4	0	14	0	0	22
学院机关	5	2	4	5	2	2	2	0	1	0	23
合　计	30	56	45	5	14	12	2	14	1	0	179

注：轨道车辆工程系 6 名讲师中，含师资博士后杨广雪；机械系 10 名讲师中，含师资博士后宁项辉。

1. 规范管理，换届调整

9 月，为了加强规范化管理和系（中心）干部队伍的建设，进一步明确责权利，保证“十二五”规划目标的完成，特起草学院系（中心）职责、三委会和关键岗位负责人的工作职责等文件 17 个，向全院教职工征求意见，同时开始启动系（中心）干部换届调整工作。学院根据工作需要，对原有的系（所）进行了调整，规范了名称；成立了院属跨实体的 13 个研究所：热能工程研究所、先进动力技术研究所、电液伺服及运动控制研究所、轨道交通智能检测技术研究所、磁性液体研究所、数字化制造技术与装备研究所、机器人研究所、材料特种加工研究所、轨道车辆材料与精益成形研究所、轨道交通特种材料研究所、绿色铸造技术研究所、振动与噪声研究所、结构可靠性研究所；决定成立机械工程实验中心，2012

年开始实体运作。通过系（所）主任任期总结、述职、民主测评和推荐，院领导个别征求意见等环节，经 11 月 7 日党政联席会议讨论并决定，任命 7 名同志为系（中心）主任：鄂明成、史红梅、宁智、李强、韩建民、洪建平、张励忠。

2. 引进院士及团队

从 10 月开始与中国金属学会理事长、国防工业科技局技术委员会委员、中国工程院院士翁宇庆教授接触，希望翁院士及团队来校工作。12 月 12 日学校举行翁宇庆院士及团队聘任仪式，宁滨校长向其颁发北京交通大学聘书，陈峰副校长代表学校与其签订工作协议。2011 年到校工作的团队成员有：中国工程院院士翁宇庆教授、清华大学白秉哲教授。

3. 人员变动

今年学院有 2 人退休：朱衡君、陈武岭，有 8 人调出：温志超、郭锴、黄海波（学院外聘）、李琳（学校外聘）、胡祥萍、祁国梁、刘汉武、滕健。引进和调入 10 人：1 月祁国梁由招生办调入，9 月调出到北京市东城区天坛街道办事处；3 月杜永平由后勤集团调入；4 月虞育松由清华大学博士后流动站出站；5 月张勤俭由北京市电加工研究所调入；7 月本校本科生唐薇留校（保研保留学籍 2 年）；9 月本校博士后陈向东出站留校，蒋增强由合肥工业大学调入；10 月潘金由校办调入；12 月曹宇男由清华大学博士后流动站出站，蔡贺由外联处调入。

3 月，原党委书记路加栓退居二线，任命杜永平为学院党委书记。7 月，任命房海蓉为学院副院长，主管本科教学工作；任命邱成为学院副院长，主管办公室等行政工作。10 月，学校选派郭盛为挂职副院长，主管学院指定的专项工作。

4. 聘请兼职教授

4 月，聘请北京汽车集团有限公司执行董事林逸教授为兼职教授，并作学术报告。

【党建和思想政治工作】

学院有 37 个党支部，其中教工 8 个、本科生 8 个、研究生 21 个；党员 625 人，其中教工党员（含博士后）114 人、研究生党员 295 人、本科生党员 216 人；新发展党员 137 人，转正 107 人。见表 106。

表 106　学院党员情况统计表

类　别	教职工	研究生	本科生	小计
党支部数量	8	21	8	37
在册党员人数	114	296	216	626
全年发展党员人数	0	40	97	137
党员比例	64%	50%	14%	/

1. 教职工党建和思想政治工作

根据学校党委关于二级党组织换届工作的要求，9 月 19 日下发通知，启动教工党支部书记换届选举工作，同时调整党支部设置，决定成立机械工程实验中心党支部。经过任期总结、述职、民主测评和推荐，院党委个别征求意见等环节，确定各党支部书记候选人建议名单，经各支部党员民主选举、支委会民主选举，11 月 2 日院党委审批 8 名同志为教工党支部书记：张乐乐、邓湘、张欣、宋雷鸣、李翠伟、孔繁征、霍凯、邱成。

11 月 24 日召开全体党员大会，通过上一届党委工作报告，选举产生新一届党委，党委书记：杜永平，副书记：李国岫、王烜，委员：刘志明、房海蓉、邱成、张欣、张乐乐、宋雷鸣。

根据学校创先争优活动和纪念建党90周年活动的安排，学院党委制定创先争优活动方案，各党支部和广大党员结合各自特点，有效开展了为民服务创先争优活动。一是组织开展了“学习党史、坚定信念”主题教育系列活动：包括开展“三个一”学习实践、组织全体党员进行党史知识答题、组织参加“党在我心中”网络征文，各教工党支部组织党员开展红色之旅实践教育，教工党支部在本系（中心）内开展工作调研，查找和分析工作中存在的不足和问题。二是开展纪念建党90周年系列庆祝活动：包括开展院级优秀党员评选和表彰，新党员宣誓和老党员重温誓词，组织师生党员参加“短信寄语建党90周年”评选，精心组织教职工参加学校唱红歌比赛，获最佳演唱奖，学院党委和机辆所党支部被评为校级先进基层党组织，路加栓被评为校级优秀党务工作者和优秀党员标兵，李强、邱成、常惠玲、刘思思、徐丽、高昆峰、高敏雄、方哲被评为校级优秀共产党员，37名党员被评为院级优秀共产党员。三是组织开展了“共产党员献爱心”捐款活动，全院累计捐款9 140.50元。

学院继续加大投入力度，进一步加强凝聚力建设。为年龄逢五逢十的教职工购买生日蛋糕，持续建设和完善教职工之家。4月，组织筹办学院第十一届师生田径运动会。5月，组织教工参加北京交通大学第二十八届教职工田径运动会，学院荣获男女团体总分第五名、教工男子第四名、教工女子第六名，共有248人次参加各种项目。6月，在第十一届校教职工游泳比赛中荣获团体总分第六名，50米仰泳和50米自由泳、男子4×50、4×100接力均荣获第一名。8月，首次组织教职工参加南线（张家界）北线（齐齐哈尔）两路的暑期职工疗养、考察活动，共有69人参加。10月，在校教职工排球赛中，教工女队荣获亚军，男队荣获季军。组织学院退休教工九九重阳节聚会和聚餐。12月，在校迎新杯羽毛球比赛中女团荣获第四名，男子双打夺得亚军。12月，成功召开第二届教代会第四次会议；组织并筹办了学院首届迎新年文艺联欢晚会，各系（中心）的老师们精心排练，表演的节目精彩纷呈，获得圆满成功。

2. 本科生党建和思想政治工作

以创先争优为抓手，深入开展基层党建工作创新项目，不断完善培训机制，出台《学生党支部书记（副书记）培训办法》、《学生预备党员培训办法》、《新生党员评选办法》等，探索学习型党支部建设，全年共发展本科生党员93名，预备党员转正76名。以庆祝建党90周年为契机，开展党日活动、唱响红歌、党员献爱心、评选优秀共产党员等活动，探索“红色1+1”活动长效机制，本科生第二党支部被北京市教育工委评为北京高校红色“1+1”活动鼓励奖。坚持党建带团建，积极开展各项团日活动。

坚持正确引导、形式多样、贴近实际，全面开展思想政治工作，以创建优良学风为前提，出台了《学风建设活动安排》，邀请谈振辉老校长、学院党委书记杜永平亲自为11级新生作学风专题报告，创造性地开展学风建设论坛、“十佳学风飞跃宿舍”评比、党员“1帮1”计划等活动，同时组织百科知识竞赛、新生主干课程学习方法系列讲座等日常活动，引导学生端正学风，增强学习兴趣。

9月国际化创业型工程与管理复合型人才培养模式创新实验区教师组成的团队被评为“2011北京交通大学‘三育人’先进集体”。获得北京市先进班集体1个，校先进班集体4个，校级优良学风班8个，院级优良学风班14个，社会实践优秀团队2个，在学校2011级分散军训中学院获得六个单项奖。北京市三好学生2人，校三好学生标兵1人，校三好学生和优秀团员148人，537名学生荣获各类奖学金。

本科生2010—2011年度集体获奖统计见表107。

表107　本科生2010—2011年度集体获奖统计

项目	北京市先进班集体	校先进班集体	校甲级团支部	校优良学风班
数量	1	5	5	9

本科生2010—2011年度各类奖学金统计见表108。

表108　本科生2010—2011年度各类奖学金统计

奖学金	思源	国奖	励志	智瑾	汉能李嘉宁	西门子	新联铁	富士施乐
人次	1	16	55	3	3	3	10	3
奖学金	新华都	纪惠	学习	社会工作	奋进	体育	文艺	社会实践
人次	2	3	276	106	23	27	18	12

学生资助工作不断完善。本科生共计350人获得国家助学贷款，贷款总额1 713 994元。获国家助学金、学校专项助学金以及其他专项助学金共计541人次，共计受助金额1 373 840元，受助贫困生覆盖面为100%。学院开辟勤工俭学岗位90个，勤工助学学生总量达到120余人。

学院家庭经济困难学生资助情况见表109。

表109　学院家庭经济困难学生资助情况

项目	名　称	获奖人次	总金额/元
奖	国家励志奖学金	55	275 000
	奋进奖学金	23	11 500
	共计	78	286 500
助	名　称	受助人次	总金额/元
	国家助学金	414	1 242 000
	北京交通大学专项助学金	128	191 000
	其他专项助学金	294	700 510
	共计	836	2 133 510
勤	名　称	参加人次	发放金额/元
	学院勤工岗位	120	197 950
贷	名　称	贷款人数	贷款金额/元
	国家贷款	350	1 713 994
补	名　称	受助人数	总金额/元
	大一新生补助	122	22 000
	临时伙食补贴	472	97 200
	共计	594	119 200

志愿活动蓬勃开展，共组织6次校园文明长征行活动，累计志愿服务46次，服务980

人次。学生参与服务500人次，拓展新的服务基地1处。暑期组织5支暑期社会实践团，其中“沂动青春”实践团获首都大学生暑期社会实践优秀团队及学校暑期社会实践一等奖。

加强就业指导、拓展就业信息渠道，确保毕业生就业率基本稳定。邀请各学位点负责人为考研的学生作专场咨询，针对就业同学举办毕业生就业动员大会，除了深入巩固原有的大铁路市场外，积极发展沈飞集团等重点单位。截至9月1日，2011届本科生就业率98.29%，签约率48.72%，深造率42.74%（比去年同期增加6.53个百分点）。被学校授予“就业工作先进单位”称号。

3. 研究生党建和思想政治工作

以庆祝建党90周年为契机，深入推进研究生党员创先争优活动。举办“永远跟党走——研究生班级风采大赛”，组织参加“放歌党旗下·红动北京城”校园红歌会，组织开展“共产党员献爱心”捐款、“爱心包裹”温暖行动和“向党说句心里话”等主题教育活动。制订出台了《机电学院研究生推优入党工作实施办法》，全年发展研究生党员40名，预备党员转正17名。党建创新项目《搭建学术交流和职业探讨平台，创建学习型研究生党支部》获学校三等奖。

组织开展“科学道德与学风建设”系列活动。承办了2011年交通运输工程全国博士生学术论坛载运工具运用工程分论坛，共有13位博士生在论坛上交流学术论文。全年举办“与大师面对面”名师讲坛17次，研究生学术沙龙12期，研究生职业生涯规划沙龙6期。研究生投稿学校“慧光杯”学术文化节论文51篇。组织5支研究生暑期社会实践队，分别赴广西、上海、常州、青岛、天津等地开展社会实践活动。2名博士生参加了北京市博士生挂职锻炼计划。全年参与“三助”工作研究生160人次。积极开展职业生涯和就业指导教育，研究生就业率100%，签约率92.31%。

研究生2010—2011学年各类奖学金统计见表110。

表110　研究生2010—2011学年各类奖学金统计

奖学金	北京市三好	北京市优干	市科技一等奖	校级优干	校级三好	先进集体	道德先进	智瑾	西门子	京东方	万桥	新联铁	社会实践
人次	1	1	2	30	44	3	1	3	1	4	2	10	9

【教学工作】

2011年学院招生、在校生和毕业学生人数见表111。

表111　2011年招生、在校生、毕业生人数

博士			硕士			工程硕士			本科		
招生	在校	毕业	招生	在校	毕业	招生	在校	毕业	招生	在校	毕业
32	181	20	211	410	179	27	161	26	419	1 527	375

1. 本科教学

8月25日，学院经过多年筹备和建设的南车青岛四方机车车辆股份有限公司轨道车辆工程实践教育中心被教育部批准为国家级工程实践教育中心。学院与南车青岛四方机车车辆股份有限公司、北京铁路局建立了“双导师制”，以机械工程及自动化（铁路机车车辆）

“卓越工程师教育培养计划”试点专业为载体，选拔4名优秀本科生参加学校“3+1+2”卓越工程师产学联合人才培养本硕一体化试点培养工作。与美国十大软件公司之一的MSC公司共建了“中国MSC软件示范基地”。

国际班招生43人（其中，自主招生4人，自愿报名选拔39人），主干课程采用全英语教学，并聘请国外高校教师参与授课，2010级国际班学生有17人通过参加学校和学院的交流项目等方式前往海外学习，并有1名学生入选教育部中法4+4联合培养项目。国际班中文网站建设已经完成，英文网站正在建设中。

2008级本科生推荐免试研究生65人，其中轨道交通复合型工程拔尖人才实验班7人，3+1+2卓越工程师产学联合人才培养4人，校内直博5人，专长人才3人，保留学籍任辅导员1人，到其他学校读研15人，本校读研30人。

《列车制动》被评为国家级精品教材。在主干课程研究性教学中，获评优秀研究性教学训练载体2项，优秀研究性教学学生作品3项，优秀实验项目1项。获批校级重点教改项目2项，面上B类项目5项。新增优秀主讲教师9人。

对2010年大学生创新性实验计划项目进行结题验收，共计有31个项目通过了评审，其中6个项目被评为国家级项目、5个项目被评为北京市级项目。在挑战杯大赛中获北京市一等奖1项，校级一等奖7项、二等奖6项、三等奖10项；在全国大学生节能减排社会实践与科技竞赛中获三等奖1项；在CCTV机器人大赛中以初赛总成绩第七进入复赛。

本年度累计参与科技竞赛学生418人，大三年级学生参与率为72.6%，约95%的保研学生曾参与科技竞赛，其中60%以上在全国、省市级科技竞赛中获奖。在第十一届中国（北京）国际工程机械展中，我院代表学校参赛并获得最佳组织奖。

2. 研究生教学

刘长焕获博士研究生国际学术交流基金资助，参加ASME 2011 International Design Engineering Technical Conference & Computers and Information in Engineering conference国际会议；贾子乐、常超2名硕士获得国家留学基金委公派研究生项目资助出国攻读学位，分别被派往德累斯顿工业大学和马德里理工大学；刘业博获得国家留学基金委公派研究生项目资助出国留学，被派往英国伯明翰大学联合培养。

机械设计及理论专业张克涛博士获首届“上银优秀机械博士论文奖”。载运工具运用工程专业张田田、机械设计及理论专业于加晴的博士学位论文被评为校级优秀博士论文。工程热物理专业王春海、机械制造及其自动化专业王中华、机械设计及理论专业陈燕、机械工程专业学位王延超、机械电子工程专业周佳亮、动力机械及工程专业雒先和安全技术及工程专业郭剑峰、秦方等8篇硕士学位论文被评为校级优秀硕士学位论文。

为规范管理，确保培养质量，制定并实施了《机电学院关于全日制专业学位硕士研究生学位论文的要求（暂行）》、《机电学院关于进行研究生学位论文相似性检测的规定》、《机电学院硕博连读研究生试点班实施方案》等一系列规章制度。

于10月17日召开了2011—2012学年研究生教育质量研讨会。11月2日，组织教授、博士生导师进行专题研讨导师遴选工作，对修订学院导师遴选办法及量化指标提出意见和建议。

【科研工作】

新增科研项目305项，其中“973”项目2项、“863”项目1项、国家自然科学基金重点项目 2 项、面上项目 9 项、省部级项目 101 项；科研合同总经费 9 193. 7 万元，其中纵向项目经费 3 412. 5 万元，实到总经费 5 869. 8 万；新增 SCI 检索论文 20 篇，EI 检索论文 79 篇，获得授权发明专利 22 项。李德才教授主持完成的“磁性液体机械密封”项目获得 2011 中国国际工业博览会大会铜奖，张欣教授参与完成的“WP10/WP12 系列重型高速发动机及关键技术”项目获中国机械工业科技进步特等奖，李德才教授主持完成的“磁性液体密封理论及应用”项目获北京市科技进步一等奖，贾力教授主持完成的“蓄热式燃烧冷凝型天燃气锅炉技术”项目获北京市科技进步二等奖，李德才教授主持完成的“磁性液体密封装置中密封组件的装配方法”项目获北京市发明专利奖三等奖，赵建东副教授等参与完成的“高速公路电缆、电力设备智能监测防盗管理系统关键技术研究及系统示范应用”项目获河北省交通运输厅优秀科技成果二等奖，谭南林教授主持完成的“内燃机车及旅客发电车燃油消耗检测分析系统及计量装置”和“铁路机车（轨道车）环保警示系统及管理规范研究”两项目均获铁道科技三等奖；孙守光教授荣获詹天佑成就奖，任尊松教授荣获詹天佑专项基金奖。

科研项目及经费见表 112。

表 112　科研项目及经费统计

项目	类　别		数量	合同经费/万元
纵向	国家级	“973”	2	63
		“863”	1	145
		国家自然科学基金	11	1 072
	省部级	科技部	3	160
		教育部	1	3
		铁道部	1	80
		财政部	1	19
		北京市	6	161
		其他部市	4	145
		其他	84	1 557. 2
		国际合作	1	7. 3
	小计		115	3 412. 5
横向项目	小计		190	5 781. 2
	合计		305	9 193. 7

发表论文情况统计表见表 113。

表 113　发表论文情况统计

分类	类　别		数量(本/篇)
论文统计	会议论文	国内学术会议	45
		国际学术会议	70
	国外学术刊物		43
	期刊论文		93
	合计		251

续表

分类	类　别	数量(本/篇)
三大检索	SCI	20
	EI	79
	ISTP	59
	合计	158

【学科与平台建设】

继续实施机电学院学科总体发展规划和“载运工具运用工程”国家重点学科建设规划。“211 工程”三期重点学科建设项目“现代车辆动力与结构关键技术与基础理论”完成了 2011 年度的平台建设。3 月，国务院学位委员会审议批准“动力工程及工程热物理”为硕士学位授权一级学科，“安全科学与工程”被批准为博士学位授权一级学科。

1 月，“轨道车辆结构可靠性与运用检测技术”教育部工程研究中心顺利通过教育部的验收，获批首都科技条件平台开放实验室资格；3 月，申报成功“新能源汽车动力总成技术”北京市重点实验室；10 月在长三角研究院建立新能源总成技术北京市重点实验室车联网分研究中心。12 月，学校与潍柴集团联合美国麻省理工学院、奥地利 AVL 公司、德国亚琛工业大学、博世、清华大学等 19 家单位成立内燃机可靠性国际技术创新联盟。

【对外交流与合作】

进一步完善和丰富了学院的英文网页。本年度共有 33 人次境外专家来访，境外来校讲学 12 人次，其中，聘任德国亚琛工业大学 D. Weichert 教授、台湾成功大学颜鸿森教授为顾问教授，客座教授 4 名。教师、干部出访 14 人次。举办首届国际化创业型工程与管理复合型人才培养模式创新实验区北京 CDIO 区域性国际会议，参会嘉宾 433 人。完成了国际班培养方案，聘任外籍教师 7 人次，讲授课程 10 门。接待外籍政府代表团 1 次，总人数 12 人。本年度来华留学本科生 12 人、研究生 4 人、研修生 2 人；在校学生出国（境）交流共 28 人次。接待韩国铁路大学、北伊利诺斯大学 30 多个学生来访。

电气工程学院

【综述】

电气工程学院由电气传动与控制系、电力工程系、电机与电器研究所、电力电子研究所、新能源研究所、牵引供电研究所、国家工科基础课程电工电子教学基地（电工部分）、电气综合实验中心、院机关9个机构组成。全年科研合同经费4 700余万元，获得1项国家科技支撑项目，1项863科技计划，1项国际交流合作计划。顺利完成院班子换届，胜利召开了学院党员大会。学院被评为“就业工作先进学院”，荣获2011年学校“引资工作先进单位”称号。

【队伍建设】

学院现有教职工130人，专职教师92人、双跨院士1人，博士生导师18人、硕士生导师57人，具有博士学位的教师58%，引进人才8人。

教职工在学院系、所、中心、机关分布表见表114。

表114　教职工在学院系、所、中心、机关分布表

单位＼职称	教授	副教授	讲师	助教	高工	工程师	助工	工人	见习生	合计
电气传动与控制系	1	7	10							18
电工电子基地	1	4	3		2	3				13
电机与电器研究所	3	4	7		2					16
电力电子研究所	2	3	8		1					14
电力工程系	3	6	5							14
实验中心	1					5	1			7
新能源所	4	7	4		2	2	1			20
牵引供电所	1	2	3							6
院办	6		7	2		2			2	19
学科博士后			2							2
其他部门							1			1

【党建和思想政治工作】

电气学院共有31个党支部，其中6个教师党支部、25个学生党支部，党员情况见表115。

表115　学院党员情况统计表

类　别	教职工	研究生	本科生	小　计
党支部个数	6	15	10	31
在册党员人数	76	223	132	431
全年发展党员人数		20	68	88
党员比例	58%	39%	11%	

1. 教职工党建和思想政治工作

组织学习党的十七届六中全会精神，继续开展创先争优活动。成功组织了学院纪念建党九十周年系列活动，并支持学院团委积极承办了“党在我心中短信寄语”活动。

11 月 26 日，中国共产党北京交通大学电气工程学院党员大会胜利召开，通过了学院党委工作报告，选举产生了新一届党委。会后召开了新一届党委第一次全会，选举产生党委书记和副书记。

评选并推荐校级优秀党员 5 名、优秀党务工作者 1 名、先进基层党支部 3 个；评选出院级教师优秀共产党员 10 名。

在基层党组织建设方面，根据学校部署，电气工程学院党委如期完成学院 6 个教工支部的改选工作。负责人配备齐全，经费落实到位，制定并开展主题党日活动。积极开展学院党风廉政建设工作。

学院党委积极发挥监督职能，深入开展党风廉政建设和反腐败工作。认真分解年度党风廉政建设和反腐败主要工作任务，落实党风廉政建设工作职责。院党委组织学习了《中国共产党党员领导干部廉洁从政若干准则》；组织观看反腐倡廉电视教育片；组织参观了教育部举办的反腐倡廉教育图片展，对关键岗位进行了廉政风险排查，坚持从源头上防范腐败现象的产生。

2. 本科生党建和思想政治工作

学生工作组继续深入学习贯彻十七大精神，以科学发展观为指导，结合学校学院中心工作，紧密围绕学风建设，倡导“乐学”文化季，以人为本，做好学生思想教育和日常管理工作，注重培养学生核心竞争力，提高学生综合素质，服务学生就业与成长。以培养社会主义事业的合格建设者和可靠接班人为目标，以党支部建设为突破口，以主题教育、志愿实践、校园文化三大活动为载体，紧抓新生入学和毕业生离校两个关键时期，注重人文关怀，关注特殊群体，提高学生综合素质。围绕建党九十周年，开展了一系列主题教育活动，引导学生学党史、知党情、跟党走。认真开展学生军训工作，结合学生特点，突破创新校内散训工作形式。关注学生心理健康成长，承办积极组织学生参与社会实践，暑假共组织 5 支社会实践团，一个获得首都大学生暑期社会实践优秀成果奖和校二等奖，一个获得校三等奖。积极做好毕业生工作，承办第六届电力人才供需交流会，为学院毕业生就业打下良好基础。2011 届毕业生共计 300 人，一次性就业率为 97.67%，就业工作获得学校就业工作综合先进学院称号。本科生各类获奖及家庭经济困难学生资助情况如表 116、表 117、表 118 所示。

表 116　本科生 2010—2011 年度各类奖学金统计表

奖学金	思源	国家	励志	西门子	智瑾	天易	学习	社会工作	奋进	学习进步	体育	文艺	社会实践
人次	1	13	39	2	3	21	231	83	19	10	20	21	11
奖学金	九阳	新华都	纪惠/惠贤	宝钢	汉能李嘉宁	唐山轨道	九阳科技	京仪春树	利德华富	富士施乐	九阳进步	电力节能	
人次	2	2	2	1	2	7	5	5	6	2	60	5	

表 117　本科生 2010—2011 年度各类集体奖项统计表

奖项	北京市先进班集体	校先进班集体	校优良学风班	北京市先锋杯团支部	校甲级团支部
数量	1	5	6	1	4

表 118　学院家庭经济困难学生资助情况

项目	名　称	奖励人次	总金额
奖	国家励志奖学金	39	195 000
	共计	39	195 000
助	名　称	受助人次	总金额
	国家助学金	263	789 000
	北京交通大学专项助学金	96	126 000
	中海油助学金	2	6 000
	新长城助学金	3	5 520
	汉能李嘉宁助学金	4	12 000
	曦明助学金	1	2 500
	ABB 助学金	30	60 000
	UPS 助学金	1	4 700
	恒大集团助学金	9	13 500
	九阳助学金	38	112 000
	天易助学金	20	40 000
	共计	467 人次	1 171 220 元
勤	名　称	参加人次	发放金额
	学院内勤工岗位	138	303 730
贷	名　称	贷款人数	贷款金额
	国家贷款	49	294 000
补	名　称	受助人数	总金额
	大一新生补助	40	17 200
	临时伙食补贴	370	85 200
	饮用水、洗澡和电话费专项补贴	260	48 100
	共计	670	150 500

3. 研究生党建和思想政治工作

2011 年，我院毕业研究生共 182 人，其中博士 7 人、硕士 175 人。初次就业率 100%、签约率 89.56%。2011 年学院研究生就业率 100%、签约率全校第一。有 17 名同学到西部和基层就业，获得学校“奋飞奖”。

本年度评优评先参评研究生共 288 名，有 171 人、212 人次获得各种奖项和荣誉称号，获奖学生占全体参评学生的 59.3%，共有 3 个班集体获得校级优良学风班，3 个社会实践团队被评为“2011 年度首都大学生暑期社会实践优秀成果”，1 个社会实践团队获得校级优秀社会实践团队三等奖。详细见表 119。

表 119　研究生 2010—2011 年度各类奖学金统计表

奖学金	北京市三好	校级三好	校级优干	台达	利德华福	电力节能	光宝	唐车	新誉	京仪椿树奖学金	唐一新能源奖学金	天易奖学金	天易助学金	曦明助学金	九阳助学金	社会实践优秀个人
人次	1	44	31	10	6	7	13	7	12	5	9	16	10	10	15	16

党建方面，加强研究生党支部制度化和规范化建设，严格按照《北京交通大学学生党支部工作细则》和《北京交通大学发展学生党员工作细则》的规定和要求开展工作。研究生党员的发展，坚持“成熟一个、发展一个”的原则，不追求数量，坚决杜绝盲目发展、突击发展。共发展研究生党员 61 名，平均每学期每支部发展 1 到 2 名。加强对支部书记和支委的培训，做好对党员的教育，组织党员学习党的理论知识、国家政策方针、国际国内时事，加强对党员骨干的培训。组织形式多样、符合研究生特点的支部活动。

组织研究生参加校园红歌会比赛，取得全校第一名的好成绩；研究生党员积极参加“党在我心中”征文活动，参与率 100%；组织研究生参观“十一五”国家重大科技成就展，感受祖国的强大和繁荣；积极参加学校组织的知识竞赛、短信寄语建党 90 周年、升旗仪式等系列活动；与大兴区榆垡镇邓家屯村党支部开展共建，感受农村发展，依托学科优势开展电气知识普及教育，服务农村、服务社会。在学校表彰大会上，一名研究生获得优秀共产党员称号，一个研究生党支部获得先进基层党组织。

遵循研究生思想政治教育规律，以研究生综合素质教育计划和学期教育计划为主线，融合学术与思想政治教育。在各类学术活动中，引导研究生树立正确的世界观、人生观、价值观，帮助研究生养成自尊、自爱、自律、自强的优良品格和良好的心理品质，促进研究生学术科研能力和思想道德素质、心理素质同步提高。举办学院第五届研究生学术节，邀请中国科学院周孝信教授出席开幕式。举办“院士校园行”名师讲坛 1 次，“与大师面对面”名师讲坛 17 次，研究生学术沙龙 4 次，研究生就业沙龙 1 次。

切实解决研究生的实际问题。通过与研究生进行深入的沟通和交流，及时发现他们的问题。对于在学习和科研中遇到困难的同学，及时与其导师沟通，制定针对性的帮扶计划；对生活中经济困难的同学，鼓励其申报研究生“三助”岗位或校内兼职岗位，并在国家助学贷款和助学金的评选适当倾斜；对就业困难同学进行个体帮扶，有针对性地向用人单位推荐。

关注研究生心理健康。了解研究生心理状态，及时发现问题、提前解决问题。同时，做好每年的研究生心理普查工作，从整体上把握研究正心理状态、跟进普查结果异常学生。在各班级设立心理委员，加强信息报送，开展有针对性的心理健康活动。

共组建了 5 支社会实践队，共有 75 名研究生参加了社会实践，占学院研究生总数的 13.4%，人数和比重达到近三年之最。其中 3 个社会实践团队被评为“2011 年度首都大学生暑期社会实践优秀成果”，1 个社会实践团队获得校级优秀社会实践团队三等奖。1 名带队教师获得校级优秀指导教师称号，16 名队员获得校级社会实践优秀个人称号。

【教学工作】

1. 本科教学

学院现有本科生 1 303 人，2011 年毕业 308 人、招生 318 人。电气工程学院的电气工程与自动化专业和电气信息工程专业，2011 年按电气信息类大类招生 8 个班，共 261 人；按电气信息类（轨道牵引电气化卓越工程师班）招生 2 个班、共 64 人。学院现有学校优秀主讲教师 26 名。学院在 2011 年度本科教学工作中，结合“十二五”规划和 2012 本科培养计划修订，积极探索新的课程管理模式和管理办法，加强本科教育管理中教授治学的力度，对课程体系和课程内容进行了系统的梳理和优化；注重教风、学风建设和拔尖创新人才培养，采取积极的举措努力提高本科生培养质量，稳步推进学院本科教学工作。

电气工程与自动化获批国家级卓越工程师计划项目，学院结合教改立项，完善本科卓越工程师班培养计划，确立计划项目发展方向，对今后两年的卓越工程师项目推进做了部署，并以此作为进一步推进产学联合培养的平台。与北京京仪椿树整流器有限公司等本科生培养基地加强合作，选送3名本科生参加3+1+2产学联合培养试点，拓展本科生培养基地，积极与企业交流合作，加大学生企业实习实训经费投入，使更多学生走进科研生产第一线，了解企业需求，集中派送学生到5家单位实习、实践达400多人次。

与英国曼彻斯特大学、瑞典皇家工学院、澳大利亚悉尼大学等国际著名高校开展2+2或3+2本科或本硕联合培养项目，使学生有更多国际交流机会，接受国际先进教育，选送7名本科生出国学习。继续聘请国外专家来校为本科生授课，使学生及时了解国际前沿理论和先进技术。

投入40余万元用于电工电子教学基地（电工部分）和电气综合实验中心的实验设备的更新改造、购置教具、实验材料等，进一步明确实验人员职责，规范实验室管理。积极推进大学生创新性实验计划项目的深入开展，加强学科竞赛体系建设。在学校组织的大学生创新性计划项目结题验收工作中，24项作品通过，其中9组41人为国家级项目，2组7人为北京市级项目，13组56人为校级项目。组织了学校节能减排竞赛工作，其中有3项作品、19名同学获得国家三等奖。主办的校“电气杯”科技创新大赛，赛事达到153项作品、534人次，其中58人获奖。

2. 研究生教学

2010年招生、在校、毕业学生人数见表120。

表120　2011年研究生招生、在校、毕业学生人数

类别/年份	博士			学术型硕士			专业学位硕士			工程硕士		
	招生	在校	毕业	招生	在校	毕业	招生	在校	毕业	招生	在校	毕业
2011	25	84	14	152	306	149	57	118	40	81	286	50

规范研究生教学秩序管理，加强课堂教学质量监控；加强高端人才培养，探索创新人才培养的模式为研究生工作的重点，围绕着研究生工作的重点，采取一系列的激励政策和措施，使研究生教学质量及创新能力得到不断提高，研究生工作得到长足的发展。

研究生培养以修订研究生培养方案为契机，多次组织教授讨论调整培养方案。同时为规范教学秩序管理，加强课堂教学质量的监控，学院组织了由院学位委员会、院领导、博士生导师组成的“研究生教学检查组”对研究生课程进行了全面检查，检查内容为随机听课；听课覆盖率达到91.7%。为广泛征求老师和同学对课程安排、课堂教学的意见，学院分别组织教师及学生召开研究生教学质量研讨会。2011年学院共开设了43门课程，总计完成了1 280学时的教学任务。

进一步加强研究生学位论文质量的管理，防止学位论文学术不端行为的发生，倡导学术诚信，学位论文全部采用盲审。本年度还启动了每位申请答辩学生的论文相似性检测，且要求学生对于相似性检测报告进行说明，导师同意后方能送审，对有争议的评审意见经学院学位会讨论决定是否同意答辩。增设了奖学金评选时对学生提交论文进行相似性检测。

在分析2009级、2010级全日制专业学位硕士研究生培养的基础上，进一步修改并完善充实工程实践课的教学内容，聘请校内外专家讲授电气工程实践领域中的最新知识，增加实践性课程。

为使研究生教育更多与国际接轨，始终坚持“请进来，走出去”的教学理念，广泛邀请国外著名专家、学者讲座，鼓励研究生申请留学基金委交流项目，同时资助学生参加国外高水平的学术会议。使研究生了解到学科领域的最新发展动态。

今年研究生共发表论文129篇，其中硕士生68篇、博士生61篇。为完善创新人才的激励机制，学院设立了研究生培养基金，包括优秀博士生培养基金、支持鼓励研究生参加国际交流的基金等。5名博士生获得学校博士研究生创新基金1、2名获得学校博士研究生创新基金II的资助。

为加强高端人才培养，成立了硕博连读试点班，根据硕博连读班的培养目标专门制定了硕博连读班的培养计划。并且多次组织学生开座谈会，了解硕博连读班的学习情况，并听取学生对课程安排及培养计划的建议，为进一步探索完善拔尖创新人才培养模式奠定了坚实的基础。

开展丰富的学术活动，增强研究生综合竞争力。以丰富多样的学术活动为主线贯穿研究生培养过程，开展了“院士校园行”名师讲坛1场，“与大师面对面”名师讲坛活动17场，举办了电气工程学院第五届研究生学术节，定期开展研究生学术沙龙、学术交流等活动。邀请了中国电力科学院周孝信教授做客“院士校园行”名师讲坛，为研究生做“新能源变革中电网和电网技术的发展前景”学术报告。邀请了美国加州大学伯克利分校Froy博士等专家做客“与大师面对面”名师讲坛；每月一次研究生学术沙龙，研究生就自己参与的科研项目、前沿知识展开交流，相互学习。

进一步探索校企联合培养研究生，建立有效运行的培养基地。截至2011年底，研究生联合培养基地共19个（含国际化培养基地ALSTOM英国公司），近70%专业学位和部分学术型研究生到培养基地实习。为保证基地持续运行，学院采用多种方式走访基地进行座谈，基地的技术骨干正式通过遴选聘为学院兼职导师，使校企双导师制落在实处；为保证培养质量，对研究生的实习过程进行有效管理：定期走访或通过电话、邮件等方式与基地负责人和指导教师沟通，定期与研究生座谈，研究生每三个月均要提交实习报告，并由企业指导教师评语。提升了研究生综合竞争力，联合培养研究生就业率100%、签约率97.3%。

【科研工作】

全年累计新增科研项目数115项，合同经费达到5 002.196万元。其中，纵向项目62项，包括国家自然科学基金“面上”项目1项，国家自然科学基金“青年基金”2项，科技部“863”1项，科技部“科技支撑”3项，铁道部科技司项目1项，北京市科委项目4项，国际合作项目3项。

获中国铁道学会科学技术奖3项，获国家电网公司科技进步1项。

各类论文220余篇，其中SCI检索论文7篇、EI检索总数49篇。获得授权的专利26项，受理软件著作权7项。科研项目及经费、发表论文及专利情况见表121～表124。

表121 学院科研项目及经费表

项目	类别		数量	合同经费（万元）
纵向项目	国家自然科学基金	面上	1	61.0
		青年	2	51.0
	省部级	科技部	4	205.8
		铁道部	1	30.0
		北京市	4	683.9

续表

项目	类　别	数量	合同经费（万元）
纵向项目	国际合作	3	116.6
	其他	47	806.0
	小计	62	1 954.3
横向项目	小计	53	3 047.9
合　计		115	5 002.2

表 122　学院发表论文情况统计表

分类	类　别	数量（本/篇）
论文统计	ISTP、核心期刊、其他一类、教改论文、学术著作	168
	SCI 检索	7
	EI 检索	49
	合计	224

表 123　2011 年电气学院 SCI 检索论文

序号	论 文 题 目	刊　名	ISSN
1	Calculation of electromagnetic induction inside a wind turbine tower struck by lightning	WIND ENERGY	1095 - 4244
2	Modified isothermal discharge current theory and its application in the determination of trap level distribution in	JOURNAL OF ELECTROSTATICS	0304 - 3886
3	A circuit approach to the calculation of lightning transients in cage-like multiconductor systems	INTERNATIONAL JOURNAL OF ELECTRICAL ENGINEERING EDUCATION	0020 - 7209
4	A transformer type fault current limiter with spark gap	ELECTRICAL ENGINEERING	0948 - 7921
5	Analysis and Calculation of Zero-Sequence Voltage Considering Neutral-Point Potential Balancing in Three-Level NPC	IEEE TRANSACTIONS ON INDUSTRIAL ELECTRONICS	0278 - 0046
6	Design of Analogue Chaotic PWM for EMI Suppression	IEEE TRANSACTIONS ON ELECTROMAGNETIC COMPATIBILITY	0018 - 9375
7	An Effective Control Technique for Medium-Voltage High-Power Induction Motor Fed by Cascaded Neutral-Point-Clamped Inverter	IEEE TRANSACTIONS ON INDUSTRIAL ELECTRONICS	0278 - 0046

表 124　2011 年电气工程学院授权发明专利

序号	专利号	专　利　名　称
1	2007 1 0178002. X	带节能控制的计算机电源装置
2	2008 1 0103058. 3	一种车辆辅助变流器
3	2008 1 0118084. 3	用于高压脉冲电源的多电极旋转火花隙开关
4	2008 1 0118649. 8	轨道交通用高温超导直线电机驱动装置
5	2008 1 0118834. 7	可实现整流和逆变的多电平 T 型变换器的拓扑结构
6	2008 1 0222282. 4	L 型降压变换器的拓扑结构
7	2008 1 0222283. 9	T 型降压变换器的拓扑结构
8	2008 1 0222695. 2	T 型变换器横轴的无损缓冲电路
9	2008 1 0222696. 7	T 型变换器可控支路的无损缓冲电路
10	2008 1 0227504. 1	多电平整流的 T 型变换器拓扑结构
11	2008 1 0239828. 7	感应电机的网络控制方法及其装置
12	2009 1 0078177. 2	基于传感器网络的交通状态获取方法及其装置
13	2009 1 0079723. 4	下水道伸缩管水封夹具
14	2009 1 0080636. 0	一种多电平 T 型变换器的功率因数控制方法
15	2009 1 0083927. 5	用于实现负序电流补偿的模块组合型多电平变换器
16	2009 1 0087469. 2	模块组合型牵引供电网电能质量调节系统
17	2009 1 0089671. 9	电网电压不平衡下三相电压型 PWM 整流器的控制方法
18	2009 1 0092124. 6	一种无源声光报警示温装置
19	2009 1 0093349. 3	节能型轨道交通用高温超导直线电机驱动装置
20	2009 1 0235808. 7	直流电那能表检验装置、能量误差检验方法和潜动校验方法
21	2010 2 0205800. 4	水光震动传感器
22	2010 2 0270899. 6	一种电动车充电系统
23	2010 2 0270897. 7	一种交流充电集成系统
24	2010 2 0597047. 8	一种采用电气隔离保护措施的 FlexRay 网络节点
25	2010 2 0676378. 0	一种具有无功补偿功能的能馈式牵引供电装置
26	2011 2 0226305. 6	一种兆瓦级永磁同步风力发电机的转子结构

【学科与平台建设】

拥有两个部级重点学科。

铁道部重点学科：电力系统及其自动化。

北京市重点学科：电力电子与电力传动。

部级工程研究中心：电力牵引教育部工程研究中心。

正在建设的科研平台有：

211 工程科技平台——“风力发电及动力电池能量高效变换技术”；

985 科技平台——“轨道交通安全科学与技术”的“轨道交通牵引传动供电安全与质量控制子平台”。

【对外交流与合作】

与国内外交流与合作比较活跃。组团出国访问 4 团次；与国外签订的正式合作交流协议 2 份（分别与悉尼大学、曼彻斯特大学签订 2 +2 项目协议）；国外专家、学者来访近 20 人次，教师出国进修、学习 5 人次。

理 学 院

【综述】

学院制定了《理学院“十二·五”规划》，结合学校“十二·五”规划的总体要求，围绕不断提高各类人才培养质量这一中心工作，开展学科、师资队伍与学院制度建设，解放思想，深化改革，不断实现学院各项工作快速发展。在人才培养、学科建设、科学研究、国际合作交流等方面取得重要进展，获得北京交通大学2011年度“特色奖”。

【队伍建设】

现有教职工208人（事业编制192人，劳保2人，退休返聘4人，非事业编制9人，海外讲座教授1人），其中专职教师172人，含院士5人（其中双聘院士4人），师资博士后2人。成立新一届理学院领导班子（见表125），完成系所班子换届工作。具有高级技术职称的教师占教师总数的72%；具有博士学位的教师占教师总数的76.6%（见表126）。

新入职10人、校内调入1人（丁鹏玉，院党委副书记），其中，引进教授2人、补充讲师5人、实验员1人、非事业编制技术员1人、入站师资博士后1人，其中归国人员2人（黄家强、丁优）。2011年博士后入站4人（全职学科博士后3人（含师资博士后1人），在职学科博士后1人），调出3人（薛洪峰（院机关）调离，李含冬（物理系）调离，苏亮（生物院）自愿解除非事业编制聘用合同）。教师公派出国6人（刘玉婷、李政勇、汪维家、郑神州、刘小君、曹鸿钧），共29人次出国交流，9名教师获准公派出国；教职工退休1人（黄世华教授，后返聘）。学院申报“千人计划”高层次外国专家项目1项。

成立新一届理学院领导班子，完成系所班子换届工作。9月，完成理学院“三委会”换届。激光所实体并入物理系，按虚体所运行。

表125　2011年理学院下设机构情况

序号	下设机构	负责人	备　注
1	数学系	常彦勋	
2	物理系	冯其波（兼）	
3	化学系	刘博	
4	生物工程与生命科学研究院	陈志南（院长）	洪涛（名誉院长）　何金生（常务副院长）
5	光电子技术研究所	王永生（所长）	何大伟（常务副所长）

表126　2011年理学院教职工分布表

职称 单位	院士	双聘院士	教授	退休返聘教授	海外讲座教授	副教授	讲师	高工	工程师	助工	工人	管理系列	师资博士后	退休返聘	非事业编		合计
									馆员	助馆					校聘	院聘	
数学系		1	16			33	16						1		1		68

续表

单位 \ 职称	院士	双聘院士	教授	退休返聘教授	海外讲座教授	副教授	讲师	高工	工程师	助工	工人	管理系列	师资博士后	退休返聘	非事业编		合计
									馆员	助馆					校聘	院聘	
物理系		1	10	1		26	9	4	7	1			1				60
光电所	1		11	1		4	1		3								21
化学系			2			6	7				1				1		17
生物院		2	3	1	1	11	5								2	1	26
院机关						1	3		3	1		1		1	4		14
劳保							2										2
合计	1	4	42	3	1	81	43	4	13	2	1	1	2	1	8	1	208

截止到2011年11月，理学院各系所、研究院新一届领导班子基本调整到位，分工如下：

【党建和思想政治工作】

共有党支部29个，其中教师党支部6个，学生党支部23个；党员436人，教职工党员98人，学生党员332人，保留组织关系党员6人。2011年新发展党员136人，其中研究生党员51人，本科生党员85人。教师党员比例为48.76%，研究生党员比例为43.75%，本科生党员比例为8.64%。

1. 教职工党建和思想政治工作

学院党委贯彻落实科学发展观，把握学院发展方向，推进学院改革和发展，认真贯彻“三重一大”制度，落实党风廉政建设责任制。建设学习型党组织，坚持中心组学习制度，认真学习十七届五、六中全会精神。组织讨论学院“十二五”规划，建议学校在“十二五”规划中，增加“基础学科全面夯实”的表述，将数学、物理、化学、生物学科建设全部纳入学校发展规划。加强对后备干部的培养，推荐、培养青年教师挂职锻炼。

11月，召开中国共产党北京交通大学理学院党员大会，解郁同志代表学院党委作了题为“紧抓机遇，锐意进取，努力开创理学院新局面”的工作报告，全面回顾和总结了学院党委过去五年来的工作，科学分析了当前学院发展面临的形势和差距，对今后四年的学院发展方向和战略目标做出了全面部署，对加强学院党的自身建设，建设学习型党组织，不断增强党的凝聚力和战斗力做出明确要求。选举产生了新一届理学院党委委员、党副委书记、党委书记。

开展建党90周年纪念活动，在学校开展的“党在我心中”征文活动中，有9篇文章获奖，其中徐叙瑢院士的文章获得非学术类一等奖。在师生党员“短信寄语建党90周年”活动中，有11条短信获奖。认真开展“七一”评选表彰先进基层党组织和优秀党员活动，经过推荐，学院共有1个党支部获校级先进基层组织，1人获校优秀党员标兵，1人获优秀党务工作者，6人获校优秀共产党员称号，有6个党支部获学院先进党支部称号，36人获学院优秀共产党员称号。组织“共产党员献爱心”捐款活动，共有128名党员捐款10 215元。围绕“促进学院发展、提升党员形象”深入开展创先争优活动。

加强教职工思想政治工作和统战工作，支持教代会、工会、青年教师联谊会、女教授联谊会等工作。组织新年联欢等活动，凝聚教师，建设小家。支持教代会提案工作等。开展校庆115周年纪念暨91届01届校友返校活动，共有40多名校友返校。顺利完成了海淀区第十五届人大代表选举工作，我院王玉凤教授再次当选为海淀区第十五届人大代表。

2. 本科生党建和思想政治工作

招收本科生457人，位于全校第1，全院本科学生总数达1 575人，位于全校第三，学生规模在全校前列。

2011届本科毕业生352人，其中，出国48人，升学154人，深造率为57.4%，比上一年提高5.3%，签约率87.5%，比上一年提高了8.2%，就业率为99.7%，提高了0.3%；1名同学志愿服务西部，14名同学获得奋飞奖。获得深造率、就业既定工作目标、签约率、面向基层就业的四个单项奖。

本科生2010—2011年度各类奖学金统计表见表127。

表127　本科生2010—2011年度各类奖学金统计表

奖学金	思源	国家	励志	新华都	汉能李嘉宁	智瑾	理学院创新奖	波易达	“纪惠慧贤腾飞计划”	学习	社会工作	奋进	体育	文艺	社会实践	三好学生	优秀学生干部
人次	1	15	46	2	3	3	16	3	3	263	101	23	27	28	11	70	35

以培养学生成人成才为中心，大力开展学风建设，通过开展扎实有效的思想教育活动，制定“分年级学生素质培养体系”，完善“大学生素质拓展计划”，切实提高学生综合素质。

以纪念建党90周年为契机，开展主题思想教育活动，坚定学生理想信念，如“知行录”系列论坛、“剧说”90年红色短剧比赛、“我的理想与现实”主题演讲比赛等；开展第八届“知行并茂，明理崇德”理科文化月系列活动，“开拓视野，知行达理”实验室系列参观讲解、“神奇黑洞，趣味揭理”名师科普讲座、“读书明理，睿智人生”荐书、品书、赠书系列活动、“唇枪舌辩，理辩明理”八校理学院辩论赛、“源于梦想，点亮青春”院刊《源点》创刊；组织理学院校史知识竞赛、“银杏知秋”摄影及制作创意大赛、竞赛知识大讲堂、为白领做准备—办公技能大赛、理学院百科知识竞赛、第十三届全国大学生数学建模邀请赛、《美轮美奂的演示物理》讲座、“结构设计联赛”趣味组比赛、“节能减排”创意比赛等学生科技活动。信科1004班吴望龙同学获得北京交通大学“第五届ACM程序设计竞赛”特等奖；思源1004班康政同学获得首届“CIBN杯”全国大学生英语节目主持人大赛特等奖。

思源0902班获“北京市先进班集体”荣誉称号；1人获得宝钢优秀学生奖；1人获“思源奖学金”个人最高奖。本年度有8个校级先进班集体，9个校级优良学风班，15个院级优良学风班。

共有60人在学校新办理了国家助学贷款，学院常设勤工助学岗位90个，在本年度助学金评选发放中，我院所有贫困生均获得了各类助学金，其中获得国家助学金296人；校级专项助学金99人；其他各类助学金28人。

学院团委共组织7支暑期社会实践团，其中4支学院立项团队、3支自主立项团队。经过校团委评审，获得校一等奖1个（共6个）、二等奖1个、三等奖1个，社会实践优秀个人21人，“重温建党伟业，青春使命在肩”暑期社会实践团被评为“首都大学生暑期社会实践优秀团队”。北京社区残疾人生活情况调查报告、“扬我风采，实践真知”当代青年创业形势调研被评为“首都大学生暑期社会实践优秀成果”。团干部张丹、朱善斌被评为“北京交通大学本科生暑期社会实践优秀带队教师”。

3. 研究生党建和思想政治工作

2011 届参与就业研究生 174 人，其中，硕士研究生 150 人，博士研究生 24 人，初次就业率为 98.28%。

研究生思想政治教育工作，坚持育人为本、德育为先的原则，以主题教育和信念教育为主题，以党日活动和日常管理为载体。紧抓学风建设，引导研究生树立正确的人生观和价值观，营造潜心科研、求真务实的良好学风。4 月，举办了主题为“如何做好科研与创新”的第八届研究生学术沙龙，邀请理学院知名教授进行报告并交流。组织“与大师面对面”活动 18 次，邀请国外著名学者 8 人次。

7 月，组织“低碳生活在路上”暑期社会实践团，分别赴新亚强硅化学江苏有限公司、深圳宝莱德光电科技有限公司等公司进行社会实践。该实践团获得学校一等奖，并获首都高校大学生暑期社会实践优秀团队，1 人获首都大学生暑期社会实践先进个人称号。

共评出校级优良学风班 2 个，共计 88 人次获得校级奖励，其中优秀研究生 1 人，京东方中和奖学金 8 人，智谨奖学金 1 人，NLTC 绿色照明奖学金 9 人。

研究生获奖情况统计表（北京市级及以上）见表 128。

表 128 研究生获奖情况统计表（北京市级及以上）

序号	学院	学号	姓名	奖项名称（含各种竞赛、荣誉称号等）
1	理学院	07118346	闫光	宝钢优秀学生奖、北京市三好学生
2	理学院	10125703	钱礼光	首都大学生暑期社会实践先进个人

【教学工作】

1. 本科教学

共有在校本科生 1 575 人，信息与计算科学、光信息科学与技术、材料化学 3 个本科专业和理科试点班。

现有国家级精品课程“大学物理”、“大学物理实验”；北京市精品课程“大学物理与实验”；国家“十一五”规划教材《大学物理实验》；国家级教学名师王玉凤教授。

刘迎东老师主编的《微积分（上、下）》教材和盛新志老师主编的《激光原理》教材被评为北京市高等教育精品教材。吴重庆教授申报的《光学与光学技术研究方法》、郝荣霞教授申报的《图论导引》、修乃华教授等申报的《半定规划》教材，均列为 2011 年教材出版基金资助。

在“2011 年高等教育信息化先进评选”中，“物理实验课程创新教育的信息化支撑平台”获“高等教育信息化应用创新奖”。（教育部科技发展中心颁发）

龚漫奇老师被评为 2011 年北京交通大学“课堂教学教风标兵”。

组织校、市、国家三级学科竞赛：数学建模、数学竞赛、物理竞赛、物理实验（承办市级物理实验）。2 月，参加美国大学生数学建模竞赛获全球一等奖 2 项（2 队 6 人），二等奖 15 项（15 队 44 人）。9 月 15—18 日全国大学生数学建模竞赛，获得全国二等奖 2 个队、北京市一等奖 3 个队、北京市二等奖 8 个队。2011 年全国大学生数学建模竞赛二十周年，王兵团教授被全国组委会评为“全国大学生数学建模竞赛优秀指导教师”。3月17日，在北京航空航天大学举行了全国第二届大学生数学竞赛决赛，曲振获非数学组全国二等奖。10月29日，在北京科技大学举行全国第三届大学生数学竞赛暨北京市第二十二届大学生数学竞赛，共选拔了101名同学参加此项赛事，取得非数学一等奖3名，二等奖7名，三等奖4名，丙组一等奖1名，三等奖3名，数学组三等奖1名，共计19名同学获奖。11月13日，北京市第四届大学生物理实验竞赛，由北京市教育委员会主办，理学院物理实验中心连续第四次承办，竞赛评出一等奖29项、二等奖46项、三等奖59项、最佳组织奖18项，学校获得一等奖3项和二等奖3项。第二十七届全国部分地区大学生物理竞赛由清华大学承办，学校参赛学生354人，共有51人获奖，其中一等奖4人、二等奖15人、三等奖32人。

2010年度大学生创新性实验计划项目结题验收，共完成作品20件，已申请发明专利2项，已发表和已接收论文13篇，其中发表SCI论文3篇，获得学校“挑战杯”一等奖3项，校“挑战杯”二、三等奖各7项，北京市大学生科技创新与创业大赛一等奖1项，北京市大学物理实验竞赛二等奖1项，有6项评为优秀项目，1项国家级项目推荐参加“第四届大学生创新论坛”。

本学年度承担了全校国际班的公共基础双语教学，包括：微积分、几何与代数、概率论与数理统计、化学、大学物理。

2. 研究生教学

共有在校硕士生340人、博士生135人，2011年新招生硕士生168人，博士生33人。目前拥有一级学科硕士学位点3个：数学、物理学、光学工程；二级学科硕士学位点16个；博士学位点4个：运筹学与控制论、系统理论、光学、光学工程。

在研究生生源上，鼓励并争取本校优秀生源直读博士学位，对优秀本科生直读本校研究生采取奖励措施，提高了本校优秀本科生攻读研究生的积极性。修订推免研究生相关办法，注重在生源入口关把握好学生的学科基础和科研潜力。

在研究生培养上，坚持导师制，注重研究生的个性培养。修订了研究生各专业的培养计划，完善教学管理过程，修乃华教授主编的研究生教材《半定规划》获得教材出版基金。

注重研究生国际化培养与合作交流，鼓励研究生出国留学或参加国内外学术交流活动，2名硕士生获得出国攻读博士学位资格，4名硕士生获得国外联合培养资格，7名硕士生申请法国留学项目；学院鼓励博士生积极参加博士生创新基金项目，2011年获得学校审批博士创新基金项目二级2项、一级5项，极大地调动了博士生从事科研的积极性。

研究生论文水平明显提高，24名博士毕业生的博士学位论文中有18名博士生论文选题为结合国家973、863项目、国家自然科学基金项目，1名博士生为结合省部级项目，1名博士生为国际合作研究项目，博士生发表论文被SCI、EI、ISTP三大检索系统收录论文数为71篇；141名硕士毕业生发表论文49篇，其中被SCI、EI、ISTP三大检索系统收录论文数为23篇，研究生论文数量和质量都有明显提高。在学校2011届优秀毕业论文评选中，有2个博士生、6个硕士生的博士论文获得优秀，博士生刘玉婷的论文入选2011年“北京市优秀博士学位论文”，李政勇的博士论文入选2011年“全国百篇优秀博士论文”，这些都在学院研究生培养上取得了突破。

积极探索专业学位研究生培养方式，加强专业学位研究生课程建设，规范在职攻读专业学位研究生的培养方案，注重搭建高水平实践教学平台，新增1家研究生联合培养基地

（中科院苏州生物医学工程技术研究所），目前已有18家研究生联合培养基地。

【科研工作】

新增科研项目数为155项，合同经费达3 740.7万元。其中：主持国家自然基金项目（面上）12项，国家自然基金青年项目8项，国家自然基金其他项目3项，国家自然基金项目重点项目2项，国家自然基金重大项目1项，国家自然基金杰出青年基金1项，总计27项，国家自然基金项目总经费达1 215.5万元，主持国家软科学项目1项，10万元，参加国家重大专项4项，达50万元；获批教育部新世纪人才项目1项，经费50万元；主持科技部973项目1项，263万元；获批北京市自然基金项目3项，经费总计26万元；发表期刊论文共124篇；检索论文SCI151篇；EI（去重后）53篇，总数达到328篇。出版专著3本。专利33项，其中发明28项；实用新型5项。

国家自然基金项目27项，增长22.7%，经费总数1 215.5万元，增长102.2%。教育部项目5项，与去年持平，经费总数37万元，增长81.4%。红果园项目3项，增长200%，经费437万元，增长1 932.6%。纵向合计98项，增长28.9%，经费2 950.35万元，增长41.4%。横向合计55项，减少20.3%，经费1 017.57万元，减少20.6%。项目总计153项，增长5.5%，经费总计3 967.92万元，增长17.8%。SCI检索论文151篇，增长7.9%，EI论文53篇，增长17.8%。

【学科与平台建设】

新获数学、物理学、统计学（与其他学院共建）3个一级学科博士点授权，同时新增生物学和化学工程与技术2个一级学科硕士点。目前，学院已拥有数学、物理学、光学工程、系统科学（共建）、统计学（共建）5个一级学科博士点，在19个硕士点招生（含2个专业学位点）。

发光与光信息技术教育部重点实验室建设进展平稳，经过近几年的扎实建设和精心筹备，在今年教育部验收的激烈竞争中获得通过。

聘任马志明院士筹建数学科学研究院，成立数学科学研究院，数学学科建设进一步加强。继续做好“超微结构测试分析中心”和“科学计算中心”的续建和运行完善。

自筹资金100余万，对“发光与光信息技术”教育部重点实验室进行整体维修改造、数学教师办公室维修、科学计算中心建设及“超微结构测试分析中心”设备购置配套等；为加强生物、光学工程实验平台建设，招聘1名博士生为“发光与光信息技术”教育部重点实验室实验员，为“超微结构测试分析中心”招聘1名专业实验员。

完成“十二五”学科建设规划制定，提出“整体实力位于全国同类高校理学院前列”的发展目标，明确了人才培养、科学研究、师资队伍，对外交流与服务等方面的主要任务，并提出了一系列切实的改革和保障措施。规划制定经历了总结启动、调研诊断、规划撰写和征求意见四个阶段，通过对“十一五”总结回顾和对兄弟院校理学院的调研比较，明确了学院发展优势与差距，机遇和挑战。

【对外交流与合作】

外事工作进一步全面扩展，与加拿大西安大略大学签署本科生“3+1+1”联合培养协议；与英国伯明翰大学的联合培养协议经过多次讨论和修改，已基本确定，伯明翰大学项目负责人于2011年12月中旬访问学校，待协议签署后，2012年将开展学生选拔与派出工作。

共邀请26位国外专家来我院进行学术报告。理学院冯衍全老师和冯其波教授获得海外高层次文教专家重点支持计划资助。聘请韩国埔项科技大学（Pohang University of Sicience and Tecknology）的 Jin Ho Kwak 教授在我院工作一个学期，并申报“外籍千人计划”，聘请美国奥克兰大学杨连祥教授来校讲学。

出国教师共有 28 人次，其中公派出国 5 人，短期出国 23 人次。

第一批到滑铁卢大学学习的 7 名同学全部顺利毕业（2009 年派出），获得滑铁卢大学及学校颁发的学士学位。2011 年选拔并派出 8 名同学到西安大略大学学习。

4 月 10 日至 14 日冯衍全老师组织并成功举办了“群、图与网络”国际会议，参会人数 61 人，其中国外学者 17 人。参会人员中有新西兰科学院院士 Conder、韩国科学院院士 Kwak、斯洛文尼亚著名代数图论专家 Marusic、俄罗斯著名拓扑图论专家 Mednykh 等 10 位国际著名学者。

人文社会科学学院（马克思主义学院）

【综述】

2011 年是人文社会科学学院各项工作稳步发展的一年。在学校党委的领导下，经过学院全体教职员工的共同努力，学院工作在原有基础上迈出了新的步伐，取得了新的成绩。

【队伍建设】

学院有教职工 84 名，其中专职教师 72 名。高级职称共 42 人，其中教授 12 人，副教授 35 人，博士生导师 8 名，硕士生导师 50 名（含兼职）；具有博士学位的教师比例为 43%。学院教工分为思想政治教育理论课、文化素质教育课和法律专业课等教学队伍。其中法律系教师 28 人，马克思主义理论部 38 人，文化教育中心 10 人，行政 8 人。补充博士、博士后共 2 名。

【党建和思想政治工作】

学院有党支部 16 个，其中教工支部 3 个，学生党支部 13 个；在册党员 213 名，其中教工党员 62 名，占教工比例为 73. 8%；学生党员 151 名，其中研究生党员 101 名，占研究生比例为 48%；本科生党员 50 名，占本科生比例为 12. 5%。

1. 教职工党建和思想政治工作

根据学校党委统一部署，人文学院党委平稳、有序地完成了学院党委和各党支部的换届工作；为加强学院领导班子思想建设，坚持每月一次的政治理论学习制度。为提高学院教师整体思想政治素质，学院共派出 12 名教师参加教育部和北京市组织的骨干教师培训，有效提升了学院教师队伍的思想政治素质和业务水平。

学院党建和思想教育活动有序开展。学院党委以建党九十周年为契机组织开展了一系列活动。除学院领导班子多次组织政治理论学习以外，院党委还多次组织各党支部集中学习讨论胡锦涛同志七一重要讲话和党的十七届六中全会精神，组织全体教工党员参加了“学党史 看发展 固信念”主题党日活动；组织发动全院师生积极参加学校主办的纪念建党 90 周年“党在我心中”主题征文等活动，取得优异成绩，学院获得优秀组织奖。学院还推荐 6 名教师和学生参加了北京市庆祝建党 90 周年宣讲活动。

在学校召开的纪念中国共产党成立 90 周年暨表彰大会上，陈博获得“优秀党务工作者”称号，陈树文、南玉霞获得“优秀共产党员”的称号。

2. 本科生党建和思想政治教育工作

在学校召开的纪念中国共产党成立 90 周年暨表彰大会上，人文学院 2008 级本科生党支部获得“北京交通大学先进基层党组织”称号，张宏杰获得“优秀共产党员”的称号。

学院以纪念建党九十周年庆祝活动为契机，深入推进学生党员的创先争优活动。在纪念建党九十周年的活动中，学院组织各学生党支部、团支部开展了“学党史、知党情、跟党走”主题教育活动，参加了“短信寄语建党 90 周年”、“党在我心中”经典名家名篇诵读晚会等活动。在学校举办的“党史知识”竞赛中获得了第二名，在“放歌党旗下 · 红动北京城”校园红歌会比赛中获得三等奖。

促进毕业生就业工作。学院坚持早启动、早推荐、早动员，分层次、分阶段地做好毕业生就业工作。学院本科生就业率为98%，本科毕业生中有1人参军，3人赴西部工作，3人赴京郊担任村官，7人赴市级以下基层单位工作。

做好特殊群体学生教育工作。目前人文学院有76名体育特长生，27名藏族学生，学院有效加强对上述特殊学生群体的管理和教育。在全校纪念“一二九”运动76周年文艺汇演中，学院组织26名藏族同学全部登台表演了自编自演的歌舞《欢乐的洛萨》，取得文艺演出第二名的好成绩。学院还组织了为全院家庭困难学生献爱心活动，在全校“感恩、诚信、自强”征文比赛中，学院1名学生获一等奖，2名学生获三等奖，5名学生获得优秀奖，获奖比例为全校第一。

学院大学生整体素质得到提升。在年度评优评先工作中，学院有1个班级被评为“北京市先进班集体”，2个班级被评为“校级先进班集体”、“校级优良学风班”，4个班级被评为“院级优良学风班”；15人获得“国家奖学金”等专项奖，15人获得“校三好学生”荣誉称号，12人获得“校优秀学生干部”荣誉称号，159人次获得各类单项奖学金。学生在全国、北京市各类体育比赛中获前三名奖项162人次，在第六届“挑战杯”首都大学生课外学术科技作品竞赛中获二等奖1人，在2011年全国大学生英语竞赛中获特等奖1人、三等奖3人。

3. 研究生党建和思想政治教育工作

学院成功举办了第五期学生党员“先锋”培训工程，先后举办了5场专家讲座、3场党员论坛、多场心理沙龙活动和理论学习竞赛活动，有效提升了学院学生党员的思想政治素质和业务能力。

促进毕业生就业工作。学院坚持早启动、早推荐、早动员，分层次、分阶段地做好毕业生就业工作。学院研究生就业率为100%，有4名同学担任了村官和社区助理，在学校2011年度就业工作总结表彰会上，人文学院在引导学生面向基层就业方面成绩突出受到表彰。

学院研究生取得了校研究生篮球赛冠军、研究生羽毛球比赛亚军、研究生英语文化之夜二等奖。

【教学工作】

学院教学和人才培养工作，加快改革步伐，注重教学内容、手段和质量的提高，取得了新进展。

承担面向全校本科生、硕士生和博士生思想政治理论公共课教学任务。思想政治理论课教师坚守主阵地，高唱主旋律，积极推进教学内容、方法和模式的改革，扎实推进马克思主义中国化最新成果“进教材、进课堂、进头脑”，加强实践环节，通过开展小品表演、读书活动、主题演讲、热点研讨一系列活动，有效调动了大学生学习政治理论课的热情。

承担面向全校本科生的文化素质课教学任务。人文学院面向全校开设了30余门文史哲艺课程，并组织了多场名家讲座、“经典阅读”读书会等活动。学院还选择《国学概论》《大学语文》《中国历史文化概论》《世界文明史》《中外电影赏析》5门课程重点建设为网络课程；选择了《中国历史文化概论》《交通运输法》等有特色的课程进行视频公开课建设；组织全校学生参加人文知识竞赛活动，并组织推荐学生参加北京市大学生人文知识竞赛；组织全校两千余名学生参加教育部主办的普通话水平测试。通过推进文化素质类课程改革，有效提升了文化素质课程的教学效果。

承担法学专业和面向全校工程硕士的知识产权法等课程的教学任务。本年度，人文学院法律系与西城司法局合作，建立了法律系校外实践基地，并派出部分学生去西城司法局法律援助中心实习锻炼。组织了北京交通大学模拟法庭竞赛，选拔学生参加北京市教委主办的北京市大学生模拟法庭竞赛，并获得竞赛二等奖。

承担学校体育特长生的教学任务。从 2011 年开始，学院结合体育特长生的特点，开展了分班教学和优秀在役运动员送课上门工作，目前已为体育特长生单独开设法律专业课程，为优秀在役运动员送课上门讲授专业课 16 门。

学院组织全校学生参加了北京市大学生普通话水平测试，参加学生 750 人；组织全校学生参加全国高等学校学生语言文字基本功大赛，共有百余学生参加；与国家博物馆联系，为全校师生发放国家博物馆参观券《启蒙的艺术》21 000 张。

学院利用律师服务、联合办学等方式，进一步加大了为地方经济建设、法制建设和社会建设服务的力度。在为学校提供法律服务方面，2011 年共参与对违纪学生的处分 7 次，审议文件 72 份，接受咨询 69 个，代理诉讼 4 个，起草法律意见书 4 份。

【科研工作】

学院教师共发表学术论文 103 篇，其中，一类论文 30 篇，CSSCI 论文 20 篇。主编、参编专著等 16 部、译著 1 部。学院教师新增科研项目 23 项，合同经费达到 170 余万元，比上年有所提高。

为提升整体科研氛围，学院还组织了“人文社会科学专家系列讲座”，先后约请著名专家来学院做学术报告或学术交流，共举办学术讲座 18 次；与学校相关部门合作，组织了“当代中国国情与青年历史责任”系列讲座 11 讲，先后约请了国内著名专家学者结合自身创业实践对大学生进行讲座辅导，极大地提升了大学生的思想政治素质和专业素质，受到广大师生的一致好评。

学院还组织教师开展了学习研究胡锦涛总书记在清华大学百年校庆重要讲话、纪念中国共产党成立 90 周年重要讲话、党的十七届六中全会精神等系列活动，先后在《人民日报》《光明日报》《中国教育报》等报刊发表相关学习研究文章 20 余篇，在《北京晚报》开设“胡锦涛七一重要讲话”系列讲座 7 讲，多名教师参加全国高校纪念中国共产党成立 90 周年理论研讨会，并在会上作重要发言，在国内同行中引起较大反响。

【学科与平台建设】

学院积极组织申报的法学一级学科硕士点、马克思主义理论一级学科博士点，均获成功，使硕士一级学科由原来的 1 个变成了 2 个，实现了学院一级学科博士点的突破，使学校成为北京市继清华大学之后理工科重点高校具有马克思主义理论博士一级学科的第二家高校。人民网、搜狐网、大众网等国内多家网站均对学院马克思主义理论一级学科博士点获得获准作了报道，并给予高度评价。

努力发挥人文社会科学学科的社会服务功能，为地方经济社会发展充当“思想库”、“智囊团”。学院院长韩振峰教授提出的“关于建立北京精神研究中心和交流中心的建议”等合理化建议，受到时任中共中央政治局委员、中共北京市委书记刘淇等领导的批示。

【对外交流与合作】

学院共派出 5 位教师赴美国、俄罗斯等国进行访学进修。

为加强与国外、境外大学的交流与合作，学院还与美国耶鲁大学等国外知名高校进行学术交流，12 月上旬学院法律系与美国耶鲁大学中国法研究中心就信息公开与保守国家秘密法进行了交流探讨，并商谈了双方进一步合作的相关事宜。

4 月，台湾知名行政法学专家、真理大学财经法律学系蔡震荣教授率团到学校开展学术交流、商讨联合培养等有关事宜，开阔了师生的国际视野。真理大学财经法学系与学院法律系教师举办了交通运输法方面的学术研讨会；6 月，学院 5 名教师到台湾真理大学访问，并就双方互派本科学生进行商谈，达成初步互派协议。

语言与传播学院

【综述】

学院下设英语系、传播学系、欧亚语系、大学英语教学部、研究生英语教学部、外语媒体教学中心、翻译专业硕士（MTI）教育中心7个教学科研单位，以及语言文化研究所、文化产业研究中心、英美文学研究所、外国语言学及应用语言学研究所、应用传播研究所5个院级研究所和研究中心。6月8日，党政联席会决定由西班牙语、俄语、日语、法语、德语教师组合成立“欧亚语系”；大学英语教学一部、大学英语教学二部合并，成立新的“大学英语教学部”。9月，“教育部大学英语联络办公室”挂靠在语言与传播学院。

【队伍建设】

2011年，学院有教职工129名，其中专职教师113名，硕士生导师16名；具有博士学位的教师比例为17.8%。师资补充博士后1名、博士4名、硕士2名。在职攻读博士学位教师2名。

学院领导班子换届，新的领导班子组成如下。

院长：司显柱。书记：赵岚。副院长：杨若东、刘伟（兼副书记）。副书记：高永峰。

11月，选举产生新一届党委成员：赵岚、司显柱、杨若东、刘伟、高永峰、张军学、李京平。

教职工在学院系、所、中心、机关分布表见表129。

表129　教职工在学院系、所、中心、机关分布表

职称 单位	教授	副教授	讲师	助教	高政师	高工	工程师	馆员	助理研究员	助工	工人	合计
大学英语教学部	1	9	48	2								60
研究生外语教学部		7	3									10
欧亚语系		4	5	5								14
英语系	3	9	8									20
传播学系	2	2	5									9
学院机关	3	1	3			1	1	1	1	1		12
外语媒体中心							1				3	4
合计	9	32	72	7		1	2	1	1	1	3	129

【党建和思想政治工作】

截至2011年底，学院有党支部11个，其中教工支部5个，学生支部6个；共有党员153名，其中教工党员65名，党员比例为50.4%，研究生党员39名，党员比例为61.9%；本科生党员49名，党员比例为11.3%；发展新党员29名。见表130。

表 130　学院党员情况统计表

类　别	教职工	研究生	本科生	小计
党支部个数	5	2	4	11
在册党员人数	65	39	49	153
全年发展党员人数	1	9	19	29
党员比例	50.4%	61.9%	11.3%	

1. 教职工党建和思想政治工作

学院继续深入开展以“提高办学质量促发展、服务人民群众树形象”的创先争优活动，引导广大党员群众学先进、争先进。结合庆祝建党 90 周年，举办迎“七一”建党 90 周年系列庆祝活动，组织广大党员和教师赴西柏坡参观，重温党的革命斗争历史，大力发扬艰苦奋斗作风，始终保持党员先进性。在唱红歌比赛中，获“最具活力奖”和“最佳组织协作奖”；探望慰问老干部、老党员及困难党员；组织广大师生党员进行建党 90 周年寄语等活动。认真组织北京交通大学海淀区第十五届人大代表选举工作。

2. 本科生党建和思想政治教育工作

学院共有 160 名同学获得各类奖学金；北京市先进班集体 1 个；先锋杯团支部 1 个；交大论坛辩论赛亚军；百科知识竞赛亚军；CCTV“希望之星”英语竞赛优秀组织奖等。2011 届毕业生共计 96 人，深造率 48.95%，就业率 98.96%。

学院以邓小平理论和“三个代表”重要思想为指导，深入学习科学发展观，依托学生知行中国特色理论学习研究会，开展“回望金色年华，坚定人生信念”建党 90 周年主题教育活动；开展“立足社会，从我做起”主题党日活动；制定《语言学院学生党员考评细则》，党员考评制度进一步规范化和系统化；认真开展“思源情深 2011 届毕业生教育系列活动”。

学院围绕学风，全面提升学生的综合素质。举办“笃行乐学·声随影动——第八届中英文电影配音大赛”；举办“情绪 & 时间 & 目标 & 团队”基层论坛；依托“语言学院英语语言学习服务指导中心”，提升学生的英语综合应用能力以及交流沟通能力；开放式、多元化设计“新语·传情入学教育系列活动”；开展“五月骊歌”班级风采文艺汇演；举办“我的同伴，我的班”优良学风班风采展示；打造“EXCHANGE& SHARE &ENJOY”交响乐课程、“TEAM WE ARE”团体课程、“青年领导力提升课程”，加强团干部培训；以知识讲座、辩论赛等形式开展时政讨论；围绕“辛亥革命”、“建党九十周年”为主题开展班级风采展示。本科生各类奖学金及家庭经济困难学生资助情况如表 131、表 132 所示。

表 131　本科生 2010—2011 年度各类奖学金统计表

奖项	国家	励志	智瑾	汉能	新华都	学习	社会工作	奋进	体育	文艺	社会实践
人次	4	9	1	1	1	82	33	7	9	11	3

表 132　本科生家庭经济困难学生资助情况

项目	名　称	人次	总金额/元
奖	国家励志奖学金	9	45 000 元
	合计	9	45 000 元

续表

项目	名　称	人次	总金额/元
助	国家助学金	45	135 000
	校专项助学金	21	22 000
	中海油助学金	2	6 000
	汉能李嘉宁	2	6 000
	新长城恒大助学金（新生）	3	9 000
	曦明助学金	1	2 500
	合计	74	180 500
勤	勤工助学岗位	79	22 000
	合计	79	22 000
贷	国家助学贷款	33	18 900
	合计	33	18 900
补	大一新生补助	15	4 500
	生活补助	63	8 240
	临时困难补助	2	3 000
	合 计	80	15 740

3. 研究生党建和思想政治工作

积极落实《北京交通大学进一步加强和改进研究生思想政治教育的实施办法》，坚持以学生为本，逐步确立“以提升研究生专业竞争力和综合素质为核心，推进研究生思想政治工作的开展”的发展目标，从解决研究生实际问题入手，结合学院特色、专业特点扎实有效地开展研究生党建与思想政治工作。组织研究生党员骨干培训班；开展以“做人做事做学问大讨论”为主题的民主生活会，引导支部成员争做优秀共产党员；以党支部为单位，开展了反邪教教育主题党日活动；组织“爱心传递系列活动”、“2011 知识中国”公益活动等。2011 年暑期，学院派出两个社会实践团，分别赴山东省济宁市鱼台县和陕西省西安市开展暑期社会实践活动。山东济宁市的新闻媒体对学校的实践团作跟踪报道，取得了良好的社会反响，学院签订协议在当地建立研究生社会实践基地。

2011 年学院研究生获各类奖学金 18 人次（见表 138）；北京市三好学生 1 人；校级优秀班集体 1 个；首都高校先锋杯团支部荣誉称号 1 项；首都大学生暑期社会实践优秀团队 1 个；首都大学生暑期社会实践优秀成果 2 项；红色“1 + 1”活动获北京高校红色“1 + 1”示范活动鼓励奖；学院学风建设辩论赛三等奖；研究生就业工作获“完成就业率既定目标”和“引导毕业生面向基层就业”2 项表彰。2011 届毕业研究生 28 人，就业率 100%。2010—2011 年度各类奖学金统计见表 133。

表 133　研究生 2010—2011 年度各类奖学金统计表

奖项	三好研究生	北京市三好生	优秀研究生干部	道德建设先进个人	社会实践先进个人	曦明助学金	校友奖学金
人次	4	1	3	1	4	1	1

2011年招生、在校、毕业学生人数见表134。

表134 2011年招生、在校、毕业学生人数

类别 年份	硕士			本科		
	招生	在校	毕业	招生	在校	毕业
2011	36	63	28	127	435	99

【教学工作】

1. 本科教学

学院下设英语、传播学和西班牙语3个本科专业，在校本科生435人。其中英语专业227人，传播专业183人，西班牙语专业2011年开始招生，首届招生25人。校级优秀主讲教师29人，占学院教师总数的26%。组织学生参加的各项外语比赛共获奖7项，教师有12人次获各类奖10项，李京平获第七届“北京市高等学校教学名师奖”和“宝钢优秀教师奖”。

学院注重本科专业建设，进一步明确专业建设的指导思想和专业定位。英语专业根据社会对英语人才的需要，充分利用学校相近的学科优势，体现理工科院校的特色。培养英语语言基本功扎实，知识结构合理、应用能力强，并有一定的专业知识和较强实践能力的复合型人才。传播学专业兼顾专业特色优势，创新培养模式，设立两个本科生培养方向：视觉传播和商业传播。强调专业理论素质和实践动手能力的培养，尤其是交大麦肯课程密切结合社会需求和企业需求进行开拓调整，坚持产、学、研相结合，突出教学的时效性与学习能力、实践能力的结合。传播学系申报的产学研实验班获得批准。西班牙语专业根据社会对西班牙语人才的需要，培养具有听、说、读、写、译扎实的西班牙语基本功底，能流利使用英语的应用型、复合型西班牙语人才。

2. 研究生教学

学院共有硕士学位授权点3个，翻译硕士专业学位2011年开始招生，首届招收13人。学院共有在校研究生63人，公开发表论文60余篇。与二七机车厂达成了合作意向，建立翻译硕士的联合培养和实践基地。深入贯彻落实研究生综合素质教育计划，开展“与大师面对面”名师讲坛活动6次，举办学院“慧研杯”学术文化节，涵盖了学术论坛、读书沙龙、学术论文征集等活动，通过评选形成“学术文化节论文集”。开展首届“研究生学术沙龙——Share & Inspiration”活动，根据学生的研究兴趣建立一种非正式的、学生自发的学习小组，定期分享研究成果，加强学生自主研究能力。学院组织督导组对研究生课程质量进行检查，并对研究生毕业论文进行抽查。听取各方意见和建议，研究新时期提高研究生培养质量的方式方法。

【科研工作】

新增科研项目48项，合同经费107.5万元，合同经费比上年增长57%；其中新增国家社科基金1项，实现国家社科基金零的突破；新增教育部人文社科项目青年计划2项，基本科研业务费22项。发表学术论文76篇，其中A类论文1篇，CSSCI论文15篇；出版专著5部、译著3部；教材及教学辅导书20部；6项校级教改项目。

学院对发表高水平论文、专著、教材和获重要科研项目的教师给予政策倾斜，鼓励教师从事科学研究，逐步形成重视科研的氛围。

【对外交流与合作】

2011 年，学院派出 5 名教师出国做访问学者，4 名教师被派往白俄罗斯、印度、西班牙、比利时教授汉语课程。5 月，邀请美国桥水州立大学 Benjamin Carson 教授来学院进行为期一个月的讲学；7 月，与西班牙拉斯帕尔马斯大学签署合作交流协议，在学生交换项目，共同授予学位及师资交流等方面达成合作协议；9 月，西班牙拉斯帕尔马斯大学教师 Sara Estevez 来学院西班牙专业任教；10 月，与阿根廷布宜诺斯艾利斯大学签署理解备忘录，在学生交换及师资互派方面达成合作意向。向美国桥水州立大学和蒙特克莱尔大学共派出 6 名本科生和研究生参加学分互换交流；11 名本科生分别前往台湾义守大学、韩国崇实大学、美国威斯康星大学进行交流或攻读学位；接收本科留学生 3 名。接待桥水州立大学学生暑期文化学习团一行 21 人为期一周的访问。

软件学院

【综述】

软件学院设有软件工程专业，包含软件工程技术与数字媒体技术 2 个专业方向。学院下设软件工程系、软件工程研究中心和院机关。院机关包括行政办公室、教学科、研究生科、团委、就业办公室、实验中心、工程硕士培训中心、国际交流中心。2011 年学院继续推进学科平台建设、提高学院师资队伍建设，7 月获批国家一级学科博士点。学院积极加强高水平平台建设，成功申报参加产学合作人才培养和国际化人才培养两项国家教育体制改革项的试点，为学员人才培养打造了坚实平台。在国际化办学宗旨的指导下，学院大力拓展国际合作渠道、加大项目宣传力度，新增国际会议协议与谅解备忘录共计 9 项。与上年相比，出国人数翻倍增长。

【队伍建设】

2011 年，学院有教职工 39 人。专职教师 11 人、企业教师 3 人，外聘兼职教师 64 人。博士生导师 1 人。硕士生导师 35 人，兼职硕士导师 24 人。在编具有博士学位的教师比例 53.8%。

学院进一步提高师资水平、加强师资队伍建设。资助红果园 D 类人选 1 人，选派 2 名教师进行为期 1 年出国进修，10 名教师赴加拿大进行为期 2 周教学观摩交流，1 名教师参加出国人员英语培训，9 名教师参加国内师资培训与学术交流。刘铎获北京市青年教师基本功大赛三等奖，于亚光获北京高校就业指导讲课比赛优秀奖。

【党建和思想政治工作】

11 月，经过校党委的批准，学院党组织设置由党总支改为党委会。11 月 20 日，召开软件学院全体党员大会，选举产生新一届学院党委委员：卢苇、于亚光、段春荣、赵宏、张红延、周轶峰、王方石。

截至 2011 年底，学院党员共计 214 人，其中教工党员 20 人，学生党员 194 人：研究生党员 110 人，本科生 84 人。学院下设 14 个党支部，其中：教师党支部 1 个，学生党支部 13 个。教师党员占教师比例为 16.2%，本科生党员占本科生比例为 11.9%，研究生党员占研究生比例为 42.8%。

1. 教职工党建和思想政治工作

组织教工党员、积极分子赴西柏坡、冉庄、狼牙山等地参加“纪念建党九十周年”教育活动；全体党员面向教工、本科生、研究生、国际班的不同人群分别开展“党员人人讲党课”活动。积极开展党风廉政宣传教育。

将创先争优活动和学院中心工作紧密结合起来，学院定期召开座谈会、党务活动与职工党员进行总结和交流。通过多种途径收集广大教职工的切身诉求及建议；面向教职工党员开展“提升师德，改进教风”和“优化作风，强化服务”等活动，激发教职工提高办学质量的潜能。

2. 本科生党建和思想政治工作

截至2011年底，学院获各类奖学金101人，先进个人185人，先进班集体6个，先进团体3个。其中本科生2009级党支部获“北京市红色1+1活动”三等奖。毕业生人数152人、考研率30.9%。

以建党九十周年为契机，组织“红色经典时代传唱”主题歌手大赛、组织学生参观《忆峥嵘党史，走复兴之路》、《纪念辛亥革命100周年》等展览。积极配合学校进行“快乐心晴”心理素质拓展、讲座等活动，并邀请辅导老师对学生进行心理教育指导、心理危机干预工作，及时对同学进行积极健康的引导。

继续不断推进并完善家庭经济困难学生资助工作。学院发放覆盖面达到100%的各项助学金共计40余万元；向131人提供勤工助学岗位；向141名同学提供29 700元的临时伙食补助；为15名学生办理国家助学贷款，每人每年6 000元。

进一步提高就业力。开展具有专业方向性的就业指导系列活动，联系百度、淘宝、柯莱特、索尼爱立信等13家知名企业，对学生进行企业指导。2011年本科毕业生人数152人，就业率达到100%。

3. 研究生党建和思想政治工作

截至2011年底，学院获各类奖学金的人数为34人；1人获北京市“优秀基层团干部”荣誉称号；1人获IBM优秀学生奖学金；2011届毕业研究生共101人，就业率连续6年实现100%。

结合教工党支部、网络媒体等多种平台，扎实推进研究生党员及党员骨干培训，以学风建设为契机，建设学习型学生党支部，激发研究生党员创先争优意识；组织骨干开展红色“1+1”党日活动。

顺利完成2011年研究生奖、贷、三助工作，办理新生助学贷款手续9人，老生续签贷款手续5人；圆满完成本年度52名研究生“三助岗位”需求计划的申报及落实。

学院定期邀请知名企业联合举办“名企进校园”、“企业高管面对面”等活动。举办实习动员会，邀请校友分享工作经验、面试技巧、工作内容等，带领研究生走访用人单位，加深学生对软件行业的了解以及企业文化的认同，为就业提前打好基础。

【教学工作】

1. 本科生教学

截至2011年底，本科生共计708人。下设软件工程1个专业，软件工程技术与数字媒体技术2个方向。拥有国家级和北京市级精品课《软件系统分析与设计技术》1门，出版《数据库技术与应用》、《计算机程序设计基础》2本教材被列入国家“十一五”规划教材。

积极推进创新人才培养，大学生创新实验培训项目36项，是2010年的3倍，项目成果有显著进步，发表论文7篇，获全国大学生软件创新大赛三等奖1项，首届“Sparx Systems杯”全国大学生UML建模创造力大赛三等奖1项；中国大学生服务外包创新应用大赛三等奖1项，第四届全国大学生节能减排社会实践与科技竞赛三等奖1项，第五届（2011）中国成都国际软件设计与应用大赛二等奖1项，第二届“海云天”杯北京市高校软件设计邀请赛一等奖1项。

注重课程内涵建设和青年教师培养。2011年北京交通大学优秀实验项目2项，北京交通大学优秀研究性教学训练载体和优秀学生作品各3项；1名教学管理人员获2011年北京交通大学优秀教学管理者称号。学校优秀主讲1名，学院优秀主讲达到6名。

聘请有丰富软件开发、管理经验的企业骨干来学校任教。全年共聘请兼职授课教师43名。5家著名企业合作派出16名教师完成4门实训课程、共计720人次的实训。

推进双语和全英文课程建设。2011年度开设双语课32门，双语课堂64个。国际班全部课程采用英文进行教学，由具有国际留学经历的院内外教师、外教、企业教师完成。

本年度制定了昆士兰科技大学3+2项目、悉尼大学2+2项目、密苏里大学3+2项目、波恩茅思3+1学位项目的课程对接方案；完成了加拿大劳里埃大学等5个短期交流项目制定学分认定办法。

2011年5月学院与软件企业共同组建了第三届校企合作教学指导委员会，其中包括中软国际、东软集团、IBM、百度、搜狐畅游等10家知名企业成员。

2. 研究生教学

在校硕士生243人。其中硕士学位授权点2个，博士学位授权点1个。软件学院积极组织并鼓励在校研究生参加各类软件大赛，其中1人获“首届北京市大学生动漫设计竞赛数字媒体艺术类”三等奖。硕士专业全部课程均开设全英文讲授，安排国内学生与留学生在同一课堂教学。

改革专业型硕士研究生培养方式，实行“3+3+1”的教学安排。教学过程中，推动课程与专业认证相结合，推进人才培养的国际化进程，专业课程保持100%双语教学；加强教学过程考核与管理，实施多元化的考核方式。

我院软件工程硕士专业学位实际招收人数1 038人，录取率达到72%，生源区域覆盖全国13个省市自治区。学院根据培养目标和学校专业学位办公室统一要求，结合委托培养单位的需求与特色对软件工程硕士的培养方案重新进行了修订，不断加强教学管理队伍建设，逐步建立起一支稳定的教学管理团队。

【科研工作】

学院紧密围绕行业和区域科技发展，着力解决制约行业发展的基础理论问题和关键技术问题。坚持产学研用紧密结合，深化与行业产业的紧密合作，协同创新共同发展。深化国际交流与合作，提高科学研究的国际化水平。

2011年新增科研项目数4项，合同经费数41万元。发表国际会议论文6篇。出版著作2部。

【学科与平台建设】

7月，软件工程获批国家一级学科博士点。学院于9月成立软件工程研究中心。学院依托软件工程坚实的专业基础，坚持学科建设与人才培养紧密融合，努力推进软件工程学科的建设和发展。

【对外交流与合作】

在学院国际化办学宗旨的指导下，2011年国际交流中心加大了留学生招生力度，着重加强了英文宣传基础的建设工作，广泛开辟了各种海外招生渠道。共接收研究生新生104人，本科生新生32人。比2010年增幅达到475%，留学生国别也从原来的4个增加到16个，包括法国、瑞典、土耳其、日本、韩国、马来西亚、印度尼西亚等。

积极建立国际合作项目，加大项目宣传力度。通过出访国外大学、参加国内外教育展会、接待来访大学、与其他院系合作、广发邮件等各种方式积极拓展国际合作渠道，建立合作关系。新增国际合作协议及谅解备忘录9项，包括澳大利亚悉尼大学2+2本科双学位项目、加拿大劳里埃大学本科交换生项目、美国密苏里大学3+2本硕连读项目、日本法政大学1+1双硕士学位项目、韩国成均馆大学交换生项目、昆士兰科技大学3+2本硕连读项目、美国明尼苏达大学和法国EPITA交换生项目等。7月，举办第一届GET-IT美国斯坦福大学暑期游学班。

学生申请出国63人次，涉及院校33所。学生出国项目27个，留学国家包括瑞典、丹麦、美国、加拿大、比利时、日本、英国等10个，其中短期游学20人次，学期交换7人，攻读硕士学位14人，攻读博士学位5人，海外实习5人，参加国际会议1人。出国总人数较2010年增长225%。

建筑与艺术系

【综述】

2011 年，建筑与艺术系在积极做好换届及新领导班子建设工作的同时，以国家一级学科调整及申报为契机，以提高培养质量、加强队伍建设、开展科学研究、拓宽国际交流为重点，各项工作稳步推进。

【队伍建设】

截至 2011 年年底，全系教职工 58 人，其中教师 49 人。高级职称 24 人，其中教授 6 人，硕士生导师 28 人，博士生导师 2 人；具有博士学位的教师 28 人，占教师总数的 57.14%。2011 年补充师资 2 人。3 名教师入选第三批学校红果园 D 类人才培养计划，5 人晋升副高职称，副高以上职称教师比例从 36% 提高到 49%，形成了以中青年教师为骨干，结构合理、思想活跃，发展趋势良好的师资队伍。韩林飞教授入选教育部“新世纪优秀人才支持计划”。

教职工所在系、所、中心、机关分布表见表 135。

表 135　教职工在系、所、中心、机关分布表

单位 \ 职称	教授	副教授	讲师	助教	高工	工程师	助工	工人	外聘	合计
建筑设计教研室	2	5	6							13
建筑历史教研室		2	1							3
建筑技术教研室		2	1							3
设计基础教研室	1	2	4	1						8
室内设计教研室		2	4		1					7
城市规划与景观教研室	1	2	4							7
平面设计教研室	2	2	2	2						8
资料室								1		1
系机关			2		1	3			2	8
合计	6	17	24	3	2	3		1	2	58

【党建和思想政治工作】

系党员情况见表 136。

表 136　系党员情况统计表

类　别	教职工	研究生	本科生	小计
党支部个数	3	2	5	10
在册党员人数	26	36	62	124
全年发展党员人数	13	1	15	29
党员比例	44.83%	37.11%	12.11%	

2011 年，系党总支调整设立为系党委。根据学校党委统一部署，以系党总支调整党

委为契机，完成系党委换届选举。第一届党委班子成员包括：书记沈永清、副书记陈劲松；委员：常工、佘高红、刘萍。党委工作以完善学习型党组织机制建设为核心，以创先争优为抓手，结合建党90周年组织系列活动，在师生中开展革命传统、爱国主义、理想信念和改革开放教育，号召全体党员、师生团结一心、树立牢固理想信念；7月，召开系党委表彰大会，对先进党支部、优秀党员、优秀党日活动进行表彰，通过“树先进、学先进”带动广大党员、师生员工创先争优。在学生中开展支部系列培训及团干部培训工作。

1. 教职工党建和思想政治工作

教职工党建以“提高办学质量促发展、服务人民群众树形象”创先争优活动为目标，结合纪念建党90周年系列活动展开。3个教工党支部分别围绕活动目标，结合各自工作特色开展活动。各支部通过组织不同性质的专题讲座、参观成就展、观看红色经典电影、组织“我为党旗添光彩”主题党日活动等，将“学党史、知党情、跟党走”主题教育活动同围绕工作创先争优相结合，通过多种形式提高教职工党员的党性修养。围绕学习型党组织建设工作，在党支部组织党员学习各项政策文件的同时，组织全系党员参加北京高校教师党员在线学习，拓宽党员学习的知识面。

以工会工作为纽带，发挥教代会作用，积极组织教职工参与系重大项目的决策，在系“十二五”规划制定、职称评定、教职工考核分配等关系全系发展和教职工切身利益的重大事项决策过程中发挥出民主决策的作用。工会教职工小家通过验收并获校先进工会和模范工会小家称号。通过职工小家建设，在系内营造了“凝聚 进取 创新 和谐”的良好氛围。

2. 本科生党建和思想政治工作

深入开展创先争优活动。以庆祝建党90周年为契机，在学生党员中开展“学典型争先进 我为党旗添光彩”系列活动，组织全系学生党员参加短信寄语建党90周年、党在我心中主题征文、党史知识竞赛以及“我为党旗添光彩”主题党日活动等。进行优秀党员、党支部评选，引导学生党员创科学发展之先、争校园和谐之优，2006级孟璠磊同学获校“五四奖章”和校级优秀共产党员荣誉称号。

推动学习型党支部建设。开展研究式学习、开放式学习、体验式学习。明确学习内容，建立学习制度，提升学习效果，在党支部形成重视和崇尚学习的浓厚氛围，增强基层党组织的创造力、凝聚力和战斗力。

加强制度建设，提高党建工作水平。坚持入党积极分子自我培养制度，加大对积极分子的培养力度，努力提升积极分子理论水平；继续坚持党员述职评议制度，完善评议指标体系，公开评议结果。

继续开展红色“1+1”活动，推进学生党支部与农村党支部的结对共建，在学习实践和服务社会中增强对党的认识；有3个本科生支部与共建村支部开展活动，其中本科生2009级党支部开展的系列共建活动被评为北京市红色“1+1”示范活动鼓励奖。2011年共发展本科生党员15人。

2010—2011学年系本科生共有88人次获各类单项奖学金，30人次获各类专项奖学金，奖学金发放金额达283 700元；发放奖、勤、贷、助、补金额达633 020元。

深入落实加强学风建设的各项制度和方案：推动实施《建筑与艺术系学生学习动力优化方案》，增强学生学习的主动性；推行《建筑与艺术系本科生日常行为记录手册》，增强学生自我管理的主动性；坚持每周检查专教和学生宿舍，督促学生执行《建筑与艺术系专业教室管理条例》和《建筑与艺术系学生宿舍卫生、安全管理规定》，创造良好的学习环境促进学风建设。以制度建设树学风，情感建设聚学风，环境建设促学风，先进典型带学风，专业教育助学风，科技竞赛推学风，全面推进学风建设。举办第五届“文明专教，你我共建”活动，充分发挥专业教室集中学习的特点和优势，促进系内良好学风的形成。

重视社会实践，暑假期间，本科生6个社会实践团分赴江西井冈山、江西南昌、河北西柏坡、北京怀柔等地开展实践。其中赴井冈山社会实践团和赴南昌社会实践团分别获校社会实践团队一等奖和三等奖，“寻访革命足迹，描绘红色青春，勾勒京郊蓝图”实践团的4项成果被评为首都大学生暑期社会实践优秀成果。2009级刘南甫同学被评为首都大学生暑期社会实践先进个人。

3. 研究生党建和思想政治工作

2011年研究生党建工作以增强党组织的吸引力为努力方向，丰富党建工作形式。组织党员和积极分子参加“红色经典”系列活动，由19名正式党员和6名积极分子组成的合唱团参加演绎《四渡赤水出奇兵》，通过活动让大家体会我党的创业史诗，增强学生们的社会责任感和使命感。组织以纪念建党90周年，服务社会主义新农村和创新型社会暑假社会实践活动，帮助学生在实践中受教育、长才干。系研究生47人中有37人参加了暑期社会实践活动，2个实践课题“低碳先行——北京751厂在生产厂区生态化改造规划”和“校村支部结对 服务社会主义新农村暑期社会实践”分别获校社会实践二等奖和三等奖。全年研究生共有15人次获各类竞赛奖项。

以学风带班风，开展“和谐”研究型班集体创建活动。建筑硕1001班获校级先进班集体荣誉称号。在校研究生英语文化之夜的英语话剧比赛中系内2个英语班分别取得第一名和第四名的好成绩。初步建成了与校研会对接的学生组织部门，从3个专业中推选出5名同学作为学生骨干负责文艺、体育、党团建设的骨干力量。

坚持“就业工作与人才培养相结合、就业工作与社会需求相结合”的工作原则，以帮助毕业生“寻找适合自身的人生舞台”为着力点，以“稳定就业率、提高就业力”为工作目标，结合专业特色，积极探索产学联合人才培养模式，全面推动毕业生就业，实现了既定的工作目标。2011届毕业生全部就业，连续4年就业率为100%。

加强科学研究，探索符合学科特点的产学联合培养模式。开展体验式就业实践模式的研究，分年级、分专业、分层次做好企业与学生的对接工作，让企业全程参与学生在大学期间的培养与教育，让学生全面了解行业与企业的发展现状，明确制定个人发展规划；继续加强教学与科研实践基地建设。11月25日，邀请建筑、艺术设计、数字媒体3个行业内的10余家用人单位召开了“体验式就业实践暨产学联合人才培养模式研讨会”，截至年底，共建立教学科研实践基地28家，其中建筑学专业12家，艺术设计专业16家。

推进与系教学部门的协商合作，实现培养、就业一体化战略。根据学生学科特点，调整培养计划，加大学生在校期间的实践环节培养，在进一步加强建筑学专业学生就业实习工作的基础上，全面推进艺术设计专业毕业生3～6个月就业实习工作，并纳入教学计划。

完善就业服务体系，提高就业指导和就业服务的质量和水平。本着早动员、早宣传的原则，对应届毕业生做全面的政策宣讲；邀请企业人力资源主管给学生做行业、企业发展的讲座，并加强对学生职业素养的培养；邀请2009届优秀校友汪洋同学返校做“留学在美国”报告，让在校生从中受启发，并明确自身发展的路径和方向，提升就业力。

【教学工作】

1. 本科教学

截至年底，系在校本科生 512 人，其中建筑学专业 228 人（包括外国留学生 8 人，台湾学生 1 人），艺术设计专业 197 人，数字媒体艺术专业 87 人。当年新增本科生 128 人。

结合学校 2012 本科培养方案修订加强教学基础工作建设，组织学生座谈会和教师研讨会，制订调研计划，形成基本的专业修订方案。通过研讨明确艺术设计专业定位和专业发展方向，加强系内专业间的交叉融合，在传统的平面设计中融入媒体交互内容，在环境艺术设计专业方向融入园林景观内容。强化专业特色建设，加强建筑学相关专业课程教学的针对性。在对相关兄弟院校的卓越工程师计划进展情况进行调研的基础上，积极申请参加下一年度的卓越工程师计划。

重视学生培养质量，系务会、教学指导委员会多次专题研究人才培养、教学质量及学风建设相关问题，建立领导听课制度，逐步规范教学管理、教学质量监控，提高人才培养质量。推进新专业建设，进一步细化艺术类专业招生及培养工作；支持教师开展教学改革，积极组织申报学校教改项目，申报的 18 项教改项目中，有 6 项被批准为校级教改项目，其中 1 项为校级重点项目。教授、优秀主讲教师上课率 100% 。

鼓励教师出版教材和发表教学论文，全年发表教学论文 28 篇，参加国内教学及教材研讨会议 30 多人次。系教师策划了数字媒体专业系列教材，与清华大学出版社签订《二十一世纪高等学校数字媒体艺术专业规划教材》（20 本）的主编协议，取得国内首批数字媒体权威教材的主编统领权和分配权，组织签订首批 10 所院校 12 本教材合同，学校承担其中 2 本的编写任务，整套达到覆盖众多院校的主流教材和申报十二五规划教材的目标。12 月 9 日，组织召开由清华大学出版社及多所院校作者参加的数字媒体系列教材编写研讨会，扩大学校在新专业领域内的影响力。

鼓励学生参加各类学科竞赛，2011 年取得突出成绩，共有 202 人次（约占学生总数 40% ）参与各类专业竞赛，获 2011 年 AutodeskRevit 全国大学生可持续建筑设计竞赛佳作奖，“创意中国”第五届全国艺术设计大奖赛二等奖等在内的各类奖项 48 项。发挥专业优势，部分学生与计算机学院、经管学院等优势学科联合参加竞赛，在第四届中国大学生（文科）计算机设计大赛和第五届“中房信克而瑞杯”房地产策划大赛中获多项奖励。2011 年首次获学校大学生创新实践项目 6 项。

2. 研究生教学

经过学位点调整申报，建筑与艺术系全日制研究生培养设有设计学、建筑学、城乡规划学 3 个一级学科硕士点，建筑与土木工程（建筑及城市设计方向）和工业设计工程 2 个专业学位硕士点。同时还招收建筑与土木工程（建筑及城市设计方向）在职攻读学位硕士研究生。2011 年系新增建筑设计及理论专业硕士导师 5 名，设计艺术学专业硕士导师 2 名。

截至年底，系全日制在校研究生合计 97 人，其中建筑设计及其理论专业硕士研究生 38 人（包括外国留学生 2 人），设计艺术学专业硕士研究生 39 人，建筑与土木工程专业全日制工程硕士 20 人。建筑与土木工程专业在职进修硕士生 32 人。

2011 年研究生工作以加强培养研究生的基础工作建设为依托，以专业学位点和学科体系建设为抓手，从教学管理入手，全面检查研究生教学情况，对研究生培养各个环节存在的问题进行分析和调研，起草系研究生管理补充规定草案。以学位点申报和学科体系建设为依托，积极做好下一步两年半制特色新培养方案的调研和修订工作，以及课程体系及教材的建设工作。同时，进一步明确专业学位研究生培养目标，制订培养计划，调整专业型与学术型研究生培养的结构比例。

通过校外实习、暑期社会实践、助管岗位设置、举办相关讲座等多种形式加强研究生实践教学环节培养，增强学生实践能力。2 个研究生暑期社会实践项目分别获得校社会实践二等奖和三等奖。2010 级硕士研究生钱霖霖和冯冲分别被评为北京市三好学生和北京市优秀学生干部。全年共有研究生 15 人次获各类学科竞赛奖项。

【科研工作】

以国家自然科学基金项目为纵向课题突破点，加强横向课题研究。2011 年新增科研项目 49 项，经费 809 万元，比 2010 年增长 32.2%。纵向项目有较大发展，当年新增自然科学基金 2 项，教育部“新世纪优秀人才”基金和教育部人文社科“青年”基金各 1 项，其他部委课题 7 项。

鼓励教师参加国内外学术活动、发表学术论文，开展系双周学术论坛，促进学术交流。2011 年教师出版教材及专著 11 部，发表论文 73 篇，其中期刊论文 61 篇，会议论文 12 篇。

2011 年与同济大学共同承办“城市轨道交通综合开发国际研讨会”，展示学校在轨道交通特色研究领域的发展潜力。夏海山教授完成的项目“矿区环境优化与景观生态调控技术研究”获中国煤炭工业协会及中国煤炭学会共同颁发的“2011 中国煤炭工业科学技术奖二等奖”；姜忆南副教授、杜晓辉讲师、夏海山教授等人设计的住宅“六米阳光”获“2011 年台达杯国际太阳能建筑设计竞赛一等奖”；魏泽崧讲师设计的“哈尔滨学府四道街景观方案设计”获“中国营造 2011 年全国环境艺术设计大赛铜奖”。

【学科与平台建设】

2011 年建筑学、城乡规划学、设计学 3 个一级学科硕士授予权获得批准，一级学科硕士学位授予权从 1 个增加到 3 个，为人居环境学科群的建设以及艺术设计学科的发展拓展了空间。

完成城市规划本科专业设置的调研，培养方案、教学计划、论证报告等前期申办工作，按照专业建设程序积极推动城市规划本科专业建设，同时探索城市规划专业实施 4 + 2 本硕连读的可能性。

积极争取资源，加强实验室建设，获批 2012 年度教育部修购计划专项建设资金 420 万元。本着优先满足数字媒体新专业教学建设需要和兼顾建筑学专业复评工作的原则，完成数字技术实验室、视觉艺术实验室、摄影摄像录音棚改造、建筑物理实验室和建筑模型实验室的设备采购调研计划，筹建“数字化设计实验中心”。

【对外交流与合作】

2011 年与荷兰屯特大学签署 3 年研究生交换项目，并签署长期合作计划；与西班牙、丹麦、意大利等高校达成研究生交换协议，并选派学生进行交流学习；与台湾大叶大学签署学术交流合作协议，协议包括教师及学生交流；与美国辛辛那提大学、瑞士伯尔尼应用科学大学、香港中文大学、台湾中原大学相关院系建立合作关系。制订出国学生选拔及管理办法。全年有 20 余名学生出国参加各个国家的交流项目。鼓励教师出国进修访学，当年派往国外访学 2 人，另有 2 人获 2012 年公派出国访学资格。全年师生出国出境学术交流与合作 20 多人次，接待国内外专家学者来访 40 多人次。组织 20 多场不同层次的国际、国内学术讲座及报告。与中国风景园林网合作创办《世界园林》（worldscape）学术期刊。

远程与继续教育学院

【综述】

2011 年，远程与继续教育学院充分利用学校的教育资源，发挥学院各类学历教育互通的优势，在保证教学质量的前提下，开展多层次、多形式的办学模式，圆满完成学历教育、非学历教育、对外合作办学等各项工作。学院下设 12 个部门：学院办公室、财务部、教务部、教学服务中心、考务部、招生办公室、网络技术部、研究发展部、学生管理工作部、交流中心、培训中心及留学服务中心。

【队伍建设】

截至年底，学院有教职工 104 人（事业编制教职工 43 人，非事业编制教职工 61 人），教职工分布情况见表 137。

表 137　事业编制教职工基本情况

部门	教授	副教授（高工）	讲师（工程师）	助教（助工）	技术员（工人）	合计
学院办公室	1	5	1	1	2	10
财务部			1			1
教务部		1	4			5
教服中心		2	1			3
考务部		1	2			3
招生部		1	2			3
研发部		1				1
网络技术部		2	2			4
学生工作部			1			1
培训中心			5	1		6
留学服务中心			2		1	3
交流中心		1	1		1	3
合计	1	14	22	2	4	43

上半年，学院领导班子成员进行了调整，司银涛任院长，主持学院行政全面工作，徐晓玉任副院长负责学历教育学生管理工作和学院工会工作，祝祖强任副院长，负责非学历教育工作，肖贵平任副院长，负责学历教育工作。

【党建和思想政治工作 】

学院有党员 37 人，其中教工党员 36 人，学生党员 1 人。学院共有教工党支部 3 个。本年度入党积极分子 14 名。

下半年，学院选举产生了新一任党委委员会，陈庚任书记兼宣传委员，徐晓玉任副书记兼保卫委员，祝祖强任纪委委员兼统战委员，蒋广军任组织委员，梅迪任青年委员，为进一步开展工作提供了组织保障。

学院党委坚持贯彻十七届六中全会精神，贯彻落实《中国共产党普通高等学校基层组织工作条例》，紧紧围绕学校和学院的重点工作和发展目标，统一思想，提高认识，以十七大精神武装头脑、指导实践，推动各项事业的发展。围绕中心工作，充分发挥党委的政治核心、战斗堡垒作用和党员的先锋模范作用。不断加强和改进教职工思想政治教育及师德建设，通过深入细致的思想政治工作，调动广大教职工的积极性，增强凝聚力。

【资源与平台建设】

2011 年，学院各项工作扎实有序地开展，在教学支撑环境建设、资源建设以及技术支持服务等方面做了大量的工作。

1. 教学支撑环境的建设和维护

继续新一代远程教学及管理平台的开发、建设及维护工作。针对软件中出现的一些问题，技术部及时与各部门沟通，从系统参数配置和程序优化升级两个方面入手，提升系统性能。现平台预定的各项功能模块已经基本开发完成。

教学平台硬件系统的升级扩容工作，包括 2 台小型机、一台管理服务器、一台光纤存储阵列。经过招投标及系统建设，系统已初步搭建完成。

开发完成学院收发文件管理信息系统。

基于互联网的实时交互系统的直播、录制、维护以及功能完善。据统计，2011 年学院各相关部门利用这套系统，进行网上直播课堂 350 学时，网上论文答辩 2 700 人次，网上教学工作会议 8 次。

2. 远程教学及管理平台的日常维护

及时对现有的远程教学及管理平台进行巡查和维护。包括常规的系统备份、数据备份、系统调优等工作。实时查询服务器运行状态，及时排除软、硬件故障，确保学院网上教学工作正常运行。

对教学短信系统的支持与维护，短信系统在学院的教学及管理工作中已普遍使用，经统计，本年度各相关部门发送教学短信累计为 20 余万条。

3. 资源建设工作

2011 年，共开发建设 110 余门网络课程，涉及《物流管理》、《土木工程》、《轨道交通》、《电气工程及其自动化》、《交通运输》、《机械设计制造及其自动化》等多个交大特色专业。

物流管理专业（专科、专升本）22 门网络课程建设工作已经按计划完成，并在网络上发布为学生提供服务。

土木工程专业专科层次（包括建筑工程、铁道工程 2 个方向）的 25 门网络课程，已经开发完成，并在网络上发布为学生提供服务。

《交通运输》、《机械设计制造及其自动化》、《电气工程及其自动化》、《土木工程》4 个专业的 57 门网络课程，做为 2011 年现代远程教育与继续教育第二批教改项目，预计 2012 年年底完成。

城市轨道交通（专科，专升本）专业立体化资源建设工作按计划进行，18 门课程中已出版 17 本教材，视频录制已完成 10 门。

探索学历教育与职业培训相结合的远程教育新模式，启动小学分课件的建设工作，小学分课件以学术报告、案例分析等形式为主，贴近现实，强调应用，时效性强，已开发 4 门小学分课件。

学院 3 门课件分别获 2011 年度北京高教协会电子化教学资源“金烛奖”评选一、二、三等奖各一项，分别是：《铁路运输设备》一等奖，《多媒体技术》二等奖，《香港地铁运营管理理念》三等奖。

【对外交流与合作】

4 月 8 日，举行喀麦隆农村公路网规划与养护研修班开班典礼。

6 月 15 日，英国开放大学（OU）国际合作部主任 Vicky 和杨光宇老师来学院作报告。

6 月 23 日，在北京铁路局党（干）校参加北京铁路局班、组长学历班 272 名学员的开班典礼。

7 月底，学院干部研修团一行 9 人赴英国开放大学进行培训交流。

9 月 30 日，举办喀麦隆电力管理研修班结业典礼，喀麦隆驻华使馆二等秘书 Ebenezer 先生参加了结业典礼。

10 月 9 日，举行铁道部 2011 年全路技术能手培训班开班典礼。

10 月 10 日，荷兰萨克逊大学代表团一行 10 人来访，探讨开设新专业相关事宜。

10 月 11 日，召开函授教育三十年回顾座谈会。出席会议的有 8 个铁路局函授站的新、老站长及师生代表。

11 月 4 日，举行乌干达铁路建设培训班开学典礼，乌干达驻中国大使查尔斯·马迪波·瓦基杜索先生参加开学典礼。

11 月 21 日，教育部留学服务中心英国高等教育文凭项目（HND）管理办一行 6 人来访，就 HND 项目进行交流。

12 月 1 日，校长宁滨与副校长陈峰会见乌干达交通部部长切布罗特·斯蒂芬·切莫伊科（Chebrot Stephen Chemoiko）先生一行。

海滨学院

【综述】

2011 年，学院大力实施“人才强校、质量立校和特色兴校”战略，在党的建设、综合管理、队伍建设与管理、教学工作、学生工作等方面都取得可喜成绩，为建设全国一流独立学院奠定扎实基础。学院拥有电子信息与控制工程系、计算机科学系、交通运输系等 10 个二级教学单位，自动化、计算机科学与技术、交通运输等 18 个本科专业，在校生近 8 000 人。

【队伍建设】

学院大力实施“人才强校”战略，通过多种渠道引进优秀人才。一方面，积极引进优秀高校毕业生，丰富和壮大学院的师资队伍。2011 年新入职 165 人，添补教学与管理工作的人才需求；另一方面，超常规引进具有博士学位或副教授以上职称的高层次人才来院工作。学院特聘兼职教师 83 名。此外，学院还聘用了美籍教师 1 名。

学院注重青年教师培养工作，开展第四期新入职教师培训，组织召开了青年教师座谈会、新老教师工作交流、第一届青年教师教学基本功大赛等多项活动，不断提高全院教师特别是青年教师的教学水平，努力培养和造就一支相对稳定的中青年骨干教师队伍。

为了进一步完善教职工考核评价体系，奖优罚劣，优化队伍，学院修订了《北京交通大学海滨学院教职工考核评优办法（试行）》，使员工管理更加制度化、科学化、规范化。

同时，学院始终注意改善教职工的工作和生活条件，做到感情留人、事业留人、待遇留人。为教职工办了五件实事。第一，正式成立学院工会委员会，建立了教职工俱乐部，通过开展一系列活动，丰富了教职工的业余文化生活；第二，从今年开始我院为全体教职工缴纳住房公积金；第三，关心教职工身心健康，组织教职工体检，还特别邀请了北京交通大学校医院专家来院开展健康讲座；第四，我院新购置大巴车一辆，有效缓解了教职工的通行压力；第五，积极帮助教职工解决生活、住房等实际困难。

【党建和思想政治工作】

10 月，北京交通大学党委研究决定，路加栓同志任学院党委书记。在学院新一届党组织的领导下，通过大力推进基层党组织建设，建立健全二级教学单位党组织和学生党组织，学院的党建工作逐步走向正规化，党员发展工作取得积极成效，70 名积极分子光荣地加入中国共产党。

在招生工作方面，2011 年我院招生人数再创新高。2011 级新生共报到 2 885 人，目前在校生规模已达 7 830 人。

在就业工作方面，2012 届 683 名学生面临毕业，对此我院高度重视、提前准备。一是召开全院就业工作会议，全面启动就业工作；二是广泛联络用人单位，逐步建立校外学生实习实践基地；三是成功举办首届毕业生就业双选会，近 200 名学生与来自北京、天津及渤海新区等地区的 120 多家企业签订就业协议；四是积极组织学生参加各类招聘会，在北京交通大学铁路专场招聘会上，我院39名学生顺利签约各地铁路局。

【教学工作】

学院始终坚持“质量立校”的办学理念，把提高教学质量作为生存和发展的生命线，采取多项措施，加强教学工作。

2011年我院新增再生资源科学与技术、数字媒体艺术、光电信息工程、音乐学四个专业，专业数量达到18个。目前，除音乐学外，17个专业的培养计划已全部修订完成，使教学工作更加规范化、科学化。

今年我院成立了教学督导检查办公室，作为相对独立于教学行政管理部门的监控机构，对教师的教学过程和质量进行监督和指导，分析和解决教学中存在的问题，并提出改进教学工作的意见建议。

今年我院正式启动学士学位授权评估工作，召开学士学位申报动员大会，成立评建工作领导小组及相关工作机构，创办评建工作专题网站，制定总体工作进度安排。邀请由北京交通大学王金华、阮秋琦等五位专家教授组成校内专家组，对我院申请新增学士学位授予单位整体条件及新增专业条件进行初审，顺利完成自评阶段的工作任务。

经过广泛调研、专家研讨、上下互动等多个环节，学院制定《北京交通大学海滨学院五年事业发展规划（2011—2015）》。《规划》进一步明确学院办学指导思想、办学定位、发展战略等重大问题，为学院今后5年的发展指明方向。

依照“按制度办事、以制度管人、用制度规范工作”的目标要求，学院先后制定了20多项规章制度，编印了8部《管理制度汇编》，为学院正规化建设提供有力的制度保障。

稳步推进二级教学单位建设，学院10个教学单位全部落实了负责人，明确了其岗位职责，院系两级管理格局初步形成。

学院通过抓好门户网站建设、与新闻媒体接洽和主动走出去等多种途径加强对外宣传工作，学院的知名度和美誉度不断提升。学院门户网站全面改版，职能处室网站全面开通，内容更新频率加快，年度社会访问总量已达37万次。

今年我院正式组建大学生艺术团，成功举办了建党90周年和辛亥革命100周年纪念活动以及迎新晚会、班级风采大赛等形式多样的学生文化科技活动，同时顺利开展了“与大师面对面”的专题讲座和报告活动，通过这些活动的举办，营造了丰富多彩的校园文化氛围。另外，学院积极鼓励和支持学生走出校园参加各类赛事，在第36届ACM国际大学生程序设计大赛、全国软件专业人才设计与开发大赛、CCTV全国英语演讲比赛，河北大学生人文知识大赛、河北大中学生武术比赛中都取得了优异成绩。

辅导员、班主任是学生工作的骨干力量，我院通过吸收新力量、加强业务培训、开展经验交流等多种手段切实加强学生工作队伍建设，稳步推进二级学生工作管理模式。今年我院安排辅导员入住学生公寓开展工作，将辅导员办公室设在学生宿舍，对于加强宿舍安全管理、密切掌握学生思想动态起到了显著的效果。

【学科与平台建设】

今年，学院二期教学楼、学生食堂、6～10号学生公寓等建筑建成并投入使用，保障了2011级新生顺利入学。截至目前，学院总建筑面积已达到28万多平方米，达到了普通高等学校万人在校生规模的基本办学条件指标。

学院信息化建设、图书馆建设和实验室建设取得较大进展。截至年底，我院校园网建设累计投资 1 500 万元，信息点数目达 10 500 个，包括学院二期完工工程在内的学院各类主要建筑信息点覆盖率达到100% 。我院今年新购图书 18. 6 万册，接受捐赠图书 12 万册。目前，图书馆总藏书量达 66 万册。同时，实验室建设步伐也在加快，我院已建成各类实验室 24 个。

【对外交流与合作】

开放办学是我院大力实施“特色兴校”战略的重要举措，我院积极开展国内外校际和校企间的交流与合作。今年，我院选送 5 名同学分别赴美国特洛伊大学、英国爱丁堡特尔福德学院、比利时鲁汶工程大学留学深造。校企合作工作稳步推进，目前我院与沧州国家级临港经济技术开发区的 50 多家企事业单位签订了校企合作协议。

2011

学校大事记

2011年学校大事记

1月

• 1月2—7日，宁滨校长率领学校代表团一行6人，应邀对香港理工大学、香港科技大学、香港铁路公司，以及澳门科技大学进行了工作访问，并与香港理工大学、澳门科技大学签署了合作备忘录及协议，与香港铁路公司就学校为其培训铁路专业人才达成合作共识，访问期间还与学校在港澳校友进行了交流。

• 1月8日，共青团北京交通大学第十八次代表大会在中心报告厅召开。共青团中央学校部副部长刘爱平为北京交通大学“分类引导青年优秀项目”颁奖。校党委书记曹国永发表了讲话，充分肯定了校团委工作所取得的进步和成绩。

• 1月9日，学校将教育部战略研究培育基地——行业特色研究性大学发展战略研究中心、联合国教科文组织产学合作教席办公室与原发展规划处、高等教育研究所合并，成立新的北京交通大学发展战略与规划处（简称发展规划处），高等教育研究所、行业特色研究性大学发展战略研究中心、联合国教科文组织产学合作教席办公室对外可独立联系业务。

• 1月13日，学校在科学会堂召开新任副校长、校长助理任职宣布大会，关忠良同志任北京交通大学副校长、党委委员、常委；吴强同志、郑广天同志任北京交通大学校长助理。

• 1月13日，学校召开校级领导班子和领导干部2010年度考核述职大会。曹书记首先代表学校领导班子述职，学校领导班子其他成员分别作了个人述职报告。参会代表对学校领导班子和班子成员现场进行了民主测评。

• 1月18日，2011年度北京交通大学思源助学金、教职工爱心帮困基金捐助活动圆满结束。共收到捐款154 389.9元，其中思源助学金91 279.9元，教职工爱心基金63 110元。

• 1月21日，在首都交通管理科技专家顾问聘任仪式及专家座谈会上，北京市交通管理局局长宋建国同志为学校校长宁滨教授、贾利民教授等十多位专家颁发了“第二届北京市公安局公安交通管理局科技顾问”聘书。

• 1月31日，第十一届全国人大常委会副委员长，全国妇联主席陈至立在人民大会堂接见我校党委书记曹国永、校长宁滨、副校长关忠良和校长助理吴强一行。

2月

• 2月16—17日，北京市委教育工委召开2011年北京高校宣传教育工作会议，校党委副书记高福廷作了题为“以学术成长和全人发展为目标，系统建构研究生思想政治教育工作体系”的典型发言。

• 2月18日，中共北京交通大学第九届委员会召开第十二次全体会议。会议听取了党委书记曹国永关于2010年常委会工作的汇报，听取了宁滨校长关于2011年学校工作要点的说明，审议并通过《2011年学校工作要点》。

• 2月21日，学校轨道交通控制与安全国家重点实验室被科技部授予“十一五”国家科技计划执行优秀团队奖荣誉称号。

• 2 月 21 日，交通运输学院针对交通运输类铁道运输及道路与交通工程两个专业方向，从 2009 级开始组建了由 24 名学生组成的交通运输类专业国际化人才培养试点班。

• 2 月 15—25 日，受国家汉办委派和洛美大学邀请，校党委副书记高艳带领校学生艺术团在非洲利比里亚及多哥开展文化艺术友好交流活动，获得高度赞誉。

• 2 月 25 日，学校召开 2011 年工作会议，认真学习贯彻胡锦涛总书记在中央政治局第二十六次集体学习时的重要讲话精神，2011 年教育部全国教育工作会议精神，以及学校党委第十二次全委会精神，部署学校全年重点工作。

• 2 月 25 日，电子信息工程学院 2009 级和 2010 级 2 个国际班举行成立仪式。

3 月

• 3 月 6 日，兰州交通大学副校长陈兴冲同志到学校挂职校长助理，挂职时间为一学期，主要协助分管学科建设和研究生工作。

• 3 月 17 日，北京高校深入开展创先争优活动先进事迹报告会北京交通大学专场举行，学校计算机学院教授王移芝教授作了事迹报告。

• 3 月 17 日，校党委理论中心组进行“两会”精神专题学习。全体校党委理论中心组成员参加了专题学习会议，听取学校出席“两会”的全国政协委员王玉凤教授的专题辅导报告。

• 3 月 18 日，第六届教代会常设主席团暨第十五届工会委员会召开第五次扩大会议，听取了 2010 年教代会、工会工作汇报，审议了 2011 年工作要点。教代会常设主席团、校工会委员会、工会经审委员会成员近 30 人参加了会议。

• 3 月 21 日，经北京市科委初审、专家会议评审和专家现场评审，机电学院张欣教授牵头负责的“新能源汽车动力总成技术北京市重点实验室”、土建学院高亮教授牵头负责的“轨道工程北京市重点实验室”入选 2010 年度第二批认定的北京市重点实验室。

• 3 月 22 日，北京交通大学 2011 届毕业生春季大型供需双选会在学校体育馆举办。本次双选会有 160 家用人单位参会，共有约 3 500 名毕业生到现场求职。学校党委书记曹国永和党委副书记高艳莅临现场指导工作。

• 3 月 27—30 日，中国新时代认证中心对学校新版质量管理体系进行了综合评议、换版、扩大范围等认证审核。审核组肯定了学校所做的工作，认为学校质量管理体系符合 GJB 9001B—2009 和 GB/T 19001—2008 标准的要求，同意学校通过现场认证审核。

• 3 月 31 日上午，学校召开组织工作会议。会议主题是深入贯彻落实《中国共产党普通高等学校基层组织工作条例》，全面推进学校党的基层组织建设和干部队伍建设。校党委书记曹国永在会上发表重要讲话，校党委副书记颜吾佴主持会议并就 2011 年组织工作重点任务进行了部署。全体在校校领导、中层干部、系所中心主任、党支部书记、民主党派负责人和无党派人士代表、教师代表、正科级（或七级职员三年以上）管理干部、机关副高级职称以上技术干部、离退休代表等参加会议。

4 月

• 4 月 2 日，土建学院张顶立教授牵头负责的“隧道及地下工程安全性控制”创新团队，顺利通过教育部科技司组织专家实地考察，正式立项为教育部创新团队。

• 4 月 7 日，北京交通大学与北京京仪椿树整流器有限公司共建“交大 – 椿树电力电子联合研究所”签字仪式在京举行。校党委书记曹国永参加了仪式。

• 4月8日，第四届全国高校百佳网站颁奖典礼在华中科技大学举行，北京交通大学校园新闻网获评“全国高校百佳网站”，薛刚被评为“优秀网络编辑”。

• 4月10—14日，经中国教育部批准，由理学院数学系主办的“2011年‘群、图与网络’国际学术会议”在校举行。

• 4月11日，学校被评为教育部2010年度报送信息先进单位，学校办赵冬玲被评为报送日常信息先进个人。这是学校连续第十年被教育部评为年度报送信息先进单位。

• 4月12日，学校成立轨道交通运行控制系统国家工程研究中心。该中心为相对独立的直属二级机构，挂靠电子信息工程学院。

• 4月12日，为加快推进现代轨道交通创新基地暨新校区建设工作，学校成立现代轨道交通创新基地暨新校区建设办公室，直属学校管理。

• 4月13日，学校联合北京科技大学、北京邮电大学、北京林业大学、北京化工大学四所高校举行新闻发布会，就2011年北京五所高校联合招生咨询活动及各校2011年招生政策进行解读。

• 4月13日，电气工程学院新能源研究所承担的“车用动力蓄电池管理系统核心关键技术及可靠性研究”863课题验收会召开。由来自全国汽车领域的8位专家组成的专家组考察了研发实验室，听取了课题组汇报，经过质询和讨论，给予课题研究成果高度评价，认为课题组高质量完成了课题规定的研究内容，达到了课题目标和考核指标的要求，同意通过结题评审。

• 4月14日，北京市第十届思想政治工作优秀单位、优秀思想政治工作者表彰会在北京会议中心举行。学校党委学生工作部被评为北京市第十届思想政治工作优秀单位，电气工程学院党委副书记连会仁被评为北京市优秀思想政治工作者。

• 4月14日，全国人大常委会原副委员长、中国关心下一代工作委员会主任顾秀莲在北京市委常委、宣传部长、副市长鲁炜，北京市关工委主任索连生、北京市关工委副主任、教育系统关工委主任范伯元等领导的陪同下莅临学校检查指导关心下一代工作。

• 4月15日，学校第六次人口普查工作结束，并获得了北下关街道人口普查先进集体质量奖；李香山等3位同志获优秀普查指导员；魏秀玲等42位同志获得优秀普查员和普查工作先进个人。

• 4月19日，学校召开2010—2011年度本科招生工作会。会议总结了我校2010年的招生情况，提出了招生宣传组的宣传策略及工作重点。颜吾佴副书记宣读了2008至2010年度招生宣传工作优秀团队和优秀个人表彰名单并颁发了奖状。高艳副书记宣读了新一届招生宣传联络组组长名单并颁发了聘书。曹国永书记发表讲话，特别强调要进一步规范制度、完善体系，切实保证招生工作规范、有序、高效进行。张星臣副校长做了会议总结。学校招生工作领导小组成员单位负责人、各相关部门及院系的负责人以及招生宣传联络组全体成员等参加了会议。

• 4月21日，2011年北京市知识产权工作会议暨第二届北京市发明专利奖颁奖大会在北京会议中心举行。学校发明专利“磁性液体密封装置中密封组件的装配方法”（专利号：ZL200710099490.5）荣获三等奖。

• 4月23日，庆祝徐叙瑢院士90华诞暨科技生涯60周年庆典举行。

• 4 月 23—24 日，北京市 2011 年“TST”大学生羽毛球锦标赛在北京体育大学体育馆举行，学校获得 6 金 5 银 2 铜的优异成绩。

• 4 月 25 日，科技部副部长陈小娅一行来学校视察调研，亲临学校轨道交通控制与国家安全重点实验室、全光网络与现代通信网教育部重点实验室、城市地下工程教育部重点实验室、电磁兼容 3C 认证中心和结构强度 3C 认证中心，并听取学校工作汇报。

• 4 月 26 日，纪念詹天佑诞辰 150 周年活动暨第十届詹天佑铁道科学技术奖颁奖会在人民大会堂召开，学校宁滨校长应邀出席会议。学校孙守光、钟章队教授作为第十届詹天佑铁道科技奖获奖人代表参加会议并接受颁奖。

• 4 月 28 日，学校在科学会堂召开 2011 年党风廉政建设工作会议，学习贯彻十七届中纪委六次全会、教育部和北京市教育系统党风廉政建设工作会议精神，总结学校 2010 年党风廉政建设和反腐败工作，全面部署 2011 年主要任务。会议由宁滨校长主持，校党委书记曹国永作重要讲话，校党委副书记、纪委书记颜吾佴作工作报告。

5 月

• 5 月 4 日，学校团委组织开展了纪念“五四”运动 92 周年系列活动，旨在纪念“五四”运动 92 周年和中国共产党成立 90 周年，引导学校青年学生发扬“五四”精神，进一步增强爱党、爱国的热情。

• 5 月 8—11 日，“迎奥运”首都高校第 46 届大学生田径运动会在北京林业大学举行。学校人文学院法学 0404 班公健同学被评为首都高校田径“十佳”运动员。

• 5 月 9 日，北京市教育工委教委领导唐立军副书记、叶茂林委员，两委入校检查组组长、中国石油大学雷玉江副书记一行八人来学校进行学生公寓消防专项检查。

• 5 月 12 日，为纪念我国广播无线电台创始人、北京交通大学杰出校友刘瀚支持北京交通大学教育事业的发展，刘瀚先生之长孙刘培新先生及其合作伙伴隋克春先生在学校设立“北京交通大学刘瀚教育基金”。

• 5 月 12 日，校长宁滨、党委副书记高艳、副校长张星臣、学校办、招生就业处、后勤集团等部门相关负责人一起在机械工程楼一楼多功能厅与同学们进行了首次主题为“学习与成长”的网络在线交流活动。本次交流以“知行”论坛为平台，开设“师生网络在线交流”板块，校领导及各部处对学生提出的问题一一解答。

• 5 月 12 日，北京交通大学 - 东芝 - 轨道交通电力传动新技术交流会在学校召开。会议由北京交通大学、日本东芝株式会社交通事业部主办，IEEE 电力电子学会北京分部、北京电力电子学会协办。副校长李学伟出席并致辞。

• 5 月 13 日，学校教职工第二十八届、学生第四十八届田径运动会开幕，全体校领导及学校各部处和各学院主要负责人出席了开幕式。校党委副书记、体委主任颜吾佴主持了开幕式。

• 5 月 13—14 日，英国伯明翰大学铁路研究中心专家访问学校，宁滨校长会见了来访的英国专家，并就双方联合培养研究生、开展合作研究达成了合作意向。

• 5 月 16 日，学校整合原人文社会科学学院的马克思主义理论教学研究部与文化素质教育中心两个机构，组建成立马克思主义学院。马克思主义学院是直属学校领导的思想政治理论课教学科研二级机构。

• 5 月 16 日，学校举行第二十一届“慧光杯”研究生学术文化节开幕式。环境保护部环境与经济政策研究中心夏光主任作了题为“环境保护助推转型发展”的报告。

• 5月16—17日，校党委书记曹国永一行赴常州参加“第六届交通大学全球校友商界领袖峰会”。会议期间，曹书记先后与来自台湾的知名企业家代表等交大校友见面，并与新竹交通大学校长吴妍华等进行了会谈，双方就进一步开展合作达成诸多共识。

• 5月18日，学校出版社举行建社10周年庆典活动。国家新闻出版总署副署长阎晓宏，教育部社会科学司副司长徐维凡出席了庆典。校党委书记曹国永对出版社工作提出了期望与要求。学校领导、校内各单位领导、部分兄弟单位、合作单位和作者代表共计200余人参加活动。

• 第十二届大学生英语竞赛全国总决赛（北京赛区）在北京大学举行，学校进入决赛的25名同学中有8名同学获得全国特等奖，17名同学获得全国一等奖。

• 5月20日，副校长陈峰会见了美国北卡罗来纳州立大学国际事务副校长李百炼博士、国际事务主任 Michael J. Bustle、英语培训项目主任 Jeong Powell、北京办事处总经理王霁等一行。双方就开展交流项目等事宜进行商谈，并签署合作协议。

• 5月20—21日，在第四届全国高校辅导员工作创新论坛暨“立德树人 永远跟党走”——“2010全国高校辅导员年度人物”颁奖晚会上，经济管理学院党委副书记王德瑜荣获“2010全国高校辅导员年度人物”提名奖。

• 5月21日，第六届全国大学生交通科技大赛在长安大学举行，由毛保华教授和刘智丽老师指导的《地铁换乘站行人行为与设施服务水平及其仿真研究》获得全国一等奖、由李海鹰教授指导的《基于 iPhone 平台的校园导航系统的开发》获得全国三等奖、由陈旭梅副教授指导的《环形交叉通行能力的微观仿真研究》获得优秀奖。

• 5月23日，第23届中国控制与决策年会在西南科技大学举行。由学校宋永端教授指导的陈鹤楠和李丹勇同学的论文获得了该年会的最高奖项——“张嗣瀛青年杰出论文奖”，论文题目为《自主车辆 FW 操控的容错跟踪控制》。

• 5月23日，学校与法国威立雅交通－巴黎地铁集团中国有限公司签署合作协议，双方协定将在委托课题研究、学生实习基地建设、邀请专家讲学、共同举办公共交通研讨会或组织培训项目等领域开展合作。

• 5月24日，学校成立政策研究室，旨在及时跟踪、研究国内外和北京市及有关地方和区域重大政策与走向，为学校领导提供研究信息，起草学校重大发展和改革方案，为学校重大决策提供咨询。政策研究室隶属学校党委领导与管理，暂挂靠学校办公室。

• 5月24日，学校成立国际教育交流中心。原留学生办公室撤销，职能划归国际教育交流中心；国际合作交流处下设国际汉语培训中心划归国际教育交流中心，同时保留国际汉语培训中心名称便于对外交流、海外办学与汉语推广。该中心的成立，旨在加强学校外国留学生及在校生选派出国、校际交换等国际化人才培养的管理工作。

• 5月24日，学校召开校保密委员会2011年第一次全体会议，研究部署全年保密工作。校党委书记、保密委员会主任曹国永，校党委副书记、保密委员会副主任高艳及校保密委员会委员出席会议。

• 5月24日，为加强法学学科建设，学校在人文社会科学学院法律系基础上，成立法学院。

• 5月26日，张立民教授被聘为全国审计专业学位研究生教育指导委员会委员。

• 5 月 27 日，学校举行英特尔中国首席工程师苗凯翔客座教授聘任仪式。李学伟副校长出席仪式并致辞，为苗凯翔博士颁发了客座教授聘书。

• 5 月 28 日，学校代表队在“学习党史·坚定信念”首都大学生庆祝建党 90 周年党史知识竞赛中获得三等奖、优秀组织奖。

• 5 月 29 日，学校棒球队获 2011 年中国大学生棒垒球锦标赛北京赛区亚军。

• 5 月 29 日，学校风洞实验室揭牌仪式在机械工程楼隆重举行。宁滨校长出席仪式，并与学校荣誉教授、国际风工程协会主席 Yukio Tamura 教授一起为风洞实验室揭牌。

• 5 月 30 日，学校选手孙靳睿、吴彤、王璐组成的 ACM 代表队在第 35 届 ACM – ICPC 国际大学生程序设计全球总决赛中再次获得全球排名奖。

• 5 月 31 日，北京高校纪念中国共产党成立 90 周年党建论坛暨北京高校党建研究会第八次会员大会在北京会议中心举行。党委书记曹国永出席会议并当选北京高校党建研究会第八届理事会常务理事，学校荣获北京高校党建研究会 2008—2010 年度学会工作先进单位。

• 5 月 31 日，“海云天”杯第二届北京市高校软件设计邀请赛颁奖典礼在清华大学举行。学校软件学院袁岗老师指导的由赵玮、葛畅、王星、于仰民和梅笑芳组成的 BJTU2011 小组获得了系统开发组第一名。

• 5 月 31 日，北京交通大学国家保密学院暨国家保密教育培训基地北京分基地成立揭牌仪式在学校举行。中共中央保密办主任、国家保密局局长夏勇出席仪式并为“北京交通大学国家保密学院”揭牌。该学院主要依托计算机与信息技术学院建设，经济管理学院和法学院共同参与建设，从 2011 年起招收信息安全（保密技术）、信息管理与信息系统（保密管理）2 个专业方向的本科生，培养懂技术、懂法律、善管理的复合型保密人才，建设一流的国家保密学历教育、保密科研和保密培训基地。

6 月

• 6 月 2 日，学校召开 2011 年安全稳定暨综合治理工作会议。校党委书记曹国永在会上作重要讲话，校党委副书记颜吾佴就如何做好当前民族宗教工作进行了部署，校党委副书记高艳部署了学校近期工作。曹国永书记、宁滨校长与二级单位签订了 2011 年学校安全稳定工作任务书。会议由校长助理吴强主持，校长助理郑广天及各学院（系）党委书记（党总支书记）或院长（系主任）、机关各部处和直属单位主要负责人参加会议。

• 6 月，学校举行纪念中国共产党成立 90 周年《黄河大合唱》专场演出暨交大版《黄河大合唱》首场公演。同时还举办了“中华诵·党在我心中”经典名家名篇诵读晚会。

• 6 月 9 日，学校第三届“自强之星”颁奖大会暨报告会在中心报告厅举行。教育部全国学生资助管理中心副主任马文华，教育部全国学生资助管理中心高校学生资助处处长周春树出席了大会。高艳副书记在大会上讲话，强调此次大会是学校“关爱、诚信、感恩、自强”教育活动月的重要组成部分，学校将继续拓宽渠道、整合资源，促进家庭经济困难学生全面成长成才。与会领导和嘉宾为 10 位同学颁发了北京交通大学第三届“自强之星”荣誉证书。

• 6 月 9 日，副校长李学伟同志调任大连交通大学校长。

• 6 月 3—11 日，2010—2011 中国大学生排球超级联赛在南京信息工程大学举行，学校党委副书记颜吾佴出席了本次比赛的开幕式。学校男子排球队获得了冠军，女子排球队获得第四名。

• 6月13日，陈峰副校长一行前往上海铁路局，与上海铁路局常务副局长周红云以及铁路局财务处、职教处、科委办、人事处的负责同志，就“校局”合作进一步交换了意见。

• 6月14日，校党委组织部、党委办公室、离退休工作处召开了“重温入党誓词坚定理想信念 离休老党员纪念建党90周年座谈会”。校党委副书记颜吾佴、副校长王永生及组织部、学校办、离退休工作处等单位相关负责人出席会议，陆迺震、樊国梁等9位建国前入党的老党员及学生代表参加了座谈会。

• 6月14日，陈峰副校长一行在沪专程拜访了学校杰出校友、“智瑾奖”创建者——莫若愚先生的儿子莫仲沛夫妇，并向莫若愚先生的夫人秦佩瑾女士带去学校问候。

• 6月15日，陈峰副校长会见了美国内华达州参议员顾问汤姆·斯坎克先生和内华达大学拉斯维加斯分校滕化樑副教授。双方商讨的主要议题是中美高速铁路领域合作。

• 6月15日，学校举行2011届毕业生校友联络员聘任仪式，207名毕业生受聘为学校2011届校友联络员。

• 6月15日，学校召开纪念建党90周年学生党员座谈会，校党委副书记高艳及组织部、学生工作部、研究生工作部等单位相关领导和来自11个院系的学生党员代表参加了座谈会。

• 6月16日，中共中央政治局委员、国务委员刘延东到学校视察，她先后考察了北京交通大学校史博物馆、轨道交通控制与安全国家重点实验室、轨道交通运行控制系统国家工程研究中心。她充分肯定学校贯彻党的教育方针，为国家现代化建设特别是交通事业发展做出的积极贡献，希望学校切实把工作重点放在提高办学质量上，加强特色优势学科建设，提升人才培养水平，增强科学研究与服务社会能力，积极开展高速铁路、城市轨道交通等领域关键技术研发，在国家经济社会发展中发挥更大作用。教育部部长袁贵仁，铁道部部长盛光祖，共青团中央书记处第一书记陆昊，国务院副秘书长江小涓，教育部副部长杜玉波，科技部副部长王志刚，北京市委常委、教工委书记赵凤桐等陪同视察。

• 6月16日，“2010中国大学生年度人物评选颁奖典礼”在学校科学会堂举行。中共中央政治局委员、国务委员刘延东，教育部党组书记、部长袁贵仁，共青团中央书记处第一书记陆昊，国务院副秘书长江小涓等领导和嘉宾出席了颁奖典礼，并为获奖同学颁奖。学校土木建筑工程学院2006级博士研究生蔡国庆获“2010中国大学生年度人物”提名奖。

• 6月16日，学校召开2011届赴基层工作毕业生座谈会。校党委书记曹国永、副书记高艳出席座谈会。选调生、村官、部队、支教团、赴西部、赴藏疆地区工作和即将到铁路、航空航天、能源等重点行业工作的共16名毕业生代表参加了座谈会。

• 6月17日，2011年度国家社会科学基金项目评审结果揭晓，学校共有4项课题获准立项，分别为：一般项目“快速发展中的城市轨道交通政府补贴机制研究”，主持人欧国立；一般项目“我国交通能源消耗统计指标和评估研究”，主持人张秀媛；青年项目“西学翻译与晚清‘救国良策’的探索”，主持人卢明玉；青年项目“林木生物质能源发展潜力评价与产业形成机制研究”，主持人张兰。

• 6月18日，学校运输自动化科学技术研究所成立20周年庆典活动在西苑饭店举行。

• 6月19日，由北京交通大学和高等教育出版社共同举办的“以计算思维为导向的计算机基础课程建设”研讨会在京举行。学校副校长张星臣到会祝贺并讲话。

• 6月21日，北京交通大学—摩托罗拉公司合作备忘录签字暨“轨道交通TETRA数字集群实验室”举行挂牌仪式。副校长孙守光到会祝贺并讲话。

• 6月22—23日，学校选派两批共600名师生代表参与“京沪高铁一日返”活动，并安排来自电子信息工程学院、交通运输学院、土木建筑工程学院、机械与电子控制工程学院、电气工程学院、国家重点实验室的教师分别就本专业与高铁相关的知识现场授课，把课堂搬到了时速300公里高铁列车里。

• 6月23日，学校党委副书记、纪委书记颜吾佴及师生代表参加了北京高校纪念中国共产党成立90周年表彰大会。我校机械与电子控制工程学院党委被评为“北京高校先进基层党组织”，计算机学院教师王移芝教授和运输学院博士生李熙同学被评为“北京高校优秀共产党员”。

• 6月25日，2011届毕业生毕业典礼举行，全体在校校领导出席了本届毕业典礼，宁滨校长对顺利毕业的同学表示了祝贺，并且对大家未来的学习和工作提出了殷切的期望。高艳副书记宣读了《北京交通大学关于2011届本科毕业生、高职毕业生的表彰决定》。全体校领导和嘉宾为受表彰的学生代笔颁发了荣誉证书。之后，学校举行了2011届毕业国防生欢送仪式。

• 6月25日，学校举办首届毕业生嘉年华活动，并于当晚在天佑会堂举行了“我爱我的祖国——北京交通大学2011届毕业生晚会”。宁滨校长、高艳副书记、张星臣副校长，教务处、学生处等领导参加了活动。

• 6月26日，学校召开“十二五”规划研讨会。会议由王永生副校长主持，宁滨校长对规划编制工作给予高度肯定，对规划初稿提出了具体的修改建议，并对规划制定下一阶段的工作进行了部署。与会人员分别围绕人才培养、队伍建设、学科建设、科学研究、国际合作、社会服务、校园建设等方面开展了详细的研讨。学校办、教务处、科技处、研究生院、人事处、发展规划处、国际合作处、基建处等部门的领导参加了会议。

• 6月27日上午，中共中央台湾工作办公室、国务院台湾事务办公室召开全国对台工作先进集体、先进个人表彰大会。学校港澳台办公室副主任陈保利获“对台工作特别奉献奖”。

• 6月28日，学校举行2010级学生集中军训出征授旗仪式。校党委书记曹国永、副书记高艳、副校长张星臣相关部处和学院领导出席集中军训出征授旗仪式。

• 6月30日，《光辉的历程——北京交通大学纪念中国共产党成立90周年大型图文展》开幕仪式在学校思源楼大厅举行。校党委书记曹国永出席仪式并为展览揭幕。

• 6月30日，校工会、组织部、宣传部、校团委在天佑会堂共同举办了庆祝建党九十周年红歌会。全体在校校领导及一千多名教职工参加了本次活动。

• 6月30日，北京交通大学第二十一届“慧光杯”研究生学术文化节闭幕式在科学会堂举行。校党委副书记高艳出席并讲话。本次学术文化节以“真知、博识、雅行”为主题，共举办了2场名师讲坛、9场学术沙龙、3期优秀校友面对面活动和2期博闻论坛，并举办了第三届研究生辩论赛。

7月

• 7月1日，学校在思源广场举行纪念建党九十周年升旗仪式暨新党员宣誓活动，全体校领导、各二级党组织负责人、全校新党员、教职工党员代表、学生党员代表、离退休党员代表、交大社区党员代表共1 260多人参加。当晚，学校举行了庆祝中国共产党成立90周年暨表彰大会，机电学院党委等20个基层党组织被评为先进基层党组织，计算机学院王移芝等10名同志被评为优秀共产党员标兵，电信学院李志斌等20名同志被评为优秀党务工作者，电信学院陈后金等100名同志被评为优秀共产党员。

- 7月1—3日，“第三届北京市高等学校测绘实践创新能力大赛”在河北省易县举行。学校组成两个代表队分别获得非专业组比赛冠军和亚军，荣获综合奖特等奖，巩慧老师荣获优秀指导教师奖。

- 7月5—6日，曹国永书记参加第六届中国西班牙论坛并作主题报告。双方就两国大学与企业合作发展战略、知识传递、优秀国际学府计划等议题的行动计划进行了探讨。

- 7月6日，校党委高艳副书记及相关部门负责人和各学院领导、师生代表一行50余人来到大兴高校学生军训基地，慰问学校2010级学生军训团。

- 7月6日，由研究生工作部主办的“永远跟党走，永远交大人”——北京交通大学“师生情”2011届毕业研究生晚会在天佑会堂举行。

- 7月6日，经管学院刘延平教授为首席专家申报的项目“北京城市交通可持续发展研究”，中标北京市哲学社会科学规划重大项目，这是学校首次中标此类重大项目。

- 7月6日，副校长王永生同志调任北京印刷学院院长。

- 7月7日，学校组织召开了“研究性教学专题研讨会”。副校长张星臣及教务处相关老师、各学院教学副院长及相关教学管理人员等近30人参加了会议。

- 7月8日，学校举行“江西校友会助学金”发放仪式。副校长陈峰及交通大学江西校友会、校学生资助管理中心、电信学院、教育基金会等单位有关同志和获得资助的6名江西籍学生以及学生代表出席。

- 7月10日，研究生毕业典礼暨学位授予仪式在天佑会堂举行。此次共有293名研究生获得博士学位，3 156名研究生获得硕士学位，其中包括2 610名全日制硕士研究生、546名在职人员申请硕士学位。

- 7月10—12日，IEEE ICIRT 2011/SOLI 2011会议在北京友谊宾馆召开。此次会议由国际电气与电子工程师学会智能交通系统协会（IEEE ITSS）、中国自动化学会和中国铁道学会主办，由北京交通大学和中科院自动化所联合承办，大会主席为宁滨校长和王飞跃教授。这次会议是IEEE ITS协会第一个以智能轨道交通为背景的国际学术性会议。

- 7月14日，北京交通大学2010级学生集中军训结业典礼在大兴区高校学生军训基地举行。国防大学信息作战与指挥训练教研部副主任卢利华少将出席并讲话。

- 7月14日，教育部长江学者、香港理工大学商学院郑大昭（T. C. Edwin Cheng）教授受聘学校讲座教授。副校长陈峰出席聘任仪式，并为郑大昭教授颁发了讲座教授聘书，佩戴了校徽。

- 7月14日，2010年度“北京高校好新闻奖”评选结果揭晓，学校共有12项作品获奖，其中一等奖4项，二等奖3项，三等奖5项，获奖数量创历史新高。

- 7月16日，学校举行主题为“综合交通与现代物流发展”的北京交通大学首届EMBA高峰论坛。宁滨校长和陈峰副校长出席开幕式并致辞。本次学术论坛分为“综合交通运输业发展”和“现代物流业发展”两个主题。中国工程院院士徐寿波、国家发改委基础产业司司长黄民、国务院发展研究中心产业经济研究部研究员魏际刚等专家学者出席论坛并发表演讲。240余名EMBA校友和交通运输与物流行业协会、企业代表、高校师生参加论坛。

• 7 月 18 日，学校召开第六届教代会常设主席团暨第十一届工会委员会第六次全体会议。会议由校党委副书记、教代会主席、工会主席高福廷主持。

• 7 月，北京交大完成处级干部换届调整工作，174 位新一届处级干部全部到岗。经过换届调整，处级干部结构进一步优化，平均年龄由换届前的 45. 9 岁下降到 43. 6 岁；具有硕士以上学位占 81. 3%，较换届前提高了 10. 1%；党外干部占 8. 5%，提高 2. 1%；女干部占 33. 5%，提高 6%；少数民族干部占 5. 7%，与换届前持平。

8 月

• 8 月 2 日，第十五届全国大学生羽毛球锦标赛在云南省昆明市昆明理工大学举办。学校羽毛球队蝉联大羽赛男女团体冠军和女子团体“四连冠”。

• 8 月 4 日，理学院李政勇、刘玉婷 2 位博士的论文分别入选 2011 年全国、北京市优秀博士学位论文。

• 8 月 3—5 日，副校长张星臣一行赴新疆乌鲁木齐看望了部分在新疆的校友，并与乌鲁木齐铁路局、中铁一院集团新疆铁道勘察设计院就进一步深化合作、建立北京交大新疆校友会等议题进行了深入的交流。

• 8 月 5 日，我校举行 863 研究项目成果“铁路车载信息高可靠采集和传输技术与应用”成果鉴定会。教育部科技发展中心刘爽、学校关忠良副校长出席了会议。鉴定委员会专家认为：该项目针对动车组故障实时检测和运用维修的需求，研制了具有自主知识产权的铁路列车车载信息高可靠采集和传输系统，对提高维修效率，进而保障铁路移动设备运行安全具有重要意义。该项研究成果是我校计算机学院网络管理研究中心牵头，联合我校机电学院、北京华高世纪、中北通公司共同完成。

• 8 月 5—9 日，学校 2011 年暑期干部培训班一行 25 人赴遵义地区开展了为期五天的学习培训。此次培训的主要目的是通过学习党史，使全体学员加强党性修养，坚定理想信念。

• 8 月 11—12 日，中国大学生体育协会、中国中学生体育协会第七次代表大会于深圳举行。学校党委副书记颜吾佴出席会议。

• 8 月 12 日，宁滨校长应邀出席深圳第 26 届世界大学生运动会开幕式及世界大学校长论坛。

• 8 月 22 日，北京交通大学风电室外实验室揭牌仪式在山东省东营市举行。宁滨校长、陈峰副校长出席了揭牌仪式。该实验室是由北京交大与东营市人民政府合作建设，投资 2 000 万元，实验室依托东营经济技术开发区风电产业聚集的基础，充分发挥北京交大科研、技术和人才方面的优势，开展持续的、长期的风电科学研究，打造基础研究与产业化推广相结合的风电技术开发、成果转化和人才培养基地。

• 8 月 23 日，北京交通大学 - 摩托罗拉系统公司合作签字暨“数字化无线技术研究中心”挂牌仪式。陈峰副校长为中心成立仪式致辞，铁道部运输局基础部通信处姜永富副处长到会发表讲话。双方就合作开展数字化无线技术研发、系统测试以及在铁路运输、智能交通、公安消防等多个关键领域的应用推广等事宜取得了一致意见，共同签署了战略合作协议备忘录。

• 8 月 25 日，学校处级干部换届工作总结暨培训会在科学会堂召开。校党委书记曹国永作换届工作总结并与新一届处级干部集体谈话，校长宁滨对新一届处级干部提出工作要求，校党委副书记、纪委书记颜吾佴进行集体廉政谈话，校党委副书记高福廷主持会议。

• 8月25日，土建学院副教授王斌同志作为中央和国家机关、中央企业第七批援疆干部的一员启程赴新疆工作，任新疆兵团电大教学科研处副处长，为期一年半。

• 8月26日，学校召开2011年暑期工作会议，讨论研究学校“十二五”发展规划，研究部署开学后的重点工作。校党委书记曹国永就近期及“十二五”期间需要进一步加强和改进的工作发表了重要意见，还就筹备学校第十次党代会工作进行了部署。校长宁滨重点就学校“十二五”规划起草情况和主要内容做了详细解读，对下半年学校需着力推动的工作做出部署，还就制定和贯彻落实校院两级“十二五”规划和各专项规划提出希望和要求。与会人员就学校和各学院“十二五”规划进行了深入讨论，并就完善和落实规划提出了很多富有建设性的意见和建议。全校中层以上干部，三级及以上教授，各学院系、所、中心主任及支部书记，民主党派代表，无党派人士代表，离退休教职工代表，教职工代表，研究生代表，本科生代表共近400人出席会议。

• 8月27—28日，在北京科技大学主办的2011年北京高校第十九届教师网球比赛中，学校网球队获得两个单项冠军、一个单项亚军、一个第四名和总成绩亚军。

• 8月30日，学校通过了以北京市教育工会主席张青山为组长的全国模范职工之家验收组的检查验收。市教育工会副主席郭峰主持会议，并代表中华全国总工会向学校颁发了全国模范职工之家的奖牌和奖金。

• 8月30日，学校在科学会堂举行了2011级新生党员培训开训典礼，校党委副书记高艳及学生工作部、学生资助管理中心相关领导出席。学校2011级本科新生党员和部分高年级学生党员参加了本次开训典礼。

9月

• 9月1—3日，学校开展迎接2011级新生工作。在开学典礼上，校长宁滨介绍了学校光辉的发展历程，勉励同学们学会学习、学会思考、学会生活，成为有知识、有修养的人。校党委副书记高艳介绍了2011级新生情况。7 338名2011级新生、全体新生辅导员、部分班主任和学生家长参加了开学典礼。

• 9月7日，宁滨校长、张星臣副校长会见了中国交通科技学院（香港）董事会成员傅建民等三人。双方就在香港开展联合办学事宜交换了意见，并初步达成合作意向。

• 9月8日，阮秋琦教授荣获第六届高等学校教学名师奖。

• 9月8日，学校在天佑会堂举行庆祝2011年教师节暨表彰大会。大会表彰了2010年国家杰出青年科学基金获得者、宝钢优秀教师特等奖、第七届北京市高等学校教学名师奖等多个奖项。

• 9月9日，神舟七号飞天宇航员之一英雄航天员景海鹏大校在天佑会堂为全校师生作《五星红旗迎风飘扬——飞天圆梦为国争光》主题报告。全校1 400余名师生聆听了报告。

• 9月9日，北京交通大学“智能系统及再生能源研究中心”举行成立两周年庆典活动。

• 9月9日，北京交通大学国家保密学院举行2011级新生开学典礼。中央保密办副主任、国家保密局副局长、北京交通大学国家保密学院副院长梁建生，北京市委保密委副主任、市委保密办主任、市保密局局长、北京交通大学国家保密学院副院长陈静，国家保密科学技术研究所常务副所长孙德刚，市保密局宣传法规处处长姚非，学校校长、国家保密学院院长宁滨出席典礼。相关学院领导及保密学院2011级新生和保密学院教师代表共70余人参加了开学典礼。

• 9月9日，中国移动通信集团北京有限公司田利民书记一行来校访问，校长宁滨、校党委副书记高艳、副校长陈峰及有关方面负责同志参加会见。双方就多领域多层面的校企合作进行了深入地探讨。

• 9月13日，学校召开了北京交通大学海淀区人大代表选举工作组第一次会议。校党委副书记颜吾佴对学校选举工作做了全面部署和动员。校党委副书记高福廷、校长助理吴强、学校有关职能部门和各二级党组织负责人出席会议。

• 9月15日，学校召开首次筹资工作会议，总结学校筹资工作经验，明确“十二五”筹资目标，号召全校进一步统一思想，提高认识，积极稳妥地做好筹资工作。校党委书记曹国永指出各单位各部门要高度重视，进一步扎实做好筹资工作。校长宁滨作了题为《提高认识，加强谋划，积极参与，推进学校筹资工作》的讲话。副校长、基金会常务副理事长陈峰作了《北京交通大学教育基金会2007－2010年工作报告》，校长、基金会副理事长关忠良宣读了《关于成立筹资工作领导小组的通知》和《关于表彰2008—2010年社会筹资工作的决定》。校领导为获奖单位颁发了奖牌。全体中层干部和相关部门有关同志出席会议。

• 9月15日，校长宁滨会见了美国华盛顿大学 Kailash C. Kapur 教授，感谢 Kapur 教授应邀来学校短期讲学并参加学校今年轨道交通控制与安全创新引智基地（111计划）的申报工作，并建议双方在此基础上开展进一步的合作研究。

• 9月18—28日，受丹麦体操与体育协会羽毛球分会的邀请，以校党委副书记高福廷为团长的中国大学生羽毛球代表团对丹麦进行访问交流。

• 9月20日，新疆维吾尔自治区教育厅民族团结主题宣讲团一行三人来校面向新疆籍学生开展宣讲活动。宣讲团成员包括新疆医科大学副校长尔西丁·买买提、新疆维吾尔自治区内地新疆学生工作办公室干部张静和思政科干部加吾兰·阿布都热扎克。

• 9月20日，国际桥梁与隧道工程技术高峰论坛暨茅以升先生诞辰115周年纪念大会在重庆召开，宁滨校长应邀出席大会，电信学院邱宽民教授获得2010年度茅以升铁道科技奖；机电学院于洋和土建学院赵宁两位同学当选2010年度茅以升铁道教育希望之星。

• 9月20日，校党委书记曹国永在中心报告厅为运输学院、机电学院2011级新生讲授了题为《北京交通大学的历史、现状与未来》的形势与政策课，从“校史回顾”、“今日交大”、“展望未来”等方面向新生介绍了学校发展历史和有关工作，最后就学生在大学期间及今后的成长发展提出了殷切期望。

• 9月22日，由北京市爱卫会、市教委、市卫生局相关专业人员组成的督导检查组，在海淀区及北下关街道工作人员陪同下，到学校检查校园控烟工作。检查组对学校控烟工作采取的措施和取得的成效给予了充分的肯定。

• 9月23日，为学习胡锦涛总书记在清华大学建校100周年庆祝大会上的讲话精神，贯彻落实《国家中长期教育改革和发展规划纲要》，进一步明确学校“十二五”发展战略，为学校第十次党代会确立新的奋斗目标做好学习研究，学校特邀国家教育发展研究中心主任、博士生导师张力教授为校院两级党委理论中心组作专题辅导报告。

• 9月24日，北京交通大学北京校友会成立。校党委书记曹国永代表母校向北京校友会授旗，校长宁滨对校友会成立表示祝贺。北京校友会会长徐锡安对北京校友会下一步工作进行了展望，会议通过了北京校友会章程和第一届理事会名单，设立了北京校友会专项基金。校党委副书记高艳、副校长陈峰和来自北京地区的校友以及长三角、天津等兄弟校友会的代表共计160余人参加成立大会。

• 9月24日，土建学院召开56级校友返校交流活动。本次活动是学校庆祝建校115周年的系列活动之一，也是土建学院庆祝建院55周年纪念活动的一项重要内容。

• 9月25日，学校党委副书记、纪委书记颜吾佴赴西藏看望学校计算机学院援藏教师翟高寿，同时根据教育部相关文件要求，对翟高寿参加第11批“博士服务团”的工作情况进行考核。

• 9月26日，教育部科技司司长王延觉一行来校调研指导工作，听取学校工作汇报并参观学校国家级平台。曹国永、宁滨、孙守光等校领导出席汇报会。

• 9月29日，保存在中央统战部的交大1909年老校门用30块墙砖全部转送到学校，作为珍贵文物收藏在校史博物馆并展出。

• 9月27日，学校召开2011年安全稳定工作培训暨下半年工作部署会。校党委书记曹国永在讲话中对当前学校维稳工作以及维护好国庆期间学校安全稳定提出了工作要求。校党委副书记高艳对下半年学校安全稳定重点工作及如何切实履行领导干部责任，落实《维护安全稳定工作任务书》和保密工作责任制进行了部署。校长助理吴强对学校消防安全工作进行了部署。校长助理郑广天通报了近期安全检查工作情况。会议由学校稳定办主任吴萱主持，学校稳定工作领导小组成员单位主要负责人出席。

• 9月28日，学校成立北京交通大学中国技术经济研究中心，挂靠经济管理学院管理，徐寿波院士担任该中心主任。研究中心的成立，旨在进一步凝聚优势学科力量，重点培养高层次技术经济人才，积极承担重要的研究项目，搭建国内外学术交流的平台。

• 9月30日，学校召开创先争优活动阶段总结部署暨二级党组织换届部署大会。校党委书记曹国永发表重要讲话，校党委副书记、纪委书记颜吾佴对学校创先争优活动进行阶段总结和工作部署。全体在校校领导、中层干部、教师党支部书记、党委各部门工作人员、二级党组织党务秘书、全体辅导员、学生党员代表共400余人参加大会。

• 9月30日，学校召开“创建首都文明区 做文明有礼的北京人”主题实践活动工作部署会，校党委副书记高福廷对我校开展主题实践活动进行了全面部署。此次主题实践活动从开展文明创建活动、建设文明校园环境、培育高雅校园文化、开展社会服务活动等四个方面展开，涵盖18项具体措施和工作。校内各二级单位负责人参加会议。

10月

• 10月10日，学校“轨道交通控制与安全”引智基地作为2012年度建设项目，获得教育部正式批复立项。该基地将主要依托既有国家级科研平台及教育部重点实验室，围绕高速铁路系统安全基础理论、轨道交通安全测控与预警技术、交通运营安全管理等领域，开展国际合作研究。

• 10月13日，学校召开2011年高考招生工作总结会。张星臣肯定了学校2011年高考招生工作取得的成绩，并对招生宣传工作提出具体要求。招生就业处处长王化深汇报了学校2011年高考招生工作情况，对各个宣传联络组的工作进行了总结。河南招生宣传联络组组长马强、贵州招生宣传联络组组长祝瑛做了经验交流。学校招生工作领导小组的成员、单位负责人、各院系负责人以及招生宣传联络组的全体成员等出席会议。

• 10 月 13 日，中国科协、教育部在人民大会堂举办首都高校“科学道德和学风建设宣讲教育活动”报告会。学校由党委副书记高艳带队，研工部相关老师和研究生辅导员以及 300 名研究生参加了报告会。

• 10 月 13—14 日，第七届中美国际研究生奖学金会议在京举行。校长宁滨应邀出席开幕式并作主题发言。

• 10 月 14 日，中共北京交通大学第九届委员会召开第十四次全体会议，会议听取了校党委书记曹国永关于召开第十次党代会相关工作以及召开党代会决议草案的说明，审议并通过《关于召开中国共产党北京交通大学第十次代表大会决议（草案)》。

• 10 月 15 日，学校 115 周年校庆庆典在天佑会堂开幕。校党委书记曹国永致辞，校长宁滨做“立足新起点，坚持走内涵发展之路”主题报告。校领导班子成员，校老领导徐锡安、张永甡、万明坤、谈振辉，65 家学校董事单位及 22 家校友合作单位代表，各届校友代表，91、01 届值年校友以及各院系领导和师生代表近 1 500 人参加大会。

• 10 月 15 日，北京交通大学第四届国际文化节开幕。本届国际文化节以“思源致远，继往开来”为主题，设有 60 个国家特色展位，世界风情时装秀及 25 个文艺节目为中外学生及友人展示了独特的异域文化。本次活动由副校长陈峰主持，校长宁滨致辞，教育部、北京市教委等相关单位领导以及 21 个国家使馆官员出席。

• 10 月 15 日，北京交通大学与大连交通大学举行校际战略合作协议签约仪式。校长宁滨与大连交通大学校长李学伟共同签署了校际战略合作协议书。

• 10 月 15 日，学校马克思主义理论一级学科被批准成为博士学位授权一级学科。

• 10 月 15 日，北京交通大学董事会第八次全体会议在京举行。来自 65 家董事单位的 131 位代表齐聚一堂，共谋合作共赢，共话发展大计。北京交通大学董事会董事长徐锡安，校党委书记曹国永、校长宁滨及各位校领导、各学院和有关部处负责人出席会议。

• 10 月 15 日，学校召开 2011 级新生运动会，共有 13 个学院 7 418 人次 2011 级本科生、研究生参加了 59 项田径项目与非田径项目，电信学院获得男女团体总分第一名，经管学院与运输学院分获二、三名，土建学院、理学院、电气学院、机电学院和人文学院名列四至八名。

• 10 月 16 日，学校举行校园无线网二期竣工开通庆典仪式。副校长关忠良、中国电信股份有限公司北京分公司副总经理梁宝俊等近 400 名师生参加仪式。校园无线网络二期的建设，实现了主校区和东校区全面的无线信号覆盖，使师生不仅能够通过传统的笔记本电脑访问校园网，还能通过手机、IPAD 等移动终端高速接入互联网。

• 10 月 18 日，“中关村发展集团智能交通产业集群投资签约仪式”在学校科学会堂举行。北京市委常委赵凤桐以及发改委等市有关单位、中关村管委会、智能交通产业联盟成员等代表 200 余人参加了签约仪式。宁滨校长出席了签约仪式并代表学校签字。

• 10 月 18 日，北京交通大学中铁三局集团有限公司骨干人才培训班开学。来自中铁三局集团有限公司各企事业单位的 55 名学员来校学习。

• 10 月 19 日，北京高科大学联盟成立大会在京举行。宁滨校长代表学校签约成为联盟成员高校。北京高科大学联盟，由 11 所行业特色型高校共同发起组建，是目前全国规模最大的进行全方位合作的高校联盟，将在人才培养、科学研究、师资队伍建设、招生就业、国际合作、校园文化等方面开展全方位的合作与交流。

• 10 月 19 日，学校举行 2011—2012 年度辅导员工作培训开训仪式暨首场报告会。各院系学生工作组、研究生工作组、学生处、研工部、校团委全体人员参加了报告会。

• 10 月 19—23 日，“第五届全国大学生结构设计竞赛”在东南大学举行，共有来自内地 69 所高校的 70 支代表队参加了此次竞赛，土建学院 2008 级杨朔、2009 级江鹏、刘培玲 3 名同学作为参赛队员，江辉老师担任指导教师，余自若老师担任领队的北京交通大学代表队获得一等奖。

• 10 月 20 日，宁滨校长与南加州大学教务长伊丽莎白・盖瑞特代表两校正式签署合作备忘录。两校将在本科生、研究生人才培养、师资培训以及科学研究领域开展一系列实质性合作。

• 10 月 22 日，第七届中国交通高层论坛在学校国际会议中心举行。论坛以“系统科学与交通发展”为主题，来自不同地区的 50 余名论文作者及特邀嘉宾围绕“区域综合交通规划理论与方法”、“交通运输节能方法与实施策略”、“智能交通技术进展及应用”、“绿色物流”等专题进行了分组讨论和交流。校党委书记曹国永、校长宁滨、特邀国内外著名专家学者、国内外科研院校和企业的论文作者及我校相关学院师生共 300 余人参加了会议。

• 10 月 22 日，学校举行了以“绿色物流发展战略与实践”为主题的中德“绿色物流”国际论坛。论坛从中德两国绿色物流发展政策与战略，理论体系构建，到企业绿色物流实践展开充分阐述与讨论。校长宁滨、国家物资储备局王庆云局长出席论坛，副校长关忠良、德国交通运输部 Frau Dr. Martina Hinricher 副司长在开幕式上致辞，国内外物流专家学者、企业代表、高校师生 200 多人参加论坛。论坛是在中德两政府交通运输部支持下，由北京交通大学主办，物流研究院、经济管理学院、中奥物流创新研究中心、北京交通大学学报（社会科学版）编辑部承办。

• 10 月 22 日，由教育部示范性软件学院建设工作办公室主办的国家示范性软件学院成立十周年总结表彰大会在国家会议中心大会堂召开。高福廷副书记作为颁奖嘉宾代表学校参加表彰大会。

• 10 月 24 日，学校召开研究生教育工作研讨会，就学校研究生教育当中存在的问题及相应的对策进行了广泛研讨。校长宁滨及各学院教授代表、各学院主管研究生工作的负责人、研究生院相关领导参加了会议。

• 10 月 24 日，由教育部高等学校社会科学发展研究中心主办的“大学生关注的思想理论问题”工作研讨会在学校召开。教育部高等学校社会科学发展研究中心主任冯刚主持会议，校党委副书记高艳出席大会并致欢迎词。研讨会主要讨论了大学生思想变化的特点及其关注的思想特点问题、大学生思想政治教育面临的新情况新问题，并就如何进一步做好相关工作提出了对策和建议。13 所首都高校的学工部负责人参加了会议。

• 10 月 25—26 日，学校联合北京科技大学、北京邮电大学、北京林业大学、北京化工大学，举办了以“高校招生与中学教育”为主题的第二届全国重点中学校长论坛。校党委副书记高福廷出席开幕式。

• 10 月 28 日，学校召开了中国扶贫基金会・恒大集团贫困大学生助学基金 2011 年发放仪式。校党委副书记高艳，中国扶贫基金会秘书长助理兼新长城项目部主任陈红涛以及新长城项目部主管和学校相关单位负责同志出席仪式。

• 10 月 29 日，北下关地区“电力杯”运动会在学校举行，国家海洋环境预报中心、铁道科学研究院、国家电网等二十多家单位参赛。校党委副书记颜吾佴参加了开幕式。我校获得亚军。

11 月

• 11 月 1 日，校党委副书记高艳和相关单位负责人及研究生代表一行 7 人，代表书记、校长及广大师生看望了于永山同学，并送上来自学校“思源助学金”的爱心捐款。

• 11 月 2 日，北京市委常委、北京卫戍区司令员郑传福中将一行莅临学校检查指导冬季征兵工作，校党委书记曹国永接见郑传福司令一行并参加征兵工作座谈会。校党委副书记高艳主持座谈会并汇报了学校冬季征兵工作情况。

• 11 月 3 日，校党委书记曹国永前往南昌铁路局开展调研，与南昌铁路局局长郭竹学、常务副局长钟生贵等进行了会谈与交流，并参观考察了南昌铁路局动车运用检修所和南昌局调度所。

• 11 月 3 日，学校召开第七批青年教师校内挂职总结交流暨第八批青年教师挂职启动会议。校党委副书记、纪委书记颜吾佴、副校长陈峰出席会议并讲话。本次启动的第八批青年教师挂职共有 11 位青年教师到 7 个学院副职岗位和 4 个部处副职岗位挂职锻炼。

• 11 月 3 日，“2011 年全国博士生学术论坛（交通运输工程）”在学校科学会堂开幕，论坛由国务院学位委员会办公室、教育部学位管理与研究生教育司主办、学校承办、西门子公司协办。来自全国交通运输工程领域 23 所高校的百余名博士生参加了开幕式。本次论坛，共接收投稿论文 106 篇，正式录用论文 94 篇，形成了《2011 年全国博士生学术论坛（交通运输工程）论文集》。经专家评审，有 42 名博士生分别荣获优秀论文一、二、三等奖。4 名博士生荣获最佳学术创新奖，4 名博士生荣获最佳成果展示奖。

• 11 月 3 日，理学院李政勇博士的《光纤偏振态的高速控制与偏振编码通信》学位论文获 2011 年全国优秀博士学位论文，指导教师为吴重庆教授。

• 11 月 4 日，学校与平谷区人民政府在平谷区签署“北京交通大学现代轨道交通创新基地暨新校区项目教育用地土地供应协议”，标志着学校创新基地暨新校区项目取得了实质性进展。

• 11 月 7 日，中澳双边贸易投资论坛北京论坛在学校科学会堂举行。澳大利亚前总理鲍勃·霍克先生发表了旨在推进中澳合作的主题演讲。澳大利亚新任驻华大使孙芳安女士致辞。校长宁滨先后会见孙芳安大使和霍克先生。

• 11 月 9 日，北京市高等教育学会技术物资研究会第七届理事会会议在学校召开，学校成为新一任理事长单位。

• 11 月 9 日，现代轨道交通产业技术研究院、北京交通大学科技创业大厦暨北京 CBTC 研发中心工程开工典礼举行。市委常委赵凤桐、副市长苟仲文以及各相关委办局领导参加典礼。校党委书记曹国永宣布建设工程正式开工，校长宁滨代表学校致辞。北京市领导、学校领导和施工单位领导共同为工程奠基。典礼由孙守光副校长主持。北京交通大学科技创业大厦暨北京 CBTC 研发中心工程是北京市重点项目，也是中关村科学城建设项目的重要组成部分。项目总投资 3.21 亿元，建筑面积 61 800 平方米，地上 16 层，高 65 米，主要使用功能为学校科研用房和北京 CBTC 研发中心用房。

• 11 月 10 日，学校秋季高层学生公寓消防疏散演习在学苑公寓 7 号楼举行。校长宁滨任总指挥、校长助理吴强任副总指挥。保卫处、后勤集团相关工作人员和学生共400余人参加了演习。校党委副书记高艳、校长助理郑广天、市委教育工委保卫保密处、市公安局文化保卫总队、海淀公安分局、海淀消防支队、双榆树消防中队、北下关街道办事处、大钟寺派出所等单位领导进行了现场指导。

• 11月10日，第三届全国道德模范、2010年感动中国年度人物郭明义应邀到学校作题为《把幸福给你》的主题报告。

• 11月13日，第九届"书香杯"读书征文活动颁奖暨"图书文化周"开幕仪式在科学会堂举行。校党委副书记高艳和中国图书馆学会副秘书长、高等院校图书馆学会秘书长王琼致开幕词，兄弟高校图书馆负责人及学校相关部处领导老师和学生代表出席仪式，与会嘉宾为第九届"书香杯"读书征文活动获奖代表颁奖。

• 11月14日，学校关工委成立20周年纪念大会举行。校关工委主任李士群介绍了关工委20年的工作历程。教育部关工委常务副主任王茂根认为交大关工委工作有很多经验值得总结。北京市教育关工委常务副主任籍之伟充分肯定了北京交通大学关工委为北京市教育系统关心下一代工作作出的贡献。校党委书记曹国永希望关工委紧紧围绕党和国家以及学校党委的中心工作，坚持促进学生健康成长为根本任务，进一步做好新十年的工作。教育部关工委和北京市教育关工委有关领导、校党委副书记高艳、历届校院两级关工委老同志、学校相关部处负责人、离退休各党支部书记、老年大学、老教授协会负责人和近200名大学生参加会议。

• 11月15日，学生活动中心竣工典礼暨启用仪式举行，校党委书记曹国永、校长宁滨、中铁建工集团总经理段永传和党委书记崔宝华等领导出席仪式并剪彩。学生活动中心是迄今为止学校单体面积最大、使用功能最完备的建设项目。规划用地面积为16 800平方米，总建筑面积为58 000平方米，集一站式服务、文化素质培养、艺术教育、科技创新、生活服务、日常办公等多功能于一体，同时兼顾广大教师的使用需求和学校发展的综合需求。

• 11月15日，我校王玉凤、李建勇、陈峰三人当选海淀区第十五届人民代表大会代表。

• 11月17日，宁滨校长、陈峰副校长一行赴呼和浩特铁路局调研，与呼和浩特铁路局局长杨宇栋、党委书记甄忠义座谈，并签订校局战略合作协议。

• 11月17日，学校2012届毕业生秋季大型双选会在体育馆举行，145家企业参加本次招聘会。校党委副书记高艳、副校长张星臣到现场看望用人单位及求职学生。

• 11月19日，学校举行首批进藏入伍参军同学欢送座谈会。今年，在学校确定入伍参军的32名在校大学生中，4名同学成为学校首批派往西藏地区的新兵，他们于11月20日赴成都军区集结，短暂休整后奔赴西藏林芝和昌都地区。

• 11月19日，我校举行羽毛球高水平运动队15周年队庆暨高水平运动队建设高层论坛。校党委书记曹国永、教育部体卫艺司体育处调研员王龙龙、教育部学生体协联合秘书处秘书长、中国大学生体育协会常务专职副主席杨立国、国家体育总局乒羽中心羽毛球一部副部长陈跃、北京理工大学副校长李和章、北京市大学生体育协会秘书长刘启孝到会讲话、致辞，北京市大学生体育协会主席杜松彭、北京市羽毛球队主教练田俊宁、15所在京高校体育部领导受邀出席。队庆仪式由校党委副书记颜吾佴主持。与会同志在高水平运动队建设高层论坛上围绕高水平运动队建设的现状与未来，从不同层面作了发言。

• 11 月 21 日，学校举行六届四次教代会全体会议。校长宁滨作了题为《发挥优势、注重质量、加快高水平研究型大学建设步伐》的工作报告，副校长陈峰就学校“十二五”规划起草、修订情况和主要内容做了说明，校党委副书记、教代会主席高福廷及 200 多位代表出席会议。

• 11 月 24 日，宝钢教育奖 2011 年评审工作会议及颁奖典礼在上海召开，校党委副书记高福廷作为评审委员会委员应邀出席了会议，毛保华教授和陆本江同学代表学校获奖教师和同学参加了颁奖典礼。

• 11 月 27—29 日，“2011 中国自动化大会暨钱学森诞辰一百周年及学会成立五十周年庆纪念大会”在京召开，学校校长宁滨应邀出席，主持了“高速铁路和城轨运行控制系统”分论坛，并作为颁奖嘉宾出席闭幕式。

• 11 月 28 日，校党委书记曹国永主持召开了中共北京交通大学第十次代表大会筹备工作第一次会议，对学校第十次党代会筹备工作进行部署。

• 11 月 29 日，校党委召开党外代表人士座谈会，就学校“十二五”事业发展规划向党外人士征求意见和建议。校党委副书记颜吾佴主持会议，各民主党派负责人、无党派代表人士、侨联委员代表参加了座谈会。

• 11 月 29 日，学校召开“十二五”规划征求学生意见座谈会，就学校“十二五”事业发展规划向学生代表征求修改意见和建议。校党委副书记高艳出席，各学院本科生和研究生代表参加了座谈会。

• 11 月 30 日，“文化强国高层论坛”在中国社会科学院学术报告厅举行，宁滨校长出席论坛并作了题为《理工科大学的文化强国责任》的演讲。

12 月

• 12 月 1 日，学校召开校领导与研究生党员骨干座谈会。校党委书记曹国永到会讲话，校党委副书记高艳、副校长孙守光、校长助理郑广天出席座谈会。

• 12 月 2 日，在第二届北京高校党课“精品一课”评选活动中，杨蔚、蓝晓霞、赵岚 3 位党校教师主讲的课程获评“精品一课”，学校荣获优秀组织奖。

• 12 月 5 日，学校二级党组织完成换届工作。电信学院、计算机学院、经管学院、土建学院、运输学院、机电学院、电气学院、理学院、人文学院、语言学院、软件学院、校机关、离退休、远程学院党委，建艺系、资产公司党总支，体育部、图书馆、校医院、出版社直属党支部等 20 个二级党组织都平稳、有序地完成换届。

• 12 月 5 日，经教育部批准，学校面向全国普通高等学校公开选拔 2 名副校长。

• 12 月 5 日，学校与北京印刷学院举行校际战略合作协议签约仪式。校党委书记曹国永出席仪式并讲话，校长宁滨与北京印刷学院校长王永生共同签署了校际战略合作协议书。

• 12 月 6 日，学校在科学会堂召开 2011 年度保密工作培训会，邀请了教育部办公厅副主任、教育部保密委员会副主任安钰峰来校作专题报告。校党委书记、校保密委员会主任曹国永会见了安钰峰副主任，并就教育系统及学校的保密工作进行交流。会议由校党委副书记、校保密委员会副主任高艳主持。

• 12 月 7 日，学校纪委召开反腐倡廉专题会议，认真学习贺国强同志在部分高校反腐倡廉建设座谈会上的讲话精神。会议由党委副书记、纪委书记颜吾佴主持。

• 12 月 8 日，2011 年新老兵欢送欢迎大会在科学会堂举行。校党委副书记高艳、北京市西城区武装部部长陈华良大校在会上做了讲话，5 名重返校园的大学生退伍老兵和 23 名即将离校入伍的新兵及部分学生代表参加了大会。

• 12 月 8 日，北京高科大学联盟文化论坛在京举行。学校党委书记曹国永出席论坛并作了题为《坚持三个统一推进行业特色大学文化建设》的主题演讲。

• 12 月 8 日，中共北京交通大学第九届委员会召开第十五次全体会议，审议并一致通过了《北京交通大学“十二五”事业发展规划》，校党委书记曹国永同志主持会议并发表重要讲话。会议听取了陈峰同志所作的关于学校“十二五”事业发展规划制订情况的说明。学校“十二五”规划包括总结回顾、发展目标、发展任务、计划工程和改革试点、实施保障五大部分，确定了学校发展“3·4·5”目标，明确了人才培养、科学研究、社会服务、文化传承创新等八项任务，提出了作为推动学校发展重要抓手的七大计划和工程、五大改革试点以及四方面的保障举措。

• 12 月 9 日，学校举行升旗仪式、火炬接力、主题文艺晚会等系列活动纪念“一二·九”学生爱国运动 76 周年。校长宁滨、党委副书记颜吾佴、高艳、副校长张星臣出席纪念活动。

• 12 月 9 日，学校长三角研究院落成典礼在镇江新区举行。校长宁滨出席典礼作重要讲话，并会见了镇江市市长刘捍东一行。研究院与 4 家单位签订合作协议，高速铁路网络管理教育部工程研究中心轨道交通物联网分中心等 11 个研究机构揭牌。落成典礼由副校长陈峰主持。长三角研究院是该校与镇江市政府、镇江新区管委会共建的一所专业性研究机构，位于镇江科技城内，规划建筑面积 2 万平方米，下设约 10 个研发中心。研究院旨在发挥学校科技与人才优势，对接地方产业和科技发展需求，在轨道交通、信息技术、先进制造、物联网、新能源等领域广泛开展产学研合作。

• 12 月 10 日，北京交通大学公开选拔副校长述聘大会在科学会堂举行，6 名竞聘者参加了现场公开答辩。公开选拔领导小组组长、校党委书记曹国永等 27 名考评委员会委员出席大会。教育部人事司副司长魏士强，北京市教育工委委员、干部处处长刘勇，教育部人事司高校干部一处正处级调研员方永生莅临大会指导。考评委员会主任、校长宁滨主持会议。

• 12 月 10 日，在北京市委教育工作委员会举办的 2011 年北京高校“我的班级我的家”优秀班集体创建评选活动中，学校第十二届“周恩来”班——土木 0801 班荣获“十佳示范班集体”称号。

• 12 月 12 日，中国工程院院士、俄罗斯工程院院士翁宇庆教授及团队聘任仪式在校举行。校长宁滨为翁宇庆院士和团队成员白秉哲教授颁发了聘书、佩戴校徽并致辞，副校长陈峰代表学校与翁宇庆院士及团队签订工作协议。

• 12 月 12 日，北京交通大学 2011 届毕业生就业工作会在科学会堂举行。校党委书记曹国永、校长宁滨、校党委副书记高艳、副校长张星臣出席会议。招生与就业工作处汇报了学校 2011 届毕业生就业工作情况。软件学院、电气学院、机电学院、土建学院荣获“毕业生就业工作先进集体”称号；电信学院等 9 个单位分获就业工作单项奖。

• 12 月 12 日，学校举行翁宇庆院士及团队聘任仪式。受聘后，翁宇庆院士在机械与电子控制工程学院从事金属材料学教学和科研工作。

• 12 月 13 日，北京市无烟校园建设效果评估检查组专家来校检查无烟校园建设工作。副校长陈峰、校长助理郑广天与北下关街道办、学校相关部门负责人陪同检查。检查组充分肯定了学校无烟校园建设工作采取的措施和取得的成绩，同时就下一步如何开展无烟校园建设工作进行了指导。

● 12 月 14 日，学校召开统战工作专题会，学习、传达中央统战部、教育部、北京市有关统战工作的会议文件精神，部署下一阶段学校统战工作。校党委副书记颜吾佴出席会议，各二级单位党委书记、统战委员参加会议。

● 12 月 15 日，“2011 年北京交通大学研究生党员骨干培训班”校领导报告暨结业仪式在科学会堂举行。校党委副书记颜吾佴作题为《党的组织原则与组织纪律》的报告，并为研究生党员骨干代表颁发了结业证书。

● 12 月 18 日，在中共北京市委教育工作委员会举办的 2011 年北京高校红色“1 + 1”示范活动评审会上，电信学院 2008 级本科生通信、电子党支部以全市第三名的成绩荣获一等奖。

● 12 月 19 日，学校获评 2006—2010 年国家自然科学基金管理先进单位。

● 12 月 19 日，中国计算机学会（CCF）公布了 2011 年度 CCF 优秀博士论文奖获奖名单，计算机学院韦世奎博士的《基于信息融合的多媒体内容搜索》学位论文获此殊荣，指导教师为计算机学院赵耀教授和朱振峰副教授。

● 12 月 20 日，交大大讲堂暨北京产业安全与发展研究基地揭牌仪式在科学会堂举行。北京市哲学社会科学规划办公室主任王祥武与副校长孙守光共同为北京产业安全与发展研究基地揭牌。北京市哲学社会科学规划办公室副主任李建平、规划处副处长肖士兵、山东省发展和改革委员会副主任宋军继出席揭牌仪式。

● 12 月 19 日，北京交通大学国防生签约仪式在科学会堂举行，学校 57 名在校生经过选拔正式被北京军区政治部干部部批准为国防生。北京卫戍区政治部副主任黎英杰，校党委副书记高艳，北京军区驻北京交通大学后备军官选拔培训工作办公室主任征银龙参加了签约仪式。

● 12 月 23 日，《学校体育工作条例》评估专家组来学校进行现场评审。评估专家组由北京市大学生体育协会主席杜松彭、北京市教委体育卫生艺术处处长王东江带队。校党委副书记、校体委主任颜吾佴系统阐述了发挥高校体育工作创造力的教育理念，全面介绍了我校近几年内体育工作开展情况。各位专家评委高度评价了我校体育工作的开展情况，同时指出了我校体育工作中需要解决的问题。

● 12 月 27 日，学校在科学会堂召开了 2011 年学院工作交流会，各院系的负责人交流了主要工作经验、成绩及工作设想。校领导曹国永、宁滨、颜吾佴、高艳、陈峰、张星臣、关忠良、吴强和学校全体中层干部、部分教师代表以及学生代表 200 余人参加了会议。交流会由陈峰副校长主持。